上海市重点学科建设项目资助

上海政法学院学术文库——行政法学丛书

海 关 行 政 法

主 编 严 励

副主编 朱 剑

撰稿人 （以姓氏笔画为序）

尹国梁　朱 剑　严 励

张光颖　陆国静　曹 辐

章丹雯　谢松松　路爱琴

中国政法大学出版社

学术文库·总序

　　中华民族具有悠久的学术文化传统,两千年前儒家经典《大学》即倡言"大学之道,在明明德,在亲民,在止于至善"。即蕴涵着彰扬学术、探索真理。而《中庸》论道:"博学之,慎思之,审问之,明辨之,笃行之。"则阐释了学术研究的治学精神以及达到真实无妄境界的必由之路。因此,从对世界历史进程的审视与洞察来看,社会发展、科学昌明、思想进步,从来都离不开学术科研力量与成就的滋养与推动。

　　大学是国家与社会发展中一个不可或缺的重要力量,而科学研究的水平则又体现了大学的办学水平和综合实力,是一所现代大学的重要标志。因此,一个大学的学术氛围,不仅在很大程度上影响和引导着学校的科研状态,而且渗透和浸润着这个大学追求真理的精神信念。这正如英国教育思想家纽曼所言:大学是一切知识和科学、事实和原理、探索与发现、实验与思索的高级力量,它态度自由中立,传授普遍知识,描绘理智疆域,但绝不屈服于任何一方。

　　大学的使命应是人才培养、科学研究和服务社会,而高等教育发展的核心是学术和人才。因此,大学应成为理论创新、知识创新和科技创新的重要基地,在国家创新体系中应具有十分重要的地位和意义。上海政法学院是一所正在迅速兴起的大学,学院注重内涵建设和综合协调发展,现已有法学、政治学、社会学、经济学、管理学、语言学等学科专业。学院以"刻苦、求实、开拓、创新"为校训,这既是学校办学理念的集中体现,也是上政学术精神的象征。这一校训,不仅大力倡导复合型人才培养,注重充分发挥个性特色与自我价值实现,提供自由选择学习机会,努力使学子们于学业感悟中启迪思想、升华精神、与时俱进,而且积极提倡拓展学术创新空间,注重交叉学科、边缘学科的研究,致力于对富有挑战性的哲学社会科学问题的思考与批判,探求科学与人文的交融与整合。"上海政法学院学术文库"正是在这一精神理念引领下出版问世的。

"上海政法学院学术文库"的出版,不仅是《上海政法学院教育事业"十一五"发展规划》的起跑点,而且是上海政法学院教师展示学术风采、呈现富有创造性思想成果的科研平台。古代大家云:"一代文章万古稀,山川赖尔亦增辉";"惟有文章烂日星,气凌山岳常峥嵘"。我相信"上海政法学院学术文库"的出版,不仅反映了上海政法学院的学术风格和特色,而且将体现上海政法学院教师的学术思想的精粹、气魄和境界。

法国著名史学家、巴黎高等社会科学院院长雅克·勒戈夫曾言,大学成员和知识分子应该在理性背后有对正义的激情,在科学背后有对真理的渴求,在批判背后有对更美好事物的憧憬。我相信"上海政法学院学术文库"将凝聚上政人的思想智慧,人们将从这里看到上政人奋发向上的激情和攀登思想高峰的胆识与艰辛,上政人的学术事业将从这里升华!

祝愿"上海政法学院学术文库"精神,薪火传承、代代相继!

上海政法学院院长　金国华

2006 年 9 月 10 日于求实楼

学术文库·行政法学丛书·总序

　　"行政法学丛书"作为"上海市重点学科(行政法学)"的部分成果,是我们多年来对行政法学哲理、实务等问题所作思考的系统总结。2006 年 9 月,承蒙上海市教委的正确指导和资助,上海政法学院的行政法学科被批准为"上海市重点学科"。该学科立项后,上海政法学院领导给予了高度重视,从组织机构、人员配置等方面进行了部署。学科组对该学科的发展进行了整体建设的规划,并得到了院领导的认可和市教委的批准。该学科以行政法理论与实践为总的建设方略,设有行政法基础理论与实务、公共政策与比较公法、科技文化与卫生行政法治等方向。学术著作的撰写和编著是学科建设的重要组成部分,本学科拟在建设期间出版学术专著和规范化的教科书 30 余部。基于我国行政法基础理论相对薄弱的现实,我们在学术著作的选材上以行政法基本原理、行政法史、比较行政法为主,并照顾到部门行政法中受社会关注的热点问题,通过系列学术著作和规范化教科书的出版使本学科通过数年的建设形成自己的特色。希望学术界同仁和广大读者给我们批评建议,帮助我们把这套丛书出好。

关保英

2006 年 12 月

序　言

20世纪以来,行政权的不断扩张使现代社会有成为"行政国"的趋势,行政与民众之间的联系也日益直接、紧密。在现代民主宪政的框架之下,依法行政成为历史必然,而对行政权的制约应当是依法行政的题中之意。我国自1999年"依法治国,建设社会主义法治国家"的理念入宪以来,党和政府多次强调依法治国的关键在于依法行政。中共十七大报告再次重申,要坚持依法治国的基本方略,树立社会主义的法治理念,实现国家各项工作的法治化,保障公民的合法权益。因此,行政机关作为推进法治的基本主体,对其行政行为和具体制度安排的研究及应用就显得至关重要。

自古至今,海关一直是各国所必不可少的重要行政机构。中华人民共和国海关是我国进出关境的监督管理机构,承担着进出关境监管检查、关税征收、查禁走私等不可替代的专门职能。海关总署作为正部级的国务院直属机构,是最重要的国家行政机构之一,垂直领导各直属、隶属海关,统一管理全国海关事务。从海关管理的角度来看,海关作为行政执法机关的作用日益凸现。尤为关键的是,海关的对外性质及其对国家主权的代表意味,决定了海关这一特殊行政主体在内部结构、行政行为、规范体系等方面独具特色,在理论和实务层面均颇具研究价值。然而,目前我国将行政法理论与海关事务相结合进行研究和探讨的教材、著作并不多见,相关资料大多局限于专业的海关制度常识介绍、海关事务操作规范的罗列和有关海关行政理论的浅层阐释,不能很好地适应海关事业的蓬勃发展。正是基于此种情形,我们认为有必要编写一本系统性的并且能将行政法一般理论与海关专门制度较好地结合起来的海关行政法的教科书,为海关行政法学研究和海关行政实践提供一些有价值的参考。

本书作为一本部门行政法的教科书,其内容共有四大板块,除绪论外,分为三篇十一章,具体包括海关行政主体、海关行政行为、海关行政责任与救济。本书系统地构建了海关行政法律制度体系,各章节以行政法基本理念与规则贯穿始终,以利于海关行政法教学安排及对知识的系统把握。同时,本书立足于中国海关行政法律制度体系的现实,力争使读者通过学习了解我国海关行政法律制度,进而掌握海关行政的具体执法过程和相关法律程序。我们认为,对于法学专业的学生而言,对本书的学习是拓展专业视野的契机,同时有利于增强对行政法一般理论的理解;对于有志于从事海关行政法研究的人而言,可以藉此关注相关的理论问题,展望我国未来海关行政法治的前景。此外,本书对海关行政法律体系有专业、详细的阐释,其较强的现实针对性可以为海关实务工作人员提供一些有益的理论指导。

参与本书撰写的作者多是从事行政法学研究并有志于此的年轻人,思维活跃是他们的优势和长处,但与此同时,书中表达的个人观点不可避免地会存在一些偏颇。我们欢迎学界各位同仁及广大读者的批评和指正,因为唯有如此,我们今后的工作才会更加接近卓越。

本书的总体设计由严励同志承担,严励、朱剑同志审阅全部书稿。撰写的具体分工如下:

曹　韫(华东师范大学):绪论

尹国梁(苏州大学):第一章

陆国静(华东师范大学):第二章、第三章

章丹雯(华东师范大学):第四章、第五章

路爱琴(苏州大学):第六章、第十章

谢松松(华东师范大学):第七章

严　励(上海政法学院):第八章

朱　剑(中华人民共和国金山出入境边防检查站)、张光颖(华东师范大学):第九章、第十一章

作 者

2008 年 6 月于上海

|目　录|

第一篇　主　体　篇

第二篇 行 为 篇

第三篇 责任与救济篇

附 录

绪论
海关行政法总说

第一节　海关概述

一、海关的概念

有史以来，凡开疆立国者，必设关。千载中华帝国，殷商之时，已有"关梁"、"关石"之称；《礼记》述文王时"关执禁以讥"、"关讥而不征"、"讥异服，讥异言"，关禁制度已明确成形；汉《烈女传·珠崖二义》首次出现"海关"之称，但具体建制无法确证。此后，隋有"缘边交市监"，唐设"市舶使"以征"舶脚"、"收市"、"阅货"、"欺诈以入牢狱"，数易其名，屡改其制。至清康熙二十三年（公元 1683 年），废禁海令，于粤、闽、浙、江设四大海关，沿袭至今。

在西方，海关的英文对称为"Custom House"或"Maritime House"。"自古希腊、罗马时代，亦于交通孔道、桥梁、港口各地设关卡征税。"[1] 14 世纪，英国于泰晤士河畔首建近代海关；1640 年资产阶级革命后，英国取消内地关卡，实行统一国境关税，只对进口货物一次征收，境内流通不再重征，各近代国家竞相效仿。[2]

根据通行解释，所谓海关，是指一国在沿海、边境或内陆口岸设立的执行进出口监督管理的政府机关。其职责为依据国家法令，对进出关境的货物、邮递物品、旅客行李、货币、金银、证券和运输工具等进行监管检查、征收关税及其他税费、编制海关统计并查禁走私等海关业务。

为准确理解海关的概念，需对其中的"关境"与"关税"两个专业名词进行阐释。

---

〔1〕　王普光主编：《海关——当代国际惯例》，海南出版社 1997 年版，第 1 页。

〔2〕　王普光主编：《海关——当代国际惯例》，海南出版社 1997 年版，第 1 页。

关境（Custom Territory），亦称"税境"、"海关境域"、"关税境域"或"关税领域"。世界海关组织（WCO）的前身，即海关合作理事会（CCC）对关境的定义是"完全实施同一海关法的地区"。一般而言，关境与国境（即一国领土范围，包括领陆、领水、领空）在地理范围上重合，但也存在例外。结成关税同盟的国家，如欧洲联盟建立了统一大市场，相互不征收进出境货物的关税，此时关境包括了几个缔约国的领土，所包括的这一地区被称为"关境以内的外国领土"，其关境大于各成员国的国境；而设立自由港、自由贸易区、保税区的国家，这些自由港、自由区及保税区不属于该国的关境范围之内，这部分地区被称为"关境以外的本国领土"，其关境相应小于国境。有关关境的法律条文一般在各国的海关法中予以载明。就我国而言，现行关境是适用《海关法》的中华人民共和国行政管辖区域，不包括香港、澳门和台澎金马三个单独关境地区，而"享有关税优惠的各经济特区、经济技术开发区则属于关境内"。[1]

关税（Tariff）是指国家授权海关对出入关境的货物和物品征收的一种流转税，其为行使国家主权的体现，在各国一般属于国家最高行政机关指定税率的高级税种，对于对外贸易发达的国家而言，关税往往是国家税收乃至国家财政的主要收入。世界各国普遍进行关税征收，主要税种有：进口税、出口税、过境税和各种形式的优惠关税与差别关税。基本的计征标准包括：从量税、从价税及复合税。征收关税为海关最原初，亦是最基本的职能。

二、海关的性质与地位

关于海关性质的界定，学界曾有观点着重于意识形态范畴，将海关划分为社会主义性质的海关与非社会主义性质的海关。然而，在社会主义抑或非社会主义的统一前提下，海关与其他机关、组织的区别又在哪里呢？我们认为，这种界定对性质的把握，失之偏颇，仅仅狭隘地阐述了海关的个别性特征，无法以此作为一个恒定、全面的标准揭示海关的本质属性以及区别于其他国家机关的特征。

从海关演化史的简要回溯中可以看出，海关产生于国家的建立，是国家产生和发展的结果。由于国家有别，进而引发了国与国之间的交往，以至于国民流动和经贸往来。在此基础上，为维护主权及本国利益，国家设立海关以对出入境的货物和人员进行监督管理。这一过程，古今中外，各国各邦，概莫能外。诚然，因时代与国别各异，海关的具体组织形式和职能任务有所不同，但其本源的同一性，决定了海关基本性质的同一，也就决定了海关性质的界定不应当

---

〔1〕　袁建国主编：《海关行政法》，中国人事出版社 1993 年版，第 2 页。

以阶级性质或意识形态为依据，而应寻求更规范化、更全面普适、更能准确阐明其性质的表述。

据此，本书认同 1987 年《海关法》对我国海关的定性："中华人民共和国海关是国家的进出关境监督管理机关"（下文的论述，均在中国海关行政语境下进行）。这是法律对海关性质的明确、具体而全面的界定，同时，根据海关的性质也就确立了海关的法律地位。对此，可从以下四个方面进行理解：

第一，国家设立海关，依据法律赋予海关代表国家行使主权的权力，管理国家事务，以维护本国的政治、经济利益。海关作为国家机关行使职权，对其他性质的单位、个人具有强制力。我国海关总署为国务院直属机构，在国务院统一领导下，专门主管海关行政业务，与国务院组成部门地位相同，均是国家正部级行政机关，相关的海关立法也是专属中央的立法事项。因此，海关的特殊性质和行政地位表明其代表和维护的是国家主权和整体的国家利益，而非体现地方或部门利益。

第二，海关是国家行政机关。"中华人民共和国海关是国家的进出关境监督管理机关。"从此定性可以看出，海关承担的监督管理职权，属于典型的行政职权，决定了其区别于立法、司法等其他国家机关。

具体而言，我国海关总署为国务院直属机构之一，统一管理全国海关事务，各地方的直属海关与隶属海关接受其领导及业务指导；海关在编制、经费来源等方面均体现了明显的行政特征。海关依法来源于国家的权力属于行政权力，海关是国家的行政机关，其所进行的监督管理事务也限于行政性监督管理的范畴，不可逾越其法定权限。

第三，海关是进出关境的监督管理机关，这进一步明确了海关的职责范围，也是海关区别于其他行政机关的基本特征。并且，海关所监管的领域限制在"进出关境"环节，"关境"这一专有名词的使用，又使海关的性质、地位与其他负责进出境监管的机关，如边防检查机关、检验检疫机关更严格地区分开。

第四，海关还具有明显的行政执法职能，行政执法是海关行使职权时主要的形式。在国家进出关境的监督管理中，海关相对于其他行政管理机关而言，是一种再管理，其依照国家法令进行最终的审查管理。[1]

第五，海关的性质及法律地位既决定了海关的具体职能，同时，海关的性质及法律地位也在海关的具体职能中得到体现。在对海关性质进行表述之后，《海关法》第 2 条规定："海关依照本法和其他有关法律、行政法规，监管进出境的运输工具、货物、行李物品、邮递物品和其他物品（以下简称进出境运输

---

〔1〕　田燕苗编著：《海关法诠解》，中华工商联合出版社 2001 年版，第 2 页。

工具、货物、物品），征收关税和其他税、费，查缉走私，并编制海关统计和办理其他海关业务。"可见，作为国家进出关境监督管理机关的海关依法承担四项基本职能，即进出境监督、征收关税、查缉走私与海关统计，以达到保证国家法律实施，维护进出关境秩序，打击违法犯罪，保障国家政治、经济利益的目的。这些任务均与海关性质相符，也是海关所应发挥的职能作用。

第二节　海关行政法概述

一、海关行政法的概念与特征

（一）基本概念简述

在界定海关行政法之前，首先应当建立对行政法概念的基础性理解。

行政法是与行政相关的法律规范的总称，但具体而言，学界对行政法的定义颇多分歧：或从权力分配角度，或以调整对象为标准，有的注重渊源形式，有的强调法规内容等等，不一而足。概念始终是一种抽象的界定表述，不可能全面、精确地周延事物的全部内涵。因此，作为一本教科书，我们只是试图尽可能对其作出多视角、多层面的描述，以期反映行政法的基本性质与主要内容。

我们认为，行政法应归属于国家的公法范畴。按照通常理解，公法所调整和规范的对象主要是公共权力、公民权利以及公共权力与公民权利之间的关系，以求达到公共权力效能的实现、公民权利的保护以及二者之间的合理平衡。公共权力是公法定性、成立的核心要素。

行政（administration），原意为"执行事务"，我国目前语境下，对行政通常有两种解释，就狭义来说，具体指行政主体按照法律规定的权限和程序，行使国家职能，以决策、组织、协调、管理和调控等特定手段，对国家事务和社会事务发生作用的活动。而广义上，行政还包括机关、社会团体等组织内部的管理、协调等活动。本书仅在狭义上使用行政一词。显然，行政与行政权属于公法领域。

因此，行政法是公法中规范行政权力和职能的分支，目的在于"调整国家行政权运行过程中所发生和形成的社会关系"，[1] 其核心指向为行政机关及行政权，行政法的内容涵盖行政权的授予、行使及监督、救济等方面，其目的在于规范和保障行政权运行的合法、合理。

行政法是宪法的实施法，是仅次于宪法的部门法，在法律体系中占据重要

---

〔1〕　杨海坤主编：《中国行政法基础理论》，中国人事出版社2000年版，第28页。

的地位。行政法的主要特征表现在以下四个方面:

1. 行政法的调整对象是行政关系。所谓行政关系,是指行政主体在行使行政职能、接受法律监督等活动中,与行政相对人、监督主体等发生的,以及行政主体内部发生的各种社会关系。实践中主要包括行政管理关系、行政法律监督关系、行政救济关系及内部行政关系。

2. 行政法反映行政组织权力的赋予、分配和规范,保证行政权力得以实施。如界定行政主体资格、职权,明确行政职权的正当合法性,行政组织间的地位及相互关系等,以确保行政权的执行目的实现。

3. 行政法以控制和规范行政权为核心。行政权通常被认为是范围最广的国家权力,现代社会甚至有"行政国"之称,行政权力涉及几乎所有的社会领域,并配以相应的人、财、物,是保障社会秩序的基本国家权力。如此广泛的权力一旦被滥用,威胁相当严重,因此,为保障行政权的有效行使,以及公民、法人和其他组织的合法权益,行政法以规范和制约行政权为根本目的,这也是法治的题中之意。

4. 行政法还具有一些形式特征,如难于制定综合性的统一法典,多为分散的行政法律规范,世界各国少有采用统一的法典式立法;行政法渊源多元化,即行政法律规范的形态或表现形式多样,这造成了其效力的多极化;另外,行政受社会时事的影响极大,稳定性低,易变动,制定、修改、废止频繁。[1]

(二)海关行政法的概念和特征

《海关法》第2条规定:"中华人民共和国海关是国家的进出关境(以下简称进出境)监督管理机关。海关依照本法和其他有关法律、行政法规,监管进出境的运输工具、货物、行李物品、邮递物品和其他物品(以下简称进出境运输工具、货物、物品),征收关税和其他税、费,查缉走私,并编制海关统计和办理其他海关业务。"

依照宪法及行政法的规定,海关经国家授权承担进出关境的监督管理职能,权能职务具有典型的行政性:海关与管理对象之间是一种不平等的管理和被管理的关系,而非以自愿、等价有偿和意思表示一致为原则的平等权关系,同时其调整方法又非刑罚方式;由此,在实现海关行政职能过程中,海关之间、海关与其相对人等主体之间发生了一系列海关行政关系以及在此基础上产生的监督海关行政关系;毋庸置疑,海关具有行政主体资格,相关法律规范也应定性为行政法律规范。

因此,所谓海关行政法,是行政法的分支之一,是指调整海关行政关系的

---

[1] 关保英主编:《行政法与行政诉讼法》,中国政法大学出版社2004年版,第45~46页。

法律规范的总称。具体而言，即是在海关进出关境的监督管理活动中，调整海关与相对人之间、海关与监督主体之间、海关之间及海关内部所形成的社会关系的法律规范的总称。

关于这一定义，有如下三层含义：

1. 海关行政法的立法目的在于明确海关行政的主体资格、授权等事项，规范海关行政行为，有效实现海关职能，维护国家主权、利益与社会秩序。

2. 海关行政法的调整对象是具有行政权的海关与其相对人之间，海关之间，海关与监督主体之间以及海关内部的权利、义务关系。

3. 海关行政法的内容涵盖海关行政活动及程序、相关主体的性质、地位、资格确认、行为方式和相应的监督、救济制度等。

海关行政法是特别行政法。行政法是一国法律体系中仅次于宪法而与民法、刑法相并列的基本法律部门。海关行政法只是行政法这个基本法律部门的组成部分，而不是法律体系中的基本部门法，应当归属于"第三层次的法律部门，但并非指其效力等级为第三层次，效力等级具体决定于制定机关的地位等。"[1]

海关行政法与行政法的区别在于：

1. 海关行政法的调整对象确定，规范主体单一。行政法牵涉范围广泛，所规范的主体涵盖国家行政活动的多种层面，趋于多样化；而作为行政法这一基本法律部门的分支，海关行政法始终以海关行政关系为调整对象，其所规范的主体也只涉及海关及委托授权的组织，主体单一。

2. 海关行政法所规范的行政行为具有专门性。行政法所规范的行政行为的定义、特征、基本程序可同样适用于海关行政行为。但如海关稽查、海关担保、海关关境知识产权保护等则为海关行政法规范所独有。

3. 海关行政法所确定的救济方式独特。海关行政法除承袭行政法的救济规范外，还规定了部分专有的救济制度，如纳税争议复议前置程序、中级人民法院管辖一审海关行政诉讼案件等。

此外，海关行政法作为独立的部门法，有其鲜明的特征：

1. 涉外性。海关是国家法定的进出关境的监督管理机关，其基本任务即是监管进出关境的货物、物品或运输工具，也就是说，海关的职能限制在出入境的相关范畴内。海关性质与职能特有的涉外特征决定了调整进出境监管活动的海关行政法大多具有涉外性，这是海关行政法区别于其他部门法的最显著特征。并且，自我国正式加入世界贸易组织以来，必然要求加大对外开放程度及更为深入、广泛地参与国际经济合作，还将大量涉及与外国缔结的及国际海关协作

---

〔1〕　袁建国：《海关行政法》，中国人事出版社1996年版，第4页。

的条约、协定，海关行政法的涉外性将更为明显。因此，在海关行政法的制定、适用过程中，既要维护国家主权与尊严，促进国家经济增长；同时也要兼顾国家承担的国际义务，保障外国国家、组织、公民的合法权益，加强正常的对外交往与经济合作。

2. 统一性。我国海关行政法的制定权仅限于全国人大及其常委会、国务院和作为国务院直属机关的海关，完全不允许地方立法。各级海关级别有高低，人员配备、机构设置不尽相同，海关在全国各地设置也不均衡，有的省几乎沿海各县市均有，如广东省；有的省则仅设置一个海关负责办理海关业务，如青海。这些海关，无论规模大小、人员配置或业务轻重，均统一执行海关法律、行政法规、规章，不允许各行其是。

3. 综合性。海关行政法的综合性是指其涵盖的法律类型十分广泛。海关行政法的范畴之下，"既包含组织法，也存在业务活动法；既有实体法，又有程序法，还有与业务活动密切联系的人事、教育、财务、科技装备管理法；我国参加的海关合作理事会诸公约，与外国政府缔结的条约、协定等也是广义的海关法的组成部分"[1]。此外，海关事务涉及社会生活的范围也较广泛，海关行政法与刑法、民法、诉讼法以及公安、工商、税务、外贸、边防、文化、文物、卫生、交通、知识产权等方面的部门法均存在相应的联系甚至是重合的内容。

4. 主体法律与行政法规、规章在条文数量与稳定性上的反差程度高。我国海关行政法体系中，主体法律为《海关法》，仅9章102条，内容简约，只作框架性建构，而作为其下位法的行政法规与部门规章则多达数百件，每年均会有数十件新规章颁行，且内容极其具体，细化到规定货物、物品、运输工具的规格、品种、进出时间、地点、方式、程序等，这取决于我国地域广阔、人员众多的特性以及海关行政活动的复杂、多变性，并且与海关行政法的统一性相符合。作为主体法律的《海关法》必须作出简约、概括的原则性规定，保证相对稳定，以便在较长时间适用于全国范围内千差万别的、具体多变的海关业务。而行政法规与规章则细致、具体、明确，且随情况变化不断修订或新制，以适应法律实施过程中差异明显、不断变化的实践，使具体的海关行政权力均有严格的法定依据，以保证法制完整和依法行政，保障相对人的合法权益。

二、海关行政法的历史沿革

中国海关行政法的发展史，可划分为两个阶段：以鸦片战争为界，直至1949年新中国的成立，即半殖民地半封建社会的中国近代海关行政法时期；

---

[1]　成卉青：《中国海关法理论与实务总论》，中国海关出版社2005年版，第9页。

1949 年新中国成立之后至今的当代中国海关行政法时期。

中国古代自商周时期始，已出现海关制度的萌芽，但缺乏史籍与考古实物的证实。西周时，立关管理陆路进出境事务，开"关市之征"，并有"司关"之职；此后，自秦至唐，均设专门机关负责边防、出入境管理，如秦之"关都尉"及唐之"互市监"、"马市"，且在关禁体系、编制、关税征收等方面不断发展，趋于专业化。虽然缺乏专门立法，但历朝均有官方编史、文学作品等详细资料描述。

北宋元丰三年（公元 1080 年）颁布了中国首部关于市舶制度的专门法——《市舶法》，以后历年均有多种敕编（法令汇编），还有《讥察海舶条法》以及反走私的专项法——《漏舶法》；元政府进一步完善了市舶法规，制定了《市舶抽分则例》，这是"我国古代最为完备的海关与贸易法规"；[1] 清康熙二十三年（公元 1683 年）设闽、粤、浙、江四大海关，制定颁布了《江海关税则》，分列衣、用、食、杂四类物品税率，并规定海关工作人员职责，此后海关还先后参与制定了《防夷五事》、《民夷交易章程》、《防夷新规八条》。

总体而言，中国古代海关法律已逐步专门化、系统化、规范化，但限于中华法系的"诸法合体"特征以及封建社会、经济形态等时代因素的影响，无法对其作出准确的法律部门的定性。因此，可以说中国古代已建立基本的海关法制，但没有海关行政法的概念。中国海关行政法的历史应当自近代起算。

（一）中国近代海关行政法

1842 年第一次鸦片战争以后，中英《南京条约》要求清朝政府以"公平"的原则另订关税则例。1843 年中英《五口通商章程》附带的协定税则（Conventional Tariff）规定，中国海关税率应大幅度压低，直至 5% ~6% 左右。美法两国也相继与清政府签订类似税则，中国由此开始丧失关税自主权。

1853 年 9 月，英法美等国进一步迫使中国接受外籍人员作为"税务司"（Inspector of Customs），执行上海海关管理权。

1856 年至 1860 年第二次鸦片战争期间，英法侵略者强迫清政府将上海海关的税务司制度推广到各通商口岸，并设总税务司，在海关范围以内，享有绝对的统治权。

1864 年清政府颁布了《海关衙门章程》（《通商各口洋人帮办税务章程》）。该章程规定："各关所有外国人帮办税务事宜由总税务司募请调派，其薪水如何增减，其调任各口以及应行撤退，均由总税务司做主，总税务司直辖于总理衙门，政府其他部门无权过问海关事务。"从而明确了总税务司的归属、职权，

---

〔1〕　司鹏程、吴尚鹰：《中国海关法论纲》，上海人民出版社 2000 年版，第 17 页。

"洋关制度"由此逐渐形成。

1869 年海关总税务司发布《大清国海关管理章程》，对海关内部机构安排和人员配置、薪酬等作了详细规定。

1878 年海关总税务司发布《大清国海关总章程》，统一全国海关监管制度，要求各海关据此执行。

清末，海关总税务司还制定了一系列关于海关机构设置、组织管理的专项法规，如 1869 年《纪律规则》以图扭转海关吏治败坏、对外贸易畸形发展的局面。[1]

中华民国时期，国民政府试图实现关税自主，先后颁布了六部"国定税则"，且与英法美各国签订了包含承认关税自主权条文的新约。但由于社会的半殖民地性质，一个不具有独立主权的国家，海关不可能真正、完整地恢复其权能和目的，而只能仅仅增加政府收入，在一定程度上确保了国家财政收入的稳定和巩固。其时，中国海关依然是外籍税务司把持的"洋关"。总税务司根据政府廉洁行政的训令，制定了一系列海关工作规章条例。

总而言之，由于特殊的经济地位和影响，近代中国海关最早受到殖民冲击，成为最早采用西方管理体制进行运作的政府机构，相应的海关行政法同样是在不平等条约基础上，借鉴西方模式而形成的。虽无力自主、始终受制于外籍税务司的统治，但由于直接承袭现成、完备的西方制度、体系，其近代语境下的行政法特质应当得到肯定。

（二）中国当代海关行政法

外籍海关总税务司对中国海关行政管理权的控制，持续了近一个世纪。直到 1949 年中华人民共和国成立，结束了半殖民地的社会形态，我国才在真正意义上收回了海关管理权与关税自主权。

1951 年 5 月 1 日起施行的《暂行海关法》，是新中国的第一部海关法，也是我国首部完整规定国家海关制度的法律，真正实现了海关的独立自主。为实施《暂行海关法》，中央政府还陆续颁布了一系列配套法规，比较重要的如 1951 年颁行的《海关进出口税则》、1958 年 11 月颁行的《海关对铁路进出国境列车和所载货物、行李、包裹监管办法》、1958 年 12 月《海关对国际航行船舶及所载货物监管办法》以及 1974 年《海关对国际民航机监管办法》等。

1987 年 7 月 1 日起施行的《海关法》，是我国历史上第一部正式的《海关法》。新海关法是为了契合改革开放的正确决策、满足经济发展及对外交往的需要而制定的。以此为基础，海关总署还制定、修改了相关规章，形成了包括

―――――――――――――――

[1] 司鹏程、吴尚鹰：《中国海关法论纲》，上海人民出版社 2000 年版，第 19 页。

《海关行政处罚实施细则》、《进出口关税条例》、《进出口税则》在内的相关行政法规范。

2000年7月8日，第九届全国人大常委会第十六次会议审议通过了《全国人民代表大会常务委员会关于修改〈中华人民共和国海关法〉的决定》，对《海关法》作了相应修正，并自2001年1月1日起施行，其他配套行政法规、规章等也作了相应修改。

1987年的《海关法》是在我国还处于计划经济向市场经济转轨、对外开放刚刚起步的时期制定的。随着我国经济不断发展，对外开放逐步扩大，对外贸易迅速增长，进出境货物、物品大量增加的全新情况的出现，对维护进出口管理秩序，提高通关效率等方面都提出了更高要求，修改完善海关法势在必行。2000年经修订的《海关法》在关长权力规范、海关监管区和海关附近沿海沿边规定地区、海关检查权与扣留权的限制、走私案中的查询权、违反《海关法》行为的定性和分类等方面作出了全新规定。同时，新海关法还规范了报关手续和报关企业，明确了电子数据报关单的法律效力，增加了处罚种类——申诫罚和行为罚，充实了关于保税制度的规定，新增加了原产地规则和海关事务担保制度。这些变革，体现了我国发展社会主义市场经济与国际惯例接轨的要求。同时，对政务公开、程序公正、责任分担及执法监督等内容的规定也体现了权利和义务相一致的原则。

三、海关行政法的渊源

法的渊源是指那些具有法的效力和意义的各种法的外在表现形式，即法律规范的载体，侧重于法的外在形式意义。[1]

《海关法》第2条的规定："海关依照本法和其他有关法律、行政法规，监管……海关业务。"这一规定直接明确了海关事务的立法等级，海关事务属于中央立法事项，海关行政的依据限于《海关法》与相关法律、行政法规。因此，海关行政法的立法者为全国人民代表大会及其常务委员会、国家最高权力机关的执行机关——国务院和直属于国务院的海关系统最高领导机关——海关总署，而无论省、自治区、直辖市、较大市人民代表大会还是省、自治区、直辖市、较大市人民政府都不得制定海关行政法律规范。

我国海关行政法的渊源为成文法形式，具体包括如下内容：

（一）宪法

宪法虽然并未直接涉及海关事项，但宪法作为国之母法、最高效力的根本

---

〔1〕　张文显主编：《法理学》，法律出版社2003年版，第77页。

法，海关则是重要的国家行政机关，宪法中关于行政机关的组织原则和工作原则的规定同样适用于海关。

（二）法律

根据《立法法》第 8 条第 8 项的规定，国家的"基本经济制度以及财政、税收、海关、金融和外贸的基本制度"只能制定法律；而法律只能由全国人民代表大会及其常务委员会加以制定。

海关是国务院直属的行政机关，海关事务关系到国家主权和经济发展，是应当纳入国家决策主体宏观调控内的重大事项，海关的基本制度必须在全关境统一建立适用。因此，有关海关职能的法律属于全国人大及其常委会的专属立法事项，任何地方权力机关和行政机关均无权针对海关制度制定地方性法规和地方政府规章。

1987 年 1 月全国人大常委会制定通过的《海关法》于当年 7 月 1 日生效，取代 1951 年的《暂行海关法》，2000 年 8 月全国人大常委会对《海关法》作出重大修改，并于 2001 年 1 月 1 日生效，新海关法全文共 9 章 102 条。

《海关法》是有关海关事项的最基本最主要的法律依据，在海关行政法律体系中居于核心地位这是因为：其一，《海关法》总则构建了海关的基本体系，包括海关的机构设置、组织层级、上下级关系等；其二，《海关法》列举了海关的职责、任务、权力及其限制，并涉及海关权力行使的程序性规定；其三，规定了海关监督管理活动的基本方针和基本原则，以及详细的海关监督管理的具体内容和工作制度，包括进出境运输工具、货物、物品以及关税征收、海关事务担保等几个方面；其四，《海关法》界定了违反海关法的行为不限于走私行为，还包括其他违反海关管理规定的行为，以及应受的处罚方式——刑事处罚和行政处罚。其五，为了保证海关人员秉公执法，《海关法》还专门作出了海关执法监督的规定，要求海关及海关人员文明监管，对于海关人员徇私舞弊或拖延验放、刁难当事人等行为作出了予以严处的规定，为海关全面、正确、有效履行国家赋予的职能提供了基本的法律依据。

此外，《行政复议法》、《行政诉讼法》、《固体废物污染环境防治法》、《著作权法》、《商标法》、《专利法》等部门法中也有相关内容（如禁绝固体废物进入关境以及进出口商品的知识产权保护等）涉及海关行政活动的权限、内容和程序，因此，也应视为海关行政法的法律渊源。

（三）行政法规

行政法规是指国务院根据宪法和法律制定和颁布的规范性文件的总称，是海关行政法规范的重要渊源。

按照创制原因的不同，相关的海关行政法规可分为以下四类：

1. 为执行规范海关行政的法律而制定颁布的行政法规。《宪法》第 89 条第 1 项明确规定："国务院根据宪法和法律，规定行政措施，制定行政法规，发布决定和命令"。该条规定确定了国务院在国家机构中的性质和地位，因此，制定海关行政法规也是国务院的法定职权。全国人大及其常委会制定的法律为便于统一适用和保证稳定性，一般都相对简洁、概括，因此，在实际执行的过程中，很多内容需要具体化或者另行作出详细规定。此类海关行政法规包括：

（1）《海关行政处罚实施条例》。这是为保障《海关法》的执行，对违反海关法行为进行追究的必要法律依据。1987 年国务院制定《海关行政处罚实施细则》（以下简称《细则》）作为 1987 年《海关法》的配套行政法规，1993 年作了重新修订。《细则》具体规定了违反海关法的行为构成、种类及相应的处罚尺度、程序和救济手段。2004 年，为配合《海关法》的修改，国务院制定颁布《海关行政处罚实施条例》取代了《细则》，该条例对海关行政处罚的原则和程序等作了明确和细化，进一步规范了海关的行政执法。

（2）《进出口关税条例》。关税征收是海关职能的重要内容，因此，《进出口关税条例》是海关行政法渊源的核心法规之一，《海关进出口关税税则》为该条例的附件，每年由国务院酌情调整。2001 年中国加入 WTO 时，我国政府承诺全面采用《估价协议》，2004 年国务院发布新的《进出口关税条例》，废止 1992 年《关税条例》，以实现国内立法上的衔接。这一条例全面规定了我国进出口关税征收管理的主体与对象，并对关税税率的运用、缴纳、退补，完税价格的审定及纳税争议申诉等方面作出了明确规定。

（3）其他行政法规。其余如《知识产权海关保护条例》、《海关担保条例》、《海关稽查条例》、《海关统计条例》、《货物进出口管理条例》等，均是对《海关法》基本框架内容的延伸和细化。

2. 国务院行政管理职权范围内的事项需要海关执行而制定的行政法规，如《外国在华常驻人员携带进境物品进口税收暂行规定》等。

3. 国务院根据全国人民代表大会及其常务委员会的授权，针对部分海关事务在尚未制定法律之前制定的行政法规，如《保税区海关监管办法》、《海关对出口加工区监管的暂行办法》等。

4. 并非只针对海关事务的专门行政法规，但其全部或部分内容同样适用于海关行政活动。例如，《行政复议法实施条例》、《政府信息公开条例》、《世界博览会标志保护条例》、《商标法实施条例》、《著作权法实施条例》便是典型，其与海关行政事务的重合部分即是海关行政法的渊源。

（四）部门规章

《立法法》第 71 条规定："国务院各部、委员会、中国人民银行、审计署和具有行政管理职能的直属机构，可以根据法律和国务院的行政法规、决定、命令，在本部门的权限范围内，制定规章。"作为海关行政法渊源的部门规章，即由海关总署制定的、执行海关法律、法规以及国家涉及海关管理的法规、命令、决定的事项，主要形式为《海关总署令》，还包括海关公布的部分具有规章性质的其他规范性文件。如《科学研究和教学用品免征进口税收规定》、《禁止进出境物品表》、《海关关于进口货物实行海关估价的规定》等。

海关规章数量众多，规定具体，制定修改及时，弥补了《海关法》及配套行政法规过于概括或尚未出台而致法律真空的不足，满足了海关监督管理复杂、易变的需要，有助于提高工作效率，是海关行政过程中最常用的法律依据。

（五）法律解释

根据 1981 年第五届全国人大第十九次会议通过的《关于加强法律解释工作的决议》，我国正式的法律解释有立法解释、司法解释、行政解释和地方解释。[1] 其中涉及海关行政领域的也是海关行政法的有效法律渊源。

（六）国际条约和协定

国际条约是指国家之间以及国家和其他国际法主体之间所缔结的以国际法为准则，确定相互之间权利和义务的一种规范性文件。各缔约国或参加国为履行条约或协定，有义务使国内法符合条约约定，条约内容对国内领域同样具有约束力。因此，我国缔结或参加的国际条约中涉及海关事务的规定、国际海关组织关于海关事项的公认国际惯例、联合国理事会决议等对我国海关行政活动同样具有法律约束力，因而也是我国海关行政法的表现形式，如海关合作理事会的各项公约、国际海关对国家元首和外交官进出境的验放礼遇惯例等。这是对我国承担国际法义务的基本要求。

四、海关行政法的基本原则

（一）海关行政法基本原则的概念与特征

海关行政法的基本原则是贯穿于海关行政法的具体规范始终，用于指导和规范海关行政法的立法、执法以及指导规范海关行政权力的行使和海关行政争议的处理的基础性规范。

海关行政法基本原则是在海关行政法调控海关行政权的长期过程中形成的，超脱于行政法具体规范之上。海关行政法的基本原则是人们对海关行政法规范的精神的概括，反映海关行政法的核心观念和基本价值理念，是整个海关行政法的主导思想和理论基础，是海关行政法律规范或规则存在的基础。

---

〔1〕 毕家亮：《海关行政法学》，中国海关出版社 2002 年版，第 15 页。

海关行政法基本原则的特征在于：

1. 普适性。海关行政法基本原则贯穿全部海关行政法规范，适用于海关行政法的各个环节与所有领域；并且普遍适用于进出关境活动，即海关行政管理活动的全过程；而非仅仅适用于某一环节、某一领域的具体原则。

2. 特殊性。这是在海关行政法与法的个别与一般的关系上而言的，海关行政法基本原则仅适用于海关行政法领域，揭示了海关行政法的基本特征，并作为重要标志将海关行政法与其他部门法区别开来。

3. 法律性。海关行政法基本原则对海关行政具有直接的法律约束力，在效力层次上高于具体的海关行政法律规范，后者的制定必须以前者为依托并与之保持一致。一旦违反海关行政法的基本原则，行为人必须承担相应的法律责任。

（二）海关行政法基本原则的意义

1. 有利于保证海关行政法制的统一和稳定。海关行政行为的多样和不确定性决定了海关行政法律规范涉及范围广泛，数量庞大、内容复杂，易发生变动。在这种规范冗繁的状态下，要维持不同层级的海关行政法规之间的统一协调，保证其实施的稳定性，就必须寻求多样性形式之下的共通性，海关行政法基本原则作为一种精神观念和价值导向，显然是持久而稳定的，且能涵盖众多法规，因此，在海关行政的立法、执法、司法的整体过程中坚持其基本原则，有利于维持海关行政法制的统一和稳定。

2. 有利于海关行政法的适用。海关行政的职能活动牵涉广泛，形式多样，海关业务专业性强、可变性高，而法律规范是一种预见性的、先行于实践的规则，因此，海关行政法的适用过程中必然遭遇相当数量的法律真空状态。海关行政法基本原则的确立，有利于更好地理解海关行政法律规范在制定时的立法本意，避免生搬硬套地适用，在没有法律规定时，可以直接适用海关行政法基本原则，弥补法律的空白。现行法律规范的内容过于抽象或宽泛的，可以根据海关行政法基本原则进行解释和适用，海关行政法基本原则可以对现有海关行政法律规范起到补充、协调的作用，并且还可以作为海关行使自由裁量权适当与否的判断标准。

3. 有利于确定海关行政法的发展框架和方向。海关行政法基本原则的抽象性、理论性及本质性地位决定了其时效性将远长于具体明确的法律规范，也决定了其对具体规范的指导作用。因此，现行海关行政法的制度构建以及海关行政法的未来发展走向，都取决于海关行政法的基本原则，并且海关行政法的具体内容将会与基本原则保持一致。

（三）海关行政法基本原则的内容

海关行政法作为行政法的分支，首先应当遵循行政法的一般基本原则：

1. 行政法治原则。即依法行政，具体而言，是指行政权源于合法的授予；行政主体适格，行政行为有合法依据并且符合法律规范的要求，限于法定范围之内；行政行为符合正当法律程序；行政机关对违法、侵权行为承担相应的法律责任，任何情况下均不享有凌驾于法律之上的特权。

2. 行政合理原则。即要求行政权的行使不仅合乎有效的规范性法律文件的规定，还应当按照公平正义的要求进行，符合法律精神。[1] 该原则要求行政主体自由裁量权的行使必须与法律目的相适应；必须出于正当动机，符合公正公平的价值导向；还应符合比例原则，行政行为的实施必须兼顾行政目的的实现与当事人利益的保护，对相对人利益的影响应控制到最小限度且与行政目的的实现成适当比例。

3. 行政效率原则。要求行政主体积极行政，有效行政，便利相对人，减少不必要消耗，充分发挥各方面效能，以最少资源投入获得最大社会、经济效益。

4. 行政公开原则。即行政主体在行使行政权力，进行行政管理时，应将其行政行为的内容、过程、形式、措施等资讯告知行政相对人，增加行政透明度，保障其知情权和参与权。具体包括行政立法、政策、执法、复议、诉讼，行政信息、情报的公开。

同时，海关行政法作为独立的法律部门，自有其特别的目的、价值取向、调整对象、程序安排及法律适用情况等，因此，海关行政法除贯彻普适的行政法基本原则外，还须遵循其特有的基本原则。《海关法》第1条规定："为了维护国家的主权和利益，加强海关监督管理，促进对外经济贸易和科技文化交往，保障社会主义现代化建设，特制定本法。"此条开宗明义地宣示了中国海关行政法的特有立法目的。贯穿海关行政法全过程的基本原则主要有：

1. 维护国家主权和利益原则。国家主权，是一国所固有的对内的最高统治权和对外的独立平等权，即对本国领域内的一切事务可依照本国法律实行排他的管辖权；在国际上，无论国家的大小强弱，一律享有平等的国际法地位。

国家主权表现在许多方面，海关管理与关税自主权即是其中不可或缺的一部分。国家主权是一个独立自主的国家神圣不可侵犯的权利，是一国各项事务得以自主发展的首要前提。海关作为国家法定的进出关境的监督管理机关，是体现国家意志与权力的行政机关，因此，维护国家主权与利益原则始终是海关基本职能与任务的体现，也是海关行政法体系得以建立实施的首要前提。海关行政必须体现国家主权与利益，对进出关境活动实施全面、实际、独立自主的监管，维护并服务于国家主权与利益。

---

〔1〕　关保英主编：《行政法与行政诉讼法》，中国政法大学出版社2004年版，第117页。

自 1949 年 10 月 25 日中华人民共和国中央人民政府海关总署建立以来，我国摆脱了海关不独立、关税不自主的半殖民地"洋关"局面，享有了在国际上独立自主地与各主权国家进行经济贸易往来的平等地位。在世界经济一体化的浪潮中，无论国家经济发展水平、政策内容等方面发生怎样的变化，维护国家主权和利益原则都将是海关及海关行政法存在发展的先决条件，任何情况下均不可偏废。

2. 促进经济发展，加强对外交往原则。当今世界，经济全球化趋势进一步增强，经济发展的途径、模式日益多样，国家间的联系日益紧密，我国必须深化改革开放，完善自身发展，提升本国经济发展水平和综合国力，同时善于处理来自外部的机遇与挑战，将国家经济整体融入国际社会。海关作为进出关境监督管理机关，海关行政的效率高低、合理合法程度是影响对外经济往来的关键性因素。尤其我国加入 WTO 以来，海关在关税减让、征收反倾销税、反补贴税以及知识产权保护方面的作用日益强化。因此，促进经济发展，加强对外交往也应成为海关行政法的指导性理念。

一方面，海关应当依据国家产业政策，通过关税等经济手段保护民族产业的发展。同时，严密加强进出关境的监督和管理，依法处罚违反海关行政法的行为，规范国内经济的发展环境，维护国家的经济安全与利益。

另一方面，随着国际技术、信息与服务贸易的飞速发展，海关的管理模式和管理制度面临全新的要求，海关行政法应当在改善投资环境、促进经济贸易往来方面发挥更积极的作用。在坚持监督管理的同时，为合法的进出关境行为提供快捷、高效的通道，使对外贸易和科技文化交流畅通无阻，如通过降低关税税率、逐步减少行政性禁限措施、简化通关手续、取消政策性关税减免优惠等，以有利于国外资源的引进，并引导国内企业转换经营机制，不断增强竞争力。

3. 保障社会主义现代化建设原则。海关的特殊行政机关地位及专门职能决定了海关在保障社会主义现代化建设方面的特有义务及相应的影响。社会主义现代化建设包括物质文明建设与精神文明建设两个方面。二者均与海关行政法的适用存在重要联系。

在保障物质文明建设方面，海关作为国家进出关境的监督管理机关，承担着税制管理、惩治走私及其他违反海关行政法的行为等任务。海关通过合理的关税制度加强对以走私为代表的违法行为的惩治力度，使国内企业免受不公平竞争以维护公平合理的市场秩序，为国民经济的发展创造良好的外部环境。

在保障精神文明建设方面，由于其特殊的地位及职能，海关在打击毒品走私，查缴淫秽物品及盗版走私图书、音像制品等领域占据主导地位。通过对以上违法犯罪行为的清理惩治，将大量精神糟粕拒之于国门之外，有利于净化我国的精神、文化发展环境，提高国民素质与知识产权保护意识，进一步增强国家综合国力。

五、海关行政法的效力

所谓法的效力，即法的约束力，通常可以分为规范性法律文件的效力和非规范性法律文件的效力。非规范性法律文件仅对具体的人和事具有特定的法律约束力；而规范性法律文件的效力，也称狭义的法的效力，是指法律的生效范围或适用范围内，一种普遍性的法律约束力和强制力。本书所涉及的海关行政法的效力，是指狭义的法的效力，包括海关行政法的效力范围与效力层次。

（一）海关行政法的效力范围

海关行政法的效力范围，是指海关行政法的管辖范围，即海关行政法对何种人，在何种空间范围、时间范围内有效，从而发挥海关行政法的约束力与强制力。因此，海关行政法的效力范围包括：空间效力范围，时间效力范围与对象效力范围。

1. 海关行政法的空间效力。海关行政法的空间效力，即海关行政法所适用的全部地域范围。一般而言，一国的法律在空间上的效力范围即是一国的全部领域，亦即包括领水、领陆、领空在内的全部领土以及法律规定的延伸意义上的领土。此外，根据国际法准则和惯例，各国对其领海的毗连区也得行使一定的管辖权。法律规范在一国领土范围内的统一适用是一国主权的体现，也是法制完善的必然要求。中华人民共和国海关，是国家行政机关的组成部分，相应的海关行政法是我国现行法律体系中的部门法之一，自然应当遵循国家主权的原则以及法制统一的要求。但是，海关及海关行政法自有其特殊性。

海关是国家进出关境的监督管理机关，主要职能是对进出关境的货物、物品、运输工具进行监管、征收关税及其他税费、查缉走私、编制海关统计等。基于海关性质、任务的特殊性，根据《海关法》的规定，海关行政法的空间效力范围是中华人民共和国的关境。

关境，为一国海关法所实施的全部区域，我国虽未与其他国家建立关税同盟或实行共同的海关法，也未设立自由港或自由贸易区，但由于历史的原因，香港、澳门和台湾地区始终是单独关税地区，因此，我国关境小于国境，也即我国海关行政法适用的范围小于国境，具体而言，是指我国除香港、澳门、台湾地区之外的，包括领水、领陆、领空在内的全部领土，以及延伸意义上的领土——我国的国际航行船舶、军事舰艇、民用及军用航空器。

特殊情况下，海关行政法的空间效力范围可能大于或小于关境。

（1）海关行政法效力范围大于关境。根据国际法准则与惯例，主权国家在领海毗连区可行使一定的管辖权。《联合国海洋公约》第33条规定，沿海国可在毗连区内为防止或惩治在其领土或领海内违反其海关等法律的行为实施必要的管制。《中华人民共和国领海及毗连区法》规定中华人民共和国毗连区为领海以外邻接领海一侧的海域，毗连区宽度为12海里。该法第13条规定："中华人民共和国有权在毗连区内，为防止和惩处在其陆地领土、内水或者领海内违反有关安全、海关、财政、卫生或者入境出境管理的法律、法规的行为行使管制权。"这种管制权对海关而言，主要表现在可以在我国领海及毗连区外对外国船舶继续行使紧追权，但这种管制是有限的，并不包括毗连区上空。在此情形下，我国海关行政法的效力范围即已延伸到关境之外的毗连区。

（2）海关行政法效力范围小于关境。从整体意义上说，海关行政法的效力及于全部关境，但就具体海关行政法规范而言，其空间效力则存在差异。具体海关行政法规范的效力范围因其调整对象、制定机关层级、适用对象的不同而有区别。《海关法》的空间效力范围同于海关行政法，即全部关境；而某些行政规章是海关为适应特定地区经济发展的需要而专门制定的，仅在该地区适用，如《海关对经济技术开发区进出境货物的管理规定》只适用于经济技术开发区。

2. 海关行政法的时间效力。海关行政法的时间效力，涉及海关行政法何时生效，何时失效以及对其颁布实施前发生的事件、行为是否有溯及力的问题。

（1）海关行政法生效的时间，即海关行政法产生法律约束力的时间。各具体的海关行政法规的生效时间并不一致，基本情况为：

第一，自发布之日起生效。《海关船舶吨税暂行办法》第15条规定："本办法自发布之日起生效。"《九龙海关对深圳经济特区内国营外币免税商场的管理试行办法》第11条规定："本办法自发布之日起实施"。

第二，自法规颁布公告中规定的时间或法规中规定的时间为生效时间。1987年1月22日全国人大常委会通过《海关法》，该法第102条规定："本法自1987年7月1日起施行"。《海关实施人身扣留规定》是经由海关总署第144号令于2006年1月13日颁布实施的，该总署令规定"《中华人民共和国海关实施人身扣留规定》……现予公布，自2006年3月1日起施行"。

尚有部分海关行政法规范是以所谓"文到之日"、"下达之日"等作为生效时间，这类方式不够规范合理，随着我国行政立法技术的规范和进步，将很快消失。[1]

第三，未明确规定生效时间的，视为从发布之日起生效。如《关于中外合

---

〔1〕　徐晨、李太恩主编：《海关行政法概论》，中国商务出版社2006年版，第10页。

作开采海洋石油进出口货物征免关税和工商统一税的规定》、《海关审定进出口货物完税价格办法》等。

（2）海关行政法的失效时间，即其丧失法律约束力的时间。主要有以下情形：

第一，新法生效的同时，明令废止相应旧法。如现行《海关法》第102条规定："本法自1987年7月1日起施行。1951年4月18日中央人民政府公布的《中华人民共和国暂行海关法》同时废止。"

第二，效力等级较高的法律规范生效或失效的同时，效力等级较低的法律规范随之生效或失效。例如，1987年《海关法》生效实施之后，根据《海关关于现行海关法规、规章效力问题的公告》，与《海关法》相抵触而效力等级又低于《海关法》的海关行政法规与规章在《海关法》生效的同时，丧失了法律效力。效力等级较高的法律规范的失效，则根据其制定的效力等级较低的海关行政法规范同时丧失法律效力。

第三，法律自身的有效期届满或达到终止日期而失效。

（3）海关行政法的溯及力，即指海关行政法对其生效施行之前的事件、行为是否具有约束力和强制力。我国海关行政法通常采用从旧原则，一般不具有溯及既往的效力，新法规只约束实施之日后发生的行为、事件。但也存在例外，即海关对违法案件的查处，如果旧法认为违法的行为，新法不认定违法，则依照新法，不再按违法处置。另外，海关总署的少量行政规章规定以前发生的行为按新规定办理。总而言之，海关行政法在溯及力上，以从旧为原则，兼采从新，从新为例外。

3. 海关行政法的对象效力。海关行政法的对象效力，即海关行政法对哪些人发生拘束力。就一般情况而言，我国法律规范对人的效力实行以属地主义为主，以属人主义、保护主义为补充的原则，即对于在中国境内及境外的中国公民，以及在中国领域内的外国人、无国籍人、除有特殊规定外，一律适用中国法律。海关行政法作为特定部门法，有明显的特殊性。

从承受不同权利义务的法律关系参与者角度而言，海关行政法所适用的人（包括自然人与拟制人）具体可以分为：

（1）海关行政的主体以及行政主体内部国家工作人员。海关行政法对海关总署及其所属各海关，相关国家机关或组织均具有法律约束力。各主体实施海关行政行为应当合乎海关行政法的规定，并承担相应的法律责任。

而海关关员和其他受海关委托而执行海关业务的工作人员，代表的是海关这一抽象主体，实际执行监管职能，当然置于海关行政法的约束之下，遵循海关行政法规定的原则和程序履行职能，承担相应责任。

（2）海关行政法律关系中的行政相对人，包括自然人、法人和其他组织，如出入境物品所有人，收发货人，运输工具的负责人等。一般而言，其范围的确定，采用属人主义与属地主义相结合的原则，即我国海关行政法规范对居住在我国境内的公民以及一切进出我国关境的外国人、无国籍人均具有拘束力，法律另有规定的除外。海关行政相对人作为海关行政法律关系中的被监管一方，依法进行出入境活动，承担相应法律后果。

（3）任何对海关的行政活动负有协助义务的人。这里的义务包括作为的或不作为的协助义务，如过境船只上的船员在搜查时，有协助开舱开箱的义务。而经海关检验加封的物品，任何人都有不擅自拆封的不作为义务。

（二）海关行政法的效力层次

海关行政法的效力层次，是指海关行政法体系中，海关行政法的各种渊源由于其制定主体、程序、时间、适用范围的不同，其法的效力亦有层级的差别。

根据法的效力层级的一般规则，海关行政法具体规范效力等级的差异决定于其制定主体，与制定机关的地位一致，采用上位法优于下位法的原则。

宪法是具有最高法律效力的国家根本法，有关海关行政的宪法性规范在海关行政法体系中效力最高，是处于第一层级的海关行政法规范；而由全国人民代表大会及其常委会制定的法律，在效力上仅次于宪法，在海关行政法体系中处于第二层级，如《行政复议法》、《行政诉讼法》、《海关法》等；《进出口关税条例》、《海关行政处罚实施条例》等规范则是由最高权力机关的执行机关、最高国家行政机关——国务院制定的行政法规，效力上处于第三层级；海关总署作为国务院的直属机关，其所制定的部门规章自应属于第四层级。

另外，法的效力层次还存在一定的特殊规则，如针对同一制定主体，特别法优于一般法；对于同一效力层级的规范，新法优于旧法；法律文本优于法律解释等。海关行政法规范同样适用这些规则。

六、海关行政法的体系

法律体系是由一国现行的全部法律规范按照不同的法律部门分类组合而形成的呈体系化的有机联系的统一整体。从性质上讲，海关行政法与教育行政法、人事行政法、公安行政法等部门行政法共同构成行政法体系。同时，海关行政法作为我国行政法的一个分支，内容的综合性强，法规数量庞杂，并且内部分支清楚，层次分明，相互联系紧密，具有相对独立性与完整性，已然体系化。因此，海关行政法既是行政法体系的有机组成部分，也是一个自成体系的相对独立的法律部门，有其独立的体系结构。

海关行政法体系的构成，从规范效力等级的角度而言，可以分为法律、行政法规、部门规章、国际条约或公约四个层次，规范之间的等级表现为：国际法优于国内法，法律优于行政法规，行政法规优于部门规章。

从海关行政法规范的内部层次而言，可以分为基本海关行政法、配套海关行政法及相关海关行政法。基本海关行政法即全国人大常委会制定的，1987年7月1日生效的，2000年又经全国人大常委会作出重大修改的《海关法》；配套海关行政法则是指为实施《海关法》，由国务院专门制定或批准制定的行政法规及直属于国务院的海关总署制定的部门规章；相关行政法则包括涉及海关行政内容，能够成为海关行政法渊源的有关法律法规、国际条约或公约等。

从海关行政法规范的分类而言，海关行政法可以分为海关组织法、海关行政行为法与海关行政监督法三大部分。其中，海关行为法包括海关监管法、海关稽查法、海关税法、海关担保法、海关统计法、海关优惠法、海关行政处罚法、海关行政事务法、海关行政救济法、海关行政立法法、国际海关行政法等。

海关行政法的渊源部分已从上述的前两个角度阐释了海关行政法的构成，以下将从海关行政法的各分支角度，详细论述海关行政法体系。

（一）海关组织法

行政组织法是界定内部行政关系的法律，即是主要从行政管理的角度，规范行政组织、控制行政组织的法律规范。海关组织法作为行政组织法的分支，主要涉及海关的性质、机构设置、职能任务、隶属关系、职责权限、组织原则、职务设置、海关工作的指导思想和工作方针等内容。海关组织法是海关设立、存在和实现其职能的先决条件和法律依据；在海关行政法体系中占据核心地位，其余海关行政法的分支均由海关组织法衍生而成。

（二）海关行政行为法

相对海关组织法而言，海关行政行为法规定的主要是海关的外部行政关系，即海关行政职能的内容及行使其行政职能的方式和程序。具体包括：

1. 海关监管法。该法也可称为通关法，即规范海关对进出境货物、物品、运输工具实行监管的法律。海关监管法涵盖的法规数量众多，内容庞杂，涉外性、综合性及易变性明显，突出反映了海关行政法与其他法律部门的区别。因此，海关监管法是海关行政行为法的主体，是海关监管活动的法律依据以及其他海关行政活动的前提，如海关征税、海关统计、海关稽查、海关调查等都须以海关监管为基础。海关监管法主要规定海关对进出境的货物、物品（包括行李物品与邮递物品）、运输工具进行监管的内容、程序、要求，以及进出境运输工具负责人、货物收发货人、物品所有人在通关时的权利和义务。进出境货物、物品、运输工具的种类繁多，如进境货物有一般贸易货物、加工贸易货物、暂时进出口货物等区别，不同的监管对象须有不同的监管方式，海关监管法之下的具体分支法规数量极多。

2. 海关税法。该法主要规定国家的关税政策、关税的征收、减免和退补原则及程序，纳税人权利、义务，纳税争议处理等，可以分为海关关税征收管理法与进出口关税税则两大部分。前者是海关征税的依据和规范，也是后者制定的依据，海关进出口关税税则即进出口商品的分类和税率标准的规范。关税是国家财政收入的重要来源。针对不同种类货物的关税税率的高低，不同身份的人的减免、退补措施，又对国内市场的分布、国内经济的发展起着重要的引导和调节作用。因此，海关税法在海关行政法体系中举足轻重。

3. 海关稽查法。它是指海关对进出口相关企事业单位实施稽查，以确定企业进出口活动是否合法的法律规范的总称。所谓相关企事业单位，是指经营进出口贸易、加工贸易及其他保税业务的企业、外商投资企业、代理报关企业以及政策性减免税物资的使用单位。主要稽查措施为对相关单位会计账册和其他资料以及相关货物进行核查。海关稽查是海关监管、海关征税、海关优惠等职能活动的补充和延伸，也是海关查处违反海关法行为的基础性工作。

4. 海关担保法。海关担保是指进出口收发货人或其代理人在未履行有关义务的情况下，以向海关缴纳保证金或提交保证函的方式，要求海关先放行进出口货物，保证在一定期限内履行其承诺的义务的法律行为。因此，海关担保法是规定和调整海关通关管理、税收管理、海关调查和处理违反海关行政法案件的过程中发生的海关与进出境活动当事人（担保委托人或自我担保人）、担保人之间权利义务关系的法律规范。2000年《海关法》的修改，明确了海关税收担保的实施范围和方式，并且专门补充了第六章——海关事务担保。新修订的《海关行政处罚实施条例》和《知识产权海关保护条例》则对海关调查处理走私及其他违反海关监管规定行为、查扣处理侵犯知识产权进出口货物过程中的海关担保方式及实施保证作了许多具体规定。[1]

6. 海关统计法。它是国家统计法的组成部分。主要内容涉及海关对进出口商品进行全面统计、分析的制度、方法和程序，以及海关及进出口当事人在其中的权利义务关系，还包括海关自身业务统计的基本制度、种类、程序方面的内容。海关的统计资料直接来源于海关监管、税收、稽查等职能活动，统计结果是国家宏观经济决策、企业微观经营决策的重要依据。因此，海关统计法同其他海关行政法的分支联系密切，对不同层面的经济发展状况的影响重大。

7. 海关优惠法。它规范的对象是海关对进出关境的当事人的货物、物品及运输工具的实际进出以及关税征收，是有关保税货物的后续管理给予优惠待遇

---

〔1〕　成卉青：《中国海关法理论与实务总论》，中国海关出版社2005年版，第17页。

的原则、方式、制度和程序的法律规范。海关优惠制度有利于引进外资，促进技术交流，扶植农业、教育、卫生事业和引导贫困地区的发展，对促进对外开放，扩大中外技术、经济交流的意义重大。

8. 海关行政处罚法。这涉及海关依法对海关行政相对人违反海关行政法规范而尚未构成犯罪的行为予以人身、财产、名誉等形式的法律制裁，包括对违反海关行政法行为的构成要件及海关对此予以行政处罚的原则、内容和程序的规定。主体法律为《海关行政处罚实施条例》，该条例对走私和其他违反海关行政法的行为及处罚作了详细的量化规定。海关行政处罚法既是海关准确及时调查违反海关行政法行为，正确适用法律认定违法行为并给予与社会危害程度相适应的法定处罚，充分维护国家利益的法律依据，同时也是进出关境当事人获得公正对待，合法权益不受侵犯的基本法律保障。

9. 海关行政事务管理法。不同于以上八类海关行政行为法，海关行政事务管理法规范和调整的是海关内部行政关系，即海关在履行其进出关境的监督管理职能过程中发生的海关内部上下级之间、平行部门之间以及海关同其他机关（如人事、教育、劳动、财政、监察等机关）及其部门之间所发生的行政事务管理关系。主要内容有：海关人事管理，关于海关人员招考、教育、培训、考核、干部考察、任免、调配、交流、奖惩、工资福利、职称评定与管理等；海关财务管理，包括海关关务、行政、缉私费用，海关业务场所专用经费，海关关税及税费管理等；还涉及海关装备、机关事务管理等方面的法律规范。

10. 海关行政救济法。行政救济是指当公民、法人或其他组织认为具体行政行为直接侵害其合法权益，请求有权的国家机关依法对行政违法或行政不当行为实施纠正，并追究其行政责任，以保护行政管理相对方的合法权益的制度。作为行政法的分支，海关行政救济适用行政救济法的一般规定，但由于海关行政复议和行政诉讼部分的特别规定，海关行政救济的具体规范有其独特之处。海关行政救济法包括海关行政申诉法、海关行政复议法、海关行政诉讼法与海关行政赔偿法，具体包括海关行政复议案件，复核行政申诉案件及赔偿案件，参加以海关为被告的行政诉讼、行政赔偿。规范和调整的关系涵盖海关与行政相对人之间，海关内部上下级之间、部门之间，海关同其他机关之间的权利义务关系。

11. 海关行政立法法。海关行政行为不仅指具体行政行为，也包括抽象行政行为。海关行政立法法所调整的是海关行政立法活动中海关与相应利害关系人（包括拟制人）之间的权利义务。具体而言，是指海关内部上下级之间、部门之间；海关与上级立法机关（最高权力机关、最高国家行政机关及其部门）之间；海关与地方国家权力机关及行政机关之间；海关同其他相关组织、个人之间的权利义务关系。

12. 国际海关行政法。这是指我国缔结或参加的与海关行政相关的国际条约或公约、各国公认的海关行政惯例。这涉及了国际法在国内法中体现的内容以及国内法中涉及国际交流合作的内容。

（三）海关行政监督法

海关行政监督法规范的对象是各类监督主体依法对海关及其工作人员的行政行为所实施的监察、督查、督导活动。既包括以海关行政监察、海关审计监督为主的专门监督，也包括国家权力机关的监督、人民法院和人民检察院监督、政党监督和社会舆论监督，与海关行政救济法存在大量交叉，如海关行政复议、海关行政诉讼和海关行政赔偿一方面是对相对人的救济，另一方面也是对作为行政主体的海关的监督。海关行政监督法以海关勤政廉政为主体内容，涉及对海关及其工作人员的行政、执法行为进行严格监督和有效检查，对违法或不合理行政行为予以纠正，对海关及其工作人员贪污、受贿、徇私舞弊、放纵走私、拖延监管、刁难合法进出关境的当事人等违法行为进行追究、处罚以及对勤政廉政、政绩突出行为给予奖励。

海关组织法、海关行政行为法与海关行政监督法既自成体系，又互有交叉，既相互区别，又相互联系，共同构成了中国海关行政法的体系。

第一篇　主体篇 <<<

第1章
海关行政主体

"法律关系的主体"是法律关系领域的一个极为重要的概念，与"内容"、"客体"一起构成法律关系的基本要素。法律的存在、运行、作用于社会，首先需要有"主体"的存在。由此，我们研究海关行政法首先从海关行政主体入手。本章分四节，由海关行政主体概述开始，分析其概念、范围，结合制度层面的海关行政组织机构的设置、历史沿革、海关关员的地位、权利义务，最终清晰界定海关行政主体的权力运行轨迹，使其沿着法治的道路稳健地实现预定的价值目标。

第一节　海关行政主体概述

一、海关行政主体的界定

法律关系的主体（legal subject），"即法律关系的参加者，是法律关系中享受权利承担义务的人，通常称为权利主体或权义主体。"[1] 海关行政法律关系主体是一般意义上的法律关系主体在海关行政领域的具体展现。[2] "是海关法律关系的参加者，即海关法律关系中权利的享有者和义务的承担者。"[3]

---

〔1〕 周永坤：《法理学》，法律出版社 2004 年版，第 133 页。

〔2〕 翻阅较早的海关法教科书，虽然已有学者使用"海关行政法律关系"（参见毕家亮：《海关行政法学》，中国海关出版社 2002 年版；徐晨、李太恩主编：《海关行政法概论》，中国对外经济贸易出版社 2006 年版）。这一称谓，但学者仍较为广泛地称之为"海关法律关系"。实事求是地讲，两者并没有本质的差异，但涉及海关法的定性问题。鉴于本书的体例安排，笔者这里不展开论述。"海关行政法律关系"突出其行政法的归属，笔者较为赞同。

〔3〕 张红编：《海关法》，对外经济贸易大学出版社 2002 年版，第 22 页。

　　《海关法》调整范围的广泛决定了海关行政法律关系主体的范围也较为广泛。根据《海关法》，我国海关行政法律关系的主体包括海关、参与出入关境活动的当事人以及其他相关国家机关。也就是说，国家机关、企事业单位、其他社会组织，中国公民、外国人、无国籍人、国际组织和外国国家机关，都有可能成为海关法律关系的主体。一方面，国内外各种单位、组织、个人，都可能成为货物、运输工具、行李物品、邮递物品进出我国关境的直接当事人，亦即成为海关行政管理相对人；另一方面，国内外的国家机关、社会团体、企事业单位，都可能因业务关系成为海关业务活动的协作人甚至形成固定的业务伙伴关系，从而成为海关行政法律关系的主体。

　　海关行政主体，不同于海关行政法律关系的主体。二者如同行政主体与行政法律关系的主体之间的关系，行政主体与行政相对人共同构成行政法律关系的主体，行政主体是并且仅仅是行政法律关系主体的一个方面。[1] 同理，海关行政主体与海关行政相对人共同构成海关行政法律关系的主体，海关行政主体仅仅是海关行政法律关系主体的一个方面。

　　海关行政主体是行政主体的具体化，其具备行政主体的一般构成特征。其一，海关行政主体必须是具有海关监管职能的组织。在当代法治社会，法律一般不会将公共管理职能赋予个人。而衡量一个组织机构是否是海关行政主体的关键就是看其是否具有海关监管职能。现代社会存在着各种各样的行政组织机构，而并非所有的行政组织都具有海关监管的职能。其二，海关内部也有众多分工不同的部门，也不能一律称之为海关行政主体，除了判断是否具备海关职能之外，还要看其是否以自己的名义实施海关行政管理活动。另外，如果一个组织机构具备了海关的职能，也以自己的名义实施监管行为，如不能自己承担责任，也不能称之为海关行政主体。

　　由此，我们将海关行政主体定义为，具有海关监管职能，以自己的名义从事海关监管活动，独立承担由此产生的法律责任的组织。

　　值得注意的是，这里的监管即监督管理，"监督管理是一个综合概念，实际上包含了海关的全部工作内容，即海关对进出境货物、物品、运输工具的现场验放、关税和其他税费的征收、减免，海关对违法进出货物、物品、运输工具行为的查处，海关对保税、缓税货物的后续管理，海关统计工作，海关立法和海关法宣传工作，海关国际使用，海关对知识产权的边境保护工作等。"[2]

〔1〕　杨海坤、章志远：《行政法学基本论》，中国政法大学出版社2004年版，第80页。

〔2〕　成卉青：《中国海关法理论与实务总论》，中国海关出版社2001年版，第60页。

二、海关行政主体的范围

界定海关行政主体的内涵，直接相关的是确定其外延。外延的明晰，就意味着把海关行政权力运行的起点纳入了法治的轨道，意味着权力的行使更便于法律的控制和监督。

具体来讲，海关行政主体包括海关和其他相关国家机关，也即"管理主体"。

海关是海关行政活动的当然主体。《海关法》第 2 条明确规定："中华人民共和国海关是国家的进出关境监督管理机关。海关依照本法和其他有关法律、行政法规，监管进出境的运输工具、货物、行李物品、邮递物品、和其他物品，征收关税和其他税、费，查缉走私，并编制海关统计和办理其他海关业务。"海关包括海关总署和各地海关机构。随着我国改革开放事业的不断深入，海关监督管理范围日益扩大，地方海关机构不断增加。到目前为止，我国已经在海关总署下设置了 41 个直属海关，另外还有一个广东分署，上海和天津两个特派办。[1] 海关总署和地方海关机构作为海关行政主体中最重要的一类，统一行使国家的进出关境监督管理权。

《海关法》除了赋予海关对进出关境的监督管理权外，同时还赋予其他有关国家机关一定范围内的管理权，近似于行政法所称的"法律法规授权主体"。区别在于这里的管理权不是处于绝对的"独立"或绝对的"辅助"地位。例如，《海关法》赋予工商管理机关和公安机关等行政执法部门在海关监管区以外的关境内查处违反《海关法》行为的权限，并移交海关处理；赋予专业银行和海关共同监管对外加工贸易的权限等，即以海关监管为主，相关国家机关为辅。《海关法》赋予公安机关、检察机关和人民法院惩处走私犯罪行为的权限等是比较独立的，不以海关监管为中心。

三、海关行政主体与海关行政组织

海关行政法作为行政法的部门法，自然会遇到行政法学理论所面临的普遍的困惑和问题。海关行政主体与海关行政组织的关系如何，类似于行政法学上行政主体与行政组织之间的冲突与矛盾。

行政主体理论的研究兴起于 20 世纪 90 年代，根源于行政组织法自身存在的缺陷：行政机关内部的组成机构各式各样，在法律上的地位也不完全一样，行政机关所关注的只是对外行使职权的组织，因而类似于内部管理机构的行政机

---

[1]　中国海关网 http://www. customs. gov. cn/YWStaticPage/7973/4fb88044. htm。

关就无法以自己的名义与对外行使职权的行政机关相区别；行政机关具有多重身份，在不同的法律关系中具有不同的地位；现实生活中除了行政机关以外，某些特定的组织经过授权之后也可以独立从事行政管理活动，而行政组织法不能充分解释这些现象。而《行政诉讼法》的颁布，使行政诉讼被告资格的确认成为迫切的现实需要，而行政主体理论恰好满足了这一要求。[1] 由此开始，行政法学界研究视角，从行政组织法慢慢转移到行政主体理论，有意无意地抛开组织法的研究，而热衷于行政主体理论的探讨。这在一定程度上阻碍了行政组织法的研究，延缓了行政组织法制化的进程。

实事求是地讲，行政主体理论和行政组织法也并非水火不容。行政组织法重在内部的静态研究，行政主体理论重在外部的动态研究。行政主体资格的取得、丧失，离不开组织法理论的规范，行政组织法对于行政内部问题的规定，根本目的在于塑造合格的对外行使行政职能的行政主体，两者相互结合，不能偏废。同时，通过学习研究外国行政主体理论的产生背景，发展历程，完成主体理论的重构，使行政主体理论重新回到行政组织法的研究范围，而不是取代组织法的研究。

同样，海关主体资格的取得、丧失，离不开行政组织理论的规范，海关行政组织法对于内部相关问题的研究、规定，根本上是为了塑造一个合格的海关行政主体，两者亦相互结合，不可偏废。在研究海关行政主体理论的同时，全面探讨海关行政组织法，针对海关组织机关、相关国家机关的地位、设置、权限、编制、海关关员的权利和义务等加以深入研究，从源头上规范海关行政主体的行为。

第二节 海关组织机构

一、海关的领导管理体制与历史沿革

海关的领导管理体制可以分为内部和外部两个方面。从外部方面讲，海关总署直属于国务院，是国家行政管理机关的一个部门，海关职能必须服从于和服务于国家行政管理的总方针、总任务。地方各级人民代表大会和人民政府对各地海关不具有领导职能，海关无需对其负责。海关组织体系内部，设在全国各地的海关都是海关总署的派出机构，其人、财、物都由海关总署集中统一管

---

〔1〕 杨海坤、章志远：《行政法学基本论》，中国政法大学出版社 2004 年版，第 92 ~ 94 页。

理，各海关在海关法律法规的规范下独立行使职权，向海关总署负责。概括地讲，海关的管理体制属于高度集中统一型，从海关总署到各级地方海关实行垂直领导，也即我们通常所说的"条"状结构，而非像其他大部分国家行政机关实行的"条块结合，以块为主"的领导体制。

垂直领导体制，具体来讲，是指海关的方针、政策、业务规程和工作制度，除国家法律（如《海关法》）、国务院行政法规（如《进出口关税条例》和《海关法行政处罚细则》）已有规定外，均由海关总署或上级海关统一制定；各级海关依法独立履行职权，只对海关总署负责；海关的各项业务工作以及财务、装备配发、人员编制、机构设置、干部任免、教育培训等等，均由海关总署统一管理。

我国海关之所以实行这种垂直管理体制，是由其负有国家监督、调控的职能决定的，同时也是各国所普遍实行的规律。众所周知，市场经济条件下，对外经济贸易活动的主体是多种多样的，不可能仅为国家所垄断。对外贸易巨大的利润空间必然会吸引各地政府采取各种措施鼓励其发展，不同的利益诉求使得对外经济贸易活动产生矛盾和冲突不可避免。这就需要协调市场主体、地方政府、国家之间的关系，使之符合全体公民发展经济，提高生活质量的要求，符合国家的长期发展规划。由此，国家在制定了专门的法律法规的同时，也设置了专门的机构与独特的垂直领导体制对各地分散的对外经贸活动实施统一的监督管理，以贯彻国家对外经济贸易政策的一致性。这是防止不正当竞争、维护人民利益的重要保障，同时也与 WTO 所要求的相一致。

新中国成立以来，我国的海关领导管理体制并非始终如一，其经历了从集中到分散再到集中的几个阶段的变化。

（一）1949 年到 1960 年

这一时期，新中国海关从无到有，从"摸着石头过河"到海关各项制度逐渐完备，为新中国海关事业的发展奠定了坚实的基础。领导管理体制的特征主要有：海关总署作为中央人民政府政务院的组成部分，受政务院的直接领导，并受政务院财政经济贸易委员会的指导。各地海关直属海关总署领导，并受所在地大行政区人民政府指导,[1] 也就是我们所说的垂直领导管理体制。

---

〔1〕 这里关于"领导"与"指导"的区别，笔者认为，"领导"为上级行政部门对下级负有管理权限，下级行政部门需对上级负责；"指导"则无此上下级关系，仅基于行政事务的繁杂和综合性，而由上级行政主体提供建议，下级接受没有法律约束力。

1951 年 4 月，中央人民政府颁布的《暂行海关法》[1] 以及其他相关法律和行政法规，都对这种体制予以确认。《暂行海关法》第 1 条明确规定："中华人民共和国一切海关机关及其业务，由中央人民政府海关总署统一管理之"；第 7 条规定："海关总署为中华人民共和国的国家行政机关，受中央人民政府政务院的领导及政务院财政经济贸易委员会的指导；并与中央人民政府贸易部保持密切联系"；第 14 条规定："海关的地方机关的组织，由海关总署规定之"；第 17 条规定："（关长，副关长）均由海关总署署长报请中央人民政府政务院任免之"，"（分关长，支关长及其副职）均由海关总署署长任免之"；第 18 条规定："各关科长级 人员以及各关之间人员的调遣，由海关总署决定之"。

同时，《暂行海关法》第 8 条规定了海关总署的职责、任务，也印证了这时期高度集中统一的管理体制。

1953 年底，我国的海关体制主要在编制和领导关系上发生了变化：海关总署变为海关管理局，直接由外贸部领导，但仍属于全国海关业务最高领导机关，仍集中统一管理全国海关的业务活动；地方海关成为有关省市外贸局的组成部分，由外贸部的海关总署和各省（市、自治区）双重领导，有学者称之为"基本集中统一型"的领导管理体制。[2] 我们认为，垂直集中型的管理体制在这一时期仍占主导地位，且《暂行海关法》的其他内容仍然继续有效。

（二）1970 年到 1979 年

十年动乱使得整个中国的法治建设蒙上了阴影，也包括海关。从 60 年代开始，海关建制、权力节节下放，从中央到省、自治区、直辖市，有的甚至交给外贸公司或人民公社。这一时期，虽然体制上由地方党政和外贸部双重领导，但囿于整个国家的混乱，政令的不通畅，地方管理实际成为主导方面，海关管理体制也成为分散领导型。这使得《暂行海关法》有关组织法的部分基本失效，海关的业务制度，法规规章失去作用。随着"左"的错误思想进一步发展，海关的监管、征税工作受到极大的削弱，海关统计甚至停止编制，每年查获的海关走私案件只有几千起，海关法治建设被破坏殆尽。

---

〔1〕 1954 年 9 月，我国召开第一届全国人大第一次会议，而此前由中国人民政治协商会议代为行使人大职权，主要为通过宪法，组织法等作为国家基础性的重要法律。政协通过《中央人民政府组织法》授予政务院"发布决议和命令，提出议案"等的权力，实际也包含了部分"法律"的形式，就其地位和效力看，与现在最高立法机关颁布的法律没有差异。详情参见肖蔚云主编：《宪法学概论》，北京大学出版社 2005 年版，第 238～241 页。

〔2〕 蔡渭洲编著：《中国海关简史》，中国展望出版社 1989 年版，第 240～244 页；成卉青：《中国海关法理论与实务总论》，中国海关出版社 2001 年版，第 64～67 页。

（三）1980 年至今

1970 年至 1979 年的海关实践表明，分散领导型的管理体制不利于我国海关工作对外的统一，并且只能强化而不能削弱海关的监督管理职能。海关必须有自身的相对独立性，才能强化进出境活动的监督管理职能，才能防止国家关税的流失，打击走私犯罪活动，才能切实保障国家统一的海关政策和法律、法规的贯彻执行。

1980 年 2 月，国务院发布《关于改革海关体制的决定》，决定重新设立海关总署，直属于国务院领导，统一管理全国海关的业务、机构、人员和经费等。各地海关直接接受海关总署的领导，并受所在省，自治区，直辖市人民政府的监督、指导，形成了全国统一的海关管理体制。

1987 年 1 月，全国人大常委会通过颁布的《海关法》进一步明确规定："中华人民共和国海关是国家的进出关境监督管理机关"、"国务院设立海关总署，统一管理全国海关"、"海关的隶属，不受行政区划限制"、"海关依法独立行使职权，向海关总署负责"、"海关依法执行职务，任何单位和个人不得阻挠"。这就以高位阶法律的形式重新确立了海关系统的垂直管理体制，更好地适应了我国改革开放和现代化建设的要求。

二、海关组织设立的原则

海关组织机构的设立，关系到国家主权和利益，关系到我国进出口关境管理的基本政策和我国经济发展的战略，因此，海关的设立在我国《海关法》上占有重要的地位。

建国伊始，我国只在对外开放的口岸设立海关。直到 1980 年，国务院发布《关于改革海关体制的决定》，才规定海关设立在对外开放的口岸和海关业务集中的地点。伴随着改革开放的深入，外商投资和对外加工贸易逐渐由沿海向内陆扩展，进而遍布全国。为方便企业办理进出口海关手续，同时也进一步做好海关监管、税收和统计工作，促进全国范围内外向型经济的发展，1987 年，全国人大常委会颁布的《海关法》第 3 条明确规定："国家在对外开放的口岸和海关监管业务集中的地点设立海关"。这就以法律形式确立了我国海关设立的基本原则。

对外开放的口岸，是指我国开放对外贸易的港口；国界火车站和国界联运车站；陆路边境及国界江河上准许货物和旅客出入国境的地点；国际航空站；国际邮包、邮件交换地点；以及经国家特许货物进出口的地方，如边境小额贸易货物进出境地点等。

海关监管业务集中的地点，是指除口岸外，内地海关监管业务量较大的地方。根据海关业务监管的状况，不是对外开放口岸而海关监管业务集中的城市、地区也可设立海关。过去一度将沿海口岸称之为"海关"，而将内陆地区设立的海关称之为"关"，现在已经不加区别，通称为海关。随着我国内地对外加工贸易、补偿贸易、转运输以及其他保税业务的开拓和发展，设置建立海关，便于企业就地办理通关手续，减轻口岸海关货物通关的压力，加快货物通关速度。

对于各地海关的设立、撤销，《海关法》改变了原《暂行海关法》"由海关总署会同中央人民政府贸易部、财政部、公安部及其他部门决定"的规定，而是由海关总署根据省、市、自治区人民政府的申请，提出设立、撤销的可行性报告，报国务院审批。海关内部机构的设置决定权，由海关总署自行负责，实行分级负责制。直属海关的中层机构设置由海关总署决定，而非直属海关的中层机构设置及基层组织的设置，由海关直属机关决定，报海关总署备案。

三、我国海关现行组织机构概况

从 1980 年国务院改革海关管理体制以来，经过 20 多年的不断发展完善，"目前全国已设海关 352 个，遍布全国 29 个省、直辖市、自治区，对促进我国对外经济贸易和国民经济的发展，起了积极的作用"。[1]

从纵向看，我国海关组织机构可以划分为：海关总署——直属海关——隶属海关或办事处三个层次。

（一）海关总署

海关总署是中国海关最高领导机关，统一管理全国海关；国家在对外开放口岸和海关监管业务集中的地点设立海关，海关的隶属不受行政区划的限制，各地海关依法独立行使职权，向海关总署负责。总署下设有广东分署，负责广东各海关的管理；天津、上海两个特派办，上海特派办的管辖范围是以上海海关、南京海关、杭州海关、宁波海关为主的南方片海关，天津特派办的管辖范围包括北京海关、天津海关、石家庄海关、太原海关等北方片海关。

海关总署下设署内部门、派驻机构、在京直属事业单位、社会团体、驻外机构等几大块。其中以署内部门为主，主要包括办公厅（口岸规划办公室）、政策法规司、关税征管司、监管司、加工贸易及保税监管司、综合统计司、稽查司、缉私局（全国打击走私综合治理办公室）、科技发展司（口岸电子执法系统协调指导委员会办公室）、国际合作司、财物装备司等。各部门之间职能协调由《海关总署关于署内有关部门职责分工的若干解释》来规定。[2]

---

〔1〕 邵铁民：《海关法学》，上海财经大学出版社 2004 年版，第 56 页。
〔2〕 中国海关网：http：//www. customs. gov. cn/YWStaticPage/default. htm。

比较而言，中国的海关总署在行政系统内部处于较高的地位。在法国，海关隶属于财政部，是该部的一个职能局；海关署长由财政部长提名，政府任命；海关内部设中央机关，即领导机关，地方海关也被称为执行机构。[1] 美国《海关法典》第 207 条规定，在财政部内设立一个被称为海关总署的机构，并设有海关署长；海关署长应在征得参议院同意后，由总统任命。[2]

（二）直属海关

直属机关是海关总署领导，负责管理一定区域范围内海关业务的海关。直属海关就本关区内的海关事务独立行使职权，向海关总署负责。直属海关承担着在关区内组织开展海关各项业务和关区集中审单作业、全面有效地贯彻执行海关各项政策、法律、法规、管理制度和业务规范的重要职责。

目前直属海关共有 41 个，分别是：北京海关、天津海关、石家庄海关、太原海关、呼和浩特海关、满洲里海关、大连海关、沈阳海关、长春海关、哈尔滨海关、上海海关、南京海关、杭州海关、宁波海关、合肥海关、福州海关、厦门海关、南昌海关、青岛海关、郑州海关、武汉海关、长沙海关、广州海关、深圳海关、拱北海关、汕头海关、黄埔海关、江门海关、湛江海关、南宁海关、海口海关、重庆海关、成都海关、贵阳海关、昆明海关、拉萨海关、西安海关、兰州海关、西宁海关、银川海关和乌鲁木齐海关。

直属海关内部机构设置通常可以分为隶属海关和内设机构。以青岛海关为例，青岛海关的内设机构包括缉私局、教育处、法规处、关税处、审单处、监管通关处、加工贸易管理处、稽查处、风险管理处、企业管理处、技术处、综合统计处等 23 个处、室、中心；其隶属海关主要包括烟台海关、济南海关、黄岛海关、流亭机场海关、青岛海关驻滨州办事处、大港海关（筹）等 23 个海关和办事处。虽然各个直属海关其内部组织机构不完全相同，但总体的机构设置相似，这也是由海关自身的职能所决定的。[3]

（三）隶属海关

隶属海关是指由直属海关领导，负责办理具体海关业务的海关，是海关进出境监督管理职能的基本执行单位。主要职责是开展接单审核、征收税费、验估、查验、放行等通关作业，对通关、转关及保税货物的存放、移动、放行或其他处置实施实际监控等具体业务。

隶属海关是整个海关体系的基本单位，海关事务绝大部分都是通过隶属海

〔1〕 ［法］克劳德若·贝尔、亨利·特雷莫：《海关法学》，黄胜强译，中国社会科学出版社 1991 年版，第 36 页。

〔2〕 蒋兆康等译：《美国海关法典》，中国社会科学出版社 2003 年版，第 385 页。

〔3〕 中国海关网 http：//www. customs. gov. cn/YWStaticPage/default. htm。

关作业完成的，由此隶属海关的数量也最多，这里就不再加以罗列。

近年来，伴随着我国经济的飞速发展，对外贸易量每年保持很高的速度增长，海关在通关执法过程中遇到了各种各样的困难："资源紧缺已经成为提高通关效率与打击走私犯罪活动的制约要素；部门间的沟通与配合由于官僚主义而大打折扣，信息的交流与沟通与本位主义而有意无意地被自我封闭起来；组织机构庞大、内部流转的复杂性和不透明性使得企业和个人在来海关办事时往往变得像走迷宫一样。"[1] 由此，有学者提出，借鉴西方各国政府运用新公共管理理论[2]在政府改革方面做出的有益尝试，改革我国现行的海关组织机构，即"以信息网络推动政府组织结构由传统科层制向扁平化、虚拟化转变，减少中间管理层次，加强纵向与横向的沟通和交流，使整个政府组织成为一个柔性的有机体。逐步建立一个机构设置优化、结构形态扁平化、权力形态分化的新型组织体制，改变传统海关部门分割运行的状态，提高政府管理的完整性、协调性，增强组织的反应能力和工作效能，逐步建立起一个有弹性的、适应性强的、效率高的'无缝隙海关'是中国海关改革的方向"[3]

我们认为，在整个中国政府体制改革难以打开局面的前提下，针对存在的问题，率先在中央政府易于控制的海关行政领域做出尝试，无论是对于海关行政组织机构的发展完善，还是整个中国政府机构的改革都是具有积极意义的。但是，改革完善一定要注意结合海关部门自身所具备的特性，防止走上权力下放、海关监管职能消失殆尽的老路。

第三节 海关关员

一、海关关员的地位

海关是国家的行政机关，海关关员属于国家公务员。"所谓国家公务员是指国家为实现其设立目的，选拔特定的人员来达到国家的任务"，"这些人员对于服务的机关，负有公法上服从、勤勉及忠诚的义务"，"代表国家行使公权力"，

---

〔1〕 李自如、李卫勇："运用新公共管理理论改造海关组织架构"，载《求索》2004年第9期。

〔2〕 新公共管理理论产生于20世纪70年代末，西方国家面对新问题的转型过程。它与传统的行政管理理论的差别在于：强调组织机构的扁平化，组织具有灵活应变能力；组织由集权向分权转变，权力向基层下方；行政组织由实行强制管理向引导服务转变，顾客至上；注重绩效考核讲究成本效益。其中心是强调三个"E"："Economy""Efficiency""Effectiveness"即，经济、效率和效益。参见[美]托马斯·卡明斯、克里斯托弗·沃里：《组织发展与变革》，李剑锋译，清华大学出版社2003年版。

〔3〕 李自如、李卫勇："运用新公共管理理论改造海关组织架构"，载《求索》2004年第9期。

"作为一个法人的国家，并没有一个固定的形体，唯有靠着由公务员所组成的国家机关，以及公务员所执行的职务，才可显现出国家意志（或法律的意志），以及彰显国家的存在"。[1] 同样，离开了海关关员的具体行为，海关的整体功能就无从谈起。从这个意义上讲，海关的职责的履行与权力的行使，在一定程度上取决于海关关员的行为。

海关关员的行为可以分为对外和对内两类，在不同的行为中，海关关员的地位是不一样的。

从对外方面讲，海关关员履行职务，无论是直接从事进出关境货物、物品、运输工具的监督管理，诸如接受申报、现场检验、放行货物，还是办理关税征、免、退、补手续，或是对企业进行稽查活动，以及为查处走私违法行为对当事人询问、检查、扣留等等，都是作为海关的代表，亦即作为国家进出关境监督管理机关的代表依法行使职权，其法律地位不可侵犯。任何阻挠、抗拒海关关员依法履行职务的行为都构成违法行为，情节严重的即为犯罪。海关关员对外直接履行职务，除法律、法规、规章专门规定特别职务的特别职权外，都同样具有代表海关行使职权的地位。"海关关员在国际上地位很高，最基层的关员也是代表国家行使权力的官员。国际运输船舶到达港口，海关关员上船检查，船长要出办公室下到甲板恭恭敬敬迎接。"[2]

从对内方面讲，也就是当海关关员不直接对外办理业务，而是依据分工在不同的岗位上工作所发生的内部联系，其地位就是普通的国家行政工作人员，在部门首长的领导下履行自己的职责并对部门首长负责。

值得注意的是，海关关员属于公务员，自然也同公务员一样具有"双重身份"，"既是公务员又是公民"，"公务员以个人名义进行的活动属于个人行为，当他以国家代表人的身份实施行政管理职权时，则属于行政行为。在行使管理权力时，不管他是否超出职权范围，也不管是受行政机关的命令还是他个人的决定，都属于行政行为。"[3] 由此，应当注意海关关员在工作岗位行使监管职权与日常生活中以公民身份行使权利、承担义务的区别，不同的场合，海关关员的地位是不相同的。

二、海关关员的权利和义务

基于海关关员重要的法律地位，同时，由于海关关员行使行政权力"事关

〔1〕　陈新民：《中国行政法学原理》，中国政法大学出版社2002年版，第98页。
〔2〕　成卉青：《中国海关法理论与实务总论》，中国海关出版社2001年版，第78页。
〔3〕　应松年主编：《行政法学新论》，中国方正出版社1999年版，第104页。

国家的主权、利益和管理相对人的权益，其言行举止、工作态度、纪律作风等，也直接影响着国家的形象和改革开放政策的贯彻实施，为防止海关工作人员滥用职权、制造腐败和谋取私利，必须对他们提出严格的法律要求，规范其作为和不作为"。[1] 因此，世界各国都通过法律明确规定海关关员的权利和义务，以规范海关关员的行为。

我国《海关法》相关章节明确规定了海关关员的"应为和不应为"。另外，海关关员属于国家公务员范围，《中华人民共和国公务员法》（以下简称《公务员法》）中有关公务员的权利和义务，也应当为海关关员所遵守。由此，我们将海关关员的权利和义务相应的分为一般权利和义务与特别权利和义务。

（一）海关关员一般的权利和义务[2]

《公务员法》第 13 条对公务员的权利作了明确规定，即是海关关员的一般权利：

1. 职位保障权。《公务员法》第 13 条第 1 项规定，公务员有权"获得履行职责应当具有的工作条件"；第 2 项规定，"非因法定事由、非经法定程序，不被免职、降职、辞退或者处分"。

2. 俸给权。即通常所理解的基本劳动报酬取得权，具体包括社会保障、福利待遇等。

3. 批评建议权。《公务员法》第 13 条第 5 项规定，公务员有权对"机关工作和领导人员提出批评和建议"。

4. 申诉控告权。即公务员受到行政处分后，以法定程序申诉的权利；无论是否侵犯其权益，对有关部门进行举报和反映的权利。

5. 职务深造权。《公务员法》第 13 条第 4 项规定，公务员有权"参加培训"。即公务员在职期间，应当享有继续深造，培养业务水平的权利。

6. 辞职权。《公务员法》第 13 条第 7 项规定，公务员有权"申请辞职"。

有权利必有义务，包括《宪法》在内的众多法律法规，主要是《公务员法》以及相关部门规章、党的有关文件，[3] 都对公务员的义务作出了相关规定，主要包括以下几个方面：

1. 为人民服务义务。《宪法》第 27 条，《公务员法》第 12 条第 3 项都作出了明确规定。

---

[1] 卞耀武主编：《中华人民共和国海关法释义》，法律出版社 2001 年版，第 148 页。

[2] 关保英：《行政法教科书之总论行政法》，中国政法大学出版社 2005 年版，第 267～273 页。

[3] 如中共中央纪律检查委员会、监察部法规室编：《关于制止奢侈浪费的规定及相关法规》，中国方正出版社 1997 年版；中共中央纪律检查委员会法规室编：《廉政准则及相关条规》，中国方正出版社 1997 年版。

2. 守法义务。《公务员法》第 12 条第 1 项规定了公务员模范遵守宪法、法律和法规的义务，当然对于国家法律规范体系内的政府规章和行政管理规范性文件也必须予以遵守。

3. 执行公务的义务。这是公务员之所以称之为公务员的应有之义。

4. 维护国家形象的义务。《公务员法》第 12 条第 4 项作了相关规定。

5. 服从命令的义务。

6. 保密的义务。《公务员法》以及《保密法》对此作了较为详细的规定。

7. 廉洁自律的义务。主要包括在经济事务、生活作风和工作作风上的要求。

8. 不为一定行为的义务。主要体现在党和政府有关部门的规范性文件中。

9. 申报财产的义务。1995 年，中共中央办公厅、国务院办公厅联合发布了《关于党政机关县（处）级以上领导干部收入申报的规定》，系统规定了党政干部的财产申报制度。

10. 报告个人重大事项的义务。主要体现在 1997 年中共中央办公厅、国务院办公厅联合发布的《关于领导干部报告个人重大事项的规定》。

（二）海关关员特别的权利和义务

海关关员区别于一般公务员的特性在于其涉外性，这也是整个海关行政法的特征。海关掌握着国内外沟通的钥匙，而其权力的行使又通过海关关员具体执行，这就决定了海关公务员的独特之处。世界众多国家像美国、法国、韩国、印度尼西亚等国的海关法典都对海关关员的特别权利和义务作了明确规定。[1]我国《海关法》同样作出了详细的规定，以更好的保障海关关员行使监管职能，维护国家利益。

1. 海关关员的特别权利如下：

（1）佩戴和使用武器的权利。为了履行职责，海关关员有权依法佩带和使用武器。这是为了缉查日益严重的武装走私所必需的，法国《海关法典》第 56 条规定，海关关员在执行公务时，有权佩带武器，同时列明了使用武器的条件，并且规定的极其具体明确。这是我国《海关法》以及相关规范性文件所应当借鉴的。众所周知，武器的危险性很大，很容易对公民人身、财产以及其他合法权益造成侵害，尤其是以公权力的名义使用时更是如此。由此，必须明确海关关员佩带使用武器的条件、责任的承担、后果的追究等，不能为了行使公权力，对公民的合法权益造成威胁。

---

〔1〕　参见何晓兵等译：《亚洲部分国家海关法》，中国社会科学出版社 2000 年版，第 189 页、第 246 页；蒋兆康等译：《美国海关法典》，中国社会科学出版社 2003 年版，第 9～14 页；［法］克劳德若·贝尔、亨利·特雷莫：《海关法学》，黄胜强译，中国社会科学出版社 1991 年版，第 48 页。

（2）排除阻挠和寻求协助权。《海关法》第12条规定："海关依法执行职务，有关单位和个人应当如实回答询问，并予以配合，任何单位和个人不得阻挠。海关执行职务受到暴力抗拒时，执行有关任务的公安机关和人民武装警察部队应当予以协助"。海关关员作为行使海关权力的"代表"，在依法行使职权过程中，有权排除任何单位和个人的阻挠，以保障海关独立行使法定职权，维护国家利益。由于现代社会武装化走私的趋势愈演愈烈，单凭海关一己之力缉查走私已经力不从心。于是，《海关法》赋予海关关员在执行职务遭受暴力抗拒时，有请求公安机关和人民武装警察部队协助执行的权利，这也是国家强制力统一服务于国家利益的体现。而通常大部分行政部门行使职权，不需要采取武力的方式，行政行为本身的公定力已被公众广为接受。这也就使海关区别于其他行政部门成为海关关员独特的权利，或者说是一定程度上的权力。

2. 海关关员的特别义务：

所谓特别义务，主要体现在《海关法》第71、72、75、81条的规定中，实际上这里的法律规定已经可以涵盖公务员的一般义务的范围内了。特殊之处主要体现在第72条，这主要基于海关活动本身的特殊性，而伴随着相应的对海关关员的特别要求或义务。

海关工作人员应当秉公执法、廉洁自律、忠于职守、文明服务，不得有以下行为：

（1）包庇、纵容走私或者与他人串通进行走私；

（2）非法限制他人人身自由，非法检查他人身体、住所或者场所，非法检查、扣留进出境运输工具、货物、物品；

（3）用职权为自己或者他人谋取私利；

（4）索取、收受贿赂；

（5）泄露国家秘密、商业秘密和海关工作秘密；

（6）滥用职权，故意刁难，拖延监管、查验；

（7）购买、私分、占用没收的走私货物、物品；

（8）参与或者变相参与营利性经营活动；

（9）违反法定程序或者超越权限执行职务；

（10）其他违法行为。

以上《海关法》第72条的内容采取了列举和概括相结合的办法，详细列举了九项海关工作人员的禁止行为，同时作出一项概括规定，这就全面明确了海关工作人员执法活动中的行为规范，既便于海关工作人员认真遵守执行，也便于依法确定海关工作人员的违法责任。

第四节　海关行政和海关行政职权

一、海关行政和海关行政职权概述

（一）海关行政和海关行政职权的概念

"行政是国家行政机关或其他特定的社会公共组织，为实现公共利益对公共事务进行组织管理的活动及其过程。"[1]"国家行政属于公行政，但公行政不等于国家行政。公行政除了国家行政之外，还包括其他非国家的公共组织的行政，如公共社团（律师协会、医生协会等）的行政以及公共企事业单位（国有企业、公立学校、研究院所等）的行政。"[2] 20 世纪 90 年代以来，随着高等学校、足球协会等社会公共组织被起诉现象的广泛产生，行政法学者开始认识到行政演变的基本规律以及由此引发的一系列观念的更新。行政法学研究的范围，不仅应当包括公共行政，还应当包括社会行政，并且随着国家的进一步还权于社会，社会行政的范围将日渐扩大，这已经被越来越多的学者所接受。

参照行政的定义，海关行政是指海关为实现监管货物、物品、运输工具进出关境，征收关税和其他税费，查缉走私和编制海关统计，在进出口环节查处进出口侵犯知识产权货物、进口污染环境的固体废物的基本任务，而进行监督管理的活动及其过程。而相应地，海关行政职权是法律赋予海关行政机关在海关行政过程中所享有的职能和权限[3] 有学者表述如下："海关权力是指海关依据《海关法》授予的在监督管理活动中拥有的支配、管理、指挥的权力"；[4]"海关权力是指在海关监督管理职权范围内由海关法授予海关的一种支配和指挥的力量，是监督管理职权的具体化和表现形式，也是国家意志得以实现的重要保障"[5]

这里应当注意以下几点：

1. 海关行政的主体、内容和客体。①海关行政的主体。这是指国家海关，具体包括海关总署以及地方直属海关、隶属海关。②海关的内容。首先是海关事务，包括监管货物、物品、运输工具进出关境，征收关税和其他税费，查缉

---

[1]　杨海坤、章志远：《行政法学基本论》，中国政法大学出版社 2004 年版，第 4 页。

[2]　姜明安主编：《行政法与行政诉讼法》，北京大学出版、高等教育出版社 1999 年版，第 2 页。

[3]　笔者认为，海关行政职权与海关权力并无根本的差异，前者除了强调其行政法的归属，也与人权保障理念的高涨和对行政权力行使严格监控的趋势相适应。

[4]　徐觉非：《海关法》，中国政法大学出版社 1995 年版，第 81 页。

[5]　邵铁民：《海关法学》，上海财经大学出版社 2004 年版，第 62 页。

走私和编制海关统计，在进出口环节查处进出口侵犯知识产权货物、进口污染环境的固体废物等。③海关行政的客体。它是指在进出关境过程中海关和行政相对人双方权利义务指向的对象。

2. 海关行政的属性。海关行政既是一种活动，也是一个过程。"活动"意义上的海关行政是指海关行政机关依据职权主动从事海关监管事务，与立法、司法相对应；"过程"意义上的海关行政强调海关行政在时空上的连续性，强调海关行政的程序意义，在行政程序法研究热潮兴起，行政程序法草案已提上立法日程的前提下，海关行政法亦不能脱离此价值导向，与现代行政程序法的精神背道而驰。

3. 海关行政区别于海关行政职权之处在于，前者侧重于"活动"和"过程"，后者侧重于"职权"，两者是一动一静的关系；从产生先后来讲，先是立法机关赋予海关行政机关"职权"，然后才有其在进出关境活动中的"行政活动和过程"，这也是两者的连接点。海关行政职权是海关行政的前提。没有行政职权的存在，海关行政无从谈起。

4. 海关行政职权同出入境当事人的权利都是海关行政法律关系的内容，但在来源、职权权力的行使以及内容上有根本的差异。海关行政职权是由国家通过立法形式授予海关的，由特定的国家机关行使的一种行政权力。"海关权力是行政权和司法权在海关这一特定领域的结合，与其他国家权力相比，海关权力具备一些独有的特点，如权力的自由裁量性、主动性、广泛性等。"[1] 但海关行政职权归根到底属于行政权的范围，是行政权在海关领域的具体化。因此，海关行政权限的产生、运行、效力、救济、责任追究等都不能脱离行政权的大前提，研究海关行政职权必须注意到其背后行政权力运行的影子。同时，结合海关行政权力运行的特性，在一般中把握特殊，这样才不会偏离海关行政职权的本质。

（二）海关行政职权的分类

根据海关的基本任务，海关的权力可以概括为四项：进出关境监管权、征收税费权、编制海关统计权和行政处理权。《海关法》明确规定了海关行政权力行使的情况，海关的四项基本权力可以进一步划分为 12 项具体权力，具体表述如下：

1. 检查权。《海关法》第 6 条第 1、4 项明确规定，海关有权"检查进出境运输工具"，有权"在海关监管区和海关附近沿海沿边规定地区，检查有走私嫌疑的运输工具和藏匿走私货物、物品嫌疑的场所，检查走私嫌疑人的身体。"具

---

〔1〕 于申："革新我国海关权力体系的建议"，载《甘肃政法学院学报》1999 年第 4 期。

体来讲，检查权是指在海关监管区内，海关有权对所有的进出关境运输工具进行检查；对在海关监管区和附近沿海沿边地区的有走私嫌疑的运输工具、藏匿走私货物、物品嫌疑的场所进行检查；对走私人的身体进行检查。

2. 查验权。查验权是为了确定申报单据与货物、物品是否相符，海关享有对进出关境货物和物品，包括过境、转运通关货物查看和检验的权限。查验权是一项常规性的、固定性的权力，是海关对进出境物品履行监督管理职权环节的一项权能。

3. 查阅权。查阅权是指海关享有对进出关境人员的身份证件和对于进出关境运输工具、货物、物品有关的凭证和文件资料等进行查阅的权力。海关查阅的目的是确定当事人的身份，确认证件的有关内容是否与当事人申报单证中填写的内容相符，以便确定有关运输工具、货物、物品是否符合出入境的条件。

4. 查问权。查问权是为了查清相关事实真相，海关享有的对有违法嫌疑的企事业单位、国家机关、社会团体的主管人员、直接责任人员或其代理人及物品的所有人或其代理人进行问询的一项权能。

5. 调查权。调查权是指为了查明事实真相，海关享有的可以对有违反海关法律行为和侵犯知识产权行为的嫌疑人进行查证的权力，根据《海关法》的要求，海关行使调查权时，应当出示由海关总署统一制作的调查证。

6. 复制权。《海关法》第6条第3款规定，海关可以"复制与进出境运输工具货物、物品有关的合同、发票、账册、单据、记录文件、业务函电、录音录像制品和其他资料"。

7. 查询权。查询权是指海关在调查走私案件时，经直属海关关长或其授权的隶属海关关长批准，享有查询涉案单位和人员在金融机构、邮政企业的存款、汇款账户的权力。

8. 扣留权。扣留权是指海关享有对违反《海关法》的进出境运输工具、货物和物品以及与之有牵连的凭证文件资料等行使扣留的权力。对走私罪嫌疑人，有限时扣留审查并移送司法机关的权力。

9. 追缉权。追缉权是对违抗海关监管逃逸的进出境运输工具或者个人进行追捕的一项权能。《海关法》规定了该项权力的追缉形式和缉拿后的处理方式。陆路追缉应从监管区内和海关规定的沿海、沿边规定地区以内至监管区外，海上追缉可以自上述区域内追至监管区外直至公海。

10. 佩带和使用武器权。佩带和使用武器权是海关为了履行职责的需要，由《海关法》赋予海关关员佩带适当武器的权能。基于武器的危险性，《海关法》以及1989年6月海关总署、公安部联合发布的《海关工作人员使用武器和警械的规定》，对使用武器的特定范围、时间、使用限度和责任，作了明确规定。

11. 行政处罚权。行政处罚权是指海关对违反《海关法》的行为给予行政处罚的权力。海关行政处罚权包括多方面和多种形式，如对走私违法案件进行行政处罚的权力；没收走私物品、货物及其他违法所得的没收权；对违法、走私行为的罚款权；对查处的货物、物品的变价处理，上缴国库的权力等。

12. 强制执行权。强制执行权是在有关当事人不能依法履行义务的情况下，为了有效实现海关的行政管理职能而赋予海关按照法定程序、采用法定的强制性手段，迫使当事人履行法定义务的一项权能。它包括强制缴税、强制履行海关处罚决定等。

《海关法》规定的强制手段包括对不履行纳税义务的，将货物变价抵缴或通知银行在担保人或缴税义务人存款内扣缴；对超过规定期限不履行海关处罚决定的，没收保证金，将扣留的运输工具、货物、物品折价抵缴以及申请人民法院强制执行等。

此外，海关领域的强制执行权还包括对还未做出最后处理决定，但已查明来源属于走私行为非法取得的存款、汇款，海关可以书面通知银行或邮局暂停支付，待海关作出的处罚决定生效后，有关款项由海关依法处理。对于藏匿走私货物、物品的特殊设备，有责令其拆毁的强制执行权等。

总体上看，《海关法》对于海关行政职权的列举详细具体。我们的分类虽然细致，但个别权力有重复交叉之嫌，如核查权、查验权、查阅权、查问权、调查权，虽然各自侧重点稍有不同，但作为海关行政机关获取真实情况的途径、手段和方式，实质上并无太大差异。这样的分类更多的是为了贴近《海关法》的有关规定，更好地指导海关行政的实践。

二、海关行政职权的发展变化[1]

20 世纪中叶以来，"积极行政"理念日趋兴盛，服务行政已成为行政职能的基本价值选择，与之相适应的是行政权力的范围日益扩大，正如托马斯·戴伊所言："如果说，政府的权力曾经一度受到限制的话，政府除了保障法律和秩序、保护私人自由和私人财产、监督合同、保护本国不受外国侵略以外，没有别的权力——那个时刻早已过去。今天，认为政府机构干涉着我们生活中'从生到死'的各个方面的看法是很正常的。"[2]

政府职能的扩张，自然包括了海关行政部门权力的变化。另外，基于海关

---

〔1〕　参见卞耀武主编：《中华人民共和国海关法释义》，法律出版社 2001 年版，第 2～5 页；张红编：《海关法》，对外经济贸易大学出版社 2002 年版，第 38～41 页。

〔2〕　转引自关保英：《行政法教科书之总论行政法》，中国政法大学出版社 2005 年版，第 1 页。

自身地位的重要性，针对不断变化的经济形势，新型国内外贸易的出现，海关行政权力的设置、运行不可避免地产生了些许变化。由此针对新中国成立以来我国颁布的三部《海关法》[1] 作出比较分析，以期把握海关行政权力运行的规律，加强海关的监督管理，保障当事人的合法权益。

（一）明确海关行政职权运行的依据是《海关法》以及其他法律、行政法规

《海关法》修改的关键是将原来的"法规"改为"行政法规"，表明了海关行政活动的法律依据只能是由国家最高立法机关制定的法律和中央人民政府制定的行政法规，排除了地方性法规的依据效力，这与海关行政管理职权收归中央的变化相对应，更好地服务于国家经济建设的全局，防止地方政府不正当利益的介入和海关行政职权的异化变形。

（二）扩大海关行政职权行使的范围

1951 年的《暂行海关法》规定，海关有权检查监管区范围内的所有仓库场所，对超过这一范围有藏私嫌疑的场所，海关认为需要检查的，应会同公安部门或地方政府进行。1987 年《海关法》对行使检查权的范围中监管区的概念做了明确的规定，并规定了行使检查权的对象，扩大了海关行使检查权的区域范围，即海关不仅有权在监管区内行使检查权而且可以在海关附近的非监管权的沿海沿边规定地区行使检查权。

为了适应海关在全关境范围内查缉走私的需要，2000 年修订的《海关法》就检查权的行使区域作了进一步扩大规定，在海关监管区和海关附近沿海沿边地区以外，经直属海关关长或其授权的隶属海关关长的批准，海关享有对走私嫌疑人的运输工具和除公民住所外的有藏匿走私货物、物品嫌疑的场所的检查权。

（三）明确了国家实行联合缉私、统一处理、综合治理的缉私体制

综合治理的缉私体制，由海关负责组织、协调、管理。现代社会分工越来越趋向细密化、具体化、专业化，而使得管辖权的归属日益模糊。行政部门之间往往有利益便争相管辖，无利益则相互扯皮。2000 年《海关法》注意并修订了这个问题，建立了以海关行政部门为主，其他相关部门为辅的缉私体制，使得行政权力的运行变得有法可依。同时便于行政相对人利益受损时，追究适格行政机关的责任。

此外，《海关法》增加了对追缉权行使方式的规定。不管是运输工具还是个人，海关行使追缉权必须在连续不断的情况下进行，应当从海关监管区或海关附近沿海沿边地区追至上述区域之外，并将其带回海关处理。

---

[1]　准确地说，应当是两部，2000 年的《海关法》仅是针对 1987 年《海关法》的一次修订。

（四）改变了海关对走私违法案件和纳税争议案件复议的决定程序

1951 年《暂行海关法》规定，有关海关处理走私违法案件和纳税争议案件的最终决定权在海关总署。1987 年《海关法》则将上述两类案件的最终决定权由海关总署转移到人民法院，规定当事人对海关的处理决定或复议决定不服的，可以向人民法院提起诉讼。由"司法最终原则"代替"行政终局原则"不仅仅是理念的变化，更多的是对现实生活中公民合法权益的保障，公民对政府和社会信心的培育，以及对海关行政部门自身依法行政的督促。

2000 年《海关法》改变的不仅是纳税案件的决定程序，除纳税案件采用复议前置以外，其他均采用当事人选择救济渠道的方式。即当事人对海关的处罚决定不服，可以向作出处罚决定的机关或上一级机关申请复议，当事人对复议决定不服时，再向人民法院提起诉讼，也可以不经复议直接向人民法院提起诉讼。

（五）对海关关员滥用职权规定了处罚原则

1951 年《暂行海关法》对于海关关员滥用职权，并没有规定其行为表现，亦没有规定关员违法的处罚措施。1987 年的《海关法》及其《海关行政处罚实施细则》明确规定，海关工作人员滥用职权、故意刁难、拖延监管查验的，依照国务院关于国家工作人员奖惩规定给予行政处分；徇私舞弊、玩忽职守或者放纵走私的，依据情节轻重，依照国务院关于国家机关工作人员奖惩规定给予行政处分或依照法律规定追究刑事责任。2000 年《海关法》在此基础上将监督海关执法作为专章进行规定。在该章中规定了海关执法中的禁止行为，并在法律责任中规定了违法行使权力的法律责任形式，为海关权力的正确行使提供了制度上的保证。[1]

当然，伴随着《海关法》的修改完善，海关行政职权的变化是多方面的。例如，对于查询涉案单位和涉嫌人员在金融机构、邮政企业的存款、汇款方面的权力的变化就明确了扣留走私嫌疑人的期限和程序，增加了保险条款的设置等。以上五个方面仅是较为主要的权力运行方面的修改、变化，以期为海关行政职权行使规律的把握提供些许参考。

三、海关行政职权的保障和监督

（一）海关行政职权的保障

海关行政职权的保障是指国家通过法律、行政法规的授权，赋予海关行使相关职能、完成特定任务所需的地位和权力。作为国家行政机关的专门机关，

---

[1]　详情参见《中华人民共和国海关法》第七章"执法监督"、第八章"法律责任"。

海关行政职权的保障主要是通过对海关在内的所有国家机关职能活动的保障和对海关职能活动的专门保障两个方面实现的。

第一，法律赋予包括海关在内的所有行政机关以其他任何单位、个人所不能比拟的地位和权力。国家机关履行职务，具有不可抗拒的权威性、强制性，国家机关以军队、警察、法庭、监狱等暴力手段为后盾，并通过法律形式固定下来。海关履行国家职能，完成国家任务，自然需要有强制力的保障，这是海关行使职权同其他国家机关的相似之处。

第二，国家通过《海关法》及其他相关法律、行政法规，专门赋予海关履行职能应有的地位和权力，同时对海关工作的权力、手段、组织人员及物质保障作出规定，并专门规定了有关国家机关、社会组织对海关工作的支持、配合；规定了对违反海关管理规定的行为予以处罚。这些都有效地保障了海关监管职能的实现。

此外，我国政府参加或同外国政府、国际组织缔结的许多多边、双边条约公约，也都涉及海关工作的信息分享、业务协助，充分保障了海关工作人员专业素质的提高，有利于国际走私毒品、武器案件的查处。

（二）海关行政职权的监督

一方面，在海关行政法律关系中，海关一方处于绝对的强势地位。法律、行政法规赋予海关的职权基本能得到很好的行使，以保障海关任务的实现。故相对来讲，海关行政职权的保障在我国，不是海关行政职权运行的重心。另一方面，行政权力的行使常常脱离法治的轨道，损害公民、法人以及其他组织的合法权益。而且现代社会行政权力无孔不入，如何监督行政权力的行使，保障行政相对人的合法权益已成为法治的重心所在。海关行政领域也是如此，如何做好海关行政职权行使的监督，既保障海关任务的完成，又不损害相对人的合法权益，是我们应当予以关注的焦点。

根据 2000 年新修订的《海关法》对于海关行政职权行使的监督所做的专章规定——海关执法监督，我国的海关执法监督体系主要包括行政监督、司法监督和社会监督三个方面。

行政监督可以进一步分为行政内部监督与行政外部监督。行政内部监督是指海关行政机关自身实施的监督，主要是指海关行政部门上级机关对下级机关的监督：上级海关认为下级海关做出的处理决定不合法或不适当，可以依法变更或撤销；上级海关部门也可以通过复议改变或撤销下级机关的不合法不适当决定；海关应在各地建立健全内部监督制度，对其工作人员的执法情况进行监督检查；海关各个业务、岗位的职权、职责应当明确、分离和相互制约；海关行政外部监督是指海关系统以外的专门行政机关对于海关行政执法活动的监督，如审计机关、检察机关所实施的监督监察，当然也包括中央人民政府对于海关活动的监督。

司法监督也包括两部分内容。首先是检察机关对于缉私警察侦查犯罪活动的监督。缉私警察是设在海关系统专门负责走私犯罪案件侦查的公安机关，检察机关对公安部门的侦查犯罪的监督属于国家司法部门对行政部门的监督，也属于司法监督的范围。其次是法院系统通过司法审判权的行使对于海关行政职权的行使进行监督。根据司法最终的原则，2000年《海关法》改变了以前的行政终局原则，无论对于当事人合法权益的保护，还是海关行政职权的依法行使都具有重要的意义。

2000年的《海关法》规定，任何单位和个人，均有权对海关及其工作人员的违法、违纪行为进行控告、检举，学界称之为社会监督。接受控告、检举的机关有权处理的，应当按照职权分工及时查处，同时应当为控告人、检举人保密。这里应当强调的是社会舆论，特别是新闻媒体对于国家机关及其工作人员（当然包括海关调查部门及其人员）是否依法行政进行监督，无论内部反映还是"公开曝光"的违法违纪行为，都必须得到纠正、查处，并追究相关当事人责任。

有学者提出国家权力机关的监督。由于海关实行集中统一的垂直管理体制，不像其他行政部门受地方政府和权力机关的监督，对于海关及其工作人员的监督，主要由最高国家权力机关即全国人民代表大会及其常委会实施。这种监督，可以分为两种方式：一是通过不断制定、修改、完善法律、行政法规，对海关的职能、权限、任务作出规定，要求海关行使权力只能在法律规定的范围内进行。另一种更为直接，如全国人大及其常委会听取海关总署报告、通过方案、进行专门的调查、视察、检查执行情况等，这些都可以形成对于海关行政权力行使是否符合法律规定的有效监督。[1]

这里，我们要特别强调完善程序控制机制对于海关行政职权行使的重要意义。

20世纪90年代以来，行政法学领域伴随着实体控权面临的瓶颈，学者们开始将视角转向程序控权的研究。英美法系的"自然公正"、"正当程序"原则也开始为学者们所熟悉和接受。随后，学界开始用"程序正义"的理念重新反思构建整个行政法体系，从基本理论到部门法学，行政程序的研究风起云涌，甚至集大成的《行政程序法（试拟稿）》也已有三部。[2] 但似乎海关行政领域并

---

〔1〕 成卉青：《中国海关法理论与实务总论》，中国海关出版社2001年版，第101页。
〔2〕 分别是应松年、马怀德、姜明安三位学者试拟的三个版本。

没有随之"共舞"。2000 年修订《海关法》，除了"明确扣留走私嫌疑人的期限和程序"与"规定了海关执法的公务回避"外，并没有太多涉及程序领域。我们认为，伴随着贯彻程序法精义的《行政许可法》、《行政处罚法》的出台，海关行政职权的行使也应当更多地关注程序的构建，主要包括以下几个方面的努力：

1. 完善海关行政信息公开制度。"行政公开，是行政主体在行使行政职权时，除涉及国家机密，个人隐私和商业秘密外，必须向行政相对人及社会公开与行政职权有关的事项"，"满足公民参政议政的意愿"，"预防控制行政权力的滥用"，"提高行政行为的可接受性"[1]

海关领域众多的法律、行政法规涉及海关行政职权运行的规则，信息公开制度的及时建立，既有利于相对人了解并遵守这些规则，减少因无知而违法甚至犯罪，也便于海关行政部门依法行为，避免"不教而诛"。

2. 建立海关行政行为的告知和听取意见制度。行政领域的告知和听取意见，实际上是行政主体和相对人之间交流信息的过程。这个过程中双方当事人的博弈，为双方提供了一个交流的平台，弱化了敌对情绪。无论对于行政相对人接受行政决定，提供反馈意见，还是对于行政主体吸纳相对人的建议，重新做出行政决定都是颇有意义的，听证制度的核心也在于告知和听取意见。

长久以来基于海关行政的特殊性，往往对告知和听取意见制度不加重视。不可否认，涉外因素以及高危险性使得海关行政像一般行政领域绝对贯彻告知和听取意见既不太可能，也无必要。但伴随着行政理念的进步，对行政相对人权益的日益重视，我们认为应当在充分考虑海关行政职权特殊性的基础上，逐步完善告知和听取意见制度，至少在征收税费等领域充分贯彻程序法的精神。

制度的设计再完备，不遵守执行也无济于事。这就需要在海关领域普及"自然公正"、"正当程序"等理念，我们认为这是一个长远的、根本的任务和目标，只有程序理念牢固的印在中国上千万公务员的头脑中，并付诸行动，行政权力的运行才会真正的纳入法治轨道，依法治国的宏伟目标才能真正实现。

---

[1] 应松年主编：《当代中国行政法》，中国政法大学出版社 2004 年版，第 1299～1301 页。

第 2 章

海关行政相对人

第一节　海关行政相对人概述

一、行政相对人概述

（一）行政相对人的概念

行政相对人，是指行政法律关系中与行政主体相对应的另一方当事人，即权益受到行政主体行政行为影响的个人、组织。[1]

1. 行政相对人是指处在行政法律关系中的个人、组织。任何个人、组织如果不处在行政法律关系中而处在其他法律关系中，就不具有行政相对人的地位，不能称其为"行政相对人"。如果将行政法律关系分为整体行政法律关系和单个具体的行政法律关系，则在整体行政法律关系中，所有处于国家行政管理之下的个人、组织均为行政相对人，而在单个具体的行政法律关系中，只有其权益受到行政主体相应行政行为影响的个人、组织，才在该行政法律关系中具有行政相对人的地位。

2. 行政相对人是指行政法律关系中作为与行政主体相对应的另一方当事人的个人、组织。行政法律关系不同于民事法律关系，双方当事人的法律地位是不平等的。有权实施行政行为的一方当事人在行政法学中谓之"行政主体"，而接受行政主体行政管理的一方当事人在行政法学中则谓之"行政相对人"。作为行政主体的一方当事人是行政机关和法律、法规授权的组织，作为行政相对人一方的当事人是个人、组织。行政机关和法律法规、授权的组织在整体行政管理法律关系中虽然恒定地作为行政主体，但在具体的法律关系中，有时也会处

---

〔1〕　姜明安主编：《行政法与行政诉讼法》，北京大学出版社、高等教育出版社 2005 年版，第 129 页。

于被其他行政主体管理的地位，成为行政相对人。

3. 行政相对人是指在行政法律关系中，其权益受到行政主体行政行为影响的个人和组织。行政主体的行政行为对相对人权益的影响有时是直接的，如行政许可、行政征收、行政处罚、行政强制措施等；有时影响是间接的，如行政主体批准公民甲在依法由公民乙经营的土地上盖房，对公民乙权益的影响就是间接的。无论其权益是受到行政主体行政行为的直接影响还是间接影响，都是行政相对人。

（二）行政相对人的分类

根据不同的分类标准，行政相对人可以有不同的分类。

1. 个人相对人和组织相对人。以行政相对人是否有一定的组织体为标准可以分为个人相对人和组织相对人。

（1）个人相对人。作为行政相对人的个人主要指公民，在绝大多数行政领域，与行政主体发生法律关系的对方当事人都是公民，如行政许可、行政征收、行政强制、行政裁决，公民可以成为这些行政行为的直接或间接的对象，从而作为行政法律关系的行政相对人。

要特别注意以下两类：

第一，国家公务员。国家公务员在执行国家公务时是行政主体的代表，不具有行政相对人的地位；但当其非执行公务时则具有公民的身份，可以成为行政法律关系的行政相对人。

第二，非我国公民的外国人和无国籍人。外国人和无国籍人在中国境内必须服从中国的法律、法规，接受中国的行政管理，从而要与作为行政主体的行政机关和法律、法规授权的组织发生各种行政法律关系，成为行政法律关系中的行政相对人。

（2）组织相对人。作为行政相对人的组织，主要是指各种具有法人地位的企业组织、事业组织和社会团体，包括在我国取得法人资格的外国企事业组织。行政主体为实现行政管理目标，经常要对各种法人组织实施各种行政行为，如批准、许可、授予、给付、裁决、处罚等，在这些行政行为引起的行政法律关系中，法人组织都处于行政相对人的地位。

非法人组织亦可以成为行政法律关系中的行政相对人。非法人组织虽不具有法人资格，但同样必须接受国家行政管理，行政主体同样可以对他们实施各种行政管理行为，如发布行政命令、采取行政措施等。因此，非法人组织在行政法律关系中同样也处于行政相对人的地位。

应当注意，组织作为行政相对人和行政主体发生法律关系时，应由其法定代表人代表。组织的其他成员未取得法定代表人的授权，不能以组织的名义和行政主体发生行政法律关系。

国家机关是否可以作为行政相对人应当分情况判断。国家机关（包括国家行政机关）在行使相应国家职权时，是国家职权行为的主体，不能成为行政相对人。国家机关实施非职权行为或处在非行使职权的场合、领域，如处在治安、卫生、文化、体育、交通、规划、环境等领域，则同样应该接受相应行政主体的管理，相应行政主体同样可以依法对其实施有关的行政行为。此时，国家机关处于与法人、非法人组织同样的地位，是作为国家行政相对人而不是作为国家职权行为主体与行政主体打交道。

2. 直接相对人和间接相对人。以行政相对人与行政主体行政行为的关系为标准，可以分为直接相对人和间接相对人。直接相对人是行政主体行政行为的直接对象，其权益受到行政行为的直接影响；间接相对人是行政主体行政行为的间接对象，其权益受到行政行为的间接影响。

直接相对人同间接相对人都是行政相对人，其权益受到行政行为侵害都可以依法申请行政救济，但法律规定的救济途径、方式可能会有所区别。

3. 作为行为的相对人和不作为行为的相对人。以行政相对人的权益受到影响的行为的方式为标准，可以分为作为行为的相对人与不作为行为的相对人。行政相对人权益受到行政行为作为方式影响的称为"作为行为的相对人"，而行政相对人权益受到行政行为不作为方式影响的称为"不作为行为的相对人"。作为行为的相对人的对方行政主体容易辨认，其权益受到侵犯较易于获得行政救济，不作为行为的相对人的对方行政主体有时较难辨认，相对人可能一时难以了解某种法定职责究竟应归属于哪一行政主体，此时可以请求同级政府确认，同级政府不予确认时，该政府即构成不作为行为的主体。

4. 抽象相对人和具体相对人。行政相对人以行政主体行政行为影响其权益是否产生实际效果为标准，可以分为抽象相对人和具体相对人。行政行为对其权益未产生实际影响的相对人是抽象相对人，行政行为对其权益已产生实际影响的相对人是具体相对人。一般而言，抽象行政行为的相对人是抽象相对人，具体行政行为的相对人是具体相对人。但某些抽象行政行为的相对人也可能是具体相对人，比如行政机关规定某种产品质量标准或包装标准的行为是抽象行政行为，这种行为将直接影响相对人的市场销售，从而对其权益产生实际影响。

（三）行政相对人的法律地位

行政相对人的法律地位主要表现在以下几方面：

1. 行政相对人是行政主体行政管理的对象。行政相对人必须服从行政主体的管理，履行行政主体行政行为确定的义务，遵守行政管理秩序，否则行政主体可以对之实施行政强制或行政处罚。

2. 行政相对人也是行政管理的参与人。行政相对人对行政管理的参与是现代民主的重要体现。在现代社会，行政相对人不只是被动的管理对象，同时也要通过各种途径积极的参与行政管理，如通过批评、建议、信访、听证会等参与行政立法及其他各种行政规范性文件的制定；通过告知、听取意见陈述、提供证据等行政程序参与具体行政行为的实施。

3. 行政相对人在行政救济法律关系和行政法制监督关系中可以转化为救济对象和监督主体。行政相对人在其合法权益受到行政主体侵犯后，可以依法申请法律救济，成为行政救济法律关系的一方主体。同时，作为行政相对人的个人、组织，绝大多数在国家政治关系中具有国家主人的地位，在宪法关系中是国家权力的所有者，从而对行政主体行使国家行政权的行为可以实施监督，成为行政法制监督的主体。

二、海关行政相对人的概念

关于海关行政相对人的概念，通常存在两种理解：

（一）海关行政行为对象说

这种理解是从海关行政行为的对象即对方承受者的角度理解海关行政相对人的，指明海关行政相对人是海关行政行为作用的对方当事人。这是从海关行政行为所指向的对象来理解海关行政行为的作出主体与承受主体之间的"相对性"。[1] 这种意义的海关行政相对人有以下特点：

1. 作为海关行政行为所指向的对象，海关行政相对人的范围是非常有限的。这是一种狭义的概念。

2. 从海关行政行为所指向的对象来理解海关行政相对人，表明海关行政相对人与海关行政主体之间存在一种明确的行为关系，即海关行政相对人是海关行政行为的指向者。

虽然这一理解使海关行政相对人明确化、具体化了，使得对海关行政相对人的确认十分简单，易于在法律实践中掌握，但这只注意到了海关行政相对人与海关行政主体联系的外部形态，因而只是一种直观现象的说明，并未深入到现象的本质。从行为指向来看，好像是以行为受领人作为认定海关行政相对人的标准的，但事实上，却是在使用双重标准：如果海关行政行为是积极的作为行为，其指向的人是海关行政相对人，这看起来是以行为为标准来认定海关相对人的，但海关行政行为是海关行使权力或履行义务的行为，行为的作出就潜含着与行为对方的权利义务关系；如果海关行政行为是消极的不作为行为，它

---

〔1〕　毕家亮：《海关行政法学》，中国海关出版社 2002 年版，第 91 页。

就更突出了权利义务的联系。因为这时海关行政相对人并不是从行为受领者来认定的，不作为行为是海关有义务而不履行的行为方式。

可见，海关行政相对人与海关行政主体联系的本质还是权利义务关系。因而本文更倾向于第二种对于海关行政相对人的理解。

（二）权利义务关系说

这一学说从权利义务关系的角度认识海关行政相对人。这是从观察海关行政相对人与海关行政主体之间的内在关系入手的，即强调海关行政相对人与海关行政主体在海关行政法上有着权利义务的相对性。[1]

我们赞同这种学说，因而认为，海关行政相对人是海关行政法律关系中与海关行政主体相对应的另一方当事人，是参与海关行政法律关系，对海关享有权利承担义务的个人、组织，即海关行政主体行政行为影响其权益的公民、法人或其他组织。

三、海关行政相对人的特征

海关行政相对人具有如下特征：

（一）海关行政相对人是公民、法人或其他组织的一种特定身份

海关行政相对人不是一般意义上的公民、法人或其他组织，而是公民、法人或其他组织的一种特定身份，这种身份只在海关行政活动中，表明他们是海关行政法律关系中与海关行政主体相对应的另一方主体。当公民、法人或其他组织不与海关行政主体发生权利义务联系时，他们就不称为海关行政相对人。因而，海关行政相对人也是海关行政法律关系上的一个主体概念，他们与海关行政主体的"相对性"，是因为他们对海关享有权利或承担义务，同时，海关行政主体则对他们也承担义务或行使权利，从而形成海关行政法上的权利义务关系。

（二）海关行政相对人是参与海关行政法律关系的公民、法人或其他组织

只有参与海关行政法律关系的公民、法人或其他组织才是海关行政相对人。一般情况下，公民、法人或其他组织主要以下列方式参与海关行政法律关系：

1. 对海关积极主张权利的方式；
2. 对海关享有权利，海关必须积极对其履行义务的方式；
3. 主动向海关履行义务，或者被海关要求履行义务的方式。

以这三种方式同海关行政主体之间形成海关行政法律权利义务关系，从而成为海关行政相对人。当然，上述三种方式存在交叉，如公民一方必须按照法

---

[1] 毕家亮：《海关行政法学》，中国海关出版社 2002 年版，第 92 页。

律规定的方式对海关主张权利，因而从这种意义上讲，公民一方在主张权利的同时也在履行法律所要求的义务。

（三）海关行政相对人是海关行政法律关系主体中不具有海关权力的公民、法人或其他组织一方

这一点应从以下几个方面理解：

1. 在海关行政法律规范所调整形成的法律关系中，与海关行政主体有权利义务关系的主体是多种多样的。但海关行政相对人只是海关行政法律关系中的主体概念而不是监督海关行政法律关系中的概念。在监督海关行政法律关系中，国家权力机关、司法机关等都是拥有并行使国家监督权的主体，也是海关的对应一方，但却不属于海关行政相对人。正因为此，他们与海关行政主体的法律关系被专门称为监督海关行政法律关系，基于他们对海关行政主体的特定监督地位和行使国家监督权力，他们虽与海关行政主体也有对应的权利义务，但却属于对海关行使国家监督权的主体，而不是海关行政相对人。

2. 当国家权力机关、行政机关、司法机关以法人（机关法人）的身份出现在海关行政活动过程中时，他们也是海关行政相对人，因为此时他们的身份与其他法人并无区别。

3. 公民、法人和其他组织对海关也有权利实施社会性监督，但这是一种广义上的监督，与国家有权机关进行的职权监督在性质上和法律效力上都有所不同。在性质上，这种监督不是国家监督权力的运用；在法律效力上，没有直接的强制力。因此，在公民、法人或其他组织一方对海关进行具有督促性的活动时，他们仍属于海关行政法律关系中的行政相对人。但当他们从海关行政活动进入到国家监督机关实施监督行政的过程，并借助和配合国家监督权力对海关实施监督时，他们既是海关行政相对人，又是监督海关行政法律关系的监督主体之一。也就是说，此时公民、法人和其他组织在监督海关行政法律关系中同时兼具与海关行政主体相对应的海关行政相对人和监督主体双重身份。

（四）海关行政相对人是海关行政法律关系的当事人，而不仅指个人

"海关行政相对人"中的"人"是指"当事人"，不只限于"个人"，因而既指个人，也指组织。

（五）海关行政相对人是相对的，而不是绝对的

某一个法人或组织是海关行政相对人只是说它在某一具体海关行政法律关系中是海关行政相对人，而不是指它是一种永恒的、无条件的相对人。海关行政相对人是相对的、有条件的，在一个海关行政法律关系中是海关行政相对人，在另一个海关行政法律关系中也可能成为行政主体。

（六）海关行政相对人在行政诉讼中处于原告地位

如果说海关行政主体在行政诉讼中只能作被告的话，那么海关行政相对人在行政诉讼中只能作原告。因此，海关行政法学中有关海关行政相对人的理论，是海关行政诉讼中有关原告资格的理论基础。

（七）海关行政相对人具有多样性、广泛性特征

把海关行政相对人引入海关行政法学的理论意义主要在于，海关行政相对人不再被单纯的看成管理对象，而是取得了海关行政法律关系主体的理论地位。

海关行政相对人包括：

1. 报关企业；

2. 进出口货物收发货人；

3. 保税企业；

4. 进出境物品所有人；

5. 进出境货物、物品的承运人；

6. 进出境货物、物品经营管理人。

四、海关行政相对人的分类

对海关行政相对人的分类研究，有助于我们把握各种类型海关行政相对人的特征和在相关海关行政法律关系中的地位。

从不同的角度，我们可以对海关行政相对人作不同的分类。

（一）内部海关行政相对人与外部海关行政相对人

海关行政相对人可以分为内部海关行政相对人和外部海关行政相对人。海关行政相对人的内外之分取决于其海关的对应性：与海关内部行政主体相对应的当事人属于内部海关行政相对人；而与海关外部行政主体相对应的当事人属于外部海关行政相对人。前者如直属海关隶属下的海关，后者如一家加工贸易企业。

这种划分的意义在于：①有助于确定海关行政行为的有效性；②有助于确定行政诉讼中的被告。

（二）组织类海关行政相对人与个人类海关行政相对人

根据海关行政相对人的组织状态，我们可以把海关行政相对人划分为组织类海关行政相对人和个人类海关行政相对人。从事进出口业务的企事业单位、社会团体和其他非法人组织属于组织类海关行政相对人；进出境的我国公民、外国人、无国籍人属个人类海关行政相对人。

作这种划分的意义在于：某些海关行政行为同海关行政相对人有一定的对应性，如海关对进出境物品的监管行为仅限于对个人类海关行政相对人。

（三）法人类海关行政相对人与非法人类海关行政相对人

法人类海关行政相对人是指具有法人资格的组织类海关行政相对人，包括具有法人资格的从事进出口货物业务的国家行政机关、其他国家机关、企事业单位等。非法人类海关行政相对人是指不具有法人资格的组织和个人。

作这种划分的意义在于：大部分海关行政法律规范既适用于法人也适用于非法人海关行政相对人，但某些海关行政法律规范只适用于法人海关行政相对人，或只适用于非法人海关行政相对人。

（四）国内海关行政相对人与国外海关行政相对人

基于当事人的涉外因素，海关行政相对人还可以划分为国内海关行政相对人和国外海关行政相对人。国内海关行政相对人是指中国的各种组织和公民，国外海关行政相对人是指外国组织和外国人。在中国注册登记的外资企业和中外合资、合作企业属于中国法人，应以国内海关行政相对人对待。

作这种划分的意义在于：①总体上，海关行政法律规范既适用于国内海关行政相对人也适用于国外海关行政相对人，但某些特别规定只适用于国内海关行政相对人或只适用于国外海关行政相对人。②国内、国外海关行政相对人均在我国行政诉讼中享有原告的法律地位。但国外海关行政相对人必须遵守我国《行政诉讼法》所确立的平等、同等、对等和委托中国律师诉讼等原则。

五、海关行政相对人身份的确认

（一）海关行政相对人身份的确认方式

从理论上讲，海关行政相对人是处于被管理地位的当事人，但是由于构成海关行政相对人主体的可以是公民和社会组织，也可以是行政机关和公务员，这就容易产生相对人不明确的情况。不仅如此，在海关行政管理活动中，往往存在着内部行政关系和外部行政关系交叉的情况。海关行政相对人身份的确认，是正确适用海关行政法律的基础。

确认身份的关键在于理清以下几层关系：

1. 海关行政相对人。确认海关行政相对人必须首先明确具体的海关行政法律关系，凡是在具体海关行政法律关系中履行行政义务以及从事非职权行为的当事人，是海关行政相对人。因为在本质上，海关行政相对人在具体的海关行政法律关系中处于被管理者的地位，其行为并非行使职权。

2. 内部海关行政相对人与外部海关行政相对人。从理论上说，内部海关行政相对人是海关内部行政关系的当事人，建立在行政隶属关系的基础上；而外部海关行政相对人是外部行政关系的当事人，建立在行政管理关系的基础上。虽然一项行政管理活动中存在着内部行政领导关系与外部行政管理关系相互交叉的情况，但是每一种具体的行政关系均只有一种管理对象。

3. 海关行政相对人与海关行政对象人。海关行政相对人是在海关行政法律关系中处于被管理地位并且直接承受行政行为法律效果的当事人。而海关行政对象人是海关行政行为在形式上针对的组织和个人，如行政处罚中的被处罚人。在大多数情况下，海关行政相对人与海关行政对象人是统一的。例如，在海关行政处罚中，被处罚人既是海关行政相对人，因为它承受了行政处罚的后果，又是海关行政对象人，因为客观存在的是行政处罚行为所直接针对的对象。但有时海关行政相对人与海关行政对象人会发生背离。例如，海关命令某保税工厂禁止进行保税货物的转厂，此时此保税工厂既是海关行政相对人又是海关行政对象人，而欲购进其保税货物的其他保税工厂则是海关行政相对人，它承受了"不准转厂"的后果，但不是海关行政对象人，非行政命令所直接针对的对象。

（二）海关行政相对人身份确认的法律意义

对于一个组织或个人，确认其是否属于海关行政相对人，其法律意义主要在于：

1. 有助于确认行政行为的合法性。确认行政行为相对人的身份，有助于确认海关行政行为的合法性。海关的行政行为是否合法，是否具有法律效力，受到多种因素的制约。其中一项必须考虑的因素是，海关行政行为与海关行政相对人的对应。一定的海关行政行为只能针对一定的海关行政相对人。如果一定的行政行为没有针对特定的海关行政相对人，那么该行政行为便会因不合法而影响其效力。

2. 有助于确认行政诉讼的原告资格。确认海关行政相对人的身份，有助于确认一个组织或个人在行政诉讼中的原告资格。

第二节　海关行政相对人的权利与义务

作为海关行政法调整对象的海关行政关系是海关行政主体与海关行政相对人之间的关系，而不是海关行政相对人相互之间的关系。海关行政相对人之间的社会关系不是由海关行政法律规范调整，而是由其他法律规范如民法、刑法等来加以调整，因此探讨海关行政相对人的法律地位应以海关行政主体与海关行政相对人之间的关系为研究对象。

海关行政相对人的法律地位是以法律所规定的权利义务体现的。

一、海关行政相对人的权利

海关行政相对人在海关行政法领域享有的权利，是宪法赋予公民的基本权利在海关行政管理领域的具体化。[1] 海关行政相对人的权利与海关行政主体的义务相辅相成。

我国海关行政相对人享有如下海关行政法上的权利：

（一）行政参与权

海关行政相对人享有可通过合法途径参加国家海关行政管理活动以及参与海关行政程序的权利。一般情况下，海关行政参与权有如下内容：

1. 参与海关行政程序。我国《行政处罚法》规定，被海关予以行政处罚的相对人有权要求海关进行听证程序。

2. 了解海关行政信息。海关行政相对人有权知道与自身有关的权利、义务等行政信息。

（二）行政协助权

海关行政相对人有权主动协助海关行政主体的行政管理。该权利包括以下三项内容：

1. 报告权。报告权是指对该让海关发现或由海关处理的事件，海关行政相对人有权向海关报告。

2. 制止权。制止权是指海关行政相对人对一切违反海关行政法律规范的行为有权予以制止。

3. 扭送权。扭送权是指海关行政相对人有权把正在实施行政违法或实施完毕正想逃跑的行为人依法扭送到海关处理的权利。

（三）获得行政保护权

海关行政相对人的人身权和财产权有权获得国家合法、正当、平等的保护，所以当海关行政相对人的人身权和财产权遭受不法侵害时，被侵害人有权要求海关提供行政保护，否则，海关行政相对人对此有权依法申请行政复议或提起行政诉讼。

（四）行政受益权

海关行政相对人有权依据法律从海关获得某种利益。例如，海关对举报或者协助查获违反《海关法》案件的有功单位或个人，应当给予物质或精神奖励。

（五）行政监督权

海关行政相对人对海关的工作享有监督权。根据我国《宪法》、《行政复议

---

〔1〕 毕家亮：《海关行政法学》，中国海关出版社2002年版，第97页。

法》、《行政诉讼法》以及《海关法》的有关规定，海关行政相对人享有对海关工作的建议权和批评权，对不法工作人员享有控告权和检举权，对海关行政行为享有申请复议和提起行政诉讼的权利。

（六）获得行政赔偿权

海关的行政行为因违法而造成了海关行政相对人财产损失，当事人有权依据《国家赔偿法》的有关规定，获得赔偿。此外，《海关法》第94条规定，海关在查验进出境货物、物品的，损坏被查验的货物、物品时，应当赔偿实际损失。

二、海关行政相对人的义务

权利和义务总是相对的，没有无权利的义务，也没有无义务的权利。海关行政相对人依法享有一定的权利，同时也必须履行海关行政法律规定的义务。

海关行政相对人在海关行政法上的义务主要有：

（一）服从海关行政管理的义务

海关行政相对人在海关行政法律关系中的首要义务是服从海关行政管理，具体是指遵守海关行政主体发布的各项海关行政法规、规章和其他规范性文件；执行海关行政命令、行政决定；履行海关行政法上的各项其他义务。

（二）协助公务的义务

海关行政相对人对海关行政主体及其工作人员执行公务的行为，有主动予以协助的义务。

（三）接受海关行政监督的义务

海关行政相对人在海关行政法律关系中，要接受海关行政主体依法实施的监督，包括检查、审查、检验、鉴定、登记等。

（四）提供真实信息的义务

海关行政相对人在向海关行政主体申请提供行政服务或接受海关行政主体监督时，向海关行政主体提供的各种信息资料应当真实、准确，如果故意提供虚假信息，将要为之承担相应的法律责任。

（五）遵守海关行政法律程序的义务

海关行政相对人无论是请求海关行政主体实施某种海关行政行为，还是应海关行政主体要求做出某种行为，均应遵守海关行政法律、法规规定的程序，否则可能导致自己提出的相应请求不能实现，甚至要为之承担相应的法律责任。

第3章
海关行政法律关系

第一节 海关行政法律关系的概念

行政法律关系不是行政法中的一种制度，而是行政法学的一个理论问题。作为行政法学理论，行政法律关系在行政法学体系中占有非常重要的地位。行政法律关系对于解释行政法学中的其他问题具有原则性的指导意义。

行政法律关系是指由行政法律规范规定的行政主体在行使行政权的过程中与其他因素之间形成的权利义务关系。[1] 法律是用以调整社会关系的。社会关系经过相应法律的规范和调整，即上升为相应的法律关系。海关在行使各项职权的过程中会与各种各样的主体发生不同的关系，海关行政法律规范对这些关系进行调整后即上升为海关行政法律关系。

海关行政法律关系在海关行政法理论研究中占有重要地位，是海关行政法学的基本范畴之一，是海关法的核心内容。学习和研究海关行政法律关系有助于我们树立起法制意识，提高执法水平，培养解决海关事务的能力。研究海关行政法律关系具有重要的理论及实践意义。

一、海关行政法律关系的概念

海关行政法律关系是指经由海关行政法律规范所规定和调整的，海关行政主体在实施国家海关行政管理权的过程中发生在海关行政主体与海关行政相对人之间的权利义务关系。

理解海关行政法律关系的这一概念需要注意以下几点：

---

[1] 关保英主编：《行政法与行政诉讼法》，中国政法大学出版社2004年版，第46页。

（一）海关行政法律关系是一系列法律关系的总称

海关与各种主体之间发生不同的社会关系，在此过程中海关行政法律规范对这些社会关系进行调整后形成了一系列的法律关系，这一系列的法律关系的总称就是海关行政法律关系。

（二）海关行政法律规范调整的社会关系发生在其实施国家海关行政管理权的过程中

海关行政法律关系调整的是实现国家海关行政管理权的各种社会关系，此范围之外的社会关系不受海关行政法律关系的规范调整。

（三）海关行政法律关系主体一方必须是海关，双方形成海关行政法所确定的权利义务关系

海关行政法律关系主体一方必须是海关，另一方是其他各种当事人，比如进出关境活动当事人（包括企业、国内外旅客、外国组织乃至我国国家机关、事业单位等）、其他国家机关（包括国家权力机关、司法机关等）等，双方形成海关行政法所确定的权利义务关系。

（四）海关行政法律关系与海关行政关系

海关行政法律关系是海关行政法的调整结果，而海关行政关系是海关行政法的调整对象。海关行政法并不调整所有海关行政关系，但凡是经过海关行政法调整的海关行政关系就是海关行政法律关系。

二、海关行政法律关系的特征

海关行政法律关系是一种特定的法律关系，有着将其自身与其他法律关系区分开来的显著特征。

海关行政法律关系的特征主要表现在：

（一）主体一方恒定

海关行政法律关系的双方当事人必有一方是作为行政管理主体的海关。若双方当事人中没有一方是海关，则该法律关系不属于海关行政法律关系。

中华人民共和国海关是国家的进出关境监督管理机关，负责监管进出境的运输工具、货物、行李物品、邮递物品和其他物品，征收关税和其他税费，查缉走私，并编制海关统计和办理其他海关业务。海关代表国家行使进出关境监督管理职能，会同其他国家机关、社会团体、企事业单位、国外组织、公民之间发生各种各样的关系，也会在机构内部之间发生各种关系。可以看出，海关行政法律关系的当事人千差万别。但是，这些千差万别背后必然有一个共同点：形形色色的总是非海关一方，另一方必然是海关。即使其他国家机关、社会团体、企事业单位、国外组织、公民之间发生的关系直接涉及到海关监督管理，

这种关系本身也不属于海关行政法律关系。海关行政法律规范只调整他们与海关之间的关系。

例如，某家外贸公司接受国内几家无进出口经营权企业的委托，从国外进口一批货物，双方的委托合同中对于进口货物的品名、规格、数量、价格、购买厂商、运输工具的选择、进口报关手续的办理、进口税费的缴纳等条件都作了直接约定，双方的委托关系已经涉及海关的进出境管理，但是根据上述定义，只有向海关申报进口的这家外贸公司与海关之间形成了被管理者与管理者的权利义务关系，而外贸公司与国内企业的委托代理关系属于民事法律关系，而非海关法律关系。

就海关内部机构之间的关系而言，有一类法律关系应当特别注意，即海关与海关关员之间的法律关系问题。具体而言有两种情况：一种情况是海关关员代表海关对外履行监管职能或作为海关工作人员对内开展业务工作，此时，关员与海关之间的关系属于海关机构之间的关系；另一种情况是海关关员本身违法而受到海关行政处罚，这时的关员就不能视为海关的代表，而是作为违反海关行政法律规范的当事人与代表国家行政机关行使行政处罚权的海关之间构成海关行政处罚法律关系。

（二）海关行政法律关系的客体仅存在于进出关境的监督管理环节

海关行政法律关系的客体仅存在于进出关境的监督管理环节，认识到这一特点有很直接的现实意义。海关工作人员经常对进出境货物或物品从什么时候开始管、管到什么时候争论不止，在查处走私违法案件中对案件当事人、关系人、应受处分人的范围也认识不清，很重要的原因就在于没有注意到海关法律关系的这一特点。

例如，对常遇到的所谓"分散进口"问题，如果当事人持有合法的有审批权的机关签发的证明文件，在办理报关进出境手续上没有违法情节，就应该认为没有违反海关法，不属于走私行为。但如果实际上是有关当事人有意欺骗批证机关，将整件以零部件报批，或将大批货物以几小批货物报批，从而使不能合法进出关境的变为能够合法进出关境的，限制或禁止进出关境的变为可以进出关境的；或使虽然可以合法进出关境但不能享受减免待遇或低税率缴税的变为可以减免税进口或只缴纳较少的关税，后被海关发现的；或审批机关明知有关当事人违法报批，但从局部利益出发或批证人因个人的违法目的依然批证，后被海关发现的，海关可以认为证件无效，但不能认定为走私，只宜将案情移交有关主管部门。这可能违反国家涉外经营管理法甚至是刑法，导致追究其行政责任甚至是刑事责任。如果按违反海关法的走私论处，法律依据不足。但如果当事人从开始进出口合同的谈判，办理有关证件，到办理海关手续，是一系列互相联系的有意欺骗海关的行为，则完全有理由以违反海关法的走私行为查处。又如，对已办理海关手续的当事人，进境后将不准转手的货物或物品转卖，出境后将货物擅自改运不准运行的目的地的，海关有权对其进行处罚，但海关对购买转手货物的人，对被禁止进行直接贸易的国家或地区的收货人则无权处罚。对出境后参与违反海关管理规定的下手人，海关没有必要也没有可能进行处罚，但海关对内地市场上转卖不应买卖的进口货物的人进行处罚的实例很常见。根据外贸管制法及国内市场管理法，对当事人进行行政处罚是必要的，但处罚机关应当是工商、税务等管理机关，海关以"走私"论处的依据不足，因为当事人的行为并不是海关行政法律关系的客体，行为没有发生于海关关境管理环节，当事人并不是海关行政法律关系的主体。

海关行政法律关系的客体包括物、行为、智力成果以及人身权等。

如上文所言，海关是国家的进出关境监督管理机关，专门负责监管进出关境的货物、物品及运输工具，以行使监督管理权。货物、物品（包括物质上附着的非物质财富，如知识产权）及运输工具等，只有在进出关境时的海关监督管理环节中才是海关行政法律关系的客体。此处的"进出关境时海关监督管理环节"包括：通过关境通道；虽然实际上已经进入或离开关境，但当事人尚未办完海关手续或仍负有遵守海关某些规定的义务的货物、物品及运输工具实际上仍处于海关监督管理状态。海关手续一旦办结，这些货品、物品、运输工具经海关放行进入国内或者去往国外，就不再是海关行政法律关系的客体。[1]

海关行政法律关系客体的另一大类是人的行为。此类客体情况复杂，原因在于，当事人在货品、物品、运输工具进出关境过程中的行为并不是在某一条清晰的地理边界上瞬间完成的，无论是海关，还是作为一方当事人的携运人，都会为一系列的行为成为法律关系的客体。办理海关手续前后的行为是否会被视为海关行政法律关系的客体，取决于以下几个方面：

1. 申报前后的行为是否直接影响到办理海关手续时的行为的合法性；
2. 申报前后的行为是否对办理海关手续产生其他影响；
3. 是否履行了办理海关手续时承诺的义务。

如果其他环节的情况与办理进出境手续无关，则从对方当事人申报到结关一系列海关手续的完成，可视为作为海关行政法律关系客体的"行为"的完成。但若申报前后的行为直接影响到办理海关手续时的行为的合法性或者申报前后的行为对办理海关手续产生其他影响，或者没有履行办理海关手续时承诺的义务，则办理海关手续前后的这些行为也必须被视为海关行政法律关系的客体。

---

〔1〕 袁建国主编：《海关行政法》，中国人事出版社 1993 年版，第 19 页。

这些行为实际上与办理进出关境手续时的行为是互相关联的。

（三）内容的特殊性

海关行政法律关系是海关和相对人之间的权利义务关系，其内容就是双方的权利义务。该权利义务有其特殊性：

1. 该权利义务是进出境监管中的权利义务。海关和相对人之间的权利义务是行政法上的权利义务，但不是一般行政法或者其他部门行政法上的权利义务，是特定的海关行政法上的权利义务，即进出关境监管中的权利义务。

2. 该权利义务是由海关行政法律规范预先设定的权利义务。海关行政法律关系主体双方的权利义务不得由双方任意约定，而只能由海关行政法律规范预先规定。

3. 当事人双方对海关行政法律关系的权利和义务均无权自由处分。这不同于民事关系中的权利义务关系，当事人可以相对自由地处分自己的权益。海关行政法律关系的内容具有不可处分性。

海关在海关行政法律关系中的权力实质上是国家赋予的职责，是一种国家权力。海关有权对相对人行使各种进出关境监管权，同时也必须行使各种进出境监管权，以履行其职责实现其职能。海关作为行政主体无权任意抛弃或转让其权力。抛弃权力是海关的渎职，转让权利可构成权力滥用，都将承担相应的法律责任。而海关行政相对人的权利是一种公法上的权利，通常相对人可以抛弃这种权利，但不得转让这种权利。因此，海关行政法律关系的权利义务不得任意处分。这也是海关行政纠纷不适用调解原则处理的原因。

（四）当事人地位

在海关行政法律关系的双方当事人中，作为行政主体的海关代表着国家，行使着国家进出境监管权，对海关行政法律关系的产生、变更和消灭起着决定作用，对于海关行政相对人违反海关行政法律规范的行为可以实施制裁，对不履行具体海关行政行为所确定的特定义务的海关行政相对人可予以强制执行，海关始终处于主导地位。作为另一方主体的海关行政相对人必须服从海关的监管，如若海关行政行为违法或者不当，相对人只能依法请求复议，或者向人民法院提起诉讼，并且一般情况下不得中止该行政行为的执行，相对人始终处于被支配地位。这种特殊的法律关系并不像民事法律关系那样颂扬平等、等价、有偿，海关行政法律关系主体双方的法律地位是不平等的。

海关的主导地位体现在：

1. 海关行政法律关系的产生、变更或消灭，大多数取决于海关的单方行为，当事人双方的协商一致并不是实现的必要条件。

2. 海关可以对对方当事人采取强制措施来保证海关行政法律关系的实现。

3. 海关在实施监督管理职能的过程中享有的行政特权为海关所特有，不为海关行政相对人所有。

（五）解决争议方式

与民事关系的又一巨大差别是解决争议的方式不同。民事关系中的争议双方当事人都无权单方处理纠纷，只能平等协商或求助第三人解决。谁都不能做自己的法官。而在海关行政法律关系中，虽然争议一方是作为当事人的海关，但其拥有单方处理的权力，即使有的争议需要由法院作最终裁决，海关也往往有优先处理权。海关行政法律关系中，海关在一定范围内可以做自己的法官。

三、海关行政法律关系的分类

海关行政法律规范种类繁多，管理范围广，海关行政法律关系因而种类亦相当繁杂。按照不同的分类标准可以将海关行政法律关系分成不同的种类。[1]

（一）按海关行政法律关系的主体分

根据海关行政法律关系主体的不同，可以将海关行政法律关系分为以下几种：

1. 海关同国内机关、团体、企业事业单位的关系。

2. 海关同外国企事业单位、国际组织的关系。

3. 海关同我国因公、因私出国人员的关系。

4. 海关同进出我国关境的外国人、无国籍人的关系。

5. 海关同进出我国关境的外国领导人、外交关员、国际组织官员的关系等。

（二）按海关行政法律关系的客体"物"分

根据海关行政法律关系的客体中的"物"的不同，可以划分为以下几种：

1. 海关同进出口货物当事人的关系。

2. 海关同进出境物品当事人的关系。

3. 海关同进出关境运输工具负责人的关系。

4. 海关同纳税义务人的关系。

5. 海关同走私货物当事人的关系等。

（三）按海关行政法律关系的内容分[2]

根据海关行政法律关系的内容来分，海关行政法律关系可以划分为以下几种：

1. 监督海关行政法律关系。监督海关行政法律关系是作为被监督对象的海

---

〔1〕　毕家亮：《海关行政法学》，中国海关出版社 2002 年版，第 43 ~ 44 页。

〔2〕　参见袁建国主编：《海关行政法》，中国人事出版社 1993 年版，第 20 页。

关及其工作人员因接受行政监督而与作为行政监督主体的国家权力机关、司法机关、专门行政监督机关以及人民群众等发生的关系。

不难发现，监督海关行政法律关系的主体包括监督主体和监督对象。监督主体包括国家权力机关、司法机关、行使监督职权的行政机关以及人民群众。作为监督主体的国家权力机关、司法机关、行使监督职权的行政机关可以对监督对象采取有法律效力的监督措施，但作为监督主体的人民群众不能直接对监督对象采取有法律效力的监督措施，他们必须通过国家机关监督主体采取此种措施。监督对象是海关及其工作人员。海关工作人员在海关行政法律关系中不是独立的主体，他们只是海关的代表，代表海关实施海关行政行为。但在监督海关行政法律关系中，海关工作人员与海关同时作为法律关系的一方主体。他们构成监督海关行政的直接对象。

2. 海关行政管理法律关系。海关行政管理法律关系是作为行政主体的海关因行使海关行政职权而与海关行政相对人发生的关系。

3. 海关内部行政法律关系。内部海关行政法律关系是指海关系统内部上下级海关之间、平级海关之间、海关与其工作人员之间、海关与被授权组织以及与被授权组织所属执法人员之间的各种关系。内部海关行政关系主要是指海关内部的关系，包括各种级别之间、地域之间、部门之间的相互关系以及海关与海关工作人员之间的关系。关于海关与海关工作人员之间的关系包括海关工作人员因行使职权而与海关发生的工作关系和海关工作人员因工资、福利、休假、保险待遇等而与海关发生的特殊劳动关系。海关与被授权、被委托组织、个人以及被授权组织与其执法人员的关系，在整个海关内部行政关系中所占比例很小。

4. 海关行政救济法律关系。海关行政救济法律关系是指国家为排除违法与不当的海关行政行为对国家利益、集体利益以及公民、法人和其他社会组织的合法权益的侵害，根据法定的职权或海关行政管理相对人及其利害关系人的申请，按照法定的程序，对海关行政行为的合法、适当性以及海关关员的遵纪守法性进行督促、检查和审查，并将违法或不当的海关行政行为予以撤销、变更，对违规乱纪的海关关员进行处理，使国家利益以及海关行政管理相对人的合法权益免受侵害或者得到恢复、补救的各种关系。据此可知，海关行政救济包括以海关行政相对人的申请为前提的被动的救济，如海关行政复议、海关行政诉讼和海关行政赔偿等制度。

第二节　海关行政法律关系的要素

海关行政法律关系由主体、客体、内容三个要素构成的，缺一不可。

一、海关行政法律关系的主体

海关行政法律关系的主体，是指在海关行政法律关系中，依法享有海关行政法上的权利，承担海关行政法上的义务的当事人，包括海关行政主体、海关行政相对人和第三人。

《海关法》调整范围的广泛性决定了海关行政法律关系主体的范围也较为广泛。根据《海关法》，我国海关行政法律关系的主体包括海关、参与出入关境活动的当事人以及其他相关国家机关。也就是说，国家机关、企事业单位、其他社会组织，中国公民、外国人、无国籍人，国际组织、外国国家机关，都有可能成为海关法律关系的主体。一方面，国内外各种单位、组织、个人，都可能成为货物、运输工具、行李物品、邮递物品进出我国关境的直接当事人，亦成为海关行政管理相对人；另一方面，国内外的国家机关、社会团体、企事业单位，都可能因业务关系成为海关业务活动的协作人甚至形成固定的业务伙伴关系，从而成为海关行政法律关系的主体。

在海关行政法律关系中，第三人是指同进出关境活动及海关行为有利害关系的其他公民、法人或者社会组织。就其对海关行政行为的复议或诉讼标的有无独立诉讼请求而言，可以分为有独立请求权的第三人和无独立请求权的第三人。有独立请求权的第三人能独立的向海关或人民法院主张权利，如可向海关主张权利，要求保护；无独立请求权的第三人对海关的具体行政行为不能主张自己的独立权利，但出于保护自己利益的需要申请参加或由海关、法院通知其参加复议和诉讼。

二、海关行政法律关系的客体

客体也是海关行政法律关系的基本要素。海关行政法律关系的客体，是指海关行政法律关系主体权利和义务所指向的对象。没有客体，主体的权利、义务就会落空。

一般而言，法律关系的客体主要包括物、行为和智力成果。有的学者主张海关行政法律关系的客体局限于进出关境的运输工具、货物、行李物品、邮递物品和其他物品；有的观点认为海关行政法律关系双方当事人之间并不存在财产关系，只有行为才能够成为双方当事人权利义务共同指向的标的，因此海关行政法律关系的客体只能是行为。

但是，随着科学技术的发展，以前未曾创设的行政关系也会逐渐显现。我们认为，作为一定生产力发展水平反映的法律关系，其客体的范围也自然会反映出时代的特征。海关行政法律关系的客体包括物、行为和智力成果，在某些海关行政法律关系中还包括人身。

海关行政法律关系的客体具有如下法律特征：①具有对主体的有用性，是主体的某种物质利益或精神需要；②能够为人类所支配或控制，只有这样才能成为主体权利义务作用的对象，才能用法律来加以调整；③必须是受海关行政法调整的事物。

海关行政法律关系的客体不同于海关监管对象。监管对象是管理标的，属于物的范畴，而客体的范围更为广泛。法律关系的客体是一个历史范畴，其范围受一定的生产力发展水平和社会历史条件的制约，法律关系客体的范围在不同历史时期会有变化。科学技术的空前发展和进步，越来越多的以前无法支配和控制的事物为人类所掌控，因而我们认为海关行政法律关系的客体应当包括：物、行为、智力成果及人身权。[1]

（一）物

物是指现实存在的能满足人的需要的，具有稀缺性的，并能够为人们控制和支配的物质对象。

法律意义上的物具有如下特征：

1. 对人具有有效性，能够满足人的需要，可以是物质效用，亦可以是精神效用。

2. 必须具有稀缺性，并非一切满足人需要的东西必然属于法学中的物的概念，在法学概念中，物必须具有稀缺性。

3. 物能为人支配和控制。不能为人所支配的东西，尽管具有巨大的价值，也不能成为法律意义上的物。

从法律意义上讲，物通常可以分为：动产和不动产；流通物、限制流通物和禁止流通物；特定物与种类物；可分物与不可分物；可消耗物与不可消耗物；主物与从物；原物与孳息。

作为海关法律关系客体的"物"，即海关行政法律规范中所指的进出关境的货物、物品、运输工具以及海关行政法律关系中涉及的特殊的物——税款、罚款，是一种特定性的"物"。

海关法律关系客体的"物"，其特定性体现在：

---

〔1〕　毕家亮：《海关行政法学》，中国海关出版社2002年版，第48页。

1. 只存在于海关对有关货物、物品、运输工具的进出关境监督管理环节。

2. 作为海关法律关系客体的物，有严格的特定概念。

按海关行政权对物的作用可以将海关行政法律关系的客体的物分为：[1]

1. 被确认物。它是指海关依法对行政相对人的法律地位或法律事实进行确定、认可或证明所涉及的物，如对走私货物的认定。

2. 被保护物。它是指海关为保护社会利益及行政相对人合法财产或公共财产所涉及的物，如文物、野生动植物等。

3. 被征收物。它是指海关依照法律、法规规定，以强制方式无偿取得行政相对人的财产所有权所涉及的物，如关税、船舶吨税等。

4. 被审批物。它是指依据法定程序需由行政主体审批所涉及的物，如进口橡胶等。

5. 罚没物。它是指海关行政处罚中的罚没行为所涉及的物，如罚款或没收的走私货物。

6. 奖励物。它是指海关对举报协助查获违法案件有功单位给予的物质奖励。

（二）行为

行为作为海关行政法律关系的客体，是指海关行政法律关系中主体行使权利以及履行义务的活动。

作为海关行政法律关系客体的行为，必须是海关行政法律关系主体所作的、产生和存在于进出关境监督管理过程中的行为，并且是海关行政法律关系所要求或禁止的行为。从形式上看，这种行为既可以是作为，如相对人的走私行为；也可以是不作为，如相对人的漏税行为。从法律上看，既可以是合法行为，如相对人的复议申请行为；也可以是违法行为，如相对人的走私行为。从主体上看，既可以是海关的行为，如海关的扣留行为；也可以是相对人的行为，如申请减免税的行为。

"行为"作为海关行政法律关系的客体，有以下几种分类：

1. 作为与不作为。作为的行为，表现为在行为方式上积极地作出一定的动作，如海关的行政处罚行为。不作为的行为，表现为在行为方式上不作出一定的动作，如海关不履行查验职责的行为。

2. 合法行为与违法行为。合法行为是指行为主体依照法律规范要求的范围和内容，按照法定的方式和程序实施的受法律保护的行为。违法行为是指行为主体违反法律规范的要求所实施的危害社会的行为。行为人应该对发生的违法行为依法承担法律责任，从而在违法行为人和受害人、可处罚主体之间形成法

---

〔1〕 毕家亮：《海关行政法学》，中国海关出版社 2002 年版，第 48～49 页。

律责任关系。

3. 海关行政行为和海关行政相对人行为。海关行政行为是指海关履行行政职权而做出的行政行为。海关行政相对人行为是指海关行政相对人做出的具有海关行政法意义的行为。

具体而言，作为海关行政法律关系的客体的"行为"可以包括：

1. 海关及其工作人员在行使国家进出关境监督管理职能过程中的一切行政行为。

2. 海关领导机关，与海关有业务联系的其他机关、团体、单位做出的与海关业务工作直接有关的行为。

3. 海关行政相对人做出的发生于海关对进出关境货物、物品、运输工具进行监督管理环节上的一切行为。

（三）智力成果

智力成果是人的脑力劳动创造出来的精神财富，包括各种科学发现、发明、设计、作品等。我国海关也承担保护知识产权的职责，海关在保护知识产权中形成的法律关系，其客体即为智力成果。

（四）人身权

人身权也可以作为海关行政法律关系的客体。[1]

人身权是指权利主体依法享有的，与其人身不可分离而无直接财产内容的权利。人身权同财产权的概念相对应，可以分为人格权和身份权。

传统观点认为，不同时期、不同社会，法律关系客体的情况各不相同，并认为社会主义国家应该坚决反对并严格禁止把人身作为法律关系的客体，无论何时，所有人都是法律关系的主体。

在社会主义社会，人身不能成为买卖或赠予法律关系及所有权的客体，这一点是毋庸置疑的。但这并不意味着人身不可能成为所有法律关系的客体。在某些法律关系中，人身也可能成为其客体。例如，随着生物工程的发展进步，人体的某些器官也开始被作为法律关系的客体，如捐赠的肾脏、眼角膜等，而在给予警告行政处罚以及行政扣留等海关行政法律关系中，也将人身自由权、身份权、名誉权等人身权作为客体。因此，人作为社会成员，一方面以自己的思想意识和行为活动影响和作用于作为客体的他人和社会，另一方面又无时无刻不受到他人的思想和行为的影响和作用。人在法律关系中的主动者和承受者的双重角色，即是人作为主体亦可作为客体的生动表现。

人身权作为海关行政法律关系的客体，不仅是法律所调整规范的对象，而

---

〔1〕 毕家亮：《海关行政法学》，中国海关出版社 2002 年版，第 50～51 页。

且也是其保护的对象。作为公民、法人的一项基本权利，海关对此负有不可推卸的法定保护义务。人身权作为海关行政法律关系的客体来予以保护并不是对人权的亵渎，相反，这正是对人权的尊重。此外，人身权一般是作为主体自身权利的客体或他人义务的客体，如公民甲有人身自由权，其他义务人就有不得非法侵犯其人身自由的义务。因此，人身权不仅是权利客体，更是义务客体，特别是不作为义务的客体。

人身权作为法律关系客体是有一定限制条件的：

1. 范围的限制。并不是所有的海关行政法律关系都能以人身权作为客体。

2. 权利人不得滥用自己的人身权。权利人尽管可以独立自主地行使其人身权，但是也不得滥用其权利，如不得利用自己的身体藏匿毒品。

许多海关行政法律关系是以相对人人身权为客体的，如行政处罚、行政强制、海关对企业予以分类管理等，在这些情况下，海关行政相对人的人身权即是重要的客体。另外，海关行政处罚中的取消报关从业资格，即是以人身权为客体的。海关行政强制法律关系中，海关对行政相对人采取强制扣留措施，其客体即为海关行政相对人的人身自由。

三、海关行政法律关系的内容

任何一种法律关系，都靠主体权利的行使与义务的履行来实现。法律关系不同，主体享受的权利与承担的义务亦不同。故而法律关系的内容也是法律关系的构成要素，同其他法律关系一样，权利和义务也是海关行政法律关系的核心。

海关行政法律关系中的内容即海关行政法律关系当事人之间的权利与义务。每一个具体的海关行政法律关系都是由当事人双方的权利与义务构成的。

根据海关行政法律规范的规定，海关和海关行政相对人的权利义务很多。通常情况下，海关行政法律关系中，海关和相对人的权利义务呈现出一种对应性，即海关的某项权利就是相对人的义务，或相对人的权利即为海关的义务。但这种对应性并不等于权利义务的对等，即海关行政法律关系中双方的权利义务不是等量的。海关的权利主要演变为在法定职权范围内所行使的权力，这种和一定的职能或职责相关联的权利一般也可称为职权。这同海关行政相对人行使的权利和履行的义务性质不同，一方具有的权利义务是另一方不可能具备的。例如，海关有管理相对人的权力，但反过来相对人并无管理海关的权利。但总体上讲，无论海关还是海关行政相对人，其权利义务具有同时性和对应性，即享有权利者必定承担义务，履行义务也必然享有权利，不允许一方只行使权利而另一方只承担义务。

（一）海关行政法律关系中的权利

海关行政法律关系中的权利，是指根据海关行政法律规范的规定，由海关行政法律关系当事人所享有的，自由作出某种行为或要求对方为一定行为或不为一定行为的可能性。

具体而言，可以从以下几个层面理解：

1. 海关行政法律关系中的权利不是凭空产生的，是由海关行政法律规范的规制而产生的。

2. 具体海关行政法律关系中的特定权利仅为某一方当事人所享有，在同一具体海关行政法律关系中双方当事人不能同时主张同一权利。

3. 海关行政法律关系中的权利，主要表现为三个方面：其一，海关可以依法自主地做出某种行为，如海关可以依法征收关税；其二，权利人可以依法要求对方为一定的行为，如海关要求海关行政相对人将经海关登记准予暂时免税进境或者暂时免税出境的物品由本人复带出境或复带进境；其三，监督机关可以依法要求海关为一定的行为或不为一定的行为。

4. 海关行政法律关系中的权利是海关行政法律关系的当事人主张其法定利益的可能性，其法定利益的实际取得还要通过当事人的积极行为才能变成现实。

5. 海关行政法律关系中的权利包括海关行政主体的权利、海关行政相对人的权利以及海关监督机关的权利。

（二）海关行政法律关系中的义务

海关行政法律关系中的义务，是根据海关行政法律规范的规定，海关行政法律关系当事人所应承担的行政法律责任，即作出一定行为或抑制一定行为的必要性。

具体而言，可以从以下几个层面理解：

1. 海关行政法律关系中的义务因海关行政法律规范而产生，履行义务的责任受法律强制。

2. 海关行政法律关系中的义务属于一种必须履行的法律责任。

3. 海关行政法律关系中的义务主要表现在两个方面：其一，义务人按照海关行政法律规范的规定而不得不为一定的行为，如纳税人按期缴纳税款的行为。其二，义务人按照海关行政法律规范的规定而不得为一定的行为，如未经海关许可不得擅自开拆、提取海关监管货物。

4. 海关行政法律关系中的义务包括海关行政主体的义务、海关行政相对人的义务以及海关监督机关的义务。

（三）海关行政法律关系中权利义务的关系

在法律关系中，权利与义务相互独立，相互依存，互为前提。权利人主张的权利往往需要义务人履行义务得以实现，义务人履行义务的行为则往往应权利人的要求而作出。没有无权利的义务，也没有无义务的权利。享有某种权利的人同时需要履行某种义务，履行了一定的义务就可以获得相应的权利。

第三节　海关行政法律关系的产生、变更和消灭

一、海关行政法律关系变动的原因

海关行政法律关系的变动，是指海关行政法律关系基于一定的法律事实而产生、变更或消灭的情况。

引起海关行政法律关系变动，即产生、变更、消灭的原因是海关行政法律事实。海关行政法律事实是指法律规定的假定条件或特定情况。只有当海关行政法律事实出现了，海关行政法律规范才被适用，才会产生、变更、消灭海关行政法律关系。

海关行政法律事实又可以分为海关行政法律事件和海关行政法律行为。[1]

（一）海关行政法律事件

海关行政法律事件是指不以海关行政主体、海关行政相对人以及海关监督机关的意志为转移而又能导致海关行政法律效果的客观事件。这些事件包括自然灾害、战争等。例如，由于发生自然灾害的原因，外籍船舶被迫进入中国港口避难等。

（二）海关行政法律行为

海关行政法律行为是指海关行政主体、海关行政相对人以及海关监督机关有意识的、能产生海关行政法律效果的活动。以其行为方式可以分为作为与不作为；以其是否合法可分为合法行为和违法行为；以其实施主体可以分为行政行为和相对人行为等。

海关行政法律行为，特别是合法行为，是引起海关行政法律关系产生、变更和消灭的基本原因。

二、海关行政法律关系的产生

海关行政法律关系的产生是指因海关行政法律事实出现后，海关行政法律关系主体之间按法定的权利、义务模式形成必然的权利义务联系。这种必然联系又可以分为应有联系和实有联系两种情况：

---

[1]　毕家亮：《海关行政法学》，中国海关出版社 2002 年版，第 56 页。

（一）应有联系

应有联系是指当某种条件具备后，主体双方就自然形成的一定的权利义务关系。如只要有应税货物进口，收发货人就应缴纳关税，海关与之就自然形成税收征纳行政法律关系。

（二）实有联系

实有联系是指当某种条件具备后，主体双方在自然形成的权利义务基础上积极主动的主张这种联系。这是一种有意识的联系，是人们付诸实际的联系。

上述两种联系将海关行政法律关系的产生区分为潜在的产生与实际的产生两种状态。海关行政法律关系潜在的产生，就是在海关行政法律规范中规定的某种情况出现后，人们依法应当具有的权利义务关系。海关行政法律关系实际的产生则是人们依法已经形成的实际的权利义务关系。

海关行政法律关系的产生，大多由海关单方面的行政行为引起，如海关发布命令等。此外，也有一些由海关和海关行政相对人、海关监督机关和海关双方的行为引起，如权利人在海关总署备案，申请知识产权保护而引起双方海关行政法律关系的发生。

海关行政法律关系一般由海关的行政行为引起，海关行政相对人也可以创设海关行政法律关系，如申请、申诉、检举、控告等。但必须经海关受理，取得海关的批准，方能形成海关行政法律关系。另外，海关行政法律事件也能引起海关行政法律关系的产生。

三、海关行政法律关系的变更

海关行政法律关系的变更，指海关行政法律关系要素的变更，是指海关行政法律关系产生后未实现前，因一定的原由而发生了局部的变化，包括主体变更、客体变更和内容变更。

（一）主体的变更

主体的变更形式主要包括：

1. 数量变化。数量变化又可以分为主体的增加和减少。例如，经海关调查发现走私当事人人数增加；在海关行政处罚中，根据查明的事实，依法增加、减少被处罚人。

2. 主体自身的变化。如海关监管企业之间的合并、撤销等。

（二）客体的变更

海关行政法律关系客体的变更，是指主体权利义务所指向的对象变更，可以分为：

1. 可以发生改变的客体。可以发生改变的客体是具有可替代性的客体，这类客体主要是：

（1）与特定人的人身没有联系的物，这种物可以由同等价值的其他物代替，在海关行政处罚关系中，客体是被罚的款项，在受罚人没有现金缴纳罚款时，海关可以一定价值的实物代替，由一定机关变现后充作罚款。

（2）与特定的人身没有联系的作为行为。如经海关批准暂时进口或暂时出口的货物，当事人应当在 6 个月内复运进境，在特殊情况下，经海关同意，可以延期。

2. 不能发生改变的客体。不能发生改变的客体是指该类客体具有特定性，不可改变。

此类客体主要是：

（1）人身；

（2）不作为行为；

（3）与特定人身密不可分的资源或财富，如行政职权、知识产权等。

（三）内容的变更

内容的变更是指海关行政法律关系主体的权利义务发生变化，在海关方面主要是行政职责的变化，在海关行政相对人方面主要表现为行政义务的增加或减少，如因关税税率而增加或减少税款。

四、海关行政法律关系的消灭

海关行政法律关系的消灭，其核心是主体原有的权利义务的消灭，主体和客体的消灭只是引起权利义务消灭的原因，在海关行政法律关系主体、客体和内容三要素中任何一要素消灭，原海关行政法律关系都有可能归于消灭。

海关行政法律关系消灭的情形有：已产生的海关行政法律关系因其内容完成而消灭；原适用的海关行政法律规范因废除而使海关行政法律关系归于消灭；海关行政相对人放弃自己的权利而使海关行政法律关系归于消灭。

（一）主体的消灭

主体的消灭即海关行政法律关系一方或双方丧失主体资格。在海关方面，主要是海关机关的撤销、国家公务员职务的取消等。在海关行政相对人方面，主要是当事人死亡、报关企业资格的取消、企业的撤销等。

海关行政法律关系主体的消灭并不必然导致海关行政法律关系的消灭。主体的消灭可以形成海关行政法律关系的消灭和变更两种情况：一种情况是主体消灭后，有新的主体继承原主体的权利义务，这种情况是主体变更，则原海关行政法律关系变更；另一种情况是主体消灭后，没有主体继承原主体的权利义务，则原海关行政法律关系也随之消灭。

主体的消灭是不以人的意志为转移的消灭。

（二）客体的消灭

海关行政法律关系客体的消灭也可以形成海关行政法律关系变更和消灭两种情况。一种情况是原客体消灭后能以另一种客体代替原客体，海关行政法律关系有了相应的变更；另一种是原客体消灭后无法以其他客体来替代，则海关行政法律关系因权利义务无法实现而消灭。

客体的消灭是不以人的意志为转移的。

（三）内容的消灭

内容的消灭即海关行政法律关系双方当事人的权利义务得以充分实践或因法律情况的变化，当事人之间的权利义务关系得以解除而灭失。如行政义务的履行、时效的经过等。

权利义务不存在，则海关行政法律关系归于消灭。权利义务这一要素的消灭，通常是由于所适用的海关行政法律规范被废除、权利义务已行使或履行完毕以及海关行政相对人放弃自己的权利等。

海关行政法律关系的产生、变更和消灭往往不是孤立静止的过程，一项海关行政法律关系的消灭可能导致另一项海关行政法律关系的产生，而另一项海关行政法律关系的产生又可能导致其他海关行政法律关系的消灭。海关行政法律关系不断产生、变更和消灭的发展过程，表明了海关实现国家行政职能的内在运动规律。

第二篇　行为篇 <<<

第4章
海关行政行为概述

第一节　海关行政行为的概念

一、海关行政行为的概念

自行政行为这一概念最早由德国行政法学鼻祖奥托·迈耶（Otto Mayer）运用概念法学的方法概括出来后，[1] 行政行为成为大陆法系国家行政法学的核心概念，各国的行政法学家都对此提出了自己的观点，形成了不同的学说。海关行政行为作为行政行为这个种概念下的属概念，经过许多法学家的概括，也形成了丰富的内涵。但对于什么是海关行政行为，在海关行政法领域仍然是个值得探讨的问题。

由于对行政行为这个种概念的认定莫衷一是，使得各国学者在不同时期对海关行政行为的界定也不尽相同，使海关行政行为这一概念的外延、内涵都各有差异，总体上来说理论界有以下四种学说：

（一）最广义说

最广义说认为，海关行政行为是指一切与国家海关行政主体有关的行为，包括了国家海关及其公务员的行为，海关行使行政职权的行为，海关在行政诉讼过程中的行为，以及公民、法人和其他组织等引起海关行政法律关系产生、变更和消灭的行为。这一定义围绕海关行政主体，将涉及海关行政主体的行为都纳入到海关行政法律关系中来，无法体现海关行政行为的特殊性质及其所遵循的特殊法规，外延太过宽泛，不利于人们对海关行政行为的准确认识。

---

〔1〕　奥托·迈耶指出："行政行为在具体情况中决定臣民的权利义务。"参见［德］奥托·迈耶：《德国行政法》，刘飞译，商务印书馆 2002 年版，第 97 页。

（二）广义说

广义说认为，海关行政行为是指海关行政主体作为一个行政机关所为的一切行为。按照该定义，海关行政行为包括了海关所作的能够产生法律效果的法律行为和不能产生法律效果的事实行为。该说是在国家权力分别归属于立法机关、行政机关和司法机关的基础上发展起来的，从海关行政行为主体的视角对海关行政行为所下的界定。但该说将海关行政主体的非法律行为、行政私法行为都作为海关行政行为纳入到海关行政行为范畴中，外延仍显得宽泛。

（三）狭义说

狭义说认为，海关行政行为是指海关行政主体在进出关境监管中，运用行政职权对相对人实施的公法上的、能够发生法律效果的行为，即只有行使海关行政权的行为才是海关行政行为。按照这种学说的观点，海关行政行为包括了海关行政法律行为，排除了海关行政主体没有运用海关行政权力所作的私法行为、海关行政事实行为和海关准法律行为。这一学说的出发点是海关行政权力，由于海关行政权力的享有者不仅包括海关，还包括了其他行政机关或组织，所以当这些其他行政机关或组织在进出关境监管或其他事务中，做出的行使海关行政权力、产生法律效果的行为也是海关行政行为。这一学说基本上已经成为我国海关行政法学界的通说。

（四）最狭义说

最狭义的海关行政行为是指海关行政主体在海关行政管理中对具体的相对人采取具体措施的行为，即我们通常所说的具体海关行政行为。该说将海关行政主体对不特定的人或事所做出的抽象行政行为排除在海关行政行为之外。这一学说是当今德国、日本行政法学上的通说，在法国行政法学上也有一定的拥护者。[1] 但这一学说排除了抽象海关行政行为，与我国海关依法行政、保护相对人合法权益的宗旨不符，不利于人们全面认识海关行政行为。

从最广义说到广义说再到狭义说和最狭义说，这种概念上的分歧造成了对海关行政行为的内涵理解不一，但通过对这些概念的归纳分析，我们可以对海关行政行为有更加全面和深刻的认识。

比较各种观点，因为狭义说比较全面地反映了海关行政行为的内涵，同时又使其外延不至于过分扩大，已经成为我国理论界的通说，本书亦赞成这种观点。我们认为，海关行政行为，是指海关行政主体在进出关境监管过程中，依法行使海关行政权，对海关行政相对人实施的、能够产生相应的法律效果的行

---

〔1〕　参见杨建顺：《日本行政法通论》，中国法制出版社 1998 年版，第 362 页；王名扬：《法国行政法》，中国政法大学出版社 1989 年版，第 132 页。

为。海关行政行为是海关监督管理活动的总称。对于这一概念，应掌握以下几点：

第一，从主体上看，海关行政主体是海关行政行为的实施者，这是海关行政行为的主体要素。海关行政主体是指享有国家海关行政权力，能够以自己的名义实施海关行政监督管理并独立承担由此产生的法律责任的组织。根据《海关法》第2条的规定，海关是国家的进出关境的监督管理机关，因此，海关是最主要的海关行政主体。同时，海关行政主体还包括了法律、法规、规章授权可以行使海关行政权力的组织。实施海关行政行为是海关行政主体履行海关行政管理职能的主要活动，所以海关行政主体必然要实施海关行政行为，这是由海关行政主体的职权性决定的。至于海关行政主体作出海关行政行为的方式是通过制定普遍性规范文件的方式作出，还是通过公务员对具体的相对人或事进行处理的方式作出，或委托其他组织作出，都不影响海关行政行为的性质。此外，不具备海关行政主体资格的其他国家机关、社会团体、企事业单位或个人没有海关行政主体的合法授权均不得实施海关行政行为。尽管海关行政相对人作为海关行政法律关系的另一方主体，也有意思表示能力，但这种意思表示能力并不能形成海关行政行为，因为海关行政相对人的行为必须通过海关行政主体的行政行为才能获得预期的法律效果。

第二，从职能上看，海关行政行为是海关行政主体行使海关行政权的行为，这是海关行政行为的职权要素，也是判断海关行政主体的行为是否属于海关行政行为的关键性要素。因为海关行政主体在存续过程中，会作出很多行为，有公法意义上的行为，也有私法意义上的行为。例如，海关行政机关会购买办公用品、与其他交易主体签订买卖合同等，在这些行为中，海关行政主体不是以行使法律赋予的海关行政管理权力的面貌出现，而是作为交易中的一方当事人，与另一方当事人处在平等的市场主体地位，双方之间形成的是私法关系，如果双方发生纠纷，也应该由私法法律关系进行调整，这些行为不属于海关行政行为。又如，在环境和卫生检查中，海关是行政相对人，而不是行政主体，所以在类似这样的行政行为中，海关处于行政相对人的地位，不能被称为海关行政主体。海关行政主体行使海关行政权力，就要承担法律赋予的职责，在全社会范围内贯彻海关法律法规，规范海关行政主体和相对人的活动，维护公共秩序、保护公共利益和相对人的合法权益，确保海关管理职能的实现。没有法律赋予的海关行政管理权力，海关行政管理主体就失去了行为的依据，就不能进行相应的活动。

第三，从行为的内容和作用看，海关行政行为是具有法律意义并能产生法律效果的行为，这是海关行政行为的法律要素。海关行政主体在行使海关行政法规范规定的职权时，必须按照海关行政法律规范的有关规定（包括实体上的和程序上的规定）实施某一行为，从而在法律上引起海关行政法律关系的产生、变更或消灭，并对行政相对人的权利义务产生影响。当然，这种影响可以是直接的也可以是间接的，可以是积极的也可以是消极的。例如，海关征收关税的行为，对相对人就是直接和消极的海关行政行为，而海关行政许可对相对人就是积极的海关行政行为。海关行政法律规范规定的行为模式要求海关行政主体必须依法行政，否则将承当相应的法律责任。把握海关行政行为的这一法律要素，是进一步区分海关行政行为和海关行政主体的事实行为、民事行为的依据。因为海关行政主体的部分行为尽管与职权相关，但并不产生预期的法律效果，属于事实行为。

总之，海关行政行为必须具备上述的主体要素、职权要素和法律要素，这是判断一个行为之所以是海关行政行为的基本标准，也是海关行政行为这个概念的基本内涵，三者缺一不可。

此外，在分析海关行政行为时，还应当注意其与行政行为之间的关系。行政行为是指行政主体执行公务，依法行使行政权所产生法律效果的行为。[1] 一方面，海关行政行为作为行政行为的一种，与行政行为具有天然的种属关系，行政行为的基本理论是海关行政行为当然的基本理论。另一方面，行政行为研究的是行政行为的一般规律，而海关行政行为研究的是行政行为在海关管理中的特殊规律。两者是一种共性与个性的关系，海关行政行为的研究可以借鉴行政行为的研究成果，但又必须结合海关行政管理的实际，不能简单地照搬照抄，只有这样才能全面深刻地认识海关行政行为。

二、海关行政行为的特征

海关行政行为的特征，是在对海关行政行为的概念进行界定的基础上展开的，是海关行政主体行使行政权力的外在表现形式，是行政权力的具体化。[2] 我们可以从不同的角度分析海关行政行为的不同特征。从现代理念看，海关行政行为的基本特征表现为：

（一）海关行政行为的法律从属性

19 世纪的行政法学认为，行政相对人的公法权利来源于法律，但行政主体的行政权却并非来源于法律或立法机关，而是与立法机关的立法权和司法机关

---

〔1〕　关保英：《行政法与行政诉讼法》，中国政法大学出版社 2004 年版，第 261 页。
〔2〕　徐晨、李太思：《海关行政法概论》，中国商务出版社 2006 年版，第 44 页。

的司法权一样来源于国家或人民。[1] 因此，行政权并不从属于立法权或司法权，行政主体行使行政权的行为也并不一定都要接受法律制约。可见，这一观念来自于当时严格的三权分立的国家组织机构模式，彻底否定了法律优先原则。但是，20 世纪的行政法学认为，"法无授权不能行政"，主张行政法治，行政主体的行政权与行政相对人的权利一样来源于法律，行政主体行使行政权的行为必须全面接受法律的制约和监督，而不能凌驾于法律之上。行政主体如果违反了相应的法律就必须承担相应的法律责任。

这是对行政行为法律从属性特征的认识的演变，作为属概念的海关行政行为也经历了一个这样的过程，并最终确立了其法律从属性的特征，具体而言，这一特征表现在制定法律、执行法律和服从法律三个方面。

1. 制定法律。因为宪法和法律的直接授权或有立法权的行政机关的授权，海关行政机关及其他组织才有权制定规范海关行政行为的法规和规章。基于下位法不得违反上位法的基本法理，海关行政主体在制定规范性法律文件的时候必须遵循宪法的精神、法律的原则和相应的权限，严格按照《立法法》规定的立法程序，努力按照"良法"的立法标准，准确确立海关行政主体和行政相对人在海关行政法律关系中的权利义务，体现海关行政立法的合法性。

2. 执行法律。从实体法上来说，海关行政主体和海关行政权就是海关行政法的执法机关和执法权。按照我国宪法的规定，我国国家行政机关的任务是实施法律规范，调整社会关系，实现立法意图或法律规范的目的，我国的海关行政主体的任务亦是如此。享有法律规定的管理权能和管理手段，既是海关行政主体能够执行海关行政管理事务的前提和依据，也是履行海关行政管理职责的保障。海关行政主体必须严格按照法律授权的范围和法律规定的程序，在规定的时间和空间内，主动、规范地执行法律规定，必须严格按照法律规定的内容，为一定的海关行政行为或不为一定的海关行政行为，以达到调整社会关系、实现立法意图或法律规范的目的。从这个意义可以说，合法有效的海关行政行为是海关法律规范实现自身目的的现实手段。

3. 服从法律。诚如前面提到的对行政权的来源的认识演化，现代行政法学已经普遍认为行政机关的行政权来源于法律，我国宪法也充分体现了这一现代行政法理念，规定了行政权来源于宪法和法律。而就海关行政行为而言，海关行政主体要牢固树立依法行政的理念，必须服从宪法和法律，受到宪法和法律的监督和约束，否则就会造成海关行政行为违反法律，影响海关行政行为效力的不利后果，同时海关行政主体也要对其违法行为承担法律责任，这也是海关

---

〔1〕 ［荷］克拉勃：《近代国家观念》，王检译，商务印书馆 1957 年版，第 91 页。

行政行为从属法律性的应有之义。

（二）海关行政行为的单方性

法律行为作为法律主体的一种意思表示，因其归属的法律关系性质的不同而有所区别：民事法律行为是各方民事主体意思表示一致的结果，而行政法律行为则是代表公共利益的行政主体的单方面的意思表示。海关行政行为作为行政法律行为的一个分支，也具有这种单方性的特征。海关行政主体实施海关行政行为，只要在《宪法》和相关组织法规定的权限范围内，就可以不与行政相对人商量，依照自己的单方意志直接作出海关行政行为。海关行政行为的单方性不仅体现在海关行政主体直接依职权作出的行政行为，如海关监管货物、征收关税等，还体现在海关行政主体依行政相对人申请而为的行为上，如申请海关行政复议等。虽然这类行政行为需要行政相对人的申请才可以启动，但一旦行政相对人提出了申请，海关行政主体就可以直接依据法律规定的条件和标准审查行政相对人的申请，单方面决定是否批准申请，而不像民事法律行为一样是双方当事人讨价还价的结果。当然，在特殊情况下，海关行政行为具有一定意义的双方性，如海关与相对人签订行政合同，但总体上来讲，海关行政行为具有明显的单方性。

海关行政行为之所以具有单方性的法律特征，是与海关行政行为的公法性特征密切联系的。因为海关行政行为主体主要是海关，而海关是国家行政机关的组成部分。其代表国家管理海关事务，执行立法机关制定的海关行政管理方面的法律法规，为公民提供海关行政方面的服务，实现国家管理海关、规范货物进出口、促进经济健康发展的目的。所以总的来说，海关行政行为是国家实现政治经济管理的重要手段之一，带有国家公权力的色彩，受到国家强制力的保障，其执行的好坏直接影响到公民的合法权益和国家法律规范的实施，不容公民与海关行政主体讨价还价，从而造成法律在不同行政相对人之间实施的不平等。

这里需要说明的是，随着我国经济社会的发展，公民的法律意识的逐渐提高，我国的行政相对人会越来越多、越来越广泛地以各种形式参与到国家的海关行政事务中去，参与海关行政行为实施的意思表示，但这种意思表示最终仍取决于海关行政主体单方面的接受和采纳。而且，行政相对人的意思一旦被海关行政主体接纳，所形成的最终意志仍以海关行政主体意志的面目出现，其产生的法律效果无论好坏也都由作出海关行政行为的海关行政主体承担，所以说，行政相对人的参与并没有改变海关行政行为的单方意志性。

（三）海关行政行为的强制性

海关行政行为是以国家的名义、代表国家贯彻执行海关行政法律法规，并以国家强制力保证其实施的一种行政行为。我国《海关法》第 12 条第 2 款明确规定：“海关执行职务受到暴力抗拒时，执行有关任务的公安机关和人民武装警察部队应当予以协助。”海关行政行为的强制性的法理依据在于法律特别是行政法的强制性，海关行政行为是海关行政法律的实施，是法律在海关管理领域的运用，所以法律的强制性就必然体现为海关行政行为的强制性。海关行政行为的这一特征使其明显区别于民事法律行为。民法以自愿有偿、平等交易为基本原则，导致了民事法律行为以意思自治为原则，是各方主体自愿约定权利义务的一种意思表示。海关行政行为的强制性决定了海关行政主体行使行政权力时具有不可抗拒的法律约束力，行政相对人必须服从、遵守和配合，不得否认或抵制，即使认为海关行政主体的行政行为违法，也只能在事后通过申诉或起诉的方式获得救济，而不能在事中拒绝，否则将构成违法。海关行政主体在行使行政权的过程中如果遇到障碍，可以直接运用行政强制手段来保障行政行为的实现。

海关行政行为的强制性是海关行政行为的单方性的保障。没有海关行政行为的强制性，作为海关行政主体单方意志的海关行政行为就难以作出，海关行政行为的目的就难以实现。尽管现代行政管理不再一味强调行政行为的强制性，而是更加突出了行政行为的可接受性和服务性，但这并没有排除行政主体为了公共利益的需要，以强制作为后盾保证行政行为的实施。

（四）海关行政行为的服务性

19 世纪的人文精神强调斗争，因此，19 世纪的行政法学认为行政主体和行政相对人之间在利益上是一种冲突的关系，在行为上是一种斗争的关系，在观念上是一种相互不信任的关系。基于这样的“个人本位”的人文精神，当时的行政法认为，在行政管理过程中行政主体与行政相对人处于命令与服从（大陆法系国家）或命令与控制（英美法系国家）的关系，双方互相猜忌、互不信任，行政行为被视为一种主权者的命令。但是，20 世纪的人文精神在于强调社会的和谐、持续发展，从而使得行政法出现了从“个人本位”、权力至上到“社会本位”、权利至上的转换，行政主体代表的公共利益与行政相对人代表的个人利益呈现融合、一致的趋势，在行为上表现出相互信任的服务与合作的关系，行政行为是行政主体在公民参与下所为的服务行为。法国法学家狄骥认为，这种人文精神的转变和新观念的确立，是以第一次世界大战的爆发为代价的。从此，我们不能再把行政权作用称为权力行为了，而应当把它称为文化、精神和道德发展的行为。[1] 德国著名行政法学家福斯多夫则指出，行政行为指的是对个人

---

〔1〕　［法］狄骥：《宪法论》，钱克新译，商务印书馆 1962 年版，第 9、483 页。

给予"生存照顾",另一德国行政法学家巴杜拉多对福斯多夫的理论进行解释、分析和概括后指出,行政行为的惟一内涵就是"服务";现代"行政法使行政与个人或团队产生了一种'指导与服务性'的法律关系,来保障个人福祉"。[1]

可见,行政机关是公共利益的服务机关,是公众的服务者,作为行政机关之一的海关行政机关也不例外,从而决定了海关行政行为的服务性。这一特征对海关行政主体和行政相对人都提出了新的要求,一方面要求海关行政主体改变以往高高在上、脸难看事难办的态度,弱化海关行政行为的强制性而增强海关行政行为的服务性,要谨记"人民委托行政机关管理国家行政事务,目的是要行政机关为自己服务"的精神,服务广大公民;另一方面,也要求海关行政法律关系中的行政相对人增强社会责任感,积极配合和参与海关行政行为的实施,行使对海关行政行为的监督权利,改变以往消极观望的态度。

（五）海关行政行为的裁量性

由于海关行政行为的对象具有纷繁复杂、变化频繁的特点,所以任何调整海关行政法律关系的规范都不可能做到准确、具体、全面,否则容易陷入僵化和不合实际,因此有必要给予海关行政主体一定的自由裁量的空间,海关行政法律、法规都体现了这一要求。例如,在《海关行政处罚实施条例》中,大多数的处罚条款带有"以上"、"以下"等字眼,处罚的具体数额实际上交给具体的海关执法机关根据具体情况在法律给出的范围内确定,这表明海关行政主体在作出海关行政行为的时候,通常情况下享有自由裁量权。

在法律确定了海关行政主体自由裁量权的同时,也要注意自由裁量权与权力制衡的关系。由于海关行政监督管理具有涉外的特殊性,是我国对外体现行政管理水平的一个重要窗口,所以如何规定适当的裁量权,使之适应灵活的海关行政执法的需要,并从执法程序上加以保证,同时又有相应的监督制约机制,以防止权力的滥用,无疑是海关行政法学领域值得研究的问题。

（六）海关行政行为的无偿性

这是海关行政行为区别于民事法律行为的又一特征。民事法律行为以等价有偿为原则,是一种平等民事主体之间相互交换利益、各取所需的行为。而海关行政行为虽然也是一种服务行为,但却是一种实现国家职能而非个人利益的公共服务,是一种无偿的服务。这是因为,一方面从海关行政主体的权责一致性来讲,海关行政主体行使的行政职权往往是法律上必须履行的职责或义务,其履行职责是法律规定的,是无偿的,不以等价有偿为原则,海关行政主体实

〔1〕 〔德〕巴杜拉:"在自由法治国与社会法治国中的行政法",陈新民译,载《公法学札论》,台湾三民书局1993年版,第126页、第112~113页。

施法律所需的经费由国家负担。另一方面从公共利益的集合和分配来讲，海关行政主体对公共利益的集合（主要表现为征收关税等税费）是无偿的、强制性的，行政相对人已经无偿地分担了公共负担，因而海关行政主体对公共利益的维护和分配也应当是无偿的，行政相对人可以无偿地接受海关行政主体的公共服务。海关行政主体对良好的海关秩序的维护，对知识产权的海关保护，对海关设施等公共设施的营建和维护等，都是为了给公众提供的普遍性服务，公众接受这些服务不需要再支付对价。

但作为海关行政行为的服务性的例外，当海关行政主体对个别社会成员提供特殊服务时，就另当别论了。例如，海关行政机关对保税仓库的监管，在这种情况下，海关行政机关服务的对象只是要求存储于保税仓库的货物的货主或其代理人，这部分行政相对人分享了比普通大众更多的公共利益，理应为公共利益做出更多的贡献，承担更多的公共负担，所以应当向海关监管机关缴纳监管手续费。

总之，海关行政行为以无偿为原则，以有偿为例外。

三、海关行政行为的理论地位

（一）海关行政行为是海关行政法学学科的基本内容

众所周知，行政行为是学者们对行政机关或行政主体行政过程的一个描述，是一个学理用语，而非一个法律用语。法律中的通常表述或用行政活动的概念，或用行政机关实施的一些具体的行政行为，如行政处罚、行政强制、行政许可等，行政行为是学者们对行政机关在行政活动过程中所为或不为一定行为的描述。最早在西方，人们发现行政主体进行的各种行为，与立法行为、审判行为等其他国家行为以及平等主体之间进行的私法上的法律行为有所不同，其在性质上具有特殊性，应适用特殊法律规范。为了统一表述这类行为而在学术上构筑起行政行为这一概念，并最早在法国、德国、日本等大陆法系国家作为学术用语得以确立和发展。经过德国的进一步解释并在行政法学科领域占有重要地位后，行政行为与行政组织、国家责任成为行政法领域的三大重要概念。日本行政法学者和田英夫在其《现代行政法》一书中谈到行政法的系统内容时也把行政法分为三个部分，他说："行政法由行政组织法、行政作用法和行政救济法三个部分构成。"[1] 其中的行政作用法就是规范行政行为的法律规范。所以说，行政行为理论在大陆法系行政法的研究中具有举足轻重的地位，在海关行政法的这个子领域中也是如此，海关行政行为是海关行政法的重要组成部分，与其

---

〔1〕 〔日〕和田英夫：《现代行政法》，倪健民等译，中国广播电视出版社1993年版，第33页。

他部分有着重要的联系：

1. 与海关行政主体的联系。有的海关行政行为对应了一定的海关行政主体。有的海关行政行为与所有的海关行政主体对应。例如，广义上的海关行政管理活动以及与这一活动有关的行政管理行为，每一个海关行政机关都有权实施，无论是一级海关行政机关，还是海关行政机关的职能部门都能构成这类海关行政行为的主体。还有的海关行政行为只对应一类海关行政主体，在这种情况下，海关行政行为具有类别上的排他性。例如，各级海关可以发布行政命令，而海关的内部职能部门在一般情况下只能执行命令；又如，海关行政许可只对应法律赋予行政许可权的海关行政主体，其他行政主体则没有实施这一行政行为的法律资格。

2. 与海关行政组织结构的关系。依照海关行政行为的不同内容和程序，同时根据某一海关行政行为可能由某一类行政主体实施，也可能由某一特定的行政主体实施，可以将海关行政组织结构的大致框架描绘出来。每一个海关行政主体在这个系统中，负责不同类别、不同地域的海关行政事务，同时又受到其他行政主体的监督和制约。如果对海关行政行为的立法技术低，就可能造成不同的海关行政主体间职能的重叠或缺位，带来的后果必然是海关行政管理中的越权或相互推诿。所以海关行政行为的规范的科学化与否，关系到海关行政组织结构是否合理科学。

3. 与海关行政法律责任的关系。海关行政行为受到海关行政实体法和程序法的双重规范，对其中任何一方面的违反都有可能造成违法，从而导致海关行政法律责任的产生。判断一个海关行政主体是否要承担行政法律责任，主要就看这一海关行政主体的行政行为在实体上和程序上是否符合法律规范，实施该海关行政行为是否有法律上的明确规定或有权行政机关的明确授权。而判断一个海关行政行为的不法后果应该由哪一个海关行政机关承担责任，也可以从海关行政行为上入手，比如是一次行政行为还是二次行政行为，是单方行政行为、双方行政行为还是多方行政行为等。

可见，海关行政行为理论是海关行政法学的重要组成部分，海关行政行为理论与海关行政法学理论体系的其他部分共同构成了统一、严谨的学科理论体系。

（二）海关行政行为是海关行政法律规范调整的核心行为

正如马克思所言："对于法律来说，除了我的行为以外，我是根本不存在的，我根本不是法律的对象，我的行为就是我同法律打交道的唯一东西，因为行为就是我为之要求生存权利，要求显示权利的唯一东西，而且因此我才受到法律的支配。"〔1〕 美国法学家劳伦斯·弗里德曼说:"我们一直花费很多时间研究法律规则及基本结构,以制定和执行规则。但需要强调指出,法律系统并非仅指规则及其结构……在任何法律系统中,决定性的因素是行为,规则只不过是一堆词句,结构也不过是被遗忘的缺乏生命力的空架子。除非我们将注意力放在被称之为'法律行为'的问题上,否则就无法理解任何法律系统,包括我们自己的法律系统在内。"〔2〕 可见,法律权利与法律行为密切联系。从海关行政法这个法律系统分析,没有法定的海关行政权力的正当、适当行使,就没有相应合法的海关行政行为。因为海关行政法律规范是调整规范海关行政权力的部门法,因此海关行政法调整的主要是海关的行政行为。

此外,在海关行政法律制度的建设过程中,海关行政许可制度、海关行政处罚制度、海关行政征收制度、海关行政复议制度、海关行政赔偿制度等具体的海关行政法律制度都处于海关行政行为理论的指导下,都围绕着海关行政行为而建立健全。

第二节　海关行政行为的分类

一、海关行政行为的分类标准

不同的海关行政行为,会适用不同的法律程序,产生不同的法律效力和法律后果,从不同的角度对海关行政行为进行解析、归类,又会产生不同的分类结果。在分类方面,海关行政行为与一般行政行为没有任何区别。依据不同的分类标准对海关行政行为进行分类不仅仅是一个理论问题,而且是一个重要的实践问题。

一般来说,对海关行政行为进行分类具有如下几方面的重要意义:其一,有助于深刻认识海关行政管理活动。上述海关行政行为的概念和特征已经揭示了海关行政行为的内涵和外延,而海关行政行为的分类则进一步将其内涵和外延细化,从而能帮助人们更加深刻地了解海关行政行为的内容、特征和规律。其二,为海关立法活动提供理论指导。由于海关行政行为的分类从不同的角度揭示了海关行政行为不同的特征,从而为立法者在制定海关部门法时提供了理论参考。这在海关行政诉讼法、海关行政复议法的制定过程中体现的最为全面和深入,例如,具体海关行政行为和抽象海关行政行为的分类为行政诉讼、行

---

〔1〕 《马克思恩格斯选集》第 1 卷,人民出版社 1997 年版,第 16~17 页。
〔2〕 转引自张文显:"应当重视和加强法律行为研究",载《中外法学》1993 年第 1 期。

政复议的受案范围提供了标准。其三，推动了海关行政主体依法行政。海关行政行为的对象纷繁复杂，依据不同的标准对海关行政行为进行分类，可以帮助海关行政主体理清思路，确立标准，从而能更好地依据法律的精神和规定作出海关行政行为。

所以说，对海关行政行为进行分类，不仅是海关行政法学领域理论研究的需要，而且也是认识各类海关行政行为的具体特征，分析海关行政行为是否合法、有效，提高海关行政管理水平的现实需要。因此，应该重视对海关行政行为的科学分类的研究。

因为对海关行政行为划分的目的不同，标准的侧重点也不同，所以分类的意义和价值也会存在一定的差异。分类标准首先应该在逻辑上做到"标准统一、划分穷尽"。其次，要注重分类的实际价值，特别注意哪些分类会对实践产生更大的意义。例如，具体海关行政行为和抽象海关行政行为的分类就是确立行政诉讼受案范围的一个基本标准，要式海关行政行为和非要式海关行政行为的分类就是为了辨别某一海关行政行为是否具备法定形式。最后，海关行政行为的分类还必须考虑实践中的行为界定问题。海关行政行为的分类不可能是准确无误的，它必然引起各种行为的不同定义，海关行政行为的划分标准和实际界定之间的不统一也经常存在，还可能造成一些亦此亦彼的"灰色地带"，我们不能认为海关行政行为的分类是绝对的，而应该是相对的。这种对海关行政行为的正确认识可以加深我们对其本身的理解，从而不断发展完善海关行政行为的划分标准问题。

二、海关行政行为的理论分类

（一）实体海关行政行为和程序海关行政行为

这是以海关行政行为能否直接产生法律上的后果为标准进行的划分。实体海关行政行为，是指海关实体法规定的、海关行政主体的意思表示对相对人直接产生法律上的权利义务内容的行为，即通常人们所说的海关行政法律行为。实体海关行政行为以海关行政主体的意思表示为出发点，以相对人的权利义务关系发生变化为目的。海关行政主体的这种意思表示往往由法律加以严格的规定，有确定的内容；但又由于海关行政管理活动的灵活性、变化性，所以法律又赋予了海关行政主体一定的自由裁量权，海关行政主体可以根据具体情况对其意思表示进行一定的调整。程序海关行政行为是对实体海关行政行为的一种补充，是为海关程序法所规范和设定的、规制海关行使海关行政职权的方式、形式和步骤的行为，它引起海关行政程序的运行，并会对实体海关行政法律关系产生一定的影响，而且不得以行政主体自由裁量等方式限制行为的法律效果。

按照我国的海关行政管理活动的惯例和国外的有关立法，程序海关行政行为一般包括告知行为、受理行为、咨询行为、调查行为、表明身份行为等主要内容。

实体海关行政行为和程序海关行政行为共同构成了海关行政行为的完整内涵，二者既有联系又有区别。实体海关行政行为决定了海关行政行为的内容，而程序行政行为则是海关行政管理活动的形式和过程，二者互为表里。实体海关行政行为，是相对人权利义务变动的原因，会对相对人产生最终法律上的影响，所以法律规定了可变动的范围，让海关行政主体可以根据实际情况作出自由裁量，并提供了救济手段，以保护受到侵害的相对人的利益。而程序海关行政行为主要是一些辅助性、规范性的行为，不会产生最终的法律效果，所以法律规定一般不能变通，且一般不能成为行政救济的对象。

（二）授益海关行政行为与剥益海关行政行为

这是以海关行政行为的直接法律效果是对行政相对人有利或是不利为标准进行的划分。授益海关行政行为，又称为有利海关行政行为，是指海关行政主体对行政相对人免除义务或为行政相对人享有权利提供便利，从而增加相对人利益的海关行政行为，如海关行政许可、海关行政奖励等。剥益海关行政行为，又称为不利海关行政行为，是指海关行政主体剥夺、限制行政相对人原有权益或为其设定新的义务，从而减少相对人利益的海关行政行为，如海关行政处罚、海关行政强制等。应当注意的是，这里所谓的对行政相对人有利与否，是以这种海关行政行为对相对人的直接效果为标准的，而不考虑间接的效果。另外，对行政相对人有利与否也是一种相对的说法，当同时针对两个以上的行政相对人作出一个海关行政行为时，对一个行政相对人构成授益海关行政行为，而对另一个行政相对人则可能构成剥益海关行政行为。例如，在海关行政裁决中，对一方当事人的不利裁决属于剥益海关行政行为，则对另一方当事人往往就构成了授益海关行政行为；又如，当为了维护公共利益而作出一个海关行政行为时，则有可能对不特定行政相对人构成剥益海关行政行为。

由于授益海关行政行为和剥益海关行政行为涉及在相对人之间进行利益的重新分配问题，对相对人影响重大，所以区分的法律意义在于衡量海关行政行为超越权限时是否绝对无效。对于授益海关行政行为，出于维护相对人利益及其对行政机关信任的考虑，在海关行政主体超越权限作出授益行政行为时仍可维持法律效力，但对于剥益海关行政行为则必须进行严格限制，必须规定超越权限的绝对无效，只有这样才能保护相对人的利益。正如有的国家海关行政法规定的那样，行政主体在作出授益海关行政行为时可以没有直接的法律依据，而在作出剥益海关行政行为时则必须要有明确、直接的法律依据。

（三）羁束海关行政行为与自由裁量海关行政行为

这种区分是以海关行政行为是否受到海关行政法律法规的严格约束，是否给海关行政主体留有选择和自由裁量的余地为标准的。

羁束海关行政行为是指法律法规对海关行政行为的适用条件、范围、程度都有非常明确而具体的规定，海关行政主体必须严格按照法律作出相应的海关行政行为。由于相关的法律规范在对海关行政主体的适用已经作了相当严格的规定，没有留给海关行政主体选择的机会，不考虑海关行政主体的主观意志。自由裁量海关行政行为是指法律法规对海关行政行为只是规定了大致、框架或选择的空间，赋予海关行政主体在适用法律时有较大的选择和自由裁量余地的海关行政行为。在作出自由裁量海关行政行为时，海关行政主体可以根据案情，结合自身对法律的认识作出灵活机动的海关行政行为。之所以要对自由裁量海关行政行为作出规定，是因为法律不可能面面俱到，对所有的海关行政行为都作出非常明确、具体的规定，而且随着我国对外交流与合作的飞速发展，海关行政事务也呈现出日新月异的新变化、新情况，法律在适用时可能会有一定的滞后性，所以在某些情况下法律只是规定了一定的行为原则或者一定行为的裁量幅度，将海关行政行为具体方式、范围、幅度、种类等事项交给海关行政主体自由选择。值得注意的是，这一分类是以海关行政行为在适用法律方面是否存在拘束以及存在多大的拘束为标准的，而不是在事实认定上是否存在拘束的问题。因为就事实的认定而言，只能通过海关行政主体在执法过程中加以调查研究得出结论，法律不会也不可能事先加以确定，所以在海关行政主体对事实的认定上不存在羁束海关行政行为或自由裁量行政行为之分。

（四）附条件的海关行政行为与不附条件的海关行政行为

以是否附条件为标准，海关行政行为可以分为附条件的海关行政行为和不附条件的海关行政。附条件的海关行政行为，是指除了海关行政法律规范明确规定外，海关行政主体需要根据实际情况，附加生效条件的海关行政行为，如附条件的海关行政许可。不附条件的海关行政行为，是指海关行政行为没有附加任何的生效条件，如海关行政处罚。这里所说的条件，是指由行政主体确立，而非由行政法律规定的，其成就与否决定法律行为的效力的、某种将来的不确定的事实或行为，包括期限、条件、负担、保留行政行为的废止权及事后对负担的追加或变更权。[1] 从我国的实际来看，所附的条件主要是关于海关行政行为的生效条件和期限的规定。

---

[1] 参见杨建顺：《日本行政法通论》，中国法制出版社1998年版，第372页；张载宇：《行政法要论》，台湾汉林出版社1977年版，第332、351页。

附条件的海关行政行为与不附条件的海关行政行为的划分，有助于我们探讨各种海关行政行为的生效规则。一般的，不附条件的海关行政行为一经作出即发生法律效力，而附条件海关行政行为作出以后未必马上发生效力，要等到其所附条件成就时才发生法律效力。此外，该分类对于分析海关行政行为法律效力的溯及力、变更或消灭都有一定的意义。

（五）强制海关行政行为与非强制海关行政行为

这是以海关行政行为是否带有强制性为标准的分类。强制海关行政行为，如海关行政处罚、海关行政强制执行等，对行政相对人具有直接的强制力，行政相对人没有自主选择的自由，只能服从，否则就要承担由此带来的不利后果。非强制海关行政行为，如海关行政指导、海关行政奖励等，是指海关行政主体作出的、行政相对人可以基于自己的意志自由选择是否接受或服从的行为，相对人对这类行为可以选择接受，也可以选择不接受，如果不接受，海关行政主体也不能因此给予处罚或其他不利影响。虽然海关行政行为作为行政行为的一种，具有强制性的基本特征，但这是从行政行为区别于民事行为的角度论述的，在不同的海关行政行为中，这种强制性表现的强弱并不全然相同。在强制性海关行政行为中，为了确保海关行政管理职能的实现，必须保证海关行政行为的有效执行，形成良好的海关行政管理秩序，所以海关行政主体通过实施处罚或以可能实施处罚的威胁对行政相对人形成一定的外在威慑，促使行政相对人基于理性人的思维，按照行政主体的意志和命令行事。海关行政主体和行政相对人在强制海关行政行为中的关系是命令——服从、强制——被强制的关系。而在非强制性海关行政行为中，海关行政主体侧重的是服务职能，而非强制，所以海关行政行为的实施主要是以利益诱导、说服、政府威信等方式获得行政相对人的认同的。

强制海关行政行为与非强制海关行政行为的区分，有助于行政相对人进一步了解自己的权利与义务，同时也有利于海关行政主体进一步改进行为方式和转变政府职能，促使海关行政主体的行为模式和职责范围从适应市场经济要求的角度加以转变。

（六）单方海关行政行为、双方海关行政行为与多方海关行政行为

根据海关行政行为成立时的意思表示的数量，可以将海关行政行为分为单方海关行政行为、双方海关行政行为与多方海关行政行为。单方海关行政行为以海关行政主体单方面的意思表示为成立条件，无需行政相对人的同意即可发生法律效力，这类行为在我国目前海关行政行为中所占的比重最大。双方海关行政行为是指海关行政法律关系的双方为了各自的目的而进行协商，因协商一致而成立的海关行政行为。多方海关行政行为是指海关行政法律关系中的各方

当事人为了实现同一个目的，各自的意思表示相互结合成为一个整体的意思表示而成立的行为。

需要注意有些海关行政行为，尽管海关行政主体在作出行政决定以前需要行政相对人提出申请，但不能因此就说这是双方海关行政行为，因为行政相对人提出申请只是这一海关行政行为产生的前提，一旦行政相对人提出申请后，就无法对海关行政主体的行政行为产生影响了，这种申请并没有和行政主体的意思表示相互协商达成一致，海关行政主体的行为仍然是单方海关行政行为。

作这一类区分，主要是为了研究海关行政行为的生效条件提供一个思考的角度。

（七）主海关行政行为与从海关行政行为

主海关行政行为与从海关行政行为，亦可称为独立海关行政行为与需补充海关行政行为，这是以海关行政行为是否需要其他行为作为补充为标准所作的分类。主海关行政行为是指不需要其他补充行为就能单独生效的海关行政行为，只有为主海关行政行为补充才能生效的海关行政行为是从海关行政行为。这个补充行为往往是指上级机关的审批或备案行为。只有当两个海关行政行为存在主从关系的时候，才出现主海关行政行为和从海关行政行为。主海关行政行为是一种独立的行政行为，它不以其他行政行为的存在为前提，而从海关行政行为则正好相反，它以主海关行政行为的存在为前提，不存在单独的从海关行政行为。这种区分并没有法律法规上的依据，而是为了在实际生活中，方便人们对实际存在的两个以上的海关行政行为之间的关系进行判断所做的分类，只要两个海关行政行为之间在客观上存在依赖关系，便可以说是主海关行政行为与从海关行政行为的关系。主从海关行政行为之间的关系也非绝对，而在不同的海关行政法律关系中具有相对性，此关系中的主海关行政行为，可能是彼关系中的从海关行政行为。

在实践中，某一海关行政行为之所以需要另一行为的补充，既是由海关行政行为的复杂性、与其他行政行为关系紧密决定的，也是在海关行政系统内部分权和监督的需要。研究这一分类，有助于我们理解海关行政法律规范中分权监临和责任行政的理念，有助于我们通过设立或取消从海关行政行为，加强或放松对海关行政主体的监督制约，并且有助于我们分析海关行政行为的合法性。

另外，需要注意区分主海关行政行为与从海关行政行为和附条件的海关行政行为与不附条件的海关行政行为，二者的分类标准不同。在从海关行政行为中，当补充行为是由海关行政法规定时，该从海关行政行为就是一个不附条件的海关行政行为；而当补充行为并非基于海关行政法上的规定，而是由海关行政主体自行要求时，从海关行政行为属于附条件的海关行政行为。可见，这两类分类是相互交叉、互有重叠的关系，不可以将它们混淆。

（八）中间海关行政行为与最终海关行政行为

海关行政行为是一个具有时间延续性的过程，在这个过程中可能出现若干个海关行政行为，因此以海关行政主体作出的海关行政行为是否具有最终的法律效力为标准，可以分为中间海关行政行为与最终海关行政行为。海关行政主体对某一海关行政法律关系尚未最终处理完毕时作出的各种海关行政行为是中间海关行政行为；而海关行政主体对某一海关行政法律关系处理完毕时作出的具有法律效力的行为，则是最终海关行政行为。例如，某地海关认为某批出境货物有藏匿违禁品的可能，于是对该批货物进行检查，查证确实有违禁品后予以扣留，最后作出"没收该违禁品"的行政处罚决定。这个过程总共出现了海关行政检查、海关行政扣留和海关行政处罚三个行为。对于该批违禁品而言，海关行政检查和海关行政扣留是中间海关行政行为，海关行政处罚才是最终海关行政行为。

这种分类对于我们研究确定行政相对人选择法律救济的途径有很重要的意义。依据《关于执行〈中华人民共和国行政诉讼法〉若干问题的解释》（以下简称《若干解释》）第1条第1款第6项的规定，"对行政相对人的权利义务不产生实际影响的行为"不得提起行政诉讼，我国原则上排除中间行政行为的可诉性，相对人不得对中间行政行为向法院提起诉讼。但是，中间行政行为不可诉原则的一个例外是行政强制措施，我国《行政诉讼法》第11条第2项把行政强制措施列为行政诉讼的受案范围。在其他国家的法律中也有类似的规定，例如美国司法审查中的"成熟原则"就是为了排斥中间行政行为的司法审查权而确立的理论原则。

三、海关行政行为的法律分类

（一）抽象海关行政行为与具体海关行政行为

海关行政行为以行政相对人是否特定为标准，可以分为抽象海关行政行为与具体海关行政行为，这是海关行政法学上对海关行政行为的一种基本分类，也是我国行政诉讼法采用的确定海关行政诉讼受案范围的标准。

抽象海关行政行为是指海关行政主体制定和发布、针对不特定的人或事的、具有普遍约束力的、能反复适用的规范性文件的行政行为。抽象海关行政行为具有下列法律特征：其一，调整对象的普遍性。抽象海关行政行为一般调整不特定的人或事，针对的是一类人或事，而非特定的人或事。其二，效力的普遍性和反复适用性。抽象海关行政行为一般以规范性文件的形式表现出来，这些规范性文件在其效力存续期间，只要具备法定要件，对相似的情况就可以反复适用。其三，作用的间接性。抽象海关行政行为本身一般不会直接对相对人权利义务产生影响。因为抽象行政行为一般表现为规范，只有在规范的指导下，通过具体行政行为的实施，才能实现抽象海关行政行为的目的和作用，所以它对行政相对人的作用是间接的。

具体海关行政行为是指海关行政主体将普遍性的法律规范、行为规则运用于具体的海关监管事务中，对特定的人或事作出处理的行政行为，例如海关检查货物、征收关税等。对比抽象海关行政行为，具体海关行政行为具有如下的法律特征：其一，调整对象的特定性。具体海关行政行为以特定的人或事为对象，即它针对的是具体、确定的人或事。在这里，"特定"是指行为对象的特定，而不是单独或个别的意思。因此，特定的人或事可以是单独的人或事，也可以是多数人或事；某些具体行政行为可能影响到一定范围内的相当多的行政相对人，并不能因此认为该行为是抽象海关行政行为。其二，效力的特定性。具体海关行政行为仅仅对于本次行政行为或事实的处理有效，在行政相对人履行了相应的义务后，其效力也就随之终止，对以后发生的同类行政行为或事实没有拘束力。其三，作用的直接性。具体海关行政行为对行政相对人的权利义务做出直接决定，直接产生有法律效力的权利义务关系。

区分抽象海关行政行为与具体海关行政行为的意义在于，一方面有利于分析海关行政行为的生效时间、效力范围等基本要素；另一方面，二者有不同的救济手段。根据我国行政诉讼法和有关司法解释的规定，抽象海关行政行为一般不属于行政诉讼的受案范围，而具体海关行政行为一般都可以向法院提起行政诉讼；另外，部分抽象海关行政行为可以被申请行政复议，由有权的行政主体审查这些抽象行政行为的合法性。可见，区分抽象海关行政行为与具体海关行政行为在海关行政行为的理论与实践中具有十分重要的意义。

（二）内部海关行政行为和外部海关行政行为

以海关行政行为的效力为依据，可以分为内部海关行政行为和外部海关行政行为。内部海关行政行为是指海关行政主体代表国家基于行政隶属关系，对属于自身的组织、人员和财务的进行管理的一种海关行政行为。例如，上级海关对下级海关发布命令、指示等。外部海关行政行为，又称公共海关行政行为，是指海关行政主体基于行政管辖关系对海关行政事务进行管理的行为，例如我们通常所见的海关行政处罚、海关行政征收等行为。这种分类体现了海关行政主体作为国家行政机关，所具有的两方面的职能：一方面，海关行政主体需要对自身加以组织管理，从而体现为海关行政机关、其他海关行政组织和公务员之间的权利义务关系，构成了内部海关行政行为；另一方面，海关行政主体必须履行对进出关境事务的监督管理职能，体现为海关行政主体与行政相对人之间的法律关系，构成了外部海关行政行为。需要注意的是，只有当海关行政主体针对内部相对人并基于行政隶属关系而实施的行政行为才是内部海关行政关系，而非完全基于身份上的隶属关系。

区分内部海关行政行为和外部海关行政行为的法律意义在于：其一，有助于区分不同的海关行政行为的适用范围。外部海关行政行为不能对内部相对人直接产生法律效果，同样，内部海关行政行为也不能直接对外部行政相对人产生法律效果。其二，有助于区分不同的海关行政行为的法律适用。就世界各国目前而言，内部行政行为原则上不接受司法审查，发生违法或不当问题时，主要依赖行政系统内部的自我救济。我国目前的法律也规定内部行政行为的行政相对人不服该行为不能提起行政复议或行政诉讼，不适用《行政复议法》、《行政诉讼法》、《国家赔偿法》的规定，内部行政行为主要通过相关的行政组织法、公务员法等法律进行规范和救济。

（三）依职权海关行政行为和依申请海关行政行为

以海关行政行为是否可以由海关行政主体主动实施为标准，海关行政行为可以分为依职权海关行政行为和依申请海关行政行为。依职权海关行政行为是指海关行政主体根据自己的职权主动行使行政权力，而不需要行政相对人申请的行政行为，也可称为积极海关行政行为或主动海关行政行为，现实生活中大量的海关行政行为属于此类，如海关行政征收、海关行政处罚、海关行政指导等。依申请海关行政行为，是指海关行政主体只有在行政相对人提出申请后才能实施的行政行为，没有行政相对人的申请，海关行政主体就不能主动为之，所以又称消极海关行政行为或被动海关行政行为。这里的"申请"，应当以特别法的规定为标准，而不应以事实上相对人是否提出申请为标准。[1] 行政相对人的申请只能启动某些海关行政程序，但最终决定权仍在海关行政主体手里，所以依申请的海关行政行为不能等同于海关行政合同。另外，依申请海关行政行为不仅需要有行政相对人的意思表示，而且有时还需要行政相对人缴纳一定的费用，此时不应与民事法律行为相混淆。

海关行政行为的这一分类的法律意义在于：其一，有助于分析海关行政行为的实施条件。依申请海关行政行为必须在具备行政相对人申请这一条件后方能实施，如果相对人没有申请或申请后又撤回申请的，海关行政主体却实施了这一行为，将导致海关行政行为的违法。其二，有助于厘清海关行政行为的举证责任分配问题。在依职权海关行政为中，一般由海关行政主体主动调查取证并在此基础上作出行政决定，因此海关行政主体负担举证责任。但在依申请海

---

〔1〕 叶必丰：《应申请行政行为判解》，武汉大学出版社 2000 年版，第 70 页。

关行政行为中，一般要求行政相对人对申请的事项承担举证责任，行政主体主要负责审查行政相对人提供的证据是否充分真实，并以此作出行政决定。

（四）要式海关行政行为与非要式海关行政行为

以海关行政行为是否必须具备某种法定的形式，可以将海关行政行为分为要式海关行政行为与非要式海关行政行为。要式海关行政行为是指海关行政主体的意思表示必须符合法律、法规规定的某种形式才能产生法律效力的行政行为。例如，根据《行政处罚法》第49条的规定，海关行政处罚必须以书面处罚决定书的形式才能对行政相对人产生约束力，另外，海关颁发报关许可证必须以证书或执照的形式授予行政相对人。非要式海关行政行为是指海关行政法律规范中没有对海关行政主体的意思表示要求法定形式，可以由海关行政主体根据实际情况、依自身职权自主决定各种形式的行政行为，但不得采取违法形式。这里所说的各种形式包括了口头、书面、姿势等，只要是能够表达行为意思的方式即可。一般情况下，为了体现公共行政管理的严肃性、权威性、分清责任，促进依法行政，海关行政行为都要求具备一定的方式，因而要式海关行政行为在海关行政监督管理中比较常见。非要式海关行政行为在实践中出现的不多，一般出现在法律授予海关行政主体行使紧急权力的情况，如海关行政机关实行紧急封锁等。

区分要式海关行政行为与非要式海关行政行为的法律意义在于：其一，有助于判断某一海关行政行为是否具有约束力。对于要式海关行政行为，法律预先设定的某些形式是海关行政主体作出某一行政行为时必须具备的，如果缺乏了这些要件会导致海关行政行为的瑕疵甚至无效。例如，《行政处罚法》第49条规定行政机关收缴相对人的罚款，应当向相对人出具省级财政部门统一印制的收据，没有收据的，行政相对人可以拒绝缴纳罚款。其二，有助于确定行政复议机关或人民法院审查的范围。如果海关行政行为是要式海关行政行为，则应当对该行政行为的实质内容和外在形式的合法性一并审查，反之如果是非要式海关行政行为的，则只需对实质内容进行审查即可。其三，有利于促进海关行政主体严格依法行政，保障海关行政行为的严肃性和权威性。

（五）作为海关行政行为与不作为海关行政行为

海关行政行为以是否改变现有的法律状态（即法律上的权利义务关系）为标准，可以分为作为海关行政行为与不作为海关行政行为。作为海关行政行为，是指海关行政主体以其自身的行为积极改变现有的法律状态的行政行为，如海关颁发报关许可证、作出海关行政处罚、采取行政强制措施等。不作为海关行政行为，是指海关行政主体维持现有的法律状态，或不改变现有的法律状态的行政行为。不作为海关行政行为通常表现为不履行法定职责，如海关不予答复、拒绝颁发许可证等。也有学者认为，作为与不作为的划分，应以行政主体的义务是作为义务还是不作为义务，对义务的态度是积极还是消极为标准。行政主体积极履行作为或不作为义务的行为是作为行政行为，行政主体消极对待作为义务的行为是不作为行政行为。[1]

尽管当作为方式的海关行政行为和不作为方式的海关行政行为非法时，都应该受到行政复议和行政诉讼的审查，但行政复议机关在行政复议和人民法院在行政诉讼中，对这两种行政行为的审查方式和手段是有所区别的，二者的分类意义也正在于此。作为海关行政行为违法时，行政复议机关和人民法院可以作出撤销其行为的裁决；不作为海关行政行为违法时，行政复议机关和人民法院应作出履行其作为义务的裁决或确认其不作为违法的裁决。

（六）合法海关行政行为和违法海关行政行为

基于海关行政行为的合法性与否，可以将海关行政行为分为合法海关行政行为和违法海关行政行为。海关行政法律规范的任务在于确保海关行政主体合法行使其行政权力，制止海关违法行政行为，但从法律规定的模式来看，由于我国行政法上采取的是预设行政行为合法的方式，即对于一个已经成立的行政行为，无论其实质合法与否，都先预设其符合法律规定，要求相对人严格遵守，对违法行政行为侵害相对人权益的情况采取事后救济，所以违法海关行政行为与合法海关行政行为一样，同属于海关行政行为，同样会带来法律上的权利义务关系的变化。合法海关行政行为是指海关行政主体的行政行为符合法律、法规的要求，在行政诉讼中判断行政行为合法性的条件是证据充分，适用法律、法规正确，符合法定程序，遵守法定权限和符合法定目的等。违法海关行政行为是指违反法律、法规要求的海关行政行为，如主要证据不足、适用法律、法规错误、违反法定程序、超越法定职权、滥用职权和不履行法定义务等。

合法海关行政行为和违法海关行政行为的分类的确立，符合海关行政法的中心任务，即保证合法海关行政行为、加强对海关的监督管理、实现依法行政，这一分类加深了对海关行政行为这一概念的认识。

（七）有效海关行政行为和无效海关行政行为

依据海关行政行为的效力，海关行政行为可以分为有效海关行政行为和无效海关行政行为。有效海关行政行为是指符合有效构成要件、具有法律效力的行政行为。反之，无效海关行政行为是指不符合有效构成要件、不具有法律效力的行政行为。根据西方国家行政程序法的规定，当行政行为具有特别重大、明确的违法情形或行政行为的实施将导致犯罪或者根本不可能实施等无效情形

---

[1] 周佑勇："论行政作为与行政不作为的区别"，载《法商研究》1996年第5期。

的，行政行为自始无效、当然无效、绝对无效，有权国家机关可依法定程序宣布该行为无效。[1] 我国行政诉讼法也有相关规定，《最高人民法院关于执行〈中华人民共和国行政诉讼法〉若干问题的解释》第57条第2款规定："有下列情形之一的，人民法院应当作出确认被诉具体行政行为违法或者无效的判决：①被告不履行法定职责，但判决责令其履行法定职责已无实际意义的；②被诉具体行政行为违法，但不具有可撤销内容的；③被诉具体行政行为依法不成立或者无效的。"

值得注意的是，有效海关行政行为并不等同于合法海关行政行为。合法的海关行政行为都有效，但有效的海关行政行为并不都合法。因为一方面，如果海关行政行为存在程序上的瑕疵，尽管在形式上违法，但为了维护行政主体的权威，如果瑕疵可以进行补正，补正后其效力不受影响，并非当然无效；另一方面，即使有一些违法行为，由于诉讼时效的制度设计，行政相对人在法定期限内没有申请救济，违法海关行政行为经过一定的时效便具有了法律上的确定力、约束力和执行力，所以这种有效的海关行政行为并不都是合法的。

第三节　海关行政行为的成立和效力

一、海关行政行为的成立与生效要件

海关行政行为的成立，是指海关行政主体在进出关境的监管过程中，按照自己的意志，作出海关行政行为。海关行政行为的生效，是指海关行政行为主体按照法定的程序和条件，作出的对行政相对人发生法律效力的行政行为。海关行政行为的成立与海关行政行为的生效是两个不同的概念，前者侧重于海关行政主体作出的行为是否是海关行政行为这样一个事实判断，后者侧重于已成立的海关行政行为在法律上是否有效并产生了权利义务关系这样一个法律价值判断；前者是海关行政主体作出行政行为的过程，后者是前者这一过程在法律上的后果，所以有效的海关行政行为必然成立，而成立的海关行政行为则不一定有效。

海关行政行为的种类繁多，各自的成立和生效要件各不相同，总结起来，可以认为海关行政行为成立的一般条件包括：其一，在主体上，作出行为的主体是海关行政主体或海关行政主体委托的组织和个人；其二，在内容上，向行政相对人作出意思表示；其三，在程序上，按照法定的时间和方式送达。

---

〔1〕 关保英主编：《行政法与行政诉讼法》，中国政法大学出版社2004年版，第278页。

纵观各种海关行政行为，可以归纳出任何海关行政行为的生效都必须具备下列一般要件：

（一）行为主体合法

一个海关行政行为要成立，首先必须保证实施该行为的主体合法。也就是说，只有依据法律法规、可以行使海关行政监督管理权力的组织才能成为海关行政主体，具体包括了国务院海关总署、各级海关以及法律法规授权的组织，在法律规定海关行政机关可以委托的情况下，还包括了经过有权的海关行政机关依法委托的其他组织。可见，能够作为海关行政主体，有法律规定的明确的海关行政管理职责是必不可少的条件。在具体履行职责的过程中，海关行政主体的职权范围、活动方式、组织机构都应有法律的明文规定，海关的职能部门（如各科室、处室等）及其工作人员必须以海关的名义实施行政行为，而不能以其自身的名义进行。

（二）行为权限合法

海关行政行为必须以法律为依据，在法律规定的权限范围内进行，不能超越法定的权限或滥用权力，也不得违反法定的职责不作为。海关行政主体只能在法律明确规定或有权的行政主体明确授权的范围内实施海关行政行为，海关行政主体分工合作，不得超越法律授权管辖范围，而实施本应由其他行政主体实施的行为；海关行政主体各尽其职，不得超越法律授权的级别关系、地域关系，实施法律没有规定的行政行为。例如，《海关法》第6条规定："在调查走私案件时，经直属海关关长或者其授权的隶属海关关长批准，可以查询案件涉嫌单位和涉嫌人员在金融机构、邮政企业的存款、汇款。"这一条款的规定仅仅授予了海关查询的权力，如果海关对涉案存款、汇款进行了划拨或扣缴，就构成了海关行政越权行为，属于无效的或可撤销的行为。

（三）适用法律、法规正确

海关行政行为适用的法律法规很多，对各类不同的海关行政行为有不同的规定，有些相互之间存在着重复，有些还可能适用、刑法等法律的规定。这些适用法律法规方面的特点要求海关行政主体在作出海关行政行为的时候，必须确定相对人和行为客体的性质，分清在该海关行政法律关系中当事人各方的权利义务关系，以此来确定需要适用的法律规范，并在该法律规范中准确的适用相应的条款。例如，对于不遵守国家法律，擅自携带或运输违禁品进出关境的行为，就应当按照走私行为定性，并根据走私对象、数额大小等因素，确定是行政违法行为还是已经构成犯罪，作出不同的处理方式；但对于不遵守海关监督管理，对进出口货物的品名、税则号列、数量、规格、价格、贸易方式、原产地、启运地、运抵地、最终目的地或者其他应当申报的项目未申报或者申报不实的行为，就应当按照违反海关监管的行为来定性，不能对之处以与走私行为相同的处罚。

（四）意思表示真实、一致

海关行政主体是在法律规定的范围内，根据自身的意思表示实施海关行政行为的。海关行政行为意思表示真实是指海关行政主体对行政相对人或行政行为客体的意思表示符合海关行政主体认定的事实，不存在误解。同时，由于海关行政主体的意思形成与意思表示事实上是两个主体，从海关行政主体形成意思到海关行政主体中的公务员在实际法律关系中实施行为之间存在着一个传递的过程，信息在传递的过程中存在着失真的可能性，海关公务员在实施海关行政行为的时候加入了自己的认识理解，并体现在其行为上，所以海关行政行为意思表示一致是指作为海关行政主体的意思与作为海关行政主体的公务员的意思要保持一致。

（五）行为证据确凿

这是现代法治国家对海关行政行为提出的要求，也是时代进步和民主发展的产物。在现代行政服务的理念下，为了防止海关行政行为过于任意、随便，防止行政行为对行政相对人合法权益产生的侵害，法律法规要求海关行政主体作出海关行政行为时必须要有充分的根据，必须遵循"先举证，后裁决"的基本原则。海关行政主体在作出行政行为之前，有义务调查和收集证据，并且使证据达到"充分、确凿"的程度。所谓"充分、确凿"，一般是指行政机关收集的证据，足以使正常人得出和行政机关一样的结论。当行政相对人对海关行政行为提起行政诉讼时，我国《行政诉讼法》也对行政行为的证据提出了要求，该法第32条规定："被告对作出的具体行政行为负有举证责任，应当提供作出该具体行政行为的证据和所依据的规范性文件"。

（六）行为程序合法

现代行政法不仅要求实现实体正义，而且要求实现程序上的正义，要实实在在、看得见的正义，程序正义正成为学术界、实务界热烈讨论的话题，程序正义的独立价值也逐渐被人们所认识，程序法在现代行政法中日益占有重要的地位。海关行政行为如果违反了法律规定的程序，就属于可撤销或无效的行政行为。其中，海关行政机关遗漏程序步骤、颠倒程序顺序、超过时效以及违反行为法定方式，均构成违反法定程序。我国《行政复议法》、《行政诉讼法》、《海关法》等许多海关行政法规和规章中都体现了对海关行政行为程序合法的要求。

二、海关行政行为的效力

海关行政行为的效力即海关行政行为所发生的法律效果，即产生与海关行政主体意思表示一致的行政法律关系，表现为一种特定的法律约束力和强制力。研究海关行政行为的效力的目的就在于确认海关行政行为效力的内容，维持合法有效的海关行政行为，追究无效的海关行政行为的主体的法律责任，并为人民法院提供司法审查的标准，所以说海关行政行为的效力问题是海关行政理论研究中的重要课题。

对于行政行为的效力内容这个问题，行政法学界大多数的观点认为，行政行为的效力内容包括了公定力、确定力、拘束力和执行力四个方面。

第一，行政行为的公定力。这是指行政行为一经成立，不论其是否合法，在未经法定机关和法定程序撤销或变更之前，应当推定其具有合法的效力。

第二，行政行为的确定力。即已经生效的行政行为对行政主体和行政相对人所具有的非经法定机关按法定程序不得变更或撤销的法律效力。行政行为的确定力又包括了实质确定力和形式确定力两方面。其中实质确定力要求行政主体不得改变自己所作的行政行为，又称为"一事不再理"。由于行政主体代表国家行使权力，其生效的行政行为对行政相对人来说是一种承诺、一种信赖，所以不得轻易变更，否则会损害行政相对人对这种承诺的信任，损害国家公务管理活动的威信。形式确定力要求行政相对人不得以该行政行为不合理为由拒绝履行或只是部分履行，行政主体也不得任意变更、撤销或废止已经生效的行政行为。

第三，行政行为的拘束力。这是指已经生效的行政行为所具有的约束和限制行政主体和行政相对人行为的法律效力，行政相对人必须按照行政行为所规定的内容切实履行自己的义务，正确行使所享有的权利，作出该行政行为的行政主体也应在该行政行为被依法撤销以前切实履行相关的义务和行使相关的权利，否则应当承担相应的法律后果。

第四，行政行为的执行力。这是指行政行为一经作出，就具有使其内容得以完全实现的法律效力。相对人应当自觉履行所负担的义务，如果相对人拒绝履行，行政主体有权要求相对人履行义务，这种要求包括行政主体自行或向人民法院申请强制执行。同时，行政主体也应当履行其职责，如果行政主体拒绝履行，相对人也有权要求行政主体履行义务，这种要求就包括了相对人有权申请行政复议或提起行政诉讼。行政行为执行力的另一个表现是，在行政复议或行政诉讼期间，行政行为的执行一般不中止，只有在特殊情况下才能中止该行政行为的继续实施，如作出原行政行为的行政主体认为需要停止执行的、行政行为的执行会造成难以弥补的损失的等。

研究行政行为的效力问题，就是要解决海关行政行为何时生效以及效力范围的问题。因此，海关行政行为的效力又可以分为海关行政行为的时间效力和空间效力两个方面。此外，还可以从对象效力的角度分析海关行政行为的效力。

（一）海关行政行为的时间效力

海关行政行为的时间效力，是指海关行政行为从什么时候开始发生法律效力，从什么时候失去法律效力以及是否具有溯及力的问题。

1. 海关行政行为的生效。海关行政行为因为具体形式的不同，生效的时间也各不相同。抽象海关行政行为，即制定规范性文件的行为的生效时间通常有两种情况，即该规范性文件的发布之日为其生效日期或发布以后另定一个生效日期。具体海关行政行为的生效时间则更为复杂一些，有以下四种：第一种是即时生效，即海关行政行为一经作出就具有法律效力，对行政相对人生效，这种情况主要发生在海关行政主体当场作出并生效的行为，如海关即时强制行为、简易的处罚行为等。第二种是告知生效，即海关行政行为必须依法采用口头或公告等书面形式告知相对人后才生效，告知之时为生效之时，如海关告知相对人在规定的时间内到指定银行缴纳关税的情形。第三种是受领生效，即凡需要行政相对人受领的海关行政行为，只有在行政相对人受领时才能生效，如受领报关员资格证书。受领生效一般发生在海关行政行为需要采用送达方式时，送达方式包括直接送达、留置送达、邮寄送达、委托送达等。第四种是附条件生效，即海关行政行为本身附有生效的日期或条件，一旦期限届满或条件具备，海关行政行为即发生法律效力。

2. 海关行政行为的失效。海关行政行为的失效时间也因为不同的海关行政行为形式而有所不同。抽象海关行政行为的失效时间，通常有授权法规定的授权届满失效、依授权法制定的行政法规、规章失效、新法废除旧法、法规清理中宣布海关行政法规和规章废止，规范性文件清理中废止、撤销抽象行政行为用以调整的社会事态已被消灭或效果已经完成而失效。[1] 具体海关行政行为的失效时间有外部事实、具体行政行为本身的时间规定、失效条件成就、当事人死亡或对象消灭、撤销和废止等。

海关行政行为失效的几种形式中，撤销是指对虽成立但成立时具有违法事由的海关行政行为，有权机关通过法定程序予以撤销的行为。被撤销的海关行政行为，被视为自始无效。海关行政行为被撤销后，行政相对人的权利义务应恢复到海关行政行为作出前的状态。但出于对相对人利益的保护，若该海关行

---

〔1〕　罗豪才主编：《行政法学》，中国政法大学出版社1996年版，第170～171页。

政行为有利于相对人，并且该行政行为的违法不是由于相对人的原因造成的，可宣布该行政行为从撤销之日起丧失法律效力。废止一般仅指抽象海关行政行为的废止，即海关行政规范性文件发布后，如果规范对象发生了较大的变化，导致原有的规范性文件不再适应新情况，需要制定新的规范性文件取而代之，从而导致旧有的规范性文件的废止。变更，是指对成立并已经生效的海关行政行为，如果存在部分内容不当或客观情况发生变化，对不当、不适应部分内容予以修改，使该部分内容失去效力的行为。被变更的海关行政行为与撤销的或废止的海关行政行为不同，其只是被变更部分失效，并不导致原海关行政行为的全部失效。

3. 关于海关行政行为的溯及力。现代行政法理论强调"依法行政"、"法无规定不能行政"的原则，《立法法》第84条也规定："法律、行政法规、地方性法规、自治条例和单行条例、规章不溯及既往，但为了更好地保护公民、法人和其他组织的权利和利益而作的特别规定除外"。所以对新的海关行政法律规范颁布实施以前的海关行政管理关系，海关行政主体不得提前适用该法律规范作出行政行为，行政相对人也不应该受到未生效的法律规范的约束。海关行政行为一般不具有追溯力，是海关行政法的特征之一，在很多海关行政规范性文件中都明确表示了法律规范不具有追溯力。

（二）海关行政行为的空间效力

海关行政行为的空间效力，是指海关行政行为在空间上的适用范围，即关于海关行政行为在哪些地域受到法律拘束的问题，这是国家主权原则在海关行政领域中的体现。这里的地域，包括了我国的领陆、领水和领空，以及国际法上意义的领域（如我国的驻外使馆、悬挂我国国旗的我国领海、领空以外的船舶和飞行器）。

海关行政行为依据的海关行政法律规范的效力位阶、对象范围各有不同，因此在分析海关行政行为的空间效力时，必须综合分析海关行政行为的性质、内容、实施机关，以此来判断海关行政行为的地域效力。就抽象海关行政行为而言，国务院的海关行政法规和海关总署的部门规章的效力一般及于全国。除了海关行政立法之外的其他抽象行政行为，即海关行政机关制定和发布的，具有普遍约束力的政令或规范性文件的行为，其主要目的是为了保障法律、法规、规章在相应海关行政区域内的执行，因此其空间效力仅及于发布机关的管辖范围。就具体海关行政行为而言，其空间效力仅及于具体海关行政行为针对的行政相对人或行政客体。

（三）海关行政行为的对象效力

所谓海关行政行为的对象效力，即行政行为对人的效力。按照行政行为的效力具有公定力的内容，海关行政行为一经作出，未经有权机关经过合法程序予以撤销或变更，即推定对任何人都具有合法、有效的法律效力，这是一种"对世"的效力，不仅海关行政主体和行政相对人应当受其约束，而且其他组织和个人也有对海关行政行为表示尊重进而协助的义务。具体而言，海关行政行为的对象效力因行为的性质和内容不同而有所不同。例如，抽象海关行政行为制定的规范性法律文件对其规范对象一般具有间接的、抽象的约束力。具体海关行政行为则一般对于行政主体和行政相对人双方具有直接的约束力，不及于其他人。例外的情形是发生拘束力的具体海关行政行为是设定权利义务的行为，而不是对事实的认定、法律的适用或告知行为，而这种权利义务本身又是实施其他行为的一种规则，其他人就同时受到该具体海关行政行为的约束。如海关对特定的行政相对人实施排他性行政许可，则其他人必须受此行为的约束，不得侵犯相对人获得的行政许可权。在这种情况下，具体海关行政行为的效力对象就不仅仅局限于行政相对人了。

第5章
海关抽象行政行为

第一节　海关行政立法

一、海关行政立法的概念

海关行政立法，一般有广义和狭义两种理解。广义的海关行政立法，是指所有针对海关监管工作的立法活动，包括了所有的以国家机关为主体、以宪法和法律的规定为依据制定有关海关监督管理活动的规范性文件的活动。也就是说，不论制定规范性文件的主体是行政机关还是权力机关，只要其内容是关于海关行政管理的，都是海关行政立法。[1] 狭义的海关行政立法，专指国家行政机关根据宪法和法律的规定，制定有关海关行政管理规范性文件的活动，包括国务院制定海关行政法规、海关总署及其他行政机关依照法律的授权制定海关行政规章的行为以及各级海关在权限范围内制定并发布行政命令的行为。本节所要分析的是指狭义的海关行政立法。

海关行政立法包括了以下几层含义：

1. 海关行政立法的主体是国家行政机关。根据我国宪法、组织法和立法法的规定，有权进行行政立法的国家行政机关有三类：一是国务院根据宪法和法律，享有行政法规的制定权；二是国务院各部、委员会、中国人民银行、审计署和具有行政管理职能的直属机构，根据法律和国务院的行政法规、决定、命令，享有在本部门权限内制定部门规章的权力；三是省、自治区、直辖市的人民政府，以及省、自治区人民政府所在地的市的人民政府和经国务院批准的较大的市的人民政府，还有经济特区所在地的市的人民政府，根据法律、行政法

――――――――――

〔1〕　教育部高等教育司组编：《行政法与行政诉讼法》，高等教育出版社1999年版，第148页。

规和本省、自治区、直辖市的地方性法规，享有制定地方政府规章的权力。但我们这里所称的海关行政立法是从狭义上来讲的，所以有权进行海关行政立法的是国务院、海关总署及其下属海关以及与海关总署联合制定行政规章的其他行政机关。

需要说明的是，并不是所有的海关行政主体均有权实施所有的海关立法行为，特定的海关立法行为同特定的海关行政主体之间有一定的对应性。[1]

2. 海关行政立法应当依法进行。海关行政立法的主体、权限、程序均由法律规定。主体上面已经说明过了，在此不再赘述。就权限法定而言，立法权属于国家权力机关是一般原则，由行政机关来行使则是一种例外和补充。因此，行政机关进行海关行政立法必须有明确、具体的法律依据和授权依据。我国的《宪法》和《立法法》以及其他相关的法律都有详细规定。其中职权立法由《宪法》和有关组织法规范，其立法范围在《立法法》中已作出了明确的规定，授权立法必须有法律明确规定的权限范围和授权目的。

3. 海关行政立法是一种抽象行政行为，具有一般行政行为的共性和海关抽象行政行为的个性。海关行政立法是有权的行政机关针对不特定的人或事，制定规范性法律文件的一种行政行为，这种规范性法律文件具有普遍约束力和反复适用性，与海关行政机关在具体的行政执法中针对具体的人或事作出的具体行政行为是不同的。从这个意义上说，海关行政立法与海关具体行政行为的主体又有所不同。海关具体行政行为的主体可以是任何海关行政主体，包括被授权行使海关权力的其他行政主体，而海关行政立法的主体仅限于特定的海关行政主体。

按照立法法的规定，海关行政立法所产生的行政法律规范性文件的名称，一般有"规定"、"办法"、"条例"、"暂行规定"、"暂行条例"等。

二、海关行政立法的分类

（一）依职权立法与依授权立法

根据海关行政立法权的取得方式不同，可以将海关行政立法分为依职权立法和依授权立法。

依职权立法是指行政机关根据宪法和组织法所赋予的海关行政立法权所进行的立法活动。根据我国《宪法》和组织法的规定，国务院和海关总署，以及直属海关可以进行职权立法。通过职权立法所制定的海关行政法规和规章一般不能变通法律和法规的规定。

---

[1]　毕家亮：《海关行政法学》，中国海关出版社2002年版，第132页。

依授权立法是指行政机关根据单行法律和法规或授权决议所授予的立法权而进行的立法。根据不同的授权来源，授权立法可以分为一般授权立法和特别授权立法。前者是指国家行政机关根据法律的明文授权，制定海关行政法规和行政规章的行为，后者是指中央政府根据最高国家权力机关的授权决议所进行的授权立法。行政机关通过授权立法所制定的海关行政法规和规章可以变通法律、法规的规定。

（二）执行性立法和创制性立法

根据海关行政立法的功能，可以将海关行政立法分为执行性立法和创制性立法。

执行性立法是指海关行政主体为了执行特定的海关法律、法规或上级行政机关制定的其他海关行政规范性文件的规定而进行的立法。执行性立法可以是依职权的立法，也可以是依授权的立法。执行性立法的立法用意在于执行，故而应当以其所要执行的法律、法规或上级其他行政规范性文件的存在为前提，要按照被执行的法律规范的规定加以执行，不得任意增加或减少所要执行的法律、法规或上级其他行政规范性文件的内容。执行性立法所产生的海关行政法规和规章一般以"实施条例"、"实施办法"、"实施细则"的名称出现。

创制性立法是指海关行政主体为了在海关监管实践中充分有效行使其行政职能而进行的填补法律空白或变通法律规定的立法活动。创制性立法又可以分为自主性立法和补充性立法。自主性立法是指海关行政法律、法规在相关领域中还没有作出规定，海关行政主体为了适应现实中出现的新情况而填补此领域空白的立法活动。补充性立法是指海关行政法律、法规已有相关规定，但因为现实海关行政活动的发展，已有规定已经无法满足这种发展需要时，海关行政主体进行的立法活动。自主性立法与补充立法在立法前提和对授权法律、法规的依赖程度上有所区别。创制性立法可以不经授权，而补充性立法应以法律、法规的授权为依据，所补充的海关行政法规和规章并不因为授权法律、法规的消灭而当然消灭，只要不与新的法律、法规产生冲突就仍具有法律效力。

（三）中央行政立法和地方行政立法

根据海关行政立法的主体和适用的范围不同，可以将海关行政立法分为中央行政立法和地方行政立法。

中央行政立法是指中央行政机关依法制定和发布海关行政法规和规章的活动。国务院及海关总署所进行的海关行政立法，都是中央行政立法。此外海关总署与其他中央行政主体的联合立法也是中央行政立法。中央行政立法所制定的海关行政法规和规章，在全国范围内具有法律效力。

地方行政立法是指地方海关依法制定和发布海关行政规章的活动。根据我国《海关法》第 3 条的规定，我国海关系统是由海关总署统一管理的垂直体系，国家在对外开放的口岸和海关监管业务集中的地点设立海关，海关的隶属关系，不受行政区划的限制。所以地方行政立法就是由地方海关进行的海关行政立法。地方立法所制定的行政规章，只能在地方海关所管辖的关区内发生法律效力。

三、作为海关行政法规的行政立法

（一）海关行政法规的概念

海关行政法规是国务院按照规定的程序制定的有关国家进出关境监管的规范性法律文件的总称。根据 2002 年 1 月 1 日起施行的《行政法规制定程序条例》第 4 条规定："行政法规的名称一般称'条例'，也可称'规定'、'办法'等。国务院根据全国人民代表大会及其常务委员会的授权决定制定的行政法规，称为'暂行条例'或'暂行规定'。国务院各部门和地方人民政府制定的规章不得称'条例'。"我国的《立法法》第 56 条规定："国务院根据宪法和法律，制定行政法规。行政法规可以就下列事项作出规定：①为执行法律的规定需要制定行政法规的事项；②宪法第 89 条规定的国务院行使管理职权的事项。"目前国务院在海关行政方面的法规主要有《中华人民共和国知识产权海关保护条例》、《中华人民共和国核出口管制条例》、《中华人民共和国货物进出口管理条例》等。

（二）海关行政法规的特征

1. 海关行政法规制定主体地位的最高性。海关行政法规的制定主体是国务院，而且也只有国务院依据宪法和法律制定的海关行政法律规范性文件，才可以称为海关行政法规。国务院是我国最高权力机关的执行机关，是最高行政机关，领导全国的行政管理工作，在我国的行政管理系统中处于最高地位。

2. 海关行政法规内容的广泛、全面性。国务院作为全国最高的行政机关，为了从宏观上领导和管理全国的海关行政工作，其工作范围必然会涉及海关行政管理各个领域的行政事项，国务院的行政职能决定了其必须在大范围内给予海关行政系统以法律政策的指导，所以海关行政法规在内容上是最广泛、全面的。

3. 海关行政法规效力的较高性。海关行政法规是国务院根据宪法和法律制定、并在全国范围内生效的法律规范，其效力仅次于宪法和法律，行政部门规章、地方政府规章和地方性法规都不得与之相抵触，所以说它处在较高的效力层次上。[1]

---

〔1〕　关保英主编：《行政法与行政诉讼法》，中国政法大学出版社 2004 年版，第 285～286 页。

（三）海关行政法规的制定权限

因为行政立法可以分为依职权的行政立法和依授权的行政立法，所以海关行政法规也可以分为依职权的海关行政法规和依授权的海关行政法规，两者的制定权限有所不同。

1. 依职权的海关行政法规。这是指国务院直接依据宪法和法律规定的职权，制定海关行政法规。其职权来自于《宪法》第89条所规定的国务院行使职权范围内的事项。在国务院依职权的行政法规中，有一部分是根据宪法和法律的规定，制定执行性的规范性法律文件，因为其中涉及海关行政监督管理的内容，所以我们也把这些行政法规归为海关行政法规。例如，《海关行政处罚实施条例》就是国务院为了贯彻执行《行政处罚法》而制定的，其他类似的还有《中华人民共和国商标法实施条例》、《中华人民共和国著作权法实施条例》等。此外还有相当一部分的创制性的海关法律规范性文件，即国务院不是为了贯彻执行立法机关的法律，而是根据其职权范围自主制定的海关行政法规，如《海关统计条例》、《海关关衔标志式样和佩带办法》。

2. 依授权的海关行政法规。这种海关行政法规不是国务院根据宪法与法律的直接规定制定的，而是根据法律的授权或全国人民代表大会及其常务委员会的专门授权决定，并仅就被授权的海关行政事项制定的行政法规。其职权的不是直接来源于宪法和法律的规定，而是来自法律的附带授权和立法机关的专门授权。我国的《立法法》第9条规定："本法第8条规定的事项尚未制定法律的，全国人民代表大会及其常务委员会有权作出决定，授权国务院可以根据实际需要，对其中的部分事项先制定行政法规，但是有关犯罪和刑罚、对公民政治权利的剥夺和限制人身自由的强制措施和处罚、司法制度等事项除外。"该法第10条规定："授权决定应当明确授权的目的、范围。被授权机关应当严格按照授权目的和范围行使该项权力。被授权机关不得将该项权力转授给其他机关。"这些规定都说明了国务院依授权制定海关行政法规时的权限来源和范围，相对于国务院依职权的行政立法行为要受到更多的约束和限制。国务院根据全国人民代表大会及其常务委员会的授权决定制定的行政法规，称为"暂行条例"或"暂行规定"。

（四）海关行政法规的制定程序

海关行政法规的制定程序是指国务院制定、修改与废止海关行政法规的方式和程序。行政法规的制定程序是由宪法、法律作原则性的规定，再由配套的法规、规章作出具体的规定，这样可以防止行政立法程序的任意性，又可以使程序具有较强的可操作性。2000年7月1日开始施行的《立法法》和2002年1月1日起施行的《行政法规制定程序条例》在不同的效力层面上对我国的行政法规的立法程序作出了基本的规定。

根据《行政法规制定程序条例》的有关规定，我国海关行政法规的制定程序如下：

1. 海关行政法规的立项。行政法规的制定作为规范行政行为、涉及广大相对人的权利义务的重要活动，其实施者国务院总是站在审慎的角度有计划地实施的。能够列入国务院年度立法工作计划中的行政法规项目应当符合下列要求：适应改革、发展、稳定的需要；有关的改革实践经验基本成熟；所要解决的问题属于国务院职权范围并需要国务院制定行政法规。列入国务院年度立法工作计划的行政法规申请，对各行政机关和相对人都具有指导性的影响。

我国《立法法》第57条规定："行政法规由国务院组织起草。国务院有关部门认为需要制定行政法规的，应当向国务院报请立项。"在每年年初国务院编制本年度的立法工作计划前，国务院有关部门认为需要制定行政法规的，应当向国务院报请立项。报送行政法规立项申请的国务院有关部门，应当向国务院说明立法项目所要解决的主要问题、依据的方针政策和拟确立的主要制度。国务院法制机构应当根据国家总体工作部署对部门报送的行政立法项申请汇总研究，突出重点，统筹兼顾，拟定国务院年度立法工作计划，报国务院审批。

确定了国务院年度立法工作计划后，由国务院法制办负责组织实施和监督。并且国务院年度立法工作计划一经制定，并非一成不变，国务院法制办可根据客观形势和工作任务发展变化的实际需要，对年度立法工作计划进行及时、适当的调整。

除了编制年度立法计划外，国务院还负责编制立法规划。立法规划的编制时间跨度比较长，一般以五年为一个跨度，又叫五年规划。

2. 海关行政法规的起草。行政法规由国务院组织起草。国务院年度立法工作计划确定的海关行政法规由海关总署一个部门或者几个部门具体负责起草工作，也可以由国务院法制机构起草或者组织起草。

海关行政法规在起草时应注意遵循已有的海关行政法律法规。在起草中，不能违背《行政许可法》、《行政处罚法》、《行政诉讼法》、《海关法》等上位法律的基本规定，对同一事项，如果要作出与其他行政法规不一致的规定的，应在上报草案时，专门提出并说明情况与理由，由国务院决定。

海关行政法规的起草除了遵守立法法确定的立法原则，并符合宪法和法律的规定外，还应要符合下列要求：一是要体现改革精神，科学规范海关行政行为，促进海关行政主体的职能向经济调解、社会管理等服务性质职能的转变；二是要符合精简、统一、效率的原则，相同或近似的职能由一个海关行政主体承担，简化行政管理手续；三是切实保障公民、法人和其他组织的合法权益，在规定海关行政相对人应当履行的义务的同时，应当规定其相应的权利和保证权利行使、实现以及加以救济的途径；四是体现海关行政机关的职责统一原则，在赋予海关行政机关必要的监管职权的同时，应当规定其行使职权的条件、程序及违反后应承担的责任。

海关行政法规在起草的过程中，还应注意以下几项具体要求：

（1）注重听取民意。由于海关行政法规涉及面广、比较复杂，所以在起草行政法规的时候，应当深入调查研究，总结实践经验，广泛听取民意。这里的民意不仅包括了公民的意见，还包括了有关机关、组织的意见。听取意见可以采取召开座谈会、论证会、听证会等多种形式。注重听取民意有助于立法者紧跟现实发展，全面规范行政行为，避免了立法者闭门造车的不利局面，也有利于行政法规生效后获得广泛的群众基础，从而有助于发挥行政法规的立法目的。

（2）顺利衔接与协调。海关行政法规的起草必然涉及该行政法规与其他法律、法规的关系，所以起草部门应当就涉及其他部门的职责或与其他部门的关系紧密的规定，与这些部门协商一致，经充分协商仍不能取得一致意见的，应当在上报行政法规草案送审稿的时候说明情况和理由。另外，起草海关行政法规时，起草部门应当将涉及有关海关管理体制、方针政策等需要国务院决策的重大问题提出的解决方案，报国务院审定。

（3）清理相应法规。在起草的同时，海关行政法规的起草部门必须对现行的内容相同或基本相同的海关行政法规做好清理工作。如果现行的海关行政法规将被起草的海关行政法规取代，必须在草案里说明从何时起废止被取代的海关行政法规，并注明被取代的海关行政法规的全称，不要使用"与本法规相抵触的以本法规为准"的类似语句，避免因为人们要费力寻找与该法规相抵触的其他行政法规或干脆选择适用旧法规，进而影响了新法规的实施。

（4）斟酌用词，合理命名。海关行政法规可以使用的名称有"条例"、"规定"、"办法"等，不同的名称体现的法规内容范围有所不同："条例"是对某一方面的海关行政事项和行政工作比较全面和系统的规定的海关行政法规；"规定"是对某一方面的海关行政事项和行政工作所作的部分规定的海关行政法规；"办法"是对某一方面的海关行政事项和行政工作所作的比较具体细致的规定的海关行政法规。国务院根据全国人民代表大会及其常务委员会的授权决定制定的海关行政法规，称为"暂行条例"或"暂行办法"。在内容上，海关行政法规的起草也要遵循结构严谨、条理清楚、用词准确的文字要求，并可在必要时请语言专家和法律专家协助斟酌所用语言。

此外，在草案的报送程序中，行政法规制定程序条例对此也有严格的规定。起草部门向国务院报送的海关行政法规送审稿，应当由起草部门主要负责人签署。几个部门共同起草的海关行政法规送审稿，应当由该几个部门主要负责人共同签署。起草部门将海关行政法规送审稿报送国务院审查时，应当一并报送海关行政法规送审稿的说明和有关材料。其中，"说明"是指立法的必要性、确立的主要制度、各方面对送审稿的主要问题的不同意见，"有关材料"主要包括国内外的有关立法资料、调研报告、考察报告等。

3. 海关行政法规的审查。审查是国务院对海关行政法规的起草成果和相关资料进行的监督检查，以确保海关行政法规符合其立法目的。审查的主体是国务院法制机构。

国务院法制机构的审稿标准主要是看海关行政法规是否宪法、法律的规定和国家的方针政策；是否符合《行政法规制定程序条例》的具体要求；是否与有关行政法规协调、衔接；是否正确处理有关机关、组织和公民对送审稿主要问题的意见；以及其他需要审查的内容。

国务院法制机构审查的程序是将海关行政法规送审稿或者海关行政法规送审稿涉及的主要问题发送国务院有关部门、地方人民政府、有关组织和专家征求意见。国务院有关部门、地方人民政府反馈的书面意见，应当加盖本单位或者本单位办公厅（室）印章。重要的海关行政法规送审稿，报经国务院同意，向社会公布，征求意见。国务院法制机构应当认真研究各方面的意见，与起草部门协商后，对行政法规送审稿进行修改，形成行政法规草案和对草案的说明。国务院法制机构对送审稿涉及的主要制度、方针政策、管理体制、权限分工等有不同意见的，应当进行协调。力求达成一致意见；不能达成一致意见的，应当将争议的主要问题、有关部门的意见以及国务院法制机构的意见报国务院决定。

为了保证海关行政法规的质量，《行政法规制定程序条例》确立了以下几个方面的保障措施：

（1）广泛听取意见。不同于起草阶段的听取意见，这一阶段是以国务院法制机构为主体，就已经报送的海关行政法规听取多方面的意见。国务院法制机构应当就行政法规送审稿及其涉及的主要问题，向国务院有关部门、地方人民政府、有关组织和专家征求意见，同时对重要的海关行政法规送审稿，还应深入基层，听取意见，当海关行政法规送审稿涉及重大、疑难问题时，国务院法制机构应当召开由有关单位、专家参加的座谈会、论证会，听取意见，研究论证；当海关行政法规送审稿直接涉及公民、法人或者其他组织的切身利益时，国务院法制机构可以举行听证会，听取有关机关、组织和公民的意见。

（2）缓办或退回送审稿。对于海关行政法规送审稿的制定条件尚未成熟、主要制度存在较大争议而起草部门未与有关部门进行协商或不符合签署要求、没有提交海关行政法规送审稿的说明及有关材料的，国务院法制机构可以缓办或者退回起草部门。

（3）提高审查效率。海关行政法规草案由国务院法制机构主要负责人提出提请国务院常务会议审议的建议；对调整范围单一、各方面意见一致或根据法律制定的配套行政法规草案，可采取传批方式，由国务院法制机构直接提请国务院批准。这样可以简化程序，提高审查效率，缩短海关行政法规的制定时间。

4. 海关行政法规的决定与公布。海关行政法规的草案，由国务院常务会议审议并作出决定，或者由国务院审批。国务院常务会议审议海关行政法规草案时，由国务院法制机构提出审查报告和草案修改稿，审查报告应当对主要问题作出说明。国务院法制机构应当根据国务院对海关行政法规草案的审议意见，对行政法规草案进行修改，形成草案修改稿，报请总理签署国务院令公布实施。海关行政法规一般由国务院发布，并由国务院总理签署国务院令后予以公布。国务院令的内容包括发布机关、序号、行政法规名称、通过或批准日期、发布日期、施行日期、签署总理姓名等项。但有些海关行政法规经国务院批准后，也可以由海关的主管部门海关总署发布，并由该部门的主要负责人签署发布令。签署公布海关行政法规的国务院令应当载明该海关行政法规的实施日期。

海关行政法规草案经国务院通过、总理签署后，即进入公布与备案阶段。为了最大程度地宣传新实施的海关行政法规，保证法规权威和公众知晓，在海关行政法规签署公布后，应及时在国务院公报和全国范围内发行的报纸上刊登，国务院法制机构也应当及时汇编出版海关行政法规的国家正式版本。在国务院公报上刊登的海关行政法规文本为标准文本。

海关行政法规应当自公布之日起30日后施行，但涉及国家安全、外汇汇率、货币政策的确定以及公布后不立即施行将有碍海关行政法规施行的，可以自公布之日起施行。另外，制定海关行政法规的同时制定了该海关行政法规的实施办法或实施细则的，该实施办法或实施细则应当在海关行政法规发布的同时或稍后发布，其实施日期应当与海关行政法规的实施日期相同。

海关行政法规应当在公布后的30日内由国务院办公厅报全国人民代表大会常务委员会备案。

四、作为海关部门规章的行政立法

（一）海关部门规章的概念

海关部门规章，是指根据法律和行政法规的授权，海关总署单独或联合有关部委，按照规定的程序、条件、方式制定的有关进出关境监管的规定、办法、实施细则等规范性法律文件的总称。

（二）海关部门规章的特征

海关部门规章具有如下特征：

1. 海关部门规章制定主体的特定性。在专门规范海关行政行为的行政规范性法律文件范畴内，海关部门规章的效力仅次于海关行政法规，这与其制定主体的法律地位密切相关。根据我国《立法法》第71条的有关规定，海关部门规章由海关总署制定和发布，只有海关总署才具有制定和发布海关部门规章的权利能力和行为能力，其他国家机关和其他级别的海关都不能制定海关部门规章。如果行政规章不以海关总署的名义制定、发布，即使其内容涉及进出关境监管，也不属于海关部门规章。在现实生活中，由于海关行政监管对象的复杂性、广泛性，有些海关行政规章涉及除进出关境监管外的多个国务院部门职权事项时，就由海关总署和国务院其他有关部委共同制定，以联合发文的形式出现，如信息产业部、发改委、商务部、海关总署、工商总局、国家质检总局、国家环保总局于2006年2月28日以联合令第39号形式发布的《电子信息产品污染控制管理办法》。

2. 海关部门规章内容的单一性和执行性。海关部门规章是关于进出关境监管这一关乎全国海关的专门的规范性文件。就其内容来说，海关部门规章是有关进出关境监督管理的，即调整海关行政主体同相对人之间在进出关境方面的权利义务关系，无关乎其他行政管理方面，所以具有单一性的特点。同时就功能而言，我国《立法法》第71条第2款规定："部门规章规定的事项应当属于执行法律或者国务院的行政法规、决定、命令的事项。"所以海关部门规章是为了进一步贯彻执行海关监管方面的法律和国务院的有关海关行政监管的行政法规、命令、决定而制定的，其功能具有执行性。

3. 海关部门规章制定程序的合法性。海关部门规章是根据法律和行政法规的授权，按照规定程序制定的。国务院专门于2001年11月16日公布的《规章制定程序条例》，专门用于规范规章的制定程序，所以制定海关部门规章必须按照该条例规定的程序进行，如立项、起草、审查、征求意见、决定、公布等。

4. 海关部门规章效力的从属性。海关总署是海关部门规章的制定主体，其在海关行政管理过程中，为了执行国务院海关行政法规、决定、命令，就自己职权范围内的海关行政事项进行行政立法，产生了海关部门规章。所以，海关部门规章从性质上可以说是对国务院海关行政法规的细化，以海关行政法规的有效性为自身效力的前提，故海关部门规章的效力具有从属性。

（三）海关部门规章的制定权限

根据《立法法》第71条的规定："国务院各部、委员会、中国人民银行、审计署和具有行政管理职能的直属机构，可以根据法律和国务院的行政法规、决定、命令，在本部门的权限范围内，制定规章。部门规章规定的事项应当属于执行法律或者国务院行政法规、决定、命令的事项。"可见，海关部门规章的立法主体的权限来源以及范围都有较大的限制性，主要表现在：

1. 海关部门规章的制定，要有法律和国务院行政法规、决定、命令作为依据，这是制定海关部门规章权限的根本来源，也是保证国家法制统一、避免法出多门的法制要求所在。

2. 海关总署只能在海关行政监管职权范围内，对属于海关监督管理范围的行政事项制定部门规章，对不属于其权限范围内的行政事项不能超越职权制定部门规章。这样规定，可以分清国务院各部委各自的职权范围，不至于产生立法混乱及立法空白的现象。《规章制定程序条例》第8条同时规定："涉及国务院两个以上部门职权范围的事项，制定行政法规条件尚不成熟，需要制定规章的，国务院有关部门应当联合制定规章"。

3. 制定海关部门规章的权限只能在海关总署的职权范围内，但并不是说海关总署可以就其职权范围内的一切事项来制定部门规章。它还应当根据需要，即为执行法律和国务院的海关行政法规、决定、命令所必需，为现实生活所要求，否则就不应制定海关部门规章。这样有利于减少海关行政管理成本，促进海关行政真正为现实服务。

（四）海关部门规章的制定程序

根据《规章制定程序条例》的规定，一般来说，制定海关部门规章要经过下列程序：

1. 海关部门规章的立项。根据《规章制定程序条例》第2章"立项"的规定，海关总署的职能部门、下级海关认为需要制定海关部门规章的，应当向海关总署报请立项。报送制定规章的立项申请，应当对制定规章的必要性、所要解决的主要问题、拟确立的主要制度等作出说明。海关总署政策法规司应当对制定规章的立项申请进行汇总研究，拟定本部门年度规章制定工作的计划，报海关总署批准后执行。年度规章制定工作应当明确规章的名称、起草单位、完成时间等。编制计划的动力主要来源于国务院的有关指示或要求、海关总署有关决策部门根据业务发展的需要提出的立法设想、下级海关根据本关区业务发展的需要提出的立法建议等。

海关总署应当加强领导，促使承担起草工作的单位抓紧工作，合理安排立法进度，并能按照要求上报列入年度规章制定工作计划的立法项目。在年度规章制定工作计划执行中，也可以根据实际情况，在实际实施的过程中，对其进行调整，但应当对拟增加的规章项目进行补充论证。

2. 海关部门规章的起草。根据《规章制定程序条例》第3章"起草"的规定，由海关总署的相关职能部门开展草拟有关法案的工作。此项工作一般以海关总署政策法规司为核心，从职能部门或下级海关抽调专门人员组成起草班子，在海关总署的统一领导下，负责起草的各项工作。起草工作也可以邀请有关专家、组织参加，或可以委托有关专家、组织起草。部分重要性不大的海关部门规章的起草工作，也可以交由某个业务司或下级海关负责。在起草阶段，应当注意下列要求：

（1）充分听取相关意见。在起草中，起草单位应当深入调查研究，向有关组织和个人，尤其是那些具有丰富经验的人员和有利害关系的组织和个人征求意见，广泛听取他们的意见并善于总结实践经验。听取意见可以采取书面征求意见、座谈会、论证会等多种形式。对于起草的规章直接涉及公民、法人或其他组织切身利益的，有关组织或者公民对其有重大意见分歧的，应当向社会公布，征求社会各界的意见；起草单位也可以通过举行听证会的形式听取意见。

起草海关部门规章，还应当征求有关部门的意见。这里所说的"有关部门"既包括海关系统内的各业务部门及各下级海关，同时也包括与海关总署同级的、与起草的海关部门规章关系密切的国务院各部委。如果海关总署与各部委之间不能达成一致意见的，应当充分协商，经协商还不能取得一致意见的，起草单位应当在上报规章送审稿时，说明情况。

另外，起草单位报送审查的海关部门规章送审稿，应当由起草单位主要负责人签署。几个部门共同起草的海关部门规章送审稿，应当由该几个部门的主要负责人共同签署，起草单位应当将规章送审稿及其说明、对规章送审稿主要问题的不同意见和其他有关材料按规定报送审查。

（2）衔接与协调。起草海关部门规章时，还应注意与有关法律、行政法规和其他部门规章的衔接和协调。一般的，对于同一事项，如果要作出与其他部门规章不一致的规定，应在上报草案时，专门提出并说明情况和理由，由国务院决定。法律、法规已经明确规定的内容，规章原则上不作重复规定。

（3）要清理相应的部门规章。起草时，必须对现行内容相同或基本相同的本部门规章进行清理。如果现行的海关部门规章将被起草的海关部门规章取代，必须在草案中说明从何时起废止被取代的部门规章。

（4）斟酌用词和部门规章的名称。海关部门规章的名称一般有"规定"、"办法"、"实施办法"、"实施细则"等。"规定"是海关部门规章中相对比较正式的一种规范性文件，多用于规定比较重要、影响范围比较广的海关监管制度，如《海关办理申述案件暂行规定》、《关于非优惠原产地规则中实质性改变标准的规定》。"办法"虽然在制定程序和内容上不如"规定"正式，但在数量上更多，是海关部门规章中比较普遍的一种，如《海关对报关员积分考核管理办法》、《海关对常驻机构进出境公用物品监管办法》、《海关行政赔偿办法》等。"实施办法"、"实施细则"包括在"办法"内，都属于部门行政规章。

　　3. 海关部门规章的审查。海关部门规章的草案起草完成以后，应报送有关部门或人员进行审核。一般情况下，至少要经过三个级别：起草部门或起草小组负责人的审核；海关总署政策法规司的审核；署长办公室的审核。审核主要包括以下内容：是否宪法、法律、法规和其他上位法的规定；是否切实保障了公民、法人和其他组织的合法权益；是否做到了权利与义务、职权与职责的统一、是否有法律、法规的授权并在所授权的范围内；是否与有关部门规章协调、衔接；是否正确处理有关机关、组织和公民对规章送审稿主要问题的意见；是否符合上报手续，以及有关的资料、说明是否齐全等。

　　除了海关行政主体内部对海关部门规章的审查外，为了确保海关部门规章的权威性、公正性，海关总署政策法规司应当将海关部门规章送审稿或其涉及的主要问题发送有关机关、组织和专家征求意见，如果涉及重大问题的，还应当召开由有关单位、专家参加的座谈会等，对出现的问题进行研究和论证。同时对海关部门规章送审稿涉及的主要问题，还应当深入基层，进行实地调查，听取相对人的意见；如果送审稿直接涉及相对人的切身利益或在该问题上各方产生重大意见分歧，而起草单位未向社会公布，也未举行听证会，海关总署政策法规司经海关总署批准，可以向社会公布，也可以举行听证会。

　　海关总署政策法规司应当在认真研究各方面的意见，与起草单位协商的基础上，对海关部门规章送审稿进行修改，形成规章草案和对草案的说明。说明应当包括制定规章拟解决的主要问题、确立的主要措施以及与有关部门的协调情况等。

　　海关部门规章规章草案和说明由海关总署政策法规司主要负责人签署，提出提请海关总署审议的建议。对于海关部门规章送审稿的制定条件尚未成熟、主要制度存在较大争议、起草单位未与有关部门协商等情况，海关总署政策法规司可以缓办或退回起草单位。

　　4. 海关部门规章的决定和公布。根据《规章制定程序条例》第5章"决定和公布"的规定，海关部门规章草案应当经海关总署的正式会议讨论通过，并由海关总署署长签署。之后，部门规章即进入公布与备案阶段。海关部门规章一般由海关总署发布，并由海关总署署长签署命令予以公布。海关部门规章签署发布后，应及时按照《立法法》和《规章制定程序条例》的规定，在国务院公报或者部门公报和有关全国性发行的报纸上刊登，在部门公报或者国务院公报上刊登的规章文本为标准文本，以使海关部门规章为广大公民所知晓。部门联合规章由联合制定的部门首长共同署名公布，使用主办机关的命令序号。

海关部门规章应当自公布之日起 30 日后施行；但是，涉及国家安全、外汇汇率、货币政策的确定以及公布后不立即施行将有碍规章施行的，可以自公布之日起施行。另外，海关部门规章如果附有实施办法或实施细则的，则该实施办法或实施细则应当在海关部门规章发布的同时或稍后发布，并应当自海关部门规章施行之日起开始施行或自公布之日起开始施行。海关部门规章应当在公布后的 30 日内报国务院备案。国家机关、社会团体、企事业组织、公民认为海关部门规章同法律、行政法规相抵触的，可以向国务院书面提出审查的建议，由国务院法制机构研究处理。

第二节　海关行政管理规范性文件的制定

一、海关行政管理规范性文件的概念

海关行政管理规范性文件是指海关行政机关及被授权的组织在海关行政管理过程中，为了执行法律、行政法规和部门规章，依照法定的职权和法定的程序制定并发布的除海关行政法规和海关部门规章以外的决定、命令等具有普遍约束力的行为规范的总称。有学者将海关行政管理规范性文件称为其他海关行政规范性文件，以区别海关行政法规和海关部门规章。笔者认为，海关行政法规和海关部门规章属于我国法律的渊源之一，而除此之外的行政规范性文件不是我国的法律渊源，故应将海关行政法规与海关部门规章称为海关行政规范性文件，而将其他海关行政规范性文件称为海关行政管理规范性文件，以示区别。[1]

制定海关行政管理规范性文件是指海关行政主体在其职权范围内，制定并发布除海关行政法规和海关部门规章以外的，具有普遍约束力和规范形式的海关行政管理规范性文件。

海关行政管理规范性文件具有以下特征：

1. 海关行政管理规范性文件制定主体的专门性。有权制定海关行政管理规范性文件的主体只能是国家行政机关或被授权的组织，任何其他组织都不能制定海关行政管理规范性文件，它们制定的规范性文件也不称为"海关行政管理规范性文件"。海关行政管理规范性文件制定的主体包括了国务院及其各部委、海关总署、各级海关，其中，国务院及其各部委、海关总署还可以在其职权范围内制定海关行政规范性文件，各级海关只能在授权范围内制定海关行政管理

---

〔1〕　关保英主编：《行政法与行政诉讼法》，中国政法大学出版社 2004 年版，第 300 页。

规范性文件。

2. 海关行政管理规范性文件制定程序的法定性。海关行政管理规范性文件必须依据一定的程序来制定，但是，海关行政管理规范性文件的制定程序与海关行政立法程序相比，有较大的差别：一是法律依据不同。海关行政管理规范性文件的制定程序由《国家行政机关公文处理办法》[1] 等加以规定，海关行政法规和部门规章因其内容的重要性，在制定程序上适用《立法法》、《行政法规制定程序条例》和《规章制定程序条例》的规定；二是在具体的程序设计上，海关行政法规和部门规章的制定有着一系列比海关行政管理规范性文件的制定更为严格和特殊的立法程序，海关行政管理规范性文件的制定程序则比较简单、灵活，更注重效率。

3. 海关行政管理规范性文件名称的法定性。海关行政管理规范性文件是有关命令、决定、指示、行政措施等的总称。根据宪法和组织法的有关规定，凡是具有普遍约束力的决定、命令、指示和行政措施都是行政管理规范性文件的表现形式。这里要注意的是，决定、命令、指示和行政措施也是一种集合概念，对其具体种类，《国家行政机关公文处理办法》第 2 章作了详细规定，即命令（令）、决定、指示、公告（通告）、通知、通报、报告、请示、批复、函、会议纪要这十三种。

4. 海关行政管理规范性文件的实体性和程序性并重。因为海关行政管理规范性文件主要规范的是海关行政主体对海关行政事务进行监督管理的过程中，针对某些现实中的特定事项作出的规定，一般都具有非常强的可操作性，既明确了海关行政管理法律关系双方的权利义务关系，又能够指导海关行政主体直接适用相关规定，所以在其内容上表现为实体性规定和程序性规定并重的特点。

二、海关行政管理规范性文件的分类

对海关行政管理规范性文件可以作各种各样的分类，本书仅从内容上对海关行政管理规范性文件的分类作一番探讨。从内容上来说，海关行政管理规范性文件可以分为创制性文件、解释性文件和指导性文件。

（一）创制性文件

创制性文件，是指海关行政机关或被授权的组织为不特定的相对人创设新的权利义务的海关行政管理规范性文件。根据创制权力的来源不同，它又可以分为两类，即依职权的创制性文件和依授权的创制性文件。

1. 依职权的创制性文件。它是海关行政主体为了满足海关行政管理的实际

---

〔1〕　该办法由国务院办公厅发布，2001 年 1 月 1 日起开始施行。

需要，根据宪法和组织法规定的海关行政管理职权而制定的，对不特定相对人创制新的权利义务的行政管理规范性文件。海关行政主体制定这一类的行政管理规范性文件的权力来源于海关行政主体的职权，是海关行政主体在海关行政监管中根据实际需要自行制定的。它既不是为了执行行政法律、法规、规章，也不是为了补充行政法律、法规、规章。

依职权的创制性文件的制定权力虽然来源于海关行政主体的自身职权，但这并不意味着只要在海关行政主体的职权领域内，都可以创制相关文件。这主要受到法理和法律的制约。

从法理上来说，为了充分尊重并保护公民的权利义务，防止行政权力对公民私权利的过多干涉，公民的权利义务应当由法律、法规和规章加以规定。但由于法律、法规和规章的效力位阶比较高，创制程序比较严格，在应对的实践过程中，往往会出现滞后性的特点，同时又由于法律具有稳定性的特点，而不宜对法律经常加以改动，否则可能影响法律的权威性。这样就出现了法律规定与现实之间的空白，于是为了应对现实生活中的需要，更好地发挥行政机关的作用，在法律、法规和规章缺位的情况下，理论上允许行政机关在职权范围内创制文件，从而迅速、及时地进行行政管理。

从法律规定上来说，并不是所有的法律、法规和规章缺位都可以制定创制性文件，必须要有现实急需，且一般只能局限在行政给付领域，法律对此有明确的禁止性规定。根据《立法法》第 8 条的规定，行政机关不得制定限制公民人身自由的创制性文件。根据《行政处罚法》第 14 条的规定，行政机关不得制定行政处罚方面的创制性文件。也就是说，一个合法的依职权的创制性文件，应当是授益性的而不是负担性的。更进一步来说，即使在行政给付领域，行政机关要依职权制定一个合法的创制性文件，也应当遵守有关的法律、法规和规章以及上级行政规范性文件的禁止性或限制性规定。

2. 依授权的创制性文件。它是海关行政主体为了改善海关行政法或其他海关行政规范性文件的规定内容不具体或刚性过强的不足，而对不特定相对人创设新的权利义务的行政管理规范性文件。海关行政主体制定这一类的行政管理规范性的权利来源于法律、法规、规章以及上级行政规范性文件的专门授权，而非海关行政主体自身固有的职权要求。由于法律、法规、规章以及上级行政规范性文件的专门授权的范围是明确、具体的，所以被授权的海关行政主体只能在被授权的事项范围内制定、修改海关行政管理规范性文件，而不能超越这一范围，或反复适用被授予的创制权，否则这样制定的即为无效文件。但由于实践中，我国行政法规范的授权性规定往往比较简单，很多仅规定了授权的范围，但落实到具体程序、评价标准、审核情况等没有进行进一步细化，所以实际上并不能起到很好的制约作用，致使外界也无从作出客观的评价和进行有效的监督。

因为依授权的创制性文件的目的是对某一特定的海关行政法律规范或因为其内容规定不具体而加以补充，或因为其规定过于刚性而加以变通，所以其与依职权的创制性文件有所不同。首先，依授权的创制性文件的约束更加严格，授权依据应明确规定这种创制性文件的制定目的、程序和内容等，被授权的海关行政主体必须严格接受这些限制，违背或超越授权法的规定，应属于无效的文件；其次，覆盖的范围不同。依授权制定的创制性文件的权源是法律、法规、规章以及上级行政机关的授权，所以它不仅存在于行政给付领域，只要有授权依据还可以存在于行政负担领域，而一个合法的依职权制定的创制性文件则只能存在于行政给付领域。最后，一个合法的依授权的创制性文件必须有直接的授权依据，而一个合法的依职权的创制性文件在海关管理的职权范围内只要不与海关行政法律规范的规定相抵触即可。

（二）解释性文件

解释性文件，顾名思义即对海关法规和规章进行解释而形成的海关行政管理规范性文件。这一文件的制定目的是为了进一步阐明海关法规和规章中的某些条款和用语，统一各级海关及其公务员对海关法规和规章的理解，从而统一执法标准。根据制定解释性文件的海关行政主体的解释权性质不同，可以将解释性文件分为法定解释性文件和自主解释性文件两类。

1. 法定解释性文件。这是指具有法定解释权的海关行政主体对海关法规和规章进行解释而形成的海关行政管理规范性文件。有权制定海关行政管理方面的法定解释性文件的主体必须是海关行政主体，而且必须是具有法定解释权的海关行政主体，对此应作两方面的理解：一方面，不属于行政机关的国家权力机关、其他社会组织和个人对海关法律、法规和规章作出的解释不属于法定解释性文件。另一方面，根据《全国人民代表大会常务委员会关于加强法律解释工作的决议》，具有法定解释权的行政机关也不是对所有的法律、法规和规章都有法定解释权，在特定的法律、法规和规章已经把解释权赋予某个行政机关后，其他行政机关对该法律、法规或规章进行解释而形成的解释性文件就是我们下面要研究的自主解释性文件了。一般而言，海关行政主体对涉及海关行政管理的法律、法规和规章具有法定解释权。

根据《立法法》第42条第1款的规定："法律解释权属于全国人民代表大会常务委员会"。所以在《立法法》颁布施行后，法律不再成为法定解释性文件解释的对象，所以目前法定解释性文件的解释对象包括海关行政法规和海关部门规章。在某些情况下，有法定解释权的海关行政主体把有关规范性文件或国家政策的内容，结合某个海关行政法规或海关部门规章作出解释，这样形成的行政管理规范性文件仍属于法定解释性文件。

2. 自主解释性文件。这是指没有法定解释权的海关行政主体对海关法律、法规、规章以及海关行政管理的其他规范性文件进行解释而形成的海关行政管理规范性文件。

从解释内容所适用的法律解释的基本原理来讲，自主解释性文件与法定解释性文件是相同的，都是为了统一海关行政主体及其公务员对海关行政管理法律规范的认识，统一执法标准。但其在要素上与法定解释性文件又有区别：其一，解释主体不同。自主解释性文件的主体是没有法定解释权的海关行政主体，而法定解释性文件的主体则是有法定解释权的海关行政主体。其二，解释对象不同。自主解释性文件与法定解释性文件都可以对海关行政法规和海关部门规章进行解释，但自主解释性文件的解释对象不限于海关行政法规和海关部门规章，还包括了有关的海关法律和海关行政管理规范性文件。

从对法治社会的整体作用而言，自主解释性文件与法定解释性文件是相同的，即解释海关法律、法规和规章的条文用语含义、揭示内在逻辑联系，进而树立执法标准、限制行政自由裁量权、保护行政相对人的合法权益，进而广泛传播法律、树立法律信仰。但就具体的作用而言，自主解释性文件又有其特殊性，主要表现在：其一，自主解释性文件的作用对象侧重在对内，即对所属的海关行政机关及其公务员的约束和规范；其二，自主解释性文件侧重在统一思想，即统一所属海关行政机关及其公务员对海关法律、法规、规章和海关行政管理规范性文件的认识和理解，进而统一他们的执法活动，将这些海关行政机关及其公务员在执行海关行政事务时行使的自由裁量权控制在一定的范围内，实现对相对人的相对公平，而不侧重于使海关行政管理法律规范进一步具体化的问题；其三，自主解释性文件侧重在灵活性。在现实生活中，由于法律自身的特性，决定了对其在某些规定的适用上存在着多种理解，造成了各地执行法律的不一致，法定解释性文件由于其解释主体、解释对象范围有限制，所以造成在一些情况下并不能适用法定解释，而自主解释性文件由于其更灵活，解释对象更广泛，所以弥补了法定解释性文件的不足。

（三）指导性文件

它是指海关行政主体对不特定相对人事先实施书面行政指导时所形成的一种海关行政管理规范性文件。

海关行政指导性文件针对的对象可以是特定的也可以是不特定的，其形式可以是书面的也可以是口头的。当海关行政指导文件针对特定的相对人时，是一种具体海关行政行为。当海关行政指导以口头形式作出时，其没有形成海关行政管理规范性文件。所以，只有当海关行政主体对不特定的相对人以书面形式进行行政指导并予以公布时，才形成我们所说的指导性文件。由此可见，指导性文件具有事先性、指导性和反复适用性的特点。指导性文件的法律特点，是由行政指导这一海关行政行为作用的性质决定的。

指导性文件可以说是现代政府职能转变的产物。随着现代行政理念的转变，政府的执政手段由强制性向服务性转变，政府的职能更多的偏向于向行政相对人提供信息，指导和维护社会良好秩序。这种政府职能的转变也体现在法律规范的制定上，表现为指导性文件增多了。海关行政主体通过事先对相对人进行指导，可以更加有效地进行海关行政管理，避免事后带来的损失，节省了行政成本。

三、海关行政管理规范性文件的法律地位

海关行政管理规范性文件的法律地位牵涉到诸多非常重要的理论问题和实践问题，在理论界和实务界也有很多不同的观点。在探讨这一问题时，我们首先要和现代法治理念结合起来，和海关行政法治实践结合起来，在看到我国行政法近年来取得巨大进步的同时，也要认清我国包括海关行政法在内的行政法存在的不足甚至矛盾的地方；其次我们要和 WTO 的某些规则结合起来考虑，由于海关行政法的适用范围是针对进入关境的人或事，又有很大的涉外性，所以我们决不能忽视 WTO 规则对我国海关行政法的影响。

（一）对我国海关行政管理规范性文件的法律地位的现实分析

从效力标准上来说，只有当一个行为规范能够拘束法官或法院时，才属于法的渊源，才具有法的效力意义。根据我国有关法律的规定，现阶段我国的海关行政管理规范性文件并非都是法源，而是可以区分为具有法源地位的海关行政管理规范性文件和不具有法源地位的海关行政管理规范性文件。

1. 具有法源地位的海关行政管理规范性文件。对海关行政法规的解释性文件具有法源地位。《行政诉讼法》第 52 条规定："人民法院审理行政案件，以法律和行政法规、地方性法规为依据"，所以海关行政法规具有确定无疑的法律效力。又根据《行政法规制定程序条例》第 31 条第 3 款的规定："行政法规的解释与行政法规具有同等效力"。则可以推断国务院对海关行政法规的解释与海关行政法规具有同等的法律效力，所以海关行政法规的解释对法院具有强制性的拘束力。

对海关部门规章的解释性文件具有法源地位。《行政诉讼法》第 53 条规定："人民法院审理行政案件，参照国务院部、委根据法律和国务院的行政法规、决定、命令制定、发布的规章以及省、自治区、直辖市和省、自治区的人民政府

所在地的市和经国务院批准的较大的市的人民政府根据法律和国务院的行政法规制定、发布的规章"，所以海关部门规章对人民法院审理行政案件只是"参考"的作用。但对于究竟什么是"参考"，这种参考是否具有法源的性质，学界有不同的理解。我们认为，应当肯定海关部门规章具有法源的地位，主要基于以下三点理由：其一，《立法法》第 2 条第 2 款明确规定："国务院部门规章和地方政府规章的制定、修改和废止，依照本法的有关规定执行"，可见《立法法》已经将部门规章纳入到其调整范围内，这是认可部门规章具有法律渊源地位最有力的证据；其二，我国目前海关立法不成熟，没有形成完整的体系，很多海关行政管理的规范是以国务院部门规章的形式、由海关总署发布的，如果不承认海关部门规章的法源地位，将使法院审理涉及海关的行政案件陷入无法可依的困境，不利于我国进一步规范海关行政行为；其三，从反对意见来看，主要是因为海关部门规章是由海关总署制定的，有作自己案件的法官之嫌。但我们认为海关总署制定海关部门规章从法理上说是履行其社会公共职能，不是为了部门利益，而是代表了国家的意志，我们完全可以通过人大常委会、行政系统内部等渠道监督海关总署制定的海关部门规章的合理性、公正性。所以我们应当承认海关部门规章具有法源地位。根据《规章制定程序条例》第 33 条第 3 款规定："规章的解释与规章具有同等效力"，那么对海关部门规章的解释也同样具有法源地位。

值得注意的是，以上所讨论的解释性文件，都是指法定解释性文件，因为只有法定解释性文件的制定主体才具有法律上规定的解释法规、规章的权力，才是有关法律规范中所指的"行政法规的解释"、"规章的解释"。

2. 不具有法源地位的海关行政管理规范性文件。在我国的海关行政系统内，海关行政管理规范性文件通过具体的海关行政行为，对具体的相对人或其所属的海关行政机关及其公务员发生拘束力，这种拘束力的根源在于行政体系中的上下级之间的领导与服从的关系，而法院系统作为独立于行政系统的司法机构，则不受这种上下级关系的制约，法院是否要服从海关行政管理规范性文件，要视法律的具体规定而定。根据《立法法》第 52、53 条的规定和前面的分析，对法院具有强制拘束力的，是海关法律、法规和部门规章以及它们的法定司法解释性文件，除此之外的海关行政管理规范性文件对法院都不具有拘束力。

尽管除法定性解释文件外的海关行政管理规范性文件都不具有法源地位，但它们都是海关行政管理的依据。因为衡量一个行为规范是否具有法源地位，是从法院的立场分析的，是要能够成为司法裁判的根据的。但对于行政系统而言，一个不具有法源地位的海关行政管理规范性文件仍可以成为海关行政主体执法的依据，而且基于行政系统内部领导与被领导的上下级关系，这种文件必须被遵守，否则将形同虚设。从相对人的角度考虑，在海关法律规范没有作出规定或规定不具体的情况下，以海关行政管理规范性文件作为依据显然比没有任何依据更符合当代法治理念，可以使海关行政主体的行为更规范、更具有可预测性。

要注意的是，我们所说的海关行政管理规范性文件，以其合法有效为前提，排除了违法的海关行政管理规范性文件，否则就违反我们讨论把海关行政管理规范性文件作为依据的初衷了，也与我国依法治国的宗旨背道而驰。在现实中，尽管我国的行政法制建设正在逐步完善，但整个行政管理规范性文件的制定过程并没有被纳入到立法程序或按照立法程序论证，也没有公民和其他组织的参与，在民意表达、利益制衡和是否符合法律方面，往往会存在这样那样的缺陷，有些甚至会沦为部门利益的工具。所以，在强调海关行政管理规范性文件的积极作用的同时，我们要进一步规范海关行政管理规范性文件的制定过程，而且还需要建立对海关行政管理规范性文件的事后救济机制。

（二）海关行政管理规范性文件的效力位阶

海关行政管理规范性文件的位阶指的是海关行政管理规范性文件与法律规范之间，以及海关行政管理规范性文件相互之间的效力大小问题。

1. 海关行政管理规范性文件与法律规范之间的效力关系。

（1）国务院和海关总署制定的法源性的海关行政管理规范性文件与法律规范之间的效力关系。因为行政法规的解释与行政法规具有同等效力，规章的解释与规章具有同等效力，所以海关行政法规的解释性文件的效力、海关部门规章的解释性文件的效力分别根据海关行政法规、海关部门规章的效力判断，即海关行政法规的效力次于宪法、法律，海关部门规章的效力次于宪法、法律和海关行政法规。

（2）国务院制定的非法源性的海关行政管理规范性文件与法律规范之间的效力关系。国务院制定的非法源性的海关行政管理规范性文件的效力低于宪法和法律。根据《立法法》第71条的规定，国务院的决定、命令也是国务院各部委制定部门规章的根据，所以国务院制定的非法源性的海关行政管理规范性文件是海关总署制定部门规章的依据之一，海关部门规章不能与国务院制定的非法源性的海关行政管理规范性文件相抵触。因此，它的效力又高于海关部门规章。

（3）海关总署制定的非法源性的海关行政管理规范性文件与法律规范之间的效力关系。海关总署制定的非法源性的海关行政管理规范性文件的效力不仅低于宪法、法律和海关行政法规，而且也应当低于海关总署制定的部门规章。

（4）非法源性的海关行政管理规范性文件违反法律规范和上级行政管理规

范性文件的处理。《宪法》第 67 条规定："全国人民代表大会常务委员会行使下列职权……⑦撤销国务院制定的同宪法、法律相抵触的行政法规、决定和命令",《宪法》第 89 条规定："国务院行使下列职权……⑬改变或者撤销各部、委员会发布的不适当的命令、指示和规章",可见对于违反法律规范的海关行政管理规范性文件可以依其制定主体的不同,分别由全国人大常委会和国务院予以撤销或改变。

2. 海关行政管理规范性文件相互之间的效力关系。在海关行政管理规范性文件相互之间的效力关系问题上,法定解释性文件是一种具有法源性的行政管理规范性文件,除此之外的行政管理规范性文件是非法源性的行政管理规范性文件。具有法源性的海关行政管理规范性文件是海关法律规范的一种,所以非法源性的海关行政管理规范性文件与具有法源性的海关行政管理规范性文件的效力关系,等同于海关非法源性的行政管理规范性文件与海关法律规范之间的效力位阶关系。因为行政系统上下级之间具有严格的领导与被领导的关系,所以海关总署制定的非法源性的海关行政管理规范性文件的效力低于国务院制定的非法源性的海关行政管理规范性文件的效力。

(三) 在 WTO 背景下对我国海关行政管理规范性文件的法律地位的再认识

鉴于海关行政管理工作极强的涉外性,以及 WTO 规则对我国行政管理体制和行政管理法规的极大冲击,我们有必要在 WTO 的背景下,对我国海关行政管理规范性文件的法律地位进行再认识。

我国在加入世贸组织的议定书中已有多处承诺,比如"中国将及时公布行政法规、部门规章和中国政府的其他法令以保证中国政府的承诺在一定的时限内得以全面履行"、"中国将废止与中国所承担的义务不一致的地方性法规、政府规章和其他地方性措施,中国代表进一步确认,中央政府将保证中国的(包括省级政府)法律、法规和其他行政措施符合中国根据《WTO 协议》和《议定书》承担的义务。"[1] 可见,世界贸易组织并不因为行政管理规范性文件的行政性而轻视其地位,其基本上将这些行政管理规范性文件给予了与法律、规章同样的关注,所以在评价海关行政管理规范性文件的法律地位时,我们应当重新加以审视,具体而言可以从以下几个方面探讨其法律地位的实质性要素。

1. 我们应该认可海关行政管理规范性文件是我国海关行政法律体系的有机构成这一观点。法律就其本质而言表达的是国家意志,而国家意志又有抽象性和具体性之分。一般的,国家立法机关表达的国家意志是比较抽象的国家意志,

---

〔1〕　全国人民代表大会常务委员会办公厅报编辑室编:《中国加入世界贸易组织法律条文及有关国际条约》,中国民主法制出版社 2002 年版,第 706 页。

而国家行政机关表达的国家意志则相对比较具体。行政管理规范性文件是行政主体在实践中运用行政权力的结果，但仍然是国家意志的一种表达，因此对社会全体成员有效。所以，海关行政管理规范性文件不能被简单的视为一种政府行为，而应完全看作我国海关行政法律体系的构成部分，视为海关行政法的一个法源，这样可以避免海关行政管理规范性文件在行政系统作为"依据"而在司法系统作为"参考"所产生的裂痕。但是，由于我国目前的海关行政管理规范性文件由于缺乏有效的程序性，其制定存在很大的随意性和不规范性，所以应当制定对海关行政管理规范性文件进行有效规制的规则，或者将行政管理规范性文件的规制纳入立法法的调整范围，从而进一步规范我国海关行政管理规范性文件的制定。

2. 海关行政管理规范性文件应以规范名称和制定主体相结合的办法来确定其效力等级。笔者在此想着重探讨一下在国务院制定的海关行政管理规范性文件和海关总署制定的海关部门规章发生冲突以后，究竟谁的效力大的问题。这一问题在我国行政法治法理和有关的行政法解释中还没有一个满意的说法。笔者认为，在我国海关行政规范性文件法律制度还不健全的情况下，应当采取比较折衷的处理方式：一方面，原则上海关行政规范性文件是海关行政法的渊源，但其效力必须处于海关部门规章下；另一方面，如国务院发布的规范性文件在实施中与海关部门规章发生冲突，则可以由海关总署交由国务院处理，不过依我国行政系统中低层行政机关服从高层行政机关的原则，在没有相应的机制解决高层机关规范性文件与规章的冲突的制度下，低层行政机关应当服从高层行政机关的规范性文件。[1]

3. 海关行政管理规范性文件应当具有次级强制力。一个行为规范所具有的强制力最能反映其在规则体系中所处的地位，因此，海关行政管理规范性文件强制力的确定就成为其法律地位的重要内容。我们认为，一方面必须确立海关行政管理规范性文件具有强制力的地位，否则很难发挥其对海关行政事务有效管理的作用；另一方面，海关行政管理规范性文件的强制力必须限制在一定的范围内，把它与规章以上的海关行政法律规范的强制力衔接起来，使其具有次级的强制力。所谓次级的强制力，是指在宪法、法律、行政法规等其他法律渊源已经规定了强制性手段的前提下，海关行政管理规范性文件只能对这些强制性手段予以具体化，使之适应本部门的实际情况。这就意味着海关行政管理规范性文件的强制力必须要有上位法的依据，并限制在上位法规定的强制种类和限度范围内。

---

〔1〕　关保英：《行政法教科书之总论行政法》，中国政法大学出版社 2005 年版，第 367 页。

第6章
海关具体行政行为

海关具体行政行为相对于海关抽象行政行为而言，具体是指海关在行政管理职能中针对特定的行政相对人，针对特定的事项所采取的产生行政法律后果的行为，比如放行某批货物，减免某项税款等。学界目前对海关具体行政行为的研究成果并不多，仅有为数不多的几个学者对海关行政行为有所论述。比如成卉青在《中国海关法理论与实务总论》一书中就将海关具体行为划分为海关监管行政行为、海关税收管理行政行为、海关行政处罚、海关行政强制以及其他海关行政行为。而海关相关的法律法规对海关具体行政行为也没有详细的规定，下面我们拟将海关具体行政行为分为海关行政许可、海关行政强制、海关行政处罚、关税征收及其他海关行政相关行为来加以具体论述。

第一节　海关行政许可行为

一、海关行政许可概述

（一）海关行政许可的含义及特征

《中华人民共和国行政许可法》（以下简称《行政许可法》）[1] 对行政许可的含义作了明确的解释。《行政许可法》第2条规定："本法所称行政许可，是指行政机关根据公民、法人、或者其他组织的申请，经依法审查，准予其从事特定活动的行为。"《海关实施〈中华人民共和国行政许可法〉办法》[2]（以下简称《许可办法》）第2条规定："本办法所称的海关行政许可，是指海关根据

---

〔1〕 该法于2003年8月第十届全国人民代表大会常委会第四次会议通过，于2004年7月1日起施行。
〔2〕 该办法于2004年6月15日海关总署署务会审议通过，自2004年7月1日起施行。

公民、法人或者其他组织（以下简称申请人）的申请，经依法审查，准予其从事与海关进出关境监督管理相关的特定活动的行为。"

对海关行政许可的概念可以从以下几方面把握：

1. 海关行政许可的主体为特定行政主体——海关。只有作为进出关境监督管理的国家行政机关的海关才能行使对进出关境活动当事人申请的审核与批准权。

2. 海关行政许可是一种依申请的具体行政行为。海关行政许可只能根据进出关境活动当事人的申请而发生，海关行政主体不能主动作出。

3. 海关行政许可是一种授益性行政行为。与行政处罚和强制等不同，海关行政许可是赋予进出关境的活动当事人某种权利或资格，而非对其科以义务或剥夺其某种权利的行政行为。从此种意义上讲，海关行政许可是授益性行政行为。

4. 海关行政许可是外部行政行为，海关行政许可是海关行政主体对进出关境活动的公民、法人或其他组织实施的一种监督管理行为，是海关行政主体管理经济事务的外部行政行为。上级海关对下级海关的人事、财务、外事等事项的审批，海关对其他机关或者对其直接管理的事业单位的人事、财务、外事等事项的审批等，都不属于海关行政许可的范畴。

5. 海关行政许可是一种要式行政行为。海关行政许可的形式一般为许可证、执照或批准文书，海关行政许可必须按照法定的形式以正式的文书、格式、日期、印章等予以批准、认可或证明，必要时还应附加相应的辅助性文件。

（二）海关行政许可的原则

1. 合法原则。合法原则，一是设定海关行政许可，应当依照法定的权限、范围、条件和程序；二是实施海关行政许可的主体及权限应当合法，即应该由相应海关在法定的权限和范围内实施相应许可；三是实施海关行政许可应当依照《行政许可法》、海关《许可办法》和其他有关法律、法规和规章规定的条件和程序加以进行。

2. 公开、公平、公正原则。海关实施行政许可，应当遵循公开、公平、公正的原则。一是海关行政许可的设定过程应当是公开的，要广泛听取意见，真正做到广集民意；二是凡是设定海关行政许可的法定依据都必须公布，未经公布的，不得作为海关实施行政许可的依据；三是实施海关行政许可的具体海关应公开，不同级别的海关有权实施哪些行政许可，应当让公众周知；四是海关行政许可实施的条件应该规范、明确、公开；五是海关行政许可实施的程序应该具体、明确和公开；六是行政许可的实施期限应该公开；七是行政机关做出的准予行政许可的决定，应当予以公开，公众有权查阅。海关行政许可的实施结果，除涉及国家秘密、商业秘密或者个人隐私的外，应当公开。海关实施行政许可时，不能对符合法定条件的个人和组织实行歧视，要做到一视同仁。

3. 信赖保护原则。海关行政管理相对人依法取得的行政许可受法律保护，海关不得擅自改变已经生效的行政许可，除非行政许可所依据的法律、法规、规章修改或者废止，或者准予许可所依据的客观情况发生重大变化，为了公共利益的需要，确需依法变更或者撤回已经生效的行政许可。但是，由此给公民、法人或者其他组织造成财产损失的，相应海关应当依法给予补偿，从而保护相对人对该许可享有的信赖利益。

4. 监督原则。是指应当依法加强对海关实施行政许可和从事行政许可事项活动的监督。具体包括两个方面：一是对许可海关的内部监督；二是对海关行政许可相对人的监督。

此外，海关行政许可也应该做到公正与效率并重，遵循便民、高效原则。海关在实施行政许可的过程中，应尽量减少环节、降低成本、提高办事效率。公民、法人或者其他组织对海关实施行政许可，享有陈述权、申辩权；有权依法申请行政复议或者提起行政诉讼；其合法权益因海关违法实施行政许可受到损害的，有权依法要求赔偿。

二、海关行政许可的设定

（一）海关不具有行政许可创设权

《行政许可法》规定，法律、行政法规、国务院的决定、地方性法规、省、自治区、直辖市人民政府规章可以设定行政许可；其他规范性文件一律不得设定行政许可。凡行政许可法规定可以设定行政许可的事项，法律都可以设定行政许可；对可以设定行政许可的事项，尚未制定法律的，行政法规可以设定行政许可；必要时，国务院可以通过发布决定的方式设定行政许可，实施后，除临时性行政许可事项外，应当及时提请全国人大及其常委会制定法律，或者自行制定行政法规。《许可办法》第7条规定，海关总署制定的规章和其他规范性文件以及各直属海关制定的规范性文件不得设定海关行政许可。由此可知，海关不具有行政许可创设权。

（二）海关行政许可规定权

行政许可规定权即指在法律、法规已经对相关许可加以设定的前提下对具体执行中的程序、条件、期限等相关问题加以详细规定，以增加法律、法规的可操作性。《许可办法》第6条规定，海关在实施法律、行政法规和国务院决定设定的海关行政许可过程中需要对实施的程序、条件、期限等进行具体规定的，由海关总署依法制定规章作出规定。上述充分说明了只有法律和行政法规具有海关行政许可的设定权。

海关总署、直属海关在实施海关行政许可过程中可以根据法律、行政法规、国务院决定和海关总署规章以规范性文件的形式对有关执行中的具体问题进行明确。

海关总署认为需要增设新的海关行政许可或者认为海关行政许可的设定、规定不合理、需要修改或者废止的，可以适时向国务院法制部门提出立法建议，或者根据立法计划在代为起草法律、行政法规草案时纳入有关条文。

直属海关认为需要增设新的海关行政许可或者认为海关行政许可的设定、规定不合理、需要修改或者废止的，可以向海关总署提出立法建议。

直属海关在实施海关行政许可时应当及时收集海关工作人员、公民、法人或者其他组织对于海关行政许可的反映，并根据海关总署的要求对海关行政许可的实施作出评价，报告海关总署。海关总署根据直属海关的报告适时提出海关行政许可实施评价报告，按照规定程序上报国务院或者全国人大常委会。

三、海关行政许可的实施

（一）海关行政许可实施机关

根据《许可办法》的相关规定，海关行政许可的实施机关可以分为如下三类：

1. 海关自身。《许可办法》第17条规定，海关应当在法定权限内，以本海关的名义统一实施海关行政许可。海关内设机构和派出机构不得以自己的名义实施海关行政许可。

2. 受托机关。海关根据法律、行政法规和海关总署规章的规定，可以委托其他海关或者其他行政机关实施海关行政许可。委托海关应当将受委托海关或者其他行政机关以及受委托实施海关行政许可的内容予以公告。委托海关对委托的后果依法承担法律责任，受委托海关或者其他行政机关不得转委托。与行政机关委托其他机构行使行政职权相同，受海关委托行使海关行政许可的机关同样只对委托海关负责，与委托海关之间仍是内部行政关系，对外仍然要由委托海关承担相关的法律责任。

3. 多机构联合办理。需要海关内设的多个机构办理的海关行政许可事项，该海关应当确定一个机构以海关的名义统一受理海关行政许可申请，统一送达海关行政许可决定。其实这种情形仍可视为海关委托，只不过受托机关不局限于一个机关，但多个机构仍要确定一个机构集中受理行政相对人的申请，统一作出决定并统一送达。当然，海关应承担相应的法律后果。确定一个机构以海关名义办理的目的在于提高海关行政效率，并且明确责任归属，避免相互推托，投诉无门的情形，更好保护相对人的权益。

（二）海关行政许可实施程序

总体而言，海关行政许可实施程序分为两大类：一般程序和特别程序。下面对两大类程序加以详细说明。

1. 一般程序。一般程序主要包括如下几个阶段：申请；受理；审查；决定作出；许可证照的颁发。

（1）申请。一般而言，公民、法人或者其他组织从事与海关进出关境监督管理相关的特定活动，依法需要取得海关行政许可的，应当先向海关提出申请。申请人可以自行也可以委托他人代为提起申请。申请人委托代理人代为提出海关行政许可申请的，应当出具授权委托书。授权委托书应当具体载明下列事项，由委托人签章并注明委托日期：其一，委托人及代理人的简要情况。委托人或代理人是法人或其他组织的，应载明名称、地址、电话、邮政编码、法定代表人或负责人的姓名、职务；委托人或代理人是自然人的，应载明姓名、性别、年龄、职业、地址、电话及邮政编码；其二，代为提出海关行政许可申请、递交证据材料、收受法律文书等委托事项及权限；其三，委托代理起止日期；其四，法律、行政法规及海关总署规章规定应当载明的其他事项。

海关行政许可申请书必须采用书面形式。申请书需要采用格式文本的，海关应当向申请人提供海关行政许可申请书格式文本，并将示范文本和填制说明在办公场所公示。申请书格式文本中不得包含与申请海关行政许可事项没有直接关系的内容。申请人应当对申请材料内容的真实性负责。海关也不得要求申请人提交与其申请的海关行政许可事项无关的技术资料和其他材料。

申请书的递交申请可以由申请人到海关办公场所提出，也可以通过信函、电报、电传、传真、电子数据交换和电子邮件等方式提出。海关行政许可申请以电报、电传、传真、电子数据交换和电子邮件等方式提出的，申请人应当提供能够证明其申请文件效力的材料。

（2）受理。

第一，受理的情形。对申请人提出的海关行政许可申请，应当根据下列情况分别作出处理：

申请事项依法不需要取得海关行政许可的，应当即时告知申请人；

申请事项依法不属于本海关职权范围的，应当即时作出不予受理的决定，并告知申请人向其他海关或者有关行政机关申请；

申请人不具备海关行政许可申请资格的，应当作出不予受理的决定；

申请材料不齐全或者不符合法定形式的，应当当场或者在签收申请材料后5日内一次性告知申请人需要补正的全部内容，逾期不告知的，自收到申请材料之日起即视为受理；

申请材料仅存在文字性、技术性或者装订等可以当场更正的错误的，应当允许申请人当场更正，并由申请人对更正内容予以签章确认；

申请事项属于本海关职权范围，申请材料齐全、符合法定形式，或者申请人按照本海关的要求提交全部补正申请材料的，应当受理海关行政许可申请。

依据前述第一种情形和第四种情形的规定作出告知，以及决定受理或者不予受理海关行政许可申请的，应当制发相应的《海关行政许可申请告知书》、《海关行政许可申请受理决定书》、《海关行政许可申请不予受理决定书》，并加盖本海关行政许可专用印章，注明日期。对有数量限制的海关行政许可事项，还应当在《海关行政许可申请受理决定书》中注明受理的先后顺序。

第二，受理日期的确定。海关负责海关行政许可事项的机构收到海关行政许可申请之日，即为海关受理海关行政许可申请之日；以信函申请的，海关收到信函之日为申请之日；以电报、电传、传真、电子数据交换和电子邮件等方式提出申请的，海关收到有证明效力材料之日为申请之日。海关在申请人全部补正申请材料后受理海关行政许可申请的，收到全部补正申请材料之日为受理海关行政许可申请之日。

依法作出不予受理海关行政许可申请决定的，应当说明理由，并告知申请人享有依法申请行政复议或者提起行政诉讼的权利。

（3）审查。对行政相对人提交的海关行政许可申请书的审查包括形式审查和实质审查两种。一般而言，海关行政许可的审查以形式审查为原则，实质审查为例外。

第一，形式审查。形式审查即指海关受理海关行政许可申请后，只对申请人提交的申请材料进行审查，对申请材料内容是否属实等并不进行核查。

第二，实质审查。由于实质审查相对而言更耗时耗力，对相对人切身利益的影响也更大。所以只有在法律、行政法规、海关总署规章规定需要对申请材料的实质内容进行核实，或者需要对申请人是否具备准予海关行政许可的其他条件进行实际核查的，并且在遵循了相应的条件和程序的前提下，海关才可以就有关内容进一步进行核查。对海关行政许可申请进行核查的，海关应当指派两名以上工作人员共同进行。核查人员应当根据核查的情况制作核查记录，并由核查人员与被核查方共同签字确认。被核查方拒绝签字的，核查人员应予以注明。

（4）决定的作出。一般而言，海关根据对申请的核查情况在20天内作出是否准予许可的决定。

第一，准予许可决定。当场作出决定适用于申请人提交的申请材料齐全、符合法定形式，能够当场作出决定的情形。当场作出海关行政许可决定的，应当当场制发决定书，并加盖本海关印章，注明日期，同时不再制发《海关行政许可申请受理决定书》。

海关对行政许可申请进行审查时，发现行政许可事项直接关系他人重大利益的，应当告知申请人、利害关系人，申请人、利害关系人有权进行陈述和申辩。能够确定具体利害关系人的，应当直接向有关利害关系人制发加盖本海关行政许可专用印章的《海关行政许可利害关系人告知书》，利害关系人为不确定多数人的，可以公告告知。告知利害关系人的，应当同时随附申请人的申请书及申请材料，涉及国家秘密、商业秘密或者个人隐私的材料除外。海关应当听取申请人、利害关系人的意见。申请人、利害关系人的陈述和申辩意见应当纳入海关行政许可审查范围。

第二，不予许可决定。申请人的申请不符合法定条件、标准的，应当依法作出不予海关行政许可的决定。作出准予或者不予海关行政许可的决定，应当制发相应的决定书，并加盖本海关印章，注明日期。依法作出不予海关行政许可决定的，应当说明理由，并告知申请人享有依法申请行政复议或者提起行政诉讼的权利。

海关行政许可决定作出程序中需要注意的是，由于行政许可与相对人权益密切相关，所以《许可办法》第31条对听证程序作了专门规定："法律、行政法规、海关总署规章规定实施海关行政许可应当听证的事项，或者海关认为需要听证的涉及公共利益的其他重大海关行政许可事项，海关应当向社会公告，并举行听证。海关行政许可直接涉及申请人与他人之间重大利益关系的，海关在作出海关行政许可决定前，应当告知申请人、利害关系人享有要求听证的权利。海关应当根据听证笔录作出海关行政许可决定。"

2. 特别程序。基于海关事务的专业性和特殊性，一些进出关境活动中提供公共服务并且直接关系公共利益的职业、行业，需要确定具备特殊信誉、特殊条件或者特殊技能等资格、资质。为此，《许可办法》辟专节采用列举的方式规定了海关行政许可实施的特别程序。如下两种情形应该适用特别程序：

（1）赋予公民从事报关业务或者其他与进出关境活动有关的特定活动的资格，应当举行全国统一资格考试，根据考试成绩和其他法定条件作出海关行政许可决定；

（2）赋予法人或者其他组织从事与进出关境活动有关的特定活动的资格、资质的，应当根据对申请人的专业人员构成、技术条件、经营业绩和管理水平等的考核、审查、评定结果，作出海关行政许可决定。法律、行政法规另有规定的，依照其规定。

全国统一资格考试应当公开举行。海关应当事先公布资格考试的报名条件、报考办法、考试科目以及考试大纲。但是，不得组织强制性的资格考试的考前培训，不得指定教材或者其他助考材料。

四、海关行政许可的变更、撤销与注销

（一）海关行政许可的变更

1. 变更条件。被许可人在取得海关行政许可后，因拟从事活动的部分内容超过准予海关行政许可决定或者海关行政许可证件规定的活动范围，或者是发生其他变化需要改变海关行政许可的有关内容的，可以向作出准予海关行政许可决定的海关申请变更原海关行政许可。

2. 变更程序。首先，由被许可人在该行政许可的有效期内，以书面形式向作出准予海关行政许可决定的海关提出申请，并按规定提交有关材料；其次，作出准予海关行政许可决定的海关应当依法进行审查；最后，海关对变更申请进行审查，并作出是否准予变更的决定。海关对变更申请进行审查，并作出是否准予变更决定的，应当及时、准确，最长不得超过作出海关行政许可决定的法定期限。申请变更的有效期一般为行政许可届满前30日。

（二）海关行政许可的撤销

《许可办法》第57条规定，有下列情形之一的，作出海关行政许可决定的海关或者其上级海关，根据利害关系人的请求或者依据职权，可以撤销海关行政许可：

1. 海关工作人员滥用职权、玩忽职守作出准予海关行政许可决定的；

2. 超越法定职权作出准予海关行政许可决定的；

3. 违反法定程序作出准予海关行政许可决定的；

4. 对不具备申请资格或者不符合法定条件的申请人准予海关行政许可的；

5. 依法可以撤销海关行政许可的其他情形。

被许可人以欺骗、贿赂等不正当手段取得海关行政许可的，应当予以撤销。

（三）海关行政许可的注销

有下列情形之一的，海关应当依法办理有关海关行政许可的注销手续：

1. 海关行政许可有效期届满未延续的；

2. 赋予公民特定资格的行政许可，该公民死亡或者丧失行为能力的；

3. 法人或者其他组织依法终止的；

4. 海关行政许可依法被撤销、撤回，或者海关行政许可证件依法被吊销的；

5. 因不可抗力导致海关行政许可事项无法实施的；

6. 法律、行政法规规定的应当注销海关行政许可的其他情形。

（四）海关行政许可变更与撤销中的信赖保护

《许可办法》规定，海关不得擅自改变已生效的海关行政许可。海关行政许可所依据的法律、行政法规、海关总署规章修改或者废止，或者准予海关行政许可所依据的客观情况发生重大变化，为了公共利益的需要，海关依法变更或者撤回已经生效的海关行政许可，由此给公民、法人或者其他组织造成财产损失的，应当依法给予补偿。这是行政信赖保护原则在海关行政许可领域的表现。海关对相对人合法取得的行政许可不得随意剥夺，即便基于公益的需要，也应该在合理补偿的前提下进行。

撤销海关行政许可，致使被许可人的合法权益受到损害的，海关应当依法对其直接损失给予赔偿。撤销海关行政许可，可能对公共利益造成重大损害的，不予撤销。被许可人以欺骗、贿赂等不正当手段取得海关行政许可的，被许可人基于海关行政许可取得的利益不受保护。《许可办法》尤其强调了信赖利益首先应该是"合法利益"，即以合法手段遵循法定程序取得之利益。对非法取得之利益则不予保护。

海关依法不予办理海关行政许可变更手续、不予延续海关行政许可的有效期或者依法变更、撤回已经生效的海关行政许可的，应当制发加盖本海关印章的决定书，注明日期，并说明具体理由，告知申请人享有依法申请行政复议或者提起行政诉讼的权利。

五、海关行政许可监督检查

（一）海关行政许可监督检查

根据监督对象的不同，海关行政许可监督可以分为对海关的监督和对被许可人的监督。其中，对海关的监督又可以分为层级监督、专门监督和舆论监督。

1. 对海关的监督。

（1）层级监督。由于海关实行垂直管理，并且又基于直接的隶属关系，上级海关应当加强对下级海关实施海关行政许可的监督检查，及时纠正海关行政许可实施中的违法行为。该种监督方式具有及时、迅速的特点，但可能存在"官官相护"的弊端。

（2）专门监督。专门监督即指由专门的海关法制、监察部门对违法实施海关行政许可行为的海关进行监督检查。

（3）舆论监督。舆论监督主要包括社会公众、各种媒体等对海关行政许可行为进行的监督。《许可办法》就规定了公众有查阅海关监督检查纪录的权利，但涉及国家秘密和海关工作秘密的除外。虽然舆论监督并不具有法律效力，但其仍不失为一种有力的监督手段。

2. 对被许可人的监督。海关应当建立健全监督检查制度，通过核查反映被许可人从事海关行政许可事项活动情况的有关材料，履行监督检查责任。

海关可以对被许可人生产经营场所依法进行实地检查。检查时，海关可以依法查阅或者要求被许可人报送有关材料，被许可人应当如实提供有关情况和材料。海关依法对被许可人从事海关行政许可事项的活动进行监督检查时，应当将监督检查的情况和处理结果予以记录，由监督检查人员签字并归档。

海关实施监督检查，不得妨碍被许可人正常的生产经营活动，不得索取或者收受被许可人的财物，不得谋取其他利益。

（二）海关行政许可监督法律责任

根据主体不同，海关行政许可法律责任可以分为许可机关的责任、主管人员的责任以及被许可人的责任。

1. 海关及其工作人员的责任。类似于刑法的双罚制，海关及其工作人员违法实施许可，侵犯海关行政相对人的合法权益时，对海关而言，一般由其上级机关或监察机关责令改正；非法收取费用的予以退还；截留、挪用、私分或者变相私分实施行政许可依法收取的费用的，予以追缴；对直接负责的主管人员和其他直接责任人员依法给予行政处分；构成犯罪的，还应依法追究刑事责任。

海关违法实施行政许可，给当事人的合法权益造成损害的，应当依照国家赔偿法的规定给予赔偿。

2. 被许可人的责任。被许可人违反行政许可相关法律规定，例如隐瞒有关情况或者提供虚假材料申请行政许可的；以欺骗、贿赂等不正当手段取得行政许可的；涂改、倒卖、出租、出借行政许可证件，或者以其他形式非法转让行政许可的，海关可以给予其一定的行政处罚。比如警告、禁止申请人在一定期限内再次申请该许可等。情节严重，构成犯罪的，还应追究其刑事责任。

第二节　海关行政强制行为

一、海关行政强制行为概述

海关行政强制行为即指海关为保证其行政管理职能的实现，依据《海关法》以及与之相配套的《海关行政处罚实施细则》、《进出口关税条例》、《海关稽查条例》、《知识产权海关保护条例》等有关法律和行政法规，针对进出关境活动当事人以及其他对海关负有法律义务的法人、自然人等作出的带有直接强制作用的所有具体行政行为（包括程序性行为和实体性行为）。

海关行政强制行为有如下特征：

1. 该行为是具体行政行为。海关行政强制行为仅指海关对具体的与进出关境活动直接相关的当事人的某个特定进出关境行为作出的行政行为，不包括海关发布的具有普遍约束力的强制行为，例如海关总署根据联合国及其安理会关于对某国家实施制裁的决议下达的禁止从该国进口某货物的通知等。

2. 该行为是海关依据自身职权直接实施的强制行为，该特征强调"自身直接实施"。如果不是海关自身直接实施的，例如海关走私侦查机关对走私犯罪嫌疑人实施的强制；海关执行职务遭到抗拒，依法请求公安机关协助实施的强制；海关依法申请人民法院实施的强制等都不是本节所讲的海关行政强制。

3. 该行为是海关为保障其行政管理职能的实现而采取的行为。有关对外行政管理职能的行为即使具有一定的强制性，也不一定是海关行政强制行为。比如海关人事部门对海关工作人员作出的停职决定；海关机关保卫部门对严重违反机关安全、保卫规定的人员采取的临时强制措施等。海关对外行政管理涉及货物、物品、运输工具进出关境，关税以及其他税费征收，调查、处理走私及其他违反海关相关法律法规的行为。

4. 强制对象是海关行政管理相对人。除进出关境的公民、法人与其他组织，海关无权对其他组织采取强制行为。

5. 既包括程序性行为，也包括实体性行为。海关行政强制行为既包括检查、扣留等程序性行为，也包括罚款、没收、物品抵缴、变价抵缴等实体性行为。

二、海关行政强制行为的种类

依据不同的标准，海关行政强制行为可有多种分类办法。按照采取的行政强制权的直接程度，可分为直接强制和间接强制；按强制的性质可以分为涉及人身权的强制、涉及财产权的强制以及其他强制；按强制的法律后果还可以分为程序性强制和实体性强制；按强制的内容可以分为人身强制、财产强制和行为强制等。下面我们就按最为常见的一种分类法对海关行政强制行为加以详细介绍。

（一）人身强制

人身强制包括"查问"、"检查"、"扣留"、连续追击与强制带回等。

1. 查问。根据海关法规定，海关可以查问违反海关法或其他有关法律、行政法规的嫌疑人。这种查问具有强制性，嫌疑人必须接受查问，如实回答海关提出的问题并在海关制作的《查问笔录》上签字，对自己的回答负法律责任。

2. 检查。依据海关法及有关行政法规规定，在海关监管区和海关附近沿海沿边规定地区，海关可以检查走私嫌疑人的身体。拒绝依法检查的，执行关员可以强制检查。

3. 扣留。依据海关法规定，海关对走私嫌疑人，经直属海关关长或者其授权的隶属海关关长批准，可以扣留；扣留时间不得超过 24 小时，在特殊情况下可以延长至 48 小时。

4. 连续追击与强制带回。依据海关法规定，进出关境运输工具或个人违反海关监管逃逸的，海关可以连续追击至海关监管区和海关附近沿海沿边规定地区以外，将其带回。

（二）财产以及与财务相关的账册资料强制

财产以及与财务相关的账册资料强制包括"查验"、"检查"、"扣留"、"加封"、"封存"、"关税保全"、"提取"、"提取变卖"、"先行变卖"等。

1. 查验。对所有进出关境货物、物品进行查验，是海关基本职责之一。这种查验具有强制性，进出关境货物收发人、所有人、代理人必须允许并提供必要协助。

2. 查阅、复制。根据海关法规定，海关对与进出关境运输工具、货物、物品有关的合同、发票、账册、单据、记录、文件、业务函电、录音录像制品和其他资料，有权查阅、复制。

3. 检查。海关在多种情况下依法行使检查权。包括：检查进出关境运输工具；在海关监管区和海关附近沿海沿边规定地区，检查有走私嫌疑的运输工具和有藏匿走私货物、物品嫌疑的场所；在海关监管区和海关附近沿海沿边地区之外，海关在调查案件时，经直属海关关长或者其授权的隶属海关关长批准，可以检查有走私嫌疑的运输工具和除公民住所以外的有藏匿走私货物、物品嫌疑的场所。

4. 扣留。根据海关法及有关行政法规，海关对违反海关法及有关法律、行政法规的进出关境货物、物品、运输工具，可以扣留；在海关监管区和海关附近沿海沿边规定地区以外，对有证据证明有走私嫌疑的工具、货物、物品，可以扣留。

5. 施加封志和封存。根据海关法及有关行政法规，海关对有违反海关法或其他法律、行政法规嫌疑的进出关境货物、物品、运输工具，对所有未办理结关手续、处于海关监管状态的进出关境货物、物品、运输工具，均有权施加封志，任何单位和个人不得损毁封志或擅自提取、转移、动用在封货物、物品、运输工具。根据海关稽查条例，海关到企业稽查时，对有违海关法和其他法律、行政法规嫌疑的货物、物品以及账册资料，可以封存。

6. 强制扣缴、抵缴税款。根据海关法的规定，进出口货物的纳税义务人及其代理人超过 2 个月未缴纳税款的，海关可以采取下列强制措施：书面通知其开户银行或者其他金融机构从其存款中扣缴；将应税货物依法变卖，以变卖所得抵缴；扣留依法变卖其价值相当于应纳税款的货物或者其他财产，以变卖所得抵缴税款。

7. 关税保全。根据《海关法》第61条的规定，进出口货物的纳税义务人在纳税期内有明显的转移、藏匿其应纳税款以及其他财物的迹象，在海关依法责令其提供纳税担保时不能提供的，经直属海关关长或其授权的隶属海关关长批准，海关可以采取下列税收保全措施：

（1）书面通知纳税义务人开户银行或者其他金融机构暂停支付纳税义务人相当于应纳税款的存款；

（2）扣留纳税义务人价值相当于应纳税款的货物或者其他财产。期限届满时仍未缴纳，经直属海关关长或其隶属海关关长批准，海关可以书面通知纳税义务人开户银行或其他金融机构从其暂停支付的存款中扣缴税款，或依法变卖所扣留的货物或其他财产。

8. 提取、提取变卖、先行变卖。根据海关法的规定，海关查验货物认为必要时，可以径行提取货样；进口货物超过3个月未向海关申报，海关可以提取依法变卖处理；进口货物收货人或其所有人声明放弃货物，海关有权提取依法变卖处理；海关依法扣留的货物、物品不宜长期存放的，经直属海关关长或其隶属海关关长批准，可以先行变卖；超期未报关货物以及溢卸、误卸货物不宜长期存放的，海关可以根据情况提前处理。

9. 抵缴、变价抵缴罚款或没收货物的等值价款。根据海关法的规定。当事人逾期不履行海关处罚决定又不申请行政复议或者向人民法院提起行政诉讼的，海关可以将其保证金抵缴，或者将其被扣留的货物、物品、运输工具依法变价抵缴。

（三）行为强制

行为强制包括强制履行义务；对进出关境活动的当事人有关货物、物品、运输工具以及经营、运输、生产、加工、销售进出口货物、物品行为的直接干预、监管、限制等等。

1. 运输工具检查配合。根据海关法的规定，进出关境运输工具到达或驶离海关地点，运输工具负责人应如实向海关申报，交验单证，配合海关工作或检查。海关检查进出关境运输工具时，运输工具负责人应该到场，并根据海关的要求开启舱室、房间、车门；有走私嫌疑的，并应当开拆可能藏匿走私货物、物品的部位，搬移货物、物品。

2. 货物查验配合。《海关法》第28条规定，海关查验货物时，收发货人应当到场，并负责搬移货物，开拆和重封货物的包装。

3. 随运工具监管、驻企业监管配合。根据海关法及有关行政法规、海关规章的规定，海关可以派员随运输工具或驻企业监管，被监管方应提供必要的工作条件和其他协助。

4. 退运（依法强制将进出关境货物、物品退回境外；依法不批准货物、物品出境），退单（不接受报关或将报关单退回责令重新填写），运输工具驶离、停留、移动以及装卸货物、上下旅客限制（未经海关许可，不得实施上述行为），复运出境（限期要求暂时进境货物、物品出境），对进料加工、来料加工企业经营、生产、进出口原料或成品的状态的（原料进口）核验、（经营，生产中期）核查、（加工成品出口）核销，以及稽查等。

三、海关行政强制行为的实施及责任

当事人逾期不履行海关的处罚决定又不申请行政复议或者向人民法院提起行政诉讼的，作出处罚决定的海关可以将其保证金抵缴或者将其被扣留的货物、物品、运输工具依法变价抵缴，也可以申请人民法院强制执行。

海关在查验进出关境货物、物品时，损坏被查验的货物、物品的，应当赔偿实际损失。

海关违法扣留货物、物品、运输工具，致使当事人的合法权益受到损失的，应当依法承担赔偿责任。

海关工作人员非法限制他人人身自由，非法检查他人身体、住所或者场所，非法检查、扣留进出关境运输工具、货物、物品，滥用职权，故意刁难，拖延监管、查验，违反法定程序或者超越权限执行职务，依法给予行政处分；有违法所得的，依法没收违法所得；构成犯罪的，依法追究刑事责任。

第三节　海关行政处罚行为

一、海关行政处罚概述

（一）海关行政处罚概念

海关行政处罚即指海关对违反海关法或其他相关法律、行政法规和规章，构成走私或违反海关监管规定的行为，依法应受海关处罚的行为进行调查、审理，作出行政处罚决定并予以执行的整个进程中作出的具体行政行为，包括实体性行政行为和程序性行政行为。

海关行政处罚具有以下两个特征：

1. 行政性。海关行政处罚行为是国家行政机关的一种执法活动，区别于检察院和法院的司法活动。

2. 主体特定性。海关行政处罚必须是由海关，而非其他国家机关针对进出关境的当事人做出的行政处罚。

（二）海关行政处罚的原则

《海关行政处罚实施条例》[1] 在总则部分开宗明义的规定："为了规范海关行政处罚，保障海关依法行使职权，保护公民、法人或者其他组织的合法权益，根据《中华人民共和国海关法》及其他有关法律的规定，制定本实施条例。"该条充分体现了行政法控权力、保权利的精神，海关行政处罚也应以保护相对人合法权益为最大宗旨，并严守处罚法定、公开、公正、罚教结合等原则。

1. 处罚法定原则。在法律授权与允许的范围内处罚，是海关依法行政的具体体现，也是海关处罚合理性的必然要求。这里所谓合"法"的法包括实体法和程序法两个方面。海关为调查案件、查明事实，可能会依法对当事人采取强制措施，或对有关财物、物品、运输工具等强行扣留。

2. 处罚公开原则。《中华人民共和国行政处罚法》（以下简称《行政处罚法》）明确规定对违法行为给予行政处罚的规定必须公布；未经公布的，不得作为行政处罚的依据。从海关执法现状看，由海关对违法行为给予行政处罚的规定基本上都属于法律、行政法规，因此基本上也都是对外公布的。海关没有权力制定内部规定对违法行为给予处罚。总之海关只能依据对外公布的、与《行政处罚法》没有冲突的法律、行政法规、规章实施行政处罚。否则，处罚无效。

3. 公正原则。《行政处罚法》明确规定："设定和实施行政处罚必须以事实为依据，与违法行为的事实、性质、情节以及社会危害程度相当。""违法事实不清楚的，不得进行行政处罚"，行政机关有说明理由的义务，相对人有权陈述和申辩，有要求听证的权利等。《行政诉讼法》把行政处罚是否显失公正，作为审查并决定是否撤销行政处罚决定的基本内容和理由之一。《行政复议法》也把行政处罚是否适当作为审查和决定是否撤销行政处罚决定的基本内容和理由。《海关法》、《海关行政处罚实施细则》等对违反海关法的行为，根据不同的海关行政处罚种类，规定了多种具体的处罚尺度，并专门规定了适用同一种类处罚的从轻、免除处罚的情节，这些都是行政处罚公正原则的体现。

4. 罚教结合原则。行政处罚本身不是目的而是手段，行政处罚目的在于制止和减少违法行为，惩处也是一种教育；对违法者，通过受处罚的切身之痛而戒除再犯之心；对其他人，则是一种不要以身试法的警告。因此《行政处罚法》专门规定了罚教结合原则。《海关法》、《海关行政处罚实施细则》等都规定处罚轻重应与违法程度相当。较重的重罚，较轻的轻罚。主动消除或者减轻违法行

---

[1]　该法于 2004 年 9 月 1 日经国务院第 62 次常务会议通过，于 2004 年 11 月 1 日起施行。

为危害后果的，主动交代、检举或配合行政机关查处违法行为有立功表现的，均从轻、减轻或免除处罚，这些规定无疑是对尚未违法的人以及违法受到处罚的人的一种教育。

（三）海关行政处罚的管辖

1. 由海关自行处罚的案件的管辖。《海关行政处罚实施条例》第3条规定，海关行政处罚由发现违法行为的海关管辖，也可以由违法行为发生地海关管辖。两个以上海关都有管辖权的案件，由最先发现违法行为的海关管辖。管辖不明确的案件，由有关海关协商确定管辖，协商不成的，报请共同的上级海关指定管辖。重大、复杂的案件，可以由海关总署指定管辖。

2. 与海关有关的由其他机关处理案件的管辖。海关发现的依法应当由其他行政机关处理的违法行为，应当移送有关行政机关处理；违法行为涉嫌犯罪的，应当移送海关侦查走私犯罪公安机构、地方公安机关依法办理。抗拒、阻碍海关侦查走私犯罪公安机构依法执行职务的，由设在直属海关、隶属海关的海关侦查走私犯罪公安机构依照治安管理处罚的有关规定给予处罚。抗拒、阻碍其他海关工作人员依法执行职务的，应当报告地方公安机关依法处理。

二、海关行政处罚的范围

《海关行政处罚实施条例》第2条明确规定："依法不追究刑事责任的走私行为和违反海关监管规定的行为，以及法律、行政法规规定由海关实施行政处罚的行为的处理，适用本实施条例。"因此，海关行政处罚主要就包括对走私行为和违反海关监管规定行为的处罚。因本书有专章对这部分内容加以详细论述，所以在此不多加赘言，只作简要介绍：

（一）走私及相关行为

1. 走私行为。走私行为是指违反海关法及有关法律、行政法规，非法运输、携带、邮寄国家禁止、限制进出关境或应纳税款的货物、物品进出关境，或者未经海关许可并未缴纳应纳税款、交验有关许可证件，擅自将保税货物、特定减免税货物以及其他海关监管货物、物品、进境的境外运输工具在境内销售，逃避海关监管或偷逃税款，并构成犯罪的行为。

2. 共同走私行为。《海关行政处罚实施条例》规定，与走私人通谋为走私人提供贷款、资金、账号、发票、证明、海关单证的，与走私人通谋为走私人提供走私货物、物品的提取、发运、运输、保管、邮寄或者其他方便的，以走私的共同当事人论处，没收违法所得。在这里，海关单证是指办理海关手续所需的报关单、加工手册、纳税、减免税凭证等。变造，是指通过涂改、拼接等方法对海关单证进行改造，变更原真实内容的行为。与走私人通谋，是指共同预谋，在具有共同走私故意的情况下，为实现走私目的而进行的不同分工。这是构成共同走私的十分重要的要件。如果不存在共同预谋和共同故意，那么就不构成共同走私。

3. 按走私论处的行为。按走私论处的行为，是指不完全具备走私行为的要件，但其社会危害性等同于走私，所以按走私论处。根据《海关法》的规定，按走私论处的行为包括：明知是走私进口的货物、物品，直接向走私人非法收购或是在内海、领海、界河、界湖，船舶及所载人员运输、收购、贩卖国家禁止或者限制进出境的货物、物品，或者运输、收购、贩卖依法应当缴纳税款的货物，没有合法证明的行为等。

4. 走私行为的法律责任。根据《海关行政处罚实施条例》的规定，对走私行为及相关行为处以相应的罚款或没收违法所得等，具体罚款数额及没收幅度等见本书各章的相关论述。

（二）违反海关监管的行为

违反海关监管的行为，是指违反海关法规但不构成走私的行为。违反海关监管的行为必须同时具备主客观方面的要件。客观上行为人必须具有与海关法的规定不相符合的行为。主观上行为人在行为当时具有故意或过失的心理状态。主观上无过错，即使客观上有违法行为，也不构成违反海关监管规定的行为。根据《海关行政处罚实施条例》的规定，按照监管对象的不同，可以将违反海关监管的行为分为四大类：涉及货物和物品的行为；涉及交通工具的行为；涉及海关封志的行为；涉及报关企业和人员的行为。因本书有专章对这部分内容加以详细论述，所以在此不多加赘言。

（三）违反海关从业规定的行政处罚

《海关法》在"法律责任"一章中，还根据《行政处罚法》规定了对各类违反海关法行为的申诫类处罚和行为类处罚，使有关法律责任的立法更加完善。

1. 从事海关业务企业的法律责任。对各类外贸企业、加工贸易企业、经营保税货物的企业、使用或经营特定减免税货物的企业等，在从事业务活动中违反海关法的有关规定，除依法予以罚款、没收外，按情节的轻重，可以给予责令改正、警告、暂停其从事有关业务，直至撤销注册的行政处罚。例如，对海关准予从事海关监管货物的运输、储存、加工、装配、寄售、展示等业务的企业在拖欠税款或者不履行纳税义务的；报关企业出让其名义供他人办理进出口货物报关纳税事宜的；损坏或者丢失海关监管货物，不能提供正当理由的；有需要暂停其从事有关业务或者执业的其他违法行为的情形下，海关应责令改正，并给予警告，还可以给予暂停其6个月以内从事有关业务或者执业的处罚。责令改正和警告等申诫类处罚应采用书面方式，以体现处罚的严肃性。行为类处罚相对较严厉，例如，撤销注册、在规定年限内不得重新注册，根据《行政处罚法》的规定这种处罚必须举行听证，所以作出该类处罚一定要严格依法进行。

2. 报关企业及人员的违法责任。报关企业应经海关注册登记，报告人员应经统一资格考试后取得报关从业资格。凡未经海关注册登记和未取得报关资格而从业的，海关可以予以取缔，没收其违法所得，也可以并处罚款。报关企业、报关人员非法代理他人报关或超出注册的业务范围进行报关活动，如包税、包证代理收发货人进出口货物，或者应该预见到委托人提供情况失实而不进行合理审查给予代理报关等，海关可以根据情节，给予责令改正、处以罚款、暂停其执业，直至撤销报关注册登记，取消其报关从业资格。

3. 管理相对人行贿的法律责任。《海关法》明确规定进出口货物收发货人、报关企业、报关人员向海关工作人员行贿的，可由海关撤销其报关注册登记，取消其报关从业资格，并处以罚款。对于行贿数额较大，已触犯刑法构成行贿罪的，除依法由司法机关追究其刑事责任外，还不得重新注册登记为报关企业和取得报关从业资格证书，因为这些企业和人员已经不具备从事报关业务所应有的最基本的职业道德和法律素养。

（四）违反知识产权海关保护的行政处罚

《海关法》第91条规定，违反本法规定进出口侵犯我国法律、行政法规保护的知识产权的货物的，由海关依法没收侵权货物，并处以罚款；构成犯罪的，依法追究刑事责任。

进出口侵犯中华人民共和国法律、行政法规保护的知识产权的货物的，没收侵权货物，并处货物价值30%以下罚款；构成犯罪的，依法追究刑事责任。需要向海关申报知识产权状况，进出口货物收发货人及其代理人未按照规定向海关如实申报有关知识产权状况，或者未提交合法使用有关知识产权的证明文件的，可以处5万元以下罚款。

三、海关行政处罚的程序

海关行政处罚直接涉及国家利益，涉及当事人、相关利害关系人的合法利益是否受到侵害，为防止该罚不罚、不该罚的却罚，重犯轻罚、轻犯重罚的现象，《行政处罚法》、《海关法》、《海关行政处罚实施条例》等有关法律、行政法规，不仅从实体上规定如何认定违法和适用何种罚则，而且专门规定了海关行政处罚的程序。根据对相对人利益影响的程度，海关行政处罚程序也分为一般程序和听证程序。《海关行政处罚听证办法》[1] 将海关行政处罚听证以法律

---

[1]　该办法于2005年12月27日经海关总署署务会审议通过，自2006年3月1日起施行。

明确规定。违反法律规定程序的海关行政处罚无效。

（一）一般程序

海关行政处罚一般程序主要包括立案、调查取证、案件受理、决定作出及实施。

1. 立案。海关对于自行发现的案件或线索以及有关违反《海关法》及有关法律、行政法规行为的所有控告、检举、自首的材料，应及时进行审查、由经办人员提出处理意见，报主管领导批准。经审查，行为的材料同时具备下列条件的，由海关各主管部门立案调查：其一，表明该行为涉嫌违反海关法规；其二，已掌握部分违法事实，尚需进一步调查取证或具有深入追查价值；其三，一旦违法事实确认，有关当事人应受海关处罚或由海关将案件移交公安机关、司法机关追究刑事责任。

经审查不属于海关管辖的案件或线索，应当移交有关部门处理；不属于本海关管辖范围的案件，应当及时移交有关海关处理。立案调查的案件，应由经办人填写《立案审批表》。

2. 调查取证。已经决定立案查处的案件，由查办部门（必要时可请海关其他业务部门派人参加）研究制定调查取证方案，经主管领导同意后进行。

海关立案后，应当全面、客观、公正、及时地进行调查、收集证据。海关调查、收集证据，应当按照法律、行政法规及其他有关规定的要求办理。海关调查、收集证据时，海关工作人员不得少于 2 人，并应当向被调查人出示证件。调查、收集的证据涉及国家秘密、商业秘密或者个人隐私的，海关应当保守秘密。

海关对违反海关法规的行为进行调查取证，不受地域的限制。根据《海关法》及相关法律法规，海关查办案件享有扣留、查阅、查问、检查、检验等权力；海关执行职务遭拒时，执行有关任务的公安机关和人民武装警察部队应当予以协助。

海关调查取证应制作《谈话笔录》、《查问笔录》、《鉴定书》等相关文书，并由当事人及相关人员签字或盖章。

3. 案件受理。海关案件受理部门接收送审案件后，应即时指定人员审理。审理案件，必须核实当事人的基本情况和案件事实，对有关证据应一一核实。对事实不清、证据不足、手续不完备的案件，应及时退回送审单位补充调查或补办手续。必要时，审理人员可以会同调查人员调查或者自行补充调查。对构成走私罪嫌疑的案件，应及时移交海关走私犯罪侦查部门或地方公安、司法机关，并填写《走私罪嫌疑人移送书》。审理人员审结案件，应写出案件审理报告，填写案件审批表，提出使用法律、行政法规和定性处罚的意见，草拟《处罚通知书》，逐级报批。

4. 决定作出。海关行政处罚与其他行政处罚一样，应区分简单案件或重大复杂案件，适用不同程序。对违法事实确凿并有法定依据，对公民处以 50 元以下、对法人或其他组织处以 1 000 元以下罚款或警告的行政处罚的，可适用简易程序，由执法人员当场作出处罚决定。执法人员应出示执法证件，并填写行政处罚决定书。除适用简易程序的案件外，所有海关行政处罚案件，都须按普通程序进行全面、公正、客观的调查，遵循说明理由、听证等程序制度。例如，《海关行政处罚实施条例》第 49 条规定，海关作出暂停从事有关业务、暂停报关执业、撤销海关注册登记、取消报关从业资格、对公民处 1 万元以上罚款、对法人或者其他组织处 10 万元以上罚款、没收有关货物、物品、走私运输工具等行政处罚决定之前，应当告知当事人有要求举行听证的权利；当事人要求听证的，海关应当组织听证；海关行政处罚听证办法由海关总署制定。

经过调查以及对申辩的复核、听证、查明事实后，案件处理部门应当将有关事实的查证情况、对案件性质认定及依据、处理的建议及其依据呈报本关行政首长最后审定。经审定后的案件，根据不同情况，分别作出如下决定：①确有应受海关行政处罚行为的，根据情节轻重及具体情况，作出海关处罚决定并制作《处罚决定书》；②违法行为轻微，依法可以不予行政处罚的，作出不予处罚决定并制作《不予处罚决定书》；③违法事实不能成立的，不得给予行政处罚，须作出撤销案件决定；④违法行为已构成犯罪的，移送司法机关。对情节复杂或者重大违法行为给予较重的行政处罚，应当由海关案件审理委员会集体讨论决定。

海关作出行政处罚决定，必须制作行政处罚决定书。海关行政处罚决定书必须载明下列事项：

（1）当事人的姓名或者名称、地址；

（2）违反法律、法规或规章的事实和证据；

（3）行政处罚的种类和根据；

（4）行政处罚的履行方式和期限；

（5）不服行政处罚决定，申请行政复议或者提起行政诉讼的途径和期限；

（6）作出行政处罚决定的海关名称和作出处罚决定的日期。正本处罚决定书必须盖有作出处罚决定的海关的印章。

5. 实施。根据《行政处罚法》、《行政诉讼法》、《行政复议条例》的规定，行政处罚决定作出即发生法律效力，即使当事人对处罚决定不服，申请行政复议或者提起行政诉讼，行政处罚也不停止执行。

当事人不履行海关处罚决定的，海关可以依法采取下列措施：到期不缴纳罚款的，每日按罚款数额的 3% 加收罚款；没收当事人缴纳的保证金，或者将扣留的当事人货物、物品或运输工具，当事人抵押的货物、物品变卖抵缴罚款；申请人民法院强制执行。

《海关行政处罚实施条例》还规定了具有人性关怀的条款："当事人确有经济困难，申请延期或者分期缴纳罚款的，经海关批准，可以暂缓或者分期缴纳罚款。当事人申请延期或者分期缴纳罚款的，应当以书面形式提出，海关收到申请后，应当在 10 个工作日内作出决定，并通知申请人。海关同意当事人暂缓或者分期缴纳的，应当及时通知收缴罚款的机构。"

（二）听证程序

为了规范海关行政处罚听证程序，保护公民、法人和其他组织的合法权益，《海关行政处罚听证办法》规定，海关作出行政处罚决定前，当事人申请举行听证的，适用本办法。

1. 海关行政处罚听证程序的适用范围。根据《海关行政处罚听证办法》的规定，海关行政处罚听证适用于如下情形：

（1）海关作出暂停从事有关业务、暂停报关执业；

（2）撤销海关注册登记、取消报关从业资格；

（3）对公民处 1 万元以上罚款、对法人或者其他组织处 10 万元以上罚款；

（4）没收有关货物、物品、走私运输工具等。

海关在作出上述决定后，应当告知当事人有要求举行听证的权利；当事人要求听证的，海关应当组织听证。

2. 海关行政处罚听证的原则。

（1）与行政处罚听证类似，海关行政处罚听证也应当遵循公开、公平、公正、便民的原则。海关行政处罚听证应当公开举行，但涉及国家秘密、商业秘密或者个人隐私的除外。

（2）海关行政处罚也应遵循回避原则。《海关行政处罚听证办法》第 8 条对此作了如下规定：听证主持人、听证员、记录员有下列情形之一的，应当自行回避，当事人及其代理人也有权申请其回避：①是本案调查人员；②是当事人、本案调查人员的近亲属；③担任过本案的证人、鉴定人；④与本案的处理结果有利害关系。上述规定，也适用于翻译人员、鉴定人。

听证员、记录员、翻译人员、鉴定人的回避，由听证主持人决定；听证主持人的回避，由听证组织机构负责人决定，听证主持人为听证组织机构负责人的，其回避由举行听证海关的负责人决定。

（3）海关行政处罚听证也要遵循案卷排他原则。《海关行政处罚听证办法》明确规定海关行政处罚听证应当制作笔录，听证笔录应当由听证参加人及其他人员确认无误后逐页进行签字或者盖章。对记录内容有异议的可以当场更正后签字或者盖章确认。

3. 海关行政处罚听证的组织机构和人员。根据《海关行政处罚听证办法》相关规定，海关行政处罚案件的听证由海关行政处罚案件审理部门负责组织。涉及知识产权处罚案件的听证，由海关法制部门负责组织；涉及资格处罚案件的听证，由海关作出资格处罚决定的部门负责组织。

组织听证应当指定 1 名听证主持人和 1 名记录员，必要时可以另外指定 1 至 4 名听证员协助听证主持人组织听证。涉及海关专业知识的听证案件，听证组织机构可以邀请海关有关业务专家担任听证员。

听证主持人履行下列职权：

（1）决定延期、中止听证；

（2）就案件的事实、拟作出行政处罚的依据与理由进行提问；

（3）要求听证参加人提供或者补充证据；

（4）主持听证程序并维持听证秩序，对违反听证纪律的行为予以制止；

（5）决定有关证人、鉴定人是否参加听证。

听证主持人的选择应遵循回避原则，这在上一部分中已提及，此处不再赘言。

4. 海关行政处罚听证的参加人。

（1）参加人的范围。海关行政处罚听证参加人包括当事人及其代理人、第三人及其代理人、案件调查人员；其他人员包括证人、翻译人员、鉴定人。与案件处理结果有直接利害关系的公民、法人或其他组织要求参加听证的，可以作为第三人参加听证。

（2）参加人的权利和义务。海关行政处罚听证参加人享有如下权利：

第一，委托代理权。当事人、第三人可以委托 1 至 2 名代理人参加听证。代理人在代理权限内享有与委托人同等的权利，并履行同等的义务。当事人、第三人委托代理人参加听证的，应当在举行听证前向海关提交授权委托书。

第二，质证、辩论权。在听证过程中，案件调查人员陈述当事人违法的事实、证据、拟作出的行政处罚决定及其法律依据，并同当事人进行质证、辩论。

第三，要求证人、鉴定人参加听证权。经听证主持人同意，案件调查人员、当事人和第三人可以要求证人参加听证，并在举行听证的 1 日以前提供证人的基本情况。

涉及专业技术问题需要鉴定的，海关应当将其交由海关化验鉴定机构或者委托国家认可的其他机构进行鉴定。经听证主持人同意，当事人及其代理人、第三人及其代理人、案件调查人员可以要求鉴定人参加听证。

第四，使用本民族语言文字权。对不通晓当地语言文字的听证参加人及其他人员，海关应当为其聘请翻译人员。

海关行政处罚听证参加人承担的义务：

当事人及其代理人、第三人及其代理人、案件调查人员、证人、翻译人员、鉴定人应当按时参加听证，遵守听证纪律，如实回答听证主持人的提问。

5. 海关行政处罚听证的过程。

（1）听证的申请和决定。当事人应当在海关告知其听证权利之日起 3 日以内，以书面形式向海关提出听证申请。以邮寄方式提出申请的，以寄出的邮戳日期为申请日期。

当事人因不可抗力或者其他特殊情况不能在规定期限内提出听证申请的，经海关同意，可以在障碍消除后 3 日以内提出听证申请。

海关决定组织听证的，应当自收到听证申请之日起 30 日以内举行听证，并在举行听证的 7 日以前将《海关行政处罚听证通知书》送达当事人。

有下列情形之一的，海关应当作出不举行听证的决定：①申请人不是本案当事人或者其代理人；②未在本办法第 18 条规定的期限内提出听证申请的；③不属于该办法第 3 条规定范围的。

决定不予听证的，海关应当在收到听证申请之日起 5 日以内制作《海关行政处罚不予听证通知书》，并及时送达申请人。

两个以上当事人分别对同一行政案件提出听证申请的，可以合并举行听证。

案件有两个以上当事人，其中部分当事人提出听证申请的，海关可以通知其他当事人参加听证。

只有部分当事人参加听证的，可以只对涉及该部分当事人的案件事实、证据、法律适用举行听证，但海关应当在听证后一并作出处罚决定。

（2）听证的举行。听证应当按照下列程序进行：

第一，听证主持人核对当事人及其代理人、第三人及其代理人、案件调查人员的身份；

第二，听证主持人宣布听证参加人、翻译人员、鉴定人员名单，询问当事人及其代理人、第三人及其代理人、案件调查人员是否申请回避；

第三，宣布听证纪律；

第四，听证主持人宣布听证开始并介绍案由；

第五，案件调查人员陈述当事人违法事实，出示相关证据，提出拟作出的行政处罚决定和依据；

第六，当事人及其代理人陈述、申辩，提出意见和主张；

第七，第三人及其代理人陈述，提出意见和主张；

第八，听证主持人就案件事实、证据、处罚依据进行提问；

第九，当事人及其代理人、第三人及其代理人、案件调查人员相互质证、辩论；

第十，当事人及其代理人、第三人及其代理人、案件调查人员作最后陈述；

第十一，宣布听证结束。

6. 海关行政处罚听证中的几种例外情形。

（1）延期举行听证的情形。

第一，当事人或者其代理人因不可抗力或者有其他正当理由无法到场的；

第二，临时决定听证主持人、听证员或者记录员回避，不能当场确定更换人选的；

第三，作为当事人的法人或者其他组织有合并、分立或者其他资产重组情形，需要等待权利义务承受人的；

第四，其他依法应当延期举行听证的情形。

延期听证的原因消除后，由听证主持人重新确定举行听证的时间，并书面告知听证参加人及其他人员。

（2）中止举行听证的情形。

第一，需要通知新的证人到场或者需要重新鉴定、补充证据的；

第二，当事人因不可抗力或者有其他正当理由暂时无法继续参加听证的；

第三，听证参加人及其他人员不遵守听证纪律，造成会场秩序混乱的；

第四，其他依法应当中止举行听证的情形。

中止听证的原因消除后，由听证主持人确定恢复举行听证的时间，并书面告知听证参加人及其他人员。

（3）终止举行听证的情形。

第一，当事人撤回听证申请的；

第二，当事人无正当理由未按时参加听证的；

第三，当事人无正当理由中途退场的；

第四，当事人死亡或者作为当事人的法人、其他组织终止，没有权利义务承受人的；

第五，其他依法应当终止听证的情形。

第四节　关税征收

一、关税的概念及种类

关税（Customs Duty）是指一个主权国家根据本国的经济和政治需要，以法律的形式确定的，由海关对进出关境的货物和物品强制征收的一种税。

根据不同的标准，关税有多种分类。

1. 按货物的流向划分为：进口税、出口税、过境税；

2. 按计征的标准划分为：从价关税、从量关税、复合关税、选择关税、滑动关税；

3. 按征收的目的划分为：财政关税、保护关税；

4. 按输入国家或地区的货物差别待遇划分为：加重关税（包括反倾销、反补贴、报复关税）、优惠关税（互惠、特惠、最惠国关税、普惠制关税）。

二、关税征管

（一）纳税主体

根据《海关法》的规定，进出口货物的收发货人、进出境物品的所有人是关税的纳税义务人。报关企业接受进出口货物收发货人的委托，以自己的名义办理报关手续的，应当承担纳税义务。

（二）征管范围

海关关税的征收范围即课税对象为进出关境货物或物品的完税价格。

完税价格（Duty Paying Value）是指被海关所接受的对进出口货物计征应缴纳税款时所使用的价格。关税的完税价格是计征应缴纳关税税款的基础。完税价格由海关通过《进出口关税条例》所规定的海关估价制度来确定。

（三）征收方式

《进出口关税条例》[1] 规定对缴纳税款征收滞纳金的内容。《进出口关税条例》第29条规定："进口货物的纳税义务人应当自运输工具申报进境之日起14日内，出口货物的纳税义务人除海关特准的外，应当在货物运抵海关监管区后、装货的24小时以前，向货物的进出境地海关申报。进出口货物转关运输的，按照海关总署的规定执行。进口货物到达前，纳税义务人经海关核准可以先行申报。具体办法由海关总署另行规定。"关于滞纳金的征收，参考我国《税收征管

---

〔1〕　该条例于2003年10月29日国务院第26次常务会议通过，自2004年1月1日起施行。

法》的相关规定，将滞纳金征收幅度与滞纳税款的 1‰降至 0.5‰。另外，参照《税收征管法》的有关规定，海关可以对纳税义务人欠缴税款的情况予以公布。除此之外，《进出口关税条例》还规定纳税义务人因不可抗力或国家税收政策的调整原因不能按期缴纳税款的，经批准可以延期缴纳。

海关可以通过以下三种方式实现关税征收：

1. 限期自主缴纳。《海关法》第 60 条规定，进出口货物的纳税义务人，应当自海关填发税款缴款书之日起 15 日内缴纳税款。

《进出口关税条例》第 37 条规定，纳税义务人应当自海关填发税款缴款书之日起 15 日内向指定银行缴纳税款。纳税义务人未按期缴纳税款的，从滞纳税款之日起，按日加收滞纳税款万分之五的滞纳金。滞纳金自缴纳期限届满的次日起至缴清税款之日止，进出境物品纳税义务人应在物品放行前缴纳税款。

2. 强制缴纳。根据《海关法》第 60 条和《进出口关税条例》第 40 条规定，纳税义务人、担保人超过 3 个月仍未缴纳的，经直属海关关长或者其授权的隶属海关关长批准，海关可以采取下列强制措施：①书面通知其开户银行或者其他金融机构从其存款中扣缴税款；②将应税货物依法变卖，以变卖所得抵缴税款；③扣留并依法变卖其价值相当于应纳税款的货物或者其他财产，以变卖所得抵缴税款。海关采取强制措施时，对前款所列纳税义务人、担保人未缴纳的滞纳金同时强制执行。进出境物品的纳税义务人，应当在物品放行前缴纳税款。

3. 关税保全。依据《海关法》第 60、61 条的规定，《进出口关税条例》相应增加了关于税收保全措施和强制措施的条款，其中特别明确了纳税义务人、担保人自缴纳税款期限届满之日起超过 3 个月仍未缴纳时，海关可以采取强制措施。

进出口货物的纳税人在规定纳税期限内有明显转移、藏匿其应纳税货物以其他财产迹象的，海关可以责令纳税义务人提供担保，不能提供担保的，经的海关关长或其授权的隶属海关关长批准可以采取关税保全措施，即书面纳税义务人的开户银行或其他金融机构，停止支付纳税义务人相当于应纳的存款，或扣留纳税义务人价值相当于应税税款的货物或其他财产。纳税在规定时间缴纳税款的，保全措施立即解除；否则由海关对经保全的财执行。

）税率适用

进出口关税条例》。《海关法》没有对关税税率作出具体规定，修改后口关税条例》则规定的较为详尽。具体表现为：其一，对进出口关税、国别适用原则等内容作了重新定义和表述，明确了进口关税设最惠国税率、协定税率、特惠税率和普通税率，以及各种税率的适用原则和国别范围，进一步补充了原产于我国的进口货物和原产地不明的进口货物的税率适用原则；其二，增加了对暂定税率、关税配额税率的适用规定。对于实行暂定税率的进口货物、适用最惠国税率的，应按照暂定税率征税；适用协定税率和特惠税率的，实行从低适用的原则；适用普通税率的，不适用暂定税率。实行关税配额管理的进口货物，在关税配额进口方面，适用关税配额税率；超出关税配额进口的，按第 10 条或第 11 条的规定执行。

2. 《反倾销条例》。《反倾销条例》于 2002 年 1 月 1 日开始实施，截至 2004 年 1 月 1 日，我国共对 22 个国家的 38 个税号商品实施了反倾销措施（税收保证金）或征收反倾销税。国务院于 2004 年 3 月 31 日作出关于修订《反倾销条例》的决定，2004 年 6 月 1 日新的反倾销条例开始实施。

（五）关税的减免及退还、补征

《海关法》第 56～59 条对进出境货物及物品的减征、免征情况作了规定，并将特定地区、特定企业或者由特殊用途的进出口货物的减免税范围、办法的制定权授予国务院。

1. 关税的减免。关税减免包括法定减免税和特定减免税两种。

法定减免税是指按照《海关法》、《进出口关税条例》和《海关进出口税则》的规定给予的减免税，其代理人无需事先向海关提出申请，海关征税人员可按规定直接办理减免税。

特定减免税是指我国对特定地区、特定用途、特定贸易性质和特定资金来源的进出口货物，实行的政策性减免税。申请特定减免税的收发货人或其代理人，应在货物进出口前，按照规定的程序向海关办理减免税审批手续。海关核实后颁发减免税证明，收发货人或其代理人凭此证明办理进出口通关手续。《海关法》第 57 条规定，特定地区、特定企业或者有特定用途的进出口货物，可以减征或者免征关税。特定减税或者免税的范围和办法由国务院规定。依照前款规定减征或者免征进口关税的货物，只能用于特定地区、特定企业或者特定用途，未经海关核准并补缴关税，不得移作他用。

《进出口关税条例》第 46 条也相应规定，特定地区、特定企业或者有特定用途的进出口货物减征或者免征关税，以及临时减征或者免征关税的，按照国务院的有关规定执行。

2. 关税的退还与补征。退税是指纳税义务人缴纳税款后，由海关按章退还误征、溢征和其他应退还的款项的行为。《进出口关税条例》规定，有下列情形之一的，纳税义务人自缴纳税款之日起 1 年内，可以申请退还关税，并应当以书面形式向海关说明理由，提供原缴纳凭证及相关资料：

（1）已征进口关税的货物，因品质或者规格原因，原状退货复运出境的；

（2）已征出口关税的货物，因品质或者规格原因，原状退货复运入境的，并已重新缴纳因出口而退还的国内环节有关税收的；

（3）已征出口关税的货物，因故未装运出口，申报退关的。

补税是指对于海关短征、漏征或纳税人短缴、漏缴的税款，由海关再予以追征和补征的行为。《进出口关税条例》明确了因纳税义务人违规造成少征或漏征税款应当采取的措施；海关可以自缴纳税款或货物放行之日起 3 年内追征；造成对海关监管货物少征或漏征税款的，自纳税义务人应缴纳税款之日起 3 年内追征。在这两种情况下，海关追征税款的同时还要加收滞纳金。

（六）关税争议处理

1. 处理原则。

（1）争议不停止执行原则。纳税义务人在同海关发生纳税争议（包括申请复议、提起诉讼或进行申诉）时，必须先缴纳税款。这一规定的意义在于保证国家税收不致因纳税义务人申请复议或提起诉讼，争议久拖不决而受到影响，同时也有利于保证海关行政效率。

（2）复议前置原则。在发生纳税争议时，必须先向海关提起行政复议，对复议决定不服才可以向法院提起行政诉讼，但不能不经复议而直接起诉。这一原则是基于税收争议所涉及的专业性较强，向海关申请复议比较容易解决问题加以规定的。

（3）人民法院特定级别管辖（海关行政诉讼）的原则。普通行政案件，复议申请人对行政机关的行政复议决定不服，应向被告所在地的基层人民法院提起诉讼，考虑到海关行政诉讼案件的复杂性和影响重大，《行政诉讼法》专门规定，海关行政案件（包括对纳税争议复议决定不服的案件）由中级人民法院管辖。

2. 关税争议处理的基本程序。相关海关行政复议法律法规（包括行政复议法、海关复议办法）对包括纳税争议在内的复议案件的复议程序作了具体规定：纳税义务人对海关确定的进出口货物的征税、减免、补税或退税等有争议时，应当先按照海关核定的税额缴纳税款，然后自海关填发税款缴纳证之日起 60 日内，向海关书面申请复议。逾期申请复议的，海关不予受理。海关应当自收到复议申请之日起 60 日内作出复议决定，纳税义务人对复议决定不服的，可以自收到复议决定书之日起 15 日内，向人民法院起诉。

海关行政申诉制度规定，纳税义务人对海关已经生效的有关征税、减税、免税、退税、补税的具体行政行为不服，可以书面或口头提出申诉，海关接到申诉后，应当对原具体行政行为进行认真复查，如确有错误，必须予以改正。

纳税义务人就纳税争议向人民法院起诉后，人民法院将按照《行政诉讼法》规定的程序审理。基本程序见海关行政诉讼一章。

第五节　海关行政相关行为

本节所讲的海关行政相关行为，仅指具体行政行为而不包括抽象行政行为，是由海关针对海关行政相对人——进出关境活动的当事人专门作出的外部行政行为，不包括海关内部行政行为和其与国家机关、行政机关、企事业单位的工作联系、配合行为，并且是前面四节所述的海关行政许可、处罚、强制、关税征收之外的行为。具体包括海关担保行政行为、海关收费行政行为、海关统计行政行为、海关稽查行政行为、知识产权的海关保护行政行为、海关赔偿行政行为等。因海关行政赔偿行为另有专章论述，这里就不加以赘述。本节主要对前述几项海关行政相关行为加以论述。

一、海关担保

（一）海关担保的概念、性质及特征

1. 海关担保的概念。所谓海关担保，是指海关行政管理相对人及其代理人或者他们的委托人依据海关管理法规作出的、以向海关缴纳保证金或提交保证函以及海关认可的其他保证方式，承诺在一定期限内履行某种义务的行为。

2. 海关担保的性质及特征。海关担保与通常意义上的担保是两种不同法律性质的担保。海关担保是借鉴民事担保形式和发展起来的。两者有相似之处，比如担保方式均可用保证金、保证文件等，担保人的法律后果相近。但由于海关担保本身的行政性，使得它与民事担保存在明显的区别。具体表现为：海关担保的担保人可以是第三人，也可以是作为进出关境活动的当事人进行自我担保；海关担保法律关系中，担保人、被担保人与海关之间形成的是行政管理关系，至于担保人与被担保人之间，可能是内部关系，可能是自愿平等的民事关系（如担保人与从事担保业务的金融机构），还可能是无偿援助关系（如与被担保人存在经济利害关系的单位、个人），也可以是同一关系（自我担保）；在法律后果方面，担保人或被担保人未就担保事项履行义务，作为担保法律关系一方的海关不仅可以凭借其国家机关的特殊权力，运用行政手段强制担保人或被担保人履行义务或申请人民法院强制执行，还可以在其被迫履行义务的同时或之后，对其原先未及时履行义务的行为进行行政处罚。海关作为担保权利人，更不可能放弃权利，因为海关要求提供担保的事项直接涉及国家利益，海关只能认真维护，无权作其他处分。

（二）海关担保的种类

海关担保主要有四类：

1. 处罚担保。违法嫌疑货物、物品、运输工具担保。根据海关法及有关行政法规，海关应该依法扣留有走私嫌疑的货物、物品、运输工具，但无法或不便扣留的，或者有违法嫌疑但依法不应予以没收货物、物品、运输工具，当事人申请先于放行或解除扣留的，海关可要求当事人或运输工具负责人提供等值担保。

受海关行政处罚的当事人在离境前未缴清罚款、依法被没收违法所得和依法被追缴的货物、物品、走私运输工具的等值价款的，应当提供相当于上述款项的担保。未提供担保的，当事人是个人的，海关可以限制其离境；当事人是单位的，海关可以通知有关机关限制其法定代表人或者其负责人离境。

2. 税收担保。海关法规定，进出口货物的纳税人在规定纳税期限内有明显转移、藏匿其应纳税货物以及其他财产迹象的，海关可以责令纳税义务人提供担保，不能提供担保的，海关可以采取税收保全措施。

经海关批准的暂时进口或暂时出口的货物，加工贸易进口料件以及特准进口的其他保税货物，收发货人须缴纳相当于税款的保证金或者提供其他担保后，才可准予暂时免纳关税。

3. 知识产权海关保护的担保与反担保。根据海关法与知识产权保护条例的有关规定，已向海关备案的知识产权权利人申请海关扣留进出口侵犯知识产权嫌疑货物的，须提供与申请扣留货物等值的担保；进出口货物的收、发货人要求放行知识产权权利人提供担保后扣留的货物的，须提供相当于到岸价或离岸价两倍的反担保。

4. 通关及其他海关事务担保。包括通关担保和从事海关特准业务的风险担保。海关法规定在确定进出口货物的商品归类、审定完税价格以及进出境活动当事人提供有效报关单证或者办理其他海关手续之前，收发货人要求放行货物的，须提供与其依法应履行的义务相适应的担保。有关海关担保的法律法规和规章规定，为保证海关对有关行业的特别管理，有效打击走私及违反海关监管规定行为，防止或减少国家或进出关境活动当事人的不应有损失，海关对某些须经海关特许才可从事的业务的经营人依法收取一定的风险担保金。海关特许行业包括报关企业、海关监管货物运输工业，其经营人主要有专营进出口报关业务的企业，专营或兼营转关货物运输的企业，专营进出境货物运输的汽车企业等。

（三）海关担保的方式及实施

1. 海关担保主要采取三种方式。

（1）担保金或称保险金，包括人民币及其他可自由兑换的货币、汇票、本票、支票、债券、存单等（这些有价证券既可以是人民币的，也可以是其他可自由兑换的外币的）。

（2）银行或者非金融机构的保函。保函是一种人的信用担保，而不是财产担保。银行或者非金融机构可提供保函，是因为以下的原因：其一，银行或其他金融机构具有一定财产权，符合履行能力的要求；其二，银行或其他金融机构一般只对开户企业出具保函，因为银行或其他金融机构对开户企业的资金和信用情况比较了解，对资信不好或未开户的企业，由于风险太大，银行或其他金融机构是不会开具保函的。正基于此，法律特准银行或者其他金融机构可以保函担保。

（3）海关依法认可的其他财产、权利。这是在列举基础上的原则性规定，凡是海关依法认可的其他财产、权利，也可作为担保物。此项规定使得海关可依法决定某些担保物。海关法授权海关在实践中视具体情况而定。

2. 海关担保的实施。根据有关海关担保的行政法规，当事人或其他担保人根据海关要求提供与其应履行的义务相适应的担保。海关认可后，属于保证金或其他财产担保的，应由三方（担保人、被担保人、海关）或两方（自我担保的进出口人、海关）共同签署担保文书，海关还应出具正式收据。

被担保人规定期限（包括根据法定期限、担保文书予以延展的期限、海关根据业务需要临时限定的期限）内依法履行规定的义务，无须担保人再承担担保的，海关应及时解除担保；有关义务又从被担保人转移给担保人的，担保人应当在担保期限内履行担保责任；担保人履行担保责任的，不免除被担保人应当办理有关海关手续的义务。担保人、被担保人采取欺诈、非法转移担保物等方式逃避履行义务的，海关除依法采取其他强制措施外，还可给予行政处罚。有给国家利益或他人利益造成重大损失或其他严重情节，构成犯罪的，移送司法机关追究相关人员的刑事责任。

（四）海关担保的责任

按法学原理，担保可分为一般担保和连带责任担保。一般担保的担保人享有先诉抗辩权，当被担保人未履行有关法律义务时，海关无权直接要求担保人承担担保责任，而应向人民法院申请强制执行被担保人的财产，只有在被担保人的财产不足以清偿债务时，海关才能要求担保人履行担保责任。连带责任担保的担保人与被担保人对担保责任是连带的，谁能履行，海关就可以直接要求他履行。《海关法》虽然没有直接规定海关担保是一种什么样的担保，但是，从立法意图和各国海关法的规定来看，都属于连带责任担保。《海关法》规定，担保人在为他人作了担保之后，在担保期内，被担保人未履行有关法律义务的，担保人应承担担保责任。担保人如不履行担保责任，海关可强制执行。所以，担保人不能盲目决定为他人提供担保，应在调查和确认担保所引起的法律后果的基础上作出担保决定。对于被担保人而言，在担保人履行了其不履行法律义务而承担的责任后，并不免除应当办理有关海关手续的义务，如结关手续、核销等。

二、海关收费行政行为

海关收费行政行为即指《中华人民共和国海关法》规定的海关依照相关法律、行政法规，征收除了关税以外的其他税费的行政行为。

具体而言，海关收费行政行为包括：

1. 海关对统一印制的有关单证、手册及其他文书资料收取工本费的行为；

2. 对减税、免税货物征收监管手续费的行为；

3. 对出具进出口通关证明收取手续费的行为；

4. 海关提供相应的咨询服务，从而收取相应服务费的行为；

5. 海关提供保管货物和物品，收取相应保管费的行为；海关组织报送员的培训等，收取资料费用的行为以及其他的收费行为。

海关收费虽然不像关税征收一样有严格的法律法规来加以规范，但海关收费同样应该依法收取，并且收取时应该出具相应的单据，否则其行为便属于违法行政，海关行政相对人便有权抵制。

三、海关统计行政行为

海关统计行政行为即指海关根据国家统计法及相关的海关统计法规，从《进出口货物报关单》中提取相关项目加以统计，以核实和查验相关货物的行为。海关统计是国家对外经济贸易进出口统计、国民经济统计的组成部分，是国家制定对外经济贸易政策、进行宏观经济调控的重要依据，是研究我国对外经济贸易发展和国际经济贸易关系的重要资料。

海关统计范围包括所有能引起我国境内物质资源储备增加或减少的进出口货物。下列货物、物品不列入海关统计：过境、转运和通运货物；未进出境的转口货物；未进出境，在境内以外汇结算的货物；暂时进出口货物；租赁期一年以下的租赁进出境货物；无代价抵偿的进出口货物；退运货物；中国驻外国和外国驻中国使领馆进出口的公务用品和自用物品；进出境旅客的自用物品（汽车除外）；进出境的运输工具在境外添装的燃料、物料、食品以及放弃的废旧物料；没收的走私物品；边民互市贸易进出境货物；以及其他货物、物品。这些不列入海关统计的货物，必要时可实施单项统计。

海关统计的具体项目包括：进出口商品的品名、数量、价格、贸易伙伴国（地区）、经营单位、境内目的地和货源地、贸易方式、运输方式及关别等。

四、海关稽查行政行为

（一）海关稽查行政行为概述

根据《中华人民共和国海关稽查条例》，[1] 海关稽查是指海关自进出口货物放行之日起 3 年内或者在保税货物、减免税进口货物的海关监管期限内，对被稽查人的会计账簿、会计凭证、报送单证以及其他有关资料和有关进出口货物进行核查，以监督被稽查人进出口活动的真实性和合法性的行政行为。海关稽查目的是监督进出口活动的真实性和合法性；稽查对象是被稽查人，即与进出口活动有关的企业事业单位。根据《〈中华人民共和国海关稽查条例〉实施办法》，被稽查人即指从事对外贸易的企业、单位；从事对外加工贸易的企业；经营保税业务的企业；使用或者经营减免税进口货物的企业、单位；从事报关业务的企业；海关总署规定的从事与进出口活动直接有关的其他企业、单位。

海关稽查行政行为具体包括以下行为：

1. 要求被稽查人按规定设置有关账册，真实、准确、完整地记录和反映进出口业务的相关情况的行为；

2. 要求被稽查人按规定期限保管账册、相关单证的行为；

3. 要求被稽查人按要求报送进出口货物的购、销、加工及使用、损耗和库存情况的资料的行为；

4. 查阅、复制被稽查人的账簿、单证等有关资料的行为；

5. 检查与进出口活动有关的生产经营情况和货物的行为；

6. 询问被稽查人的法定代表人、主要负责人员和其他有关人员与进出口活动有关的情况和问题的行为；

7. 经海关关长批准，查询被稽查人在商业银行或者其他金融机构的存款账户的行为；

8. 暂时封存被稽查人的账册、单证等行为；

9. 要求被稽查人清点账册，打开货物存放场所，搬移货物或者开拆货物包装的行为；

10. 发现被稽查人的进出口货物有违反海关法和其他有关法律、行政法规规定的嫌疑的，经海关关长批准，封存有关货物的行为；

---

〔1〕　该条例于 1997 年 1 月 3 日由国务院令第 209 号发布，自发布之日起施行。

五、知识产权的海关保护行政行为

海关法规定海关应依照法律、行政法规的规定，对与进出关境货物有关的知识产权实施保护。《中华人民共和国知识产权海关保护条例》[1] 第 2 条规定："本条例所称知识产权海关保护，是指海关对与进出口货物有关并受中华人民共和国法律、行政法规保护的商标专用权、著作权和与著作权有关的权利、专利权（以下统称知识产权）实施的保护"。

海关知识产权保护行为具体包括以下内容：

1. 要求申请知识产权海关保护备案的申请人按规定提供文件的行为；

2. 自收到知识产权权利人的申请 30 日内，决定对相关知识产权是否加以备案的行为；

3. 发现知识产权权利人申请知识产权备案未如实提供有关情况或者文件的，海关总署撤销其备案的行为；

4. 备案知识产权的情况发生改变的，应知识产权权利人申请，海关总署办理备案变更或者注销手续的行为；

5. 要求申请海关扣留侵权嫌疑货物的申请人提交保证金的行为；

6. 在申请人提供了相应担保的情况下，海关扣留侵权嫌疑货物，并将扣留单送达收发货人，同时书面通知申请人的行为；

7. 对被扣留的侵权嫌疑货物进行调查的行为；

8. 侵权嫌疑人提供担保后，海关放行其货物的行为；处理侵权货物，包括销毁、拍卖等行为；

9. 海关没收侵犯知识产权货物，并将有关情况书面通知知识产权权利人的行为；

10. 海关实施知识产权保护发现涉嫌犯罪案件的，将案件依法移送公安机关处理的行为。

---

〔1〕 该条例于 2003 年 11 月 26 日国务院第 30 次常务会议通过，自 2004 年 3 月 1 日起施行。

第7章
海关行政程序

第一节　海关行政程序概述

一、海关行政程序的概念

所谓行政程序，是指由行政行为的方式、步骤、形式、时限和顺序构成的行政行为的过程，同时也是确保这一过程实现的各种措施和手段在时间和空间上的存续与展开。海关行政程序即是由海关行政行为的方式、步骤、形式、时限和顺序构成的海关行政行为的过程，是确保海关行政行为实现的各种措施和手段在时间和空间上的存续与展开。海关行政程序具有如下特点：

1. 海关行政程序具有法定性。有行政就必然有行政的过程，但有行政的过程本身并不代表就有法律意义上的行政程序。只有当程序性权益与实体性权益一样得到国家强制力保障的时候，真正的、法律意义上的行政程序才得以出现。海关行政程序的法定性，即是指海关行政程序是一种得到了国家法律的强制力保障的一种程序，而不再仅仅是一种行政的过程。从行政法的控权目的出发，海关行政程序的法定性意味着海关在行使其行政职权、完成一定行政行为时必须遵守法律规定的程序，而不能违反，更不能弃之不顾，否则就要承担其所作出的行政行为无效、被撤销、行政赔偿或被要求重新作出行政行为的法律责任，完成该行政行为的行政人员也要因此而承担一定的行政责任或纪律责任。如《行政处罚法》第3条第2款规定："没有法定依据或者不遵守法定程序的，行政处罚无效"。《行政处罚法》第31条规定："行政机关在作出行政处罚决定之前，应当告知当事人作出行政处罚决定的事实、理由及依据，并告知当事人依法享有的权利"。《海关办理行政处罚案件程序规定》第60条规定："海关在作出行政处罚决定前，应当告知当事人作出行政处罚决定的事实、理由和依据，并且告知当事人依法享有的权利"。《行政处罚法》第 41 条规定："行政机关及其执法人员在作出行政处罚决定前，不依照本法第 31 条、第 32 条的规定向当事人告知行政处罚决定的事实、理由和依据，或者拒绝听取当事人的陈述、申辩，行政处罚决定不能成立；当事人放弃陈述或申辩权利的除外"。依据上述规定，如果海关在作出行政处罚决定前未告知相对人作出行政处罚决定的事实、理由和根据，那么该行政处罚行为将构成违反法定程序，依法应当无效。

在"依法治国，建设社会主义法治国家"已经写入宪法，民主、法治、程序公正日益深入人心的今天，海关更应该在为行政行为时严格约束、规范自身，使自己的行为切实按照法律规定的程序来进行，从而既确保行政效率的实现，又做到对相关行政相对人合法权益的尊重和维护。海关行政主体必须牢固树立行政程序法定、程序正义的观念，坚持依照法定程序行政，这也是我国加入 WTO 的要求。我国加入 WTO 后，在所有的行政机关中最直接受到冲击和感受到最大法治压力的当是把守人员货物出入关境大门的海关。可以说海关行政职权是否依法行使，尤其是否依照法定行政程序来行使将成为我们的贸易伙伴观察和评价中国法治水平的一个首要出发点，这就对海关法治化建设提出了更高的要求。让人感到欣喜的是，我国的有关行政职能部门已经对这一要求作出了很好的回应。自我国加入 WTO 以来，国务院颁布了新的《海关行政处罚实施条例》，制定了《知识产权海关保护条例》等一系列行政法规，海关总署也修订、清理和制定了很多的规章和规范性文件，比较典型的如自 2007 年 7 月 1 日起施行的《海关办理行政处罚案件程序规定》、自 2006 年 3 月 1 日起施行的《海关行政处罚听证办法》。

2. 海关行政程序具有外化性。海关行政程序的这一特性，也有学者称之为外观性。[1] 海关行政程序由方式、步骤、时限、顺序等因素构成，这些因素是一切海关行政行为的外在表现，通过这些程序，我们可以明确看到海关行政职权行使的轨迹和方式，触摸到海关行政权的实体存在，因此我们说海关行政程序是海关行政权的外化。

在现代法治社会中，海关行政程序是海关行政权得以实现的必备形式，海关只有按照法定的程序行使其职权，其职权行为才具有正当性基础，才有可能得到相对人的服从和法律的支持。一旦海关偏离法定程序而恣意妄为，那么其享有的国家行政职权便失去了法律根据，只能是无源之水、无本之木。行政法治要求权力的行使必须透明、公开、公正，海关行政权的行使也不例外。《海关办理行政处罚案件程序规定》第 3 条规定："海关办理行政处罚案件应当遵循公

---

〔1〕　关保英主编：《行政法与行政诉讼法》，中国政法大学出版社 2004 年版，第 416 页。

正、公开、及时和便民的原则"，该规定中所设计的一系列程序制度（如对海关违法行为的调查程序、处罚决定的作出程序、决定的送达、执行程序等）正是旨在保证海关行政权以一种看得见的方式行使。

3. 海关行政程序具有控权的价值取向。《海关办理行政处罚案件程序规定》第1条规定："为了规范海关办理行政处罚案件程序，保护公民、法人或者其他组织的合法权益，根据《中华人民共和国行政处罚法》、《中华人民共和国海关法》、《中华人民共和国海关行政处罚实施条例》（以下简称《海关行政处罚实施条例》）及有关法律、行政法规的规定，制定本规定。"

传统海关行政强调行政权力的有效行使，强调对海关行政相对人的管理和对秩序的维持，可以说是以海关为主导的程序设计，因而此种海关行政程序的控权价值并不明显，控权甚至根本不是行政程序设计时的一项考虑因素。但是，随着民主法治理念由立法领域向行政领域的过渡，随着行政权的现代扩张、膨胀和逐渐变得无处不在，人们开始考虑从行政程序的角度对行政权进行控制。如果说建基于自由主义根基之上的现代西方社会早期崇尚有限政府，认为"管的最少政府就是好政府"，从而只是赋予行政机关有限领域的行政权来实现"最小政府"的设想的话，那么在今天，在行政权成为国家权力体系中最有活力、对个人和社会最具影响力的权力的时代背景下，人们对行政权的控制则主要不再采用限制行政权活动领域的方式来控制行政权，而是主要通过对行政权行使过程、行政权运行轨迹的规范来实现控权的目的，即为行政权的行使设计必须遵循的法定程序，从而使行政权的扩张不至于成为一种对个人和社会合法权益的不当威胁。海关行政程序作为行政程序的一部分，当然也分有行政程序整体所具有的控权的价值取向。而且，我们认为，由于海关行政管理活动更追求高效率和对通关秩序的维护，因此海关行政行为主体可能更忽视程序对于相对人合法权益保障的所具有的重要意义，因而在设计海关行政行为的程序时有必要对此给予更多的关注，以确保程序的设计能够使海关行政主体既能够高效的完成行政管理任务，又能充分地发挥海关行政程序的控权价值取向，保护海关行政相对人不至成为海关片面追求效率、秩序的牺牲品。

当然，海关行政程序的上述三个基本特征并不是各自割裂、相互独立的，而是相互协调、相互配合、有机地统一于海关行政程序这一整体，共同使得海关行政程序的功能得以有效发挥。程序的法定性为控权价值目标的实现提供了强有力的保障。因为只有在程序是法定的、必须遵守的程序的时候，才不仅仅是一种完成行政行为的过程，才是一种具备了控权性的程序。程序的法定性和控权性又集中表现在程序的外化性上。没有实现充分外化的行政程序不可能是一种法定的程序，而仍然是一种内在的、隐秘的过程；外化性的缺乏也不可能使得对行政权的监督落到实处，在这样的情况下对行政权的一切监督不是因为没有具体的监督对象而落空，就是被随意指责为对行政自由裁量权的侵犯。因此，在设计海关行政程序时必须使三者同时得到体现，以真正实现行政程序的功能和价值。

二、海关行政程序的意义

行政法应当是程序规则和实体规则的有机统一，但在行政法发展的初期，行政程序法的地位远逊于行政实体法的地位，在某种意义上说，行政程序只是行政行为的"附属品"甚至"装饰品"[1]。然而，随着行政法治与民主观念的普及，行政过程的一切活动越来越离不开行政程序的规范，行政程序法的兴起和发展，使其具有了与行政实体法同等重要的法律地位，违反程序法规则同违反实体法规则一样，都将影响行政行为的效力。行政程序法逐渐取得了与行政实体法相抗衡的地位，以至于离开了行政程序我们几乎无法对行政行为的正当性和正义性进行判断。西方很多国家对行政程序法的作用推崇备至，在行政法发达的国家甚至可以说行政机关的权力更多时候表现为程序性权力，离开特定的程序，行政机关就没有或者说只有很少的行政权力，即使这一部分很少的不受事前程序规制的权力也极有可能因相对人的不服而受到严格的事后审查（如司法审查）。如美国学者所认为的那样，程序法是执行性的法律，而法律的生命就在于执行，从现代观点来看，程序法的重要性超过了实体法。一个健全的法律，如果使用武断的程序去执行，不能发生良好的效果；一个不良的法律，如果用一个健全的程序去执行，可以限制或削弱法律的不良效果。我们认为，现代行政程序之于法治至少具有如下几方面的意义：

1. 行政程序是保障行政实体权利、权力、义务、职责得以实现的具体途径。随意的、没有任何程序性约束的行政职权的行使要么是纯粹的暴力，要么只能招致行政相对人的反对和抵抗，因而无法取得任何效果，相应行政机关的法定职责也就不可能完成和实现。同样的，不受一定程序约束的行政权不仅会演变成对相对人进行压迫的暴力，而且因为其行使的不可预见性而使得相对人无所适从，导致相对人无法主张权利，也无法按照一定的方式履行义务。

2. 行政程序可以规范行政权力，促使其依法行使，最终实现行政法治。行政程序法通过为具体行政权的行使设计一套必须遵守的步骤、方式、方法和时限，从而使得行政权的行使尽可能的合法、合理、符合公共目的，而不至于演变成行政人员个人的私权力，甚至是暴力。譬如相关法律对警察搜查权行使的

---

〔1〕　关保英主编：《行政法与行政诉讼法》，中国政法大学出版社 2004 年版，第 419 页。

程序规定就使得警察不能随心所欲地对公民的人身、住宅进行搜查。如果没有这些程序性规范，那么毫无疑问警察将不需要任何理由而可以随意对我们的人身、住宅进行搜查，而作为守法良民的我们将提不出任何理由来抵抗警察搜查权的行使。再如海关扣留权的行使，如果不是事先规定了可以行使扣留权的条件和程序，那么，海关行政人员毫无疑问也会像警察一样任意扣留相对人的合法财产和货物。因此，我们必须清楚地认识到程序之于控权的重要意义。我们认为，海关行政程序对海关行政权的控制具有较程序对其他具体行政权的控制更重要的价值。

3. 海关行政程序有利于提高行政相对人的法律地位。传统海关行政权的行使强调管理，与之相应的是强调行政相对人的绝对服从，程序的设计也是以规范相对人的行为，从而使海关行政权的行使更为便捷为目的。在这样的程序中，相对人完全处于被动服从的地位，这从根本上违背了行政法治的基本原则和精神。而现代海关行政程序的设计则不再强调海关行政相对人的绝对服从，更多的是强调程序中海关和相对人的平等，赋予了相对人更多的权利，如知情权、申辩权、陈述权、救济权等，这些都使得相对人在行政程序中的地位有了很大的提高。随着海关职能从传统的经济监督管理向服务和促进国民经济发展的转变，可以预见行政相对人在海关行政程序中的地位还将进一步提高，海关行政权的行使将更多的强调对相对人的服务而不是管理。

4. 海关行政程序有利于提高行政效率。良好的、事先设计的行政程序规定了完成一定行政行为的步骤、方式、方法和时限，并且要求行政机关必须遵守，从而可以保障行政机关按照法律规定的程序合理地实施行政行为，避免行政机关在现实生活中遇到具体的情况无从下手。行政程序设置的种种保障行政相对人参与行政过程的制度，使相对人对自己真正参与其中的行政行为易于接受，从而自觉履行行政行为，这样，行政行为的执行就不会受到相对人太多抵制，相对人的配合将会大大节约行政的成本。并且，行政机关真正做到依法行政，既不实体违法，也不程序违法，那么行政过程中与相对人的纠纷就会大大减少，相对人进行行政复议和提起行政诉讼的比例就会大大减少，从而也使行政效率得以提高。事实上，在设计行政程序和考虑行政权的控制时遇到的一个难题就是如何确保公正与效率的统一。相对于绝对的行政自由裁量权而言，行政程序是对行政权的行使设置的障碍，因此不可避免会影响行政的效率。但是，作为一种控制行政权以使其运行始终服务于正当目的和不侵犯公民合法权利的途径和手段，行政程序又可以很好地（最重要是和平地）消除行政权行使过程中的各种不和谐因素，从而使得行政权行使的整个过程都实现效率——不仅仅是经济效率，而且是社会效率。

三、海关行政程序的种类[1]

海关行政程序按不同的标准，可以进行不同的分类。对海关行政程序进行科学的分类，可以加深对海关行政程序的认识，有助于海关行政主体依照不同的行政程序实施不同的行政行为，提高海关行政权行使的效率；也有助于海关行政相对人及时有效的保护自己的合法权益。依据不同的标准可以将海关行政程序分为以下几种：

1. 具体海关行政行为程序和抽象海关行政行为程序。这是按照具体海关行政行为和抽象海关行政行为的区分为标准进行的划分。具体海关行政行为程序是指海关在作出具体海关行政行为时必须遵守的步骤、方式、方法和时限等一系列规范的总和。根据相关海关法律、法规、规章所规定的海关具体行政行为的种类，具体海关行政行为程序又可以分为海关行政处罚程序、海关行政许可程序、海关行政征收程序、海关行政监督检查程序、海关行政裁决程序、海关知识产权保护程序、海关总担保程序、海关行政强制程序、海关行政执行程序等。其中，不同的海关具体行政行为除要遵守一般海关行政行为程序外，还要遵守针对该种行为所特别适用的程序，从而全面做到海关行政行为的程序合法。抽象海关行政行为程序即指依据授权或法律规定而享有海关行政立法权的有关机关在行使其立法权，制定海关行政管理领域的法规、规章时所应遵守的步骤、方式、方法和时限等一系列规范的总和。这里，享有海关行政立法权的机关主要指国务院和海关总署，如国务院制定有关海关关税、海关知识产权保护方面的行政法规，海关总署制定有关海关保税区管理的行政规章，这些都要遵守《行政法规制定程序条例》和《行政规章制定程序条例》的规定。

此外，还有海关行政机关发布行政管理规范性文件的行为所应遵循的程序问题。根据《立法法》的规定，行政管理规范性文件不属于行政法规和行政规章，行政法学界对其法律地位的界定也尚未形成统一意见，传统行政行为分类理论认为其是抽象行政行为，不过现在有的学者认为这种类似于发布命令的行为是具体行政行为之一种，并认为应当将其纳入行政诉讼的受案范围，这一点也与现行的《行政诉讼法》和《最高人民法院关于执行〈中华人民共和国行政诉讼法〉若干问题的解释》对行政管理规范性文件在作为人民法院裁判依据方面的态度相吻合（即当作为具体行政行为依据的行政管理规范性文件的内容合法有效时，人民法院在裁判文书中应当将其引用为裁判依据；当作为具体行为

---

[1]　此部分主要参考了关保英主编：《行政法与行政诉讼法》，中国政法大学出版社 2004 年版，第 416 ~418 页。

依据的行政管理规范性文件的内容违反上位法时，则不予适用）。应该说这种看法有一定的合理成分，但是我们认为，虽然行政管理规范性文件的抽象性虽然无论是在适用的时间范围和空间范围上，还是在所调整的社会关系的广度和深度上都不及行政法规和行政规章，但却无疑与具体行政行为对象所具有的特定性有质的不同，因此不能适用有关具体行政行为的程序，而应该有一套与其自身特点相适应的独特程序，既要不同于行政法规、规章，也要不同于具体行政行为。我们认为，行政管理规范性文件作为高度抽象的上位法的细化和执行，是连接具体行政行为和高度抽象的上位法的桥梁，是执行机关对上位法精神的理解的集中体现，如果在行政权运行的这一重要的环节出了问题，那么难以想象会发生什么样的后果。因此，必须更加关注对这一环节的行政权行使的程序控制。但遗憾的是，我们现在对这一环节的程序设计几乎是空白，这就很好地解释了大量行政规范性文件违法的问题。在海关行政领域同样有这样的问题存在，因此，在我们建设海关行政法律体系的过程中必须予以重视和给予更多的关注。

2. 内部海关行政行为程序和外部海关行政行为程序。这是以内部海关行政行为和外部海关行政行为的划分为基础所作的分类。内部海关行政行为程序，是指海关行政主体内部行政事务的运作程序，例如，海关行政主体内部的人事管理程序、请示报告程序、关长签署程序、讨论研究作出决策的程序、公文流转程序等。外部海关行政行为程序，是指海关行政主体在对外实施行政管理行为时所应遵循的程序，如对相对人的检查监督程序、行政裁决程序等。其中，外部海关行政行为程序因与相对人合法权益具有直接相关性，所以是行政程序法所要关注和规制的重点。但是我们也要看到内部海关行政行为程序设计和运行的好坏将会在很大程度上影响外部海关行政行为程序功能的发挥和实现。二者的关系并不像我们所认为的那样是截然分离的，而是紧密联系在一起的，是行政权运行的不可分割的一个整体过程。因而我们应当在今后的海关行政程序立法时加强对内部行政行为程序的规范，从而从行政权行使的源头就实现对其的控制。此外，从组织的有效性和效率性来讲，加强对海关内部行政行为的程序规制也有利于海关管理和服务职能的充分发挥。

3. 法定海关行政程序和任意海关行政程序。这是根据法律是否有明确的规定和要求对海关行政程序所作的分类。法定海关行政程序也称强制性海关行政程序，是有关海关法律规范所明确规定和要求的程序，是海关行政主体和相对人在作出行为时必须遵守的程序。例如，海关在对相对人进行行政处罚时必须事先向相对人告知拟给予的处罚和理由，必须听取当事人的陈述和申辩，未经过上述程序的行政处罚行为无效。再如，经营对外贸易的海关行政相对人进出口应缴纳关税的货物物品应当主动向海关行政主体进行申报和纳税，否则将构成海关行政违法甚至犯罪。任意海关行政程序，是指法律没有明确的规定和要求，可以由海关行政主体自由裁量决定或选择采用的海关行政程序。对于任意海关行政程序一般不存在合法性问题，主要适用行政合理性原则予以制约。

区分法定海关行政程序和任意海关行政程序的意义在于：其一，对于涉及相对人重要权益的行政事项，应当在海关行政程序立法中予以明确规定，海关行政主体必须严格遵守，不能任意选择，更不能有任何违背，否则将导致行政行为的无效。海关行政处罚、海关行政许可、海关行政强制征收以及行政强制措施行为（如扣留措施的采用）等均应属于此类程序。其二，对于任意海关行政程序，海关行政主体应当遵守公正、公开、公平、参与的行政程序基本原则，在其权限范围内自由裁量决定。

此外，还可以根据所行使的海关职能的不同，将海关行政程序分为海关行政立法程序、海关行政执法程序和海关行政裁判程序；按照程序在海关行政权行使过程中的重要性，可以分为主要海关行政程序和次要海关行政程序，违反主要海关行政程序的海关行政行为因具有重大程序瑕疵而无效（如违反回避制度作出的海关行政处罚决定），而违反次要海关行政程序的海关行政行为经过瑕疵补救后其实体效力不受影响，限于篇幅，对这些分类在此不再展开论述。

第二节　海关行政程序的基本原则

一、海关行政程序基本原则概述

在现代汉语中，原则通常是指"说话或行事所依据的法则或标准"。[1] 这就意味着原则是一种根本规则，高于其他规则，是其他规则的来源和基础，对其他规则具有指导意义[2]。"原则是规则产生的基点，由原则可以派生出若干规则，并通过这些规则来实现其所蕴涵的内容；规则是原则的具体化或外在化的结果，是保证原则得以贯彻和实现的必要的法律手段。"[3] 从内容上看，法律原则涵盖、统领该法律部门的全部内容；从效力层次上看，法律原则高于其他法律规则。[4] 法律原则反映和体现了一部法典、一个法规的基调、精神和气

---

〔1〕　中国社会科学院语言研究所词典编辑室编：《现代汉语词典》，商务印书馆 1997 年版，第 1549 页。
〔2〕　张树义主编：《行政程序法教程》，中国政法大学出版社 2005 年版，第 38 页。
〔3〕　李文健："刑事诉讼原则论"，载《法学研究》1996 年第 1 期。
〔4〕　葛洪义主编：《法理学教程》，中国法制出版社 2000 年版，第 152 ~ 153 页。

质。[1] 郑成良教授认为,法律原则是可以作为众多法律规则之基础或本源的综合性、稳定性的原理和准则。原则的特点是,不预先设定任何具体的事实状态,也没有规定具体的权利、义务和责任。因此,与规则相比,原则的内容在明确化程度上显然低于规则,但是,原则所覆盖的事实状态远广于规则,因而,原则的适用范围也远广于规则。一条规则只能对一种类型的行为加以调整,而一条原则却调整着某一个或数个行为领域,甚至涉及全部关系的协调和指引。[2]由此可见,法律原则的根本性和普适性。依据不同的标准可以把法律原则作不同的划分,基本原则与具体原则便是其中比较重要的一种。基本原则体现了法律的基本精神,是在价值上比其他原则更为重要,在功能上比其他原则的调整范围更广泛的法律原则。因此,我们可以认为,海关行政程序法的基本原则就是指在海关行政程序法的制定和实施过程中必须遵守和贯彻的具有根本性的、统领全部海关行政程序具体规范的原则。海关行政程序法的基本原则具有如下功能:

1. 海关行政程序的基本原则直接决定了海关行政程序制度的基本性质、基本内容和基本价值取向。海关行政程序的基本原则是海关行政程序制度的集中体现,因而构成了整个海关行政程序的理论基础。可以说,海关行政程序的基本原则就是海关行政程序制度的原理和机理,体现着人们对海关行政程序关系的本质和历史发展规律的基本认识。确立了什么样的海关行政程序的基本原则也就确立了什么样的海关行政程序制度。以行政绝对自由裁量为基本原则就会导致专制、秘密的海关行政程序制度,以行政权有限为基本原则就会产生注重对相对人权益保护和相对人参与的公平、公开、公正的海关行政程序制度。

2. 海关行政程序的基本原则是海关行政程序制度内部协调统一的重要保障。任何一个成熟的法律制度都包含着众多规则要素,这些众多的规则所涉及的事实状态纷繁复杂,其法律性质、法律效力和具体的立法目的也各不相同。尤其是现代社会中,法律规则的数量之巨、种类之多,远非古代法律所能比,而且,这些规则又分别由各级、各类国家机关出于不同的管理需要加以制定,因此,如何保障法律自身的协调统一就成为突出的问题。[3] 在海关行政程序立法和执法中也存在着同样的内部协调问题,而近现代的立法经验表明,法律原则在防止和消弭法律制度内部矛盾和增强法制统一方面,具有突出的作用。在法律的创制过程中,当处于不同效力位阶的各项原则都能被各级、各类立法机关所遵

---

〔1〕　张树义主编:《行政程序法教程》,中国政法大学出版社 2005 年版,第 38 页。

〔2〕　张文显主编:《法理学》,法律出版社 1997 年版,第 71 页。

〔3〕　张文显主编:《法理学》,法律出版社 1997 年版,第 73 页。

守时，法制的统一就有了最基本的保障。海关行政程序制度的基本原则正是这样一些对海关行政程序制度的制定和实施具有根本性和最高指导性的东西，正是基本原则的存在和发挥作用，确保了海关行政程序制度内部不同部分之间的协调和统一，从而有利于海关行政法治的实现。

3. 海关行政程序的基本原则对海关行政制度改革具有导向作用。这一点在当代中国海关行政职能转变过程中表现的尤为明显。1949 年新中国成立直至 90 年代之前，由于所面临的艰苦的国内和国际环境，海关被认为是对外进行阶级斗争，保卫民族经济不受外国经济侵害的工具，在这种基本思想指导下进行的零星的海关程序法制建设当然是不可能体现公开、公正和控权原则的。进入 90 年代以后，海关被界定为履行国家经济监督管理职能的国家行政机关，这一时期虽然抛弃了将海关作为阶级斗争的专政工具的错误认识，但由于奉行行政管理主义，在海关行政法治建设上并不重视程序建设，忽视对海关行政权行使的应有控制和对海关行政相对人合法权益的保护。90 年代后期至今，随着出口导向型经济战略的制定和实施，民主、法治理念在中国的传播、发展和日益深入人心，政府体制改革的稳步推进，政府行政职能从传统的强调管理行政到强调服务行政转变，行政程序的基本原则也发生了重要变化，程序法定、程序公正、公开、公平等行政程序基本原则已普遍得到确认，在这些基本原则指导下的各项具体行政程序制度立法也逐渐展开，如行政处罚程序立法、行政许可程序立法、行政信息公开立法、行政听政程序立法等。海关行政程序制度建设也正在这些行政程序基本原则指导下有序进行。我国已确立了到 2010 年建成完善的海关法律体系的目标，其中当然包括海关行政程序制度建设。[1]

4. 海关行政程序的基本原则具有指导海关具体行政程序适用和限制海关行政自由裁量权滥用的作用。法律不可能对海关行政权行使过程的每一环节、每一项具体程序的所有细节都作出明确的规定，这就需要海关在行使其权力时根据海关行政程序的基本原则善意地行为，在自己可以任意选择行政程序时，要依据基本原则的精神和实质内涵来选择，而不能没有任何限制地任意选择。

二、海关行政程序基本原则具体介绍

结合行政程序法基本原则的一般理论和海关行政程序的具体情况，我们认为，海关行政程序的基本原则应有以下几项：

（一）*海关行政程序法定原则*

海关行政程序法定原则，又称为合法原则，是指海关行政行为的程序必须

---

〔1〕 邵铁民：《海关法学》，上海财经大学出版社 2004 年版，第 54 页。

有法律依据，符合法律规定，不得由海关行政主体随意变更，在法律没有明确规定应遵守的行政程序的情况下，海关行政主体自行采用的程序也必须遵循贯彻法律的一般精神和原则。程序法定原则是行政合法性原则在海关行政程序法领域的延伸和具体化。对这一原则应从以下几方面理解：

1. 程序法定原则首先意味着必须有相应的海关行政程序法的存在。法治是法律的治理，因此，首先必须有法律的存在才有法治的逻辑起点和现实起点。要实现海关行政权运行程序的法治化，就必须首先制定出海关行政程序制度，然后才能要求海关按法定的行政程序运用权力。就当前海关行政程序法治化建设而言，加快程序法制建设，填补制度空白显得尤为重要。因为我国目前还没有一部统一的行政程序法典，而且就目前的情况来看在短期内也不可能制定出来，这就使得在高层次的法律位阶层面上对行政权行使的一般程序规制处于缺位的状态，在这样一种背景下，加强针对海关行政权运行的单项程序制度建设就显得尤为重要，只要这样才能保证海关行政权不因一般性行政程序法典的缺位而游离于程序控权机制之外。另外，加强海关行政程序法制建设也将为制定统一的行政程序法典提供经验和材料。

2. 程序法定原则意味着海关在行使行政职权时必须遵守法定的程序，否则将导致行政行为被确认违法、无效、被撤销或者被要求重新作出具体行政行为等后果。仅有海关行政制度并不能实现海关行政程序法治，还必须要求制定出来的海关行政程序制度得到有效的实施，要求海关行政主体在行使权力时切实遵照相关的程序。而要确保制定出来的海关行政程序制度得到有效的贯彻执行，规定相应的法律责任是最为有效的手段。目前的海关行政程序制度建设中，普遍忽视了对海关行政主体违反海关行政程序的行为承担法律责任的规定，即使有一些零星的规定，也与海关行政程序违法行为的恶性程度不相适应，通常只是一些软性的责任规定，往往表现为由海关行政主体自身对海关行政人员程序违法行为进行内部的行政纪律处分，而海关行政主体在处罚自身行政人员方面往往缺乏积极性，这就使得仅有的对行政程序违法行为的责任追究规定落空，行政主体的行政程序违法行为的成本几乎为零。这种程序违法行为得不到应有的制裁的状况，反过来更刺激了海关行政主体及其行政人员违反程序任意行使权力的行为，使海关行政权的行使脱离了程序的控制，而最终演变成侵害海关行政相对人合法权益的恶权力。因此，在今后建构完善的海关法律体系的过程中，我们应重视和加强对海关行政主体程序违法行为责任追究制度的建设，加大程序违法行为的责任承担力度，从而充分发挥法律责任的利益杠杆功能，有效地遏制海关行政主体违反海关行政程序的行为，促进程序法治。具体来说，其一，要改变目前的由海关行政主体负责对海关行政人员程序违法行为进行纪律处分的体制，建立由独立的第三者机关对海关行政人员进行纪律处分的体制，这一第三者机关可以是同级行政监察机关。其二，要变革和扩展责任承担方式。当前对海关行政人员的纪律处分主要还是依据《公务员法》和国务院有关公务员奖惩条例的相关规定进行的，在处罚手段上较为空洞，缺乏实质的内容，而且由于传统人事管理体制的残余因素影响，相关奖惩制度的运行也并未得到很好的贯彻执行，因而必须创新对海关行政人员程序违法行为的处罚手段，使惩罚方式切实体现法律责任的利益杠杆特性。具体来说，就是要引入更加有效的经济利益责任承担方式并加大其适用的场合，同时减少警告等名誉罚性质的责任承担方式的适用。

3. 在中国加入 WTO 的大背景下，程序合法原则对海关行政程序制度提出了的新的和更高的要求。WTO 规则从其性质上来看主要是行政法性质的规范。其针对的主要是政府行政行为。作为在关税和贸易总协定基础上发展而来的组织，其协议、规则中的很大一部分是针对各国海关而设立的，如世界贸易组织协议中对各国海关立法和海关行政管理规范性文件公开的要求，对海关具体关务的要求，对海关在国际知识产权保护方面应承担的责任的要求，对海关领域的行政许可制度应具有的一些性质的要求等。另外，世界贸易组织在其他方面的一些协议也会反映到海关行政领域来，从而对海关行政程序提出了更高的要求。如相关的世界贸易组织协议、规则要求各国在行政过程中保障相对人适当的参与权，要求各国为受到行政权不当侵害的相对人在行政救济之外提供司法救济途径，这些都会反映到海关行政程序的建设过程中。也就是说，今后我们的海关行政程序制度建设不仅要符合国内法，而且要符合世界贸易组织的相关规则。"条约必须遵守"，这是最基本的国际法原则，中国作为一个负责任的世界大国更应该以身作则，将 WTO 的相关要求贯彻落实到我国具体的海关行政程序制度中。这就要求我们吸收西方发达国家在海关行政程序制度建设方面所取得的优秀成果，不仅要移植制度，更重要的是吸纳制度所包含的深层次的程序法治理念。我国目前的海关行政程序制度建设所缺乏的正是这种程序法治的理念，那种认为"只要实体正确，程序无所谓"的观念在海关行政人员中仍有很大的影响，要实现到 2010 年建成完善的海关法律体系的目标，就必须着力转变观念，切实认识到程序的重要法治价值，只有这样才能保证制定出来的海关行政程序法律规范是符合法治理念和 WTO 要求的，才能确保制定出来的制度能够得到切实有效的实施。

（二）海关行政程序公开原则

海关行政程序公开原则，是指海关在行使行政权时，除涉及国家秘密、个人隐私和商业秘密外，必须向相对人及社会公开与其职权行使有关的事项。通过行政公开，海关行政相对人可以知悉与海关行政权行使有关的事项，从而更有效地参与到行政过程中来，维护自己的合法权益；社会公众可以通过公开的行政程序监督海关依法行使职权。《海关办理行政处罚案件程序规定》第 3 条规定："海关办理行政处罚案件应当遵循公正、公开、及时和便民的原则"。《海关行政处罚听证办法》第 4 条规定："海关行政处罚听证应当遵循公开、公平、公正、便民的原则。海关行政处罚听证应当公开举行，但涉及国家秘密、商业秘密或者个人隐私的除外。"

行政公开作为一项法律基本原则在行政程序法上的确立有着十分深刻的社会背景。20 世纪以来西方各资本主义国家普遍出现了行政权的扩张和膨胀现象，立法权和司法权均受到了行政权的挤压，行政权力甚嚣尘上所导致的"政府控制议会，而不是议会控制政府"〔1〕的社会现实，使人们感到了传统民主政治的危机，人们开始在权力分立与制衡机制之外考虑对行政权进行制约的有效途径。同时，随着当今民主宪政理念日益深入人心，人们要求参与到立法权之外的国家权力行使中的呼声和愿望日益强烈，于是，行政参与便成了西方国家政府改革的一项重要内容。而行政参与和行政权控制的前提是行政公开，因此，行政公开便成为行政程序法的一项重要的基本原则。1946 年的美国《联邦行政程序法》作为贯彻这一原则的一部代表性的行政程序法典，对其他国家的行政程序立法产生了相当大的影响。我国正式确立行政公开原则的法律是 1996 年的《行政处罚法》，1999 年的《行政复议法》也将行政公开原则列为该法的基本原则之一。这两部法律确立行政公开原则的事实表明了我国对行政公开原则的全面接受。这对于推动我国的行政公开化，提高行政透明度，减少行政权不法行使具有重要的促进作用。〔2〕海关行政程序作为行政程序之一种，自然也应将行政公开作为其基本原则予以确立和贯彻。

1. 海关行政程序公开原则的内涵。海关行政程序公开原则的具体内涵包括以下几项：

（1）作为海关行政权行使依据的法律文件的事先公开，简称法律依据事先公开。这里的"法律"应做广义的理解，即包含了法律、法规、规章、行政管理规范性文件等一切可以作为和事实上作为海关行政权行使依据的规范性法律文件。行政法治的基本要求就是行政权的行使要有明确的法律依据，行政主体不得在法律授予的职权范围之外为自己创设权力和在法律允许其采用的行政强

---

〔1〕　［英］彼得·斯坦等：《西方社会的法律价值》，王献平译，中国人民公安大学出版社 1990 年版，第 97 页。

〔2〕　章剑生：《行政程序法基本理论》，法律出版社 2003 年版，第 46～47 页。

制措施之外采用其他的行政强制措施。海关行政权行使的法律依据的公开具有如下重要意义：其一，有利于海关行政相对人了解相关的海关行政法律，从而指导自己的行为选择和配合海关完成相应的行政行为，减少海关与相对人之间因信息不对称而引发的纠纷，提高海关行政管理的效率。其二，法律依据的公开，有利于海关行政相对人依法有效地维护自己的合法权益。其三，法律依据的公开，有利于相对人和社会公众对海关行政权行使的监督，促使海关依法行政。其四，法律依据公开是法治的最基本要求。"刑不可知，则威不可测"是专制的表现，而法治则要求一切对人民权益有影响的法律都必须公开，否则不得作为让人民承担法律责任的依据。

（2）事中决定过程公开。即是指海关行政主体应当将与行政决定的形成过程有关的事项向相对人和社会公开。事中过程是海关行政决定的形成过程，因此，它的公开对海关行政相对人依法有效地维护自己的合法权益和社会监督海关行政主体依法行使职权具有重要的法律意义。事中决定过程公开最集中地体现在保障海关行政相对人在海关行政决定形成过程中的程序参与权。例如，海关在作出是否给予相对人行政许可时，应听取相对人认为应当给予其许可的意见和理由；海关在对相对人违反海关法律规范的行政违法行为作出处罚决定时，应事先告知拟给予的处罚和理由，并应听取相对人的陈述和申辩；再如，海关在作出扣押货物物品的决定时，应给予相对人是否提供海关事务担保的程序选择权等。另外，在海关行政决定的过程中经常有海关内部行政决定程序的存在，如报请关长批准、决定，内部讨论决定等，对于这些内部决定程序是否应当公开和公开到何种程度，学者们有不同的看法。我们认为，为了保证海关行政管理必要的效率，海关内部决定程序在行政行为过程中以不公开为原则，以公开为例外，但是在事后的行政救济程序中，内部行政决定程序则应当以公开为原则，以不公开为例外。因为在行政救济程序中，纠纷已经发生，救济程序的第一价值追求不是效率，而是公平和正义，而要实现公平和正义就必然要求据以作出裁判结论的依据是充分和全面的，这就要求行政主体和相对人应提供一切与引起纠纷的行政行为有关的证据材料，内部行政决定的程序自然也被要求应当符合有关的法律规定和接受事后审查。任是在目前的行政复议和行政诉讼中，内部行政程序的合法性并未受到应有的审查，笔者认为应在以后修改完善《行政复议法》和《行政诉讼法》时对此作出明确的规定。

（3）事后公开决定结论。即是指海关行政主体在作出影响相对人合法权益的行政决定之后，应当及时将行政决定的内容以法定形式向海关行政相对人公开。行政决定是海关行政主体对行政争议在行政程序中作出的一个具有可执行性的结论，对海关行政相对人具有强制力。事后公开决定结论有两个方面的内容：其一，向海关行政相对人公开行政决定结论。海关行政主体作出行政决定之后，应当及时以法定形式将行政决定的内容告知相对人。这既是行政决定生效的必要条件，也是海关行政相对人行使救济权的前提。向行政相对人公开行政决定，有利于行政相对人认可行政决定，进而履行行政决定所设定的义务，使行政决定获得顺利的执行。另外，这里的海关行政相对人还包括相关事项的利害关系人。其二，向社会公开行政决定结论。海关向社会公开行政决定的结论，有利于社会公众有的放矢地监督海关依法行政。但是，目前除了一般性职权依据的公开有相关法律的规定和较为固定的方式外，对具体行政结论的公开并没有相关的法律对之作出具体规定，而且似乎并没有这个必要。目前来说，具体行政决定结论向社会的专门公开还是个案，一般只需向行政相对人公开就认为对社会公开了，除非具体行政结论本身所处理的事件受到了社会的广泛关注，如"重庆最牛钉子户"事件。笔者认为，为了加强社会对海关行政权行使的监督，有必要将海关具体行政结论向社会的专门公开制度化，具体来说就是要求海关定期在专门报刊上刊登近期作出的具体行政结论，以便社会公众可以选择其感兴趣的事项对海关进行监督，当然，这一制度的有效运行还取决于相关的社会监督制度的完善。

2. 海关行政程序公开原则的意义。海关行政决定过程公开原则并不仅限于海关行政决定的某个环节，而是始终贯穿于海关行政权行使的全过程。这一原则具有如下重要意义：

（1）满足公民的参政议政意愿。随着民主法治理念日益深入人心，人们已不再满足于仅仅通过代表来参政议政，而是希望自己能够越过议会直接参与到国家权力行使的过程中来。海关行政程序公开原则的确立，为海关行政相对人参与海关行政权行使提供了基础。行政相对人可以在个人利益或者群体利益的支配下，介入行政权的行使过程，从而实现其参政议政的意愿。

（2）预防控制海关行政权力的滥用。现代行政权的核心是自由裁量权，这是一个无可争辩的事实。[1] 海关行政管理事务的复杂性更决定了海关行政权的自由裁量权性质。因此，如何保证海关在行使自由裁量权时不违背公正、合理的原则，就成为了海关行政法治所要解决的首要难题。理性的论证证明，在解决这个难题的方法上，海关行政实体法已无所作为，而海关行政程序法因其特有的功能——通过程序机制促使海关行政主体作出理性的选择——成了弥补海关行政实体法缺陷的最好选择。而海关行政程序法之所以能够担当起如此重任，不仅仅在于其严格贯彻程序法定，对违反法定程序行使行政权的行为给予处罚，

---

〔1〕 章剑生：《行政程序法基本理论》，法律出版社 2003 年版，第 48 页。

更因为其所贯彻的行政公开原则。行政公开确保了海关阳光行为，确保了相对人的程序参与权和程序监督权，确保了权力的行使不致异化。正如王名扬先生所说的那样："公开原则是制止自由裁量权专横行使最有效的武器。"[1]

（3）提高海关行政行为的可接受性。如前所述，海关行政程序公开原则包含了事先公开职权依据、事中公开决定过程、事后公开决定结论等内涵，如果这些能够得到切实的贯彻落实，那么海关行政相对人的程序知情权、程序参与权、程序救济权就能够得到很好的保障和实现，一个理性的海关行政相对人没有理由在自己的各项合法权益都得到有效保障和实现的情况下仍不接受相应的海关行政行为。

（三）海关行政程序公正原则

海关行政程序公正原则是确保海关行政行为的过程和结果可以为海关行政相对人和社会所认同、接受所要遵循的基本原则。如果说海关行政程序法定原则和公开原则是对海关行政程序制度形式上的要求，那么，公正原则则是对海关行政程序制度在实质上的要求。

1. 海关行政程序公正原则的基本内容。海关行政程序的公正原则，是指海关行政程序制度的设计要体现公正、公平和平等的价值要求，要在海关和行政相对人之间寻求一种服从关系之外的公正和平等关系，海关行政主体在实施行政行为时，要在程序上平等对待类似的海关行政相对人，不得由行政人员个人的喜好嫌恶而任意给予某些相对人以额外权益或者对某些相对人进行歧视，海关在行使职权作出行政行为的过程中应当只考虑相关的因素，而不得考虑与行政目标无关的因素。海关行政程序公正不仅包含处理过程和处理结果的公正，而且包含心理认知上的公正，也就是说，海关行政主体在行政程序规范下的行为应当使海关行政相对人感到安全可靠、足以信赖。海关行政程序公正原则的基本内容包含以下几项：

（1）海关在行使行政权时仅得考虑与职权行使有关的因素，而不得考虑与职权行使所要达到的目的和与所要处理的行政事务不相关的因素，也称为相关因素原则。比如在对相对人的海关行政违法行为进行处罚时仅得从相对人违法行为的事实和主观恶性程度出发，而不能考虑诸如相对人的性别、民族、种族、宗教信仰等不相关的因素。海关行政程序公正原则中的"公"要求海关行政主体行使行政权以无偏私为要旨，天下为公，没有私利，不得将个人私利、喜好等因素加入到职权行使过程中来。相关因素原则可以将海关行政自由裁量权限制在一定的范围内，避免海关对不相关因素的考虑，从而使海关行政主体立足

---

〔1〕 王名扬：《美国行政法》，中国法制出版社1995年版，第109页。

于事实基础作出公正的行政行为。

（2）海关行政程序公正原则要求海关在行使行政职权时不仅要在实体上，而且要在程序上平等对待类似的海关行政相对人。"正"要求海关行政主体行使行政权时一视同仁，没有偏心。宪法确立了公民在法律面前人人平等的原则，海关行政程序制度自应体现和贯彻这一最基本的法律原则，海关作为行使国家重要行政权的行政机关更应担负起确保公民在法律面前人人平等的重任。具体来说就是，海关在作出行政行为过程中，要平等地赋予和保障相对人的程序知情权、程序参与权和程序救济权，不能因为某些相对人较其他相对人而言处于弱势的地位，就轻视、压制他们的程序权利。

（3）海关行政程序公正原则还要求海关在作出行政行为的过程中要确保海关与行政相对人之间关系的公正和一定程度的平等。传统行政程序公正原则倾向于关注行政主体对待行政相对人的一视同仁，而不太重视在程序进行中行政主体与行政相对人之间关系的公正性，但是，随着行政程序参与理论和实践的发展，特别是随着服务行政理论和实践的兴起，现代行政程序公正原则越来越重视行政主体和行政相对人关系在程序进行过程中的公正与正义性。具体表现在行政回避制度、行政审裁分离制度、行政资讯告知制度、行政行为说明理由制度等一系列现代行政制度的确立。在某种意义上来说，行政主体与行政相对人之间关系在行政程序进行中是否公正已经成为判断一项行政程序制度是否符合公平、公正、正义的法治理念的标准，行政相对人之间横向的间接对比关系是否平等反而不再那么受到人们的重视。

2. 海关行政程序公正原则的意义。海关行政程序公正原则具有如下重要意义：

（1）公正的海关行政程序可以树立海关的权威。在现代民主法治社会，决定海关权威的因素不再是海关所拥有的行政权力的大小，而是其行使权力的行为是否公正。在传统的行政管理论者看来，要树立和维护行政机关的权威，就必须赋予其极大的权力和强制力，以确保行政相对人对行政机关的服从。但是，随着改革开放的深入，民主、法治思想在我国不仅得到了广泛的传播，而且从思想理论变成了制度现实，政府职能也相应地由传统的强调管理、强调对秩序的维持的强力型模式向注重服务、注重行政相对人参与和对行政相对人权益保护的法治型模式转变，政府权威的树立不再单纯依靠手中所掌握的行政强权，而是越来越重视通过依法行政，通过合法合理地行使行政权为公共利益服务来赢得民众的认可，赢得自身的权威。

（2）海关行政程序公正原则有利于海关行政相对人对海关行政行为的认可和服从。在程序公正原则指导下建立和实行的行政决定辩论制度、行政听政制度、行政行为说明理由制度、行政回避制度等一系列制度，能够最大限度地满足相对人对公正的需求，使得公正、正义的价值不仅被实现，而且以一种相对人看得见的方式实现，从而使得相对人从心理上认同有关的行政行为，自觉履行行政决定所要求的义务，使行政权行使的目的得以实现。从长远来看，这也有利于培养公民的法律信仰。恶法不能激起人们的信仰，只有以一种公正的方式实施的良法才能取得如此效果。公正的行政程序正是要以一种公正的方式来实施法律。

（3）海关行政程序公正原则可以促进现代社会的稳定。任何社会的价值追求都不外乎公正、平等、正义、自由等，公正作为一种主要的社会价值追求之一，可以体现在很多方面，然而，一个公正的政府无疑最能体现一个社会的公正，也最能满足社会公众对公正的需求。而要实现政府的公正，归根结底就是要求政府行政权力的行使要体现和实现公正，而且这种"体现和实现"要以一种看得见的方式。公正的行政程序无疑就是这样一种方式。公正的行政程序的有效运行，满足了社会对公正的需求，化解了社会矛盾和纠纷，消解了社会不满情绪，从而从根本上维护了社会的稳定。我国目前正在建设和谐社会，毫无疑问，和谐社会首先应该是一个公正的社会、一个稳定的社会，公正的行政程序法制建设将有助于这一长远目标的实现。

（四）海关行政程序效率原则

海关行政程序效率原则，是指海关行政程序制度设计应自始至终考虑到海关行政权的有效和高效行使，在进行制度设计时，除了要考虑行政程序法定、公开和公正外，也要始终坚持和确保海关行政职能的高效实现，要以最少的人力、物力、财力取得最大的行政效果。《海关办理行政处罚案件程序规定》第3条规定："海关办理行政处罚案件应当遵循公正、公开、及时和便民的原则"。海关行政效率主要是通过期间、时限制度来实现的，在后面的章节中将会加以介绍。

公正和效率是行政程序法的永恒课题，最能体现行政程序法的价值追求和功能类型。法定、公开、公正的行政程序使得行政决定结论较容易为行政相对人所接受，从而自觉履行行政决定所要求的义务，从行政行为作出到实现的整个过程来说，这最终有利于行政效率的提高。除此之外，随着人们对行政效率内涵认识水平的不断提高，人们对行政效率的关注不再仅限于经济效益，而是越来越关注正当行政行为所产生的无法用数字衡量的社会效益，即公正行政所带来的社会的和谐稳定、行政机关权威的提高、行政法治水平的提高等。有学者认为，在我国目前行政权行使偏重于对经济效益的追求的情况下，应该将行政程序公正原则作为行政程序的基本原则，行政程序效率原则只应作为公正原则支配下的具体原则，我们对此不敢苟同：行政程序效率原则毫无疑问应该是行政权行使的一项基本原则。在现代民主法治理论看来，国家的产生从一开始就暗含着人们对效率的追求。人们因为自己无法处理好某些事情而成立国家，授予她立法权、司法权、行政权来对社会进行管理，以解决人们因成本太高而无法处理的社会事务。法律对国家机构的设置、对国家权力在各机构中的配置也是遵循效率原则进行的，因此，没有理由在行政权具体运行过程中忽视对效率的追求。虽然长期以来我国行政权行使确实偏重对经济效益的追求，而忽视了对公正效益的实现，此状况客观上要求我们在当前和未来的行政程序法制建设中，妥善处理好公正与效率的关系，更加注重对行政行为公正性的实现，但这并不代表应当偏废其中之一，而恰恰是要求我们将二者摆在同等重要的地位，要求对二者平衡兼顾。另外，海关作为实行垂直领导的行政机关系统，这固然是因为海关行政管理具有全国范围内的全局性和重要性，但另一方面也是因为海关行政的特殊性，那就是海关行政较一般行政对效率有着更强烈的追求。我国的对外贸易在加入 WTO 后迎来了新的发展阶段，随着对外贸易的增长，必然要求海关提高行政效率，简化通关的各项手续流程，这将直接体现在海关行政程序制度设计上。

海关行政程序效率原则具体包含以下几项内容：

1. 要以最少的人力、物力、财力取得最大的行政效益。海关行政效率虽然包含了对海关行政权行使的社会效益的考虑，但其最基本的立足点还在于对海关行政的经济效益的考虑。这就要求海关在"成本固定的情况下，获得尽可能多的收益，如规定行政程序的各个环节应当有时间上的限制；所谓行政投入最小化，是指在收益固定的情况下，尽可能降低成本，如简化行政手续，精简办事人员等"[1]。

2. 要采用现代的行政管理技术，实现海关管理的现代化。现代科学技术在行政管理中的采用对于行政效率的提高具有毋庸置疑的作用，尤其是计算机技术在现代行政管理中的采用更是成倍地提高了政府的行政效率，使得我们不用供养庞大的官僚系统就能实现对日益纷繁复杂的社会事务的高效管理。海关行政管理也应尽可能地利用现代化的技术，如加快电子海关建设，完善海关办公流程等，以提高海关行政权行使的效率。

3. 海关行政程序制度设计应方便海关行政相对人参与海关行政行为。相对人参与到行政过程中来是行政程序公开和公正原则的必然要求，而要确保这种参与是有效的和方便的，就必须在程序设计上有所反映。如海关应按规定及时

---

〔1〕　宋世杰、王瑞：《中国行政法律制度》，湖南人民出版社 2003 年版，第 166 页。

向相对人送达行政决定书；海关决定进行行政听政后应及时将与听证有关的事项告知相对人，以方便相对人准备听证所需的证据材料等。

4. 必须处理好对效率的追求和对公正的实现的关系。海关必须在遵守法定的行政程序的前提下追求行政效率，必须确保相对人的程序参与权、知情权、救济权，不能以效率为名对相对人行使权利随意加以限制，而是必须主动维护和保障相对人在程序中的合法权益。

三、海关行政程序各基本原则相互间的关系

海关行政程序各基本原则之间是互相联系、互相协调的，共同构成海关行政程序的基本原则体系，共同体现海关行政程序制度的主要精神和价值追求。程序法定原则通过要求海关行政主体在行为时遵守法定的海关行政程序，确保了程序公开、程序公正、程序效率原则的实现；程序公开原则通过引入海关行政相对人和社会的双重监督，确保海关行政主体依法定程序行使权力，并为程序公正原则的实现提供了可能；程序公正原则是对海关行政程序制度在实质上的要求，是程序法定的实质标准，是程序公开所要实现的目的，是海关整体行政效率的保障；程序效率原则是对海关行政权行使的必然要求，是程序法定、公开、公正原则得到贯彻落实的必然结果。

第三节　　海关行政程序的基本制度

一、海关行政程序基本制度概述

海关行政程序基本制度，也称海关行政程序主要制度，是海关在行政活动中必须遵循的重要程序制度，是海关行政程序基本原则的具体化，是指在海关各种行政行为程序中普遍存在的，对海关行政权力的行使起一定指导和规范作用的方法、步骤、时限等程式性规范构成的综合体系。

海关行政程序基本制度不同于海关行政程序基本原则，其抽象性和概括性程度相对较低，具有较弱的规范性，但又高于海关行政程序具体法律规范，不像具体行政程序法律规范那样具有直接适用性，介于海关行政程序基本原则与具体海关行政程序法律规范之间。

海关行政程序基本制度具有下述特性：

1. 海关行政程序基本制度具有概括性。海关行政程序基本制度是内容上存在联系的不同海关行政程序法律规范所构成的一个有机体系，是学者通过共性分析研究，用法律规范用语进行的归纳和总结，是以其概括性特性称谓的法律

制度。具体的海关行政程序法律规范是海关行政程序制度的基本组成元素，在这些具体的程序规范中，有一些规范具有共同的特性，海关行政程序基本制度正是对这些具体程序规范的共性所做的归纳和总结，其源于具体的程序规范，但却高于具体的程序规范，其并不是具体的海关行政程序法律规范的简单相加，而是对具体程序规范的有机整合。

2. 海关行政程序基本制度具有普遍适用性。即是指普遍适用于各种不同形态的海关行政行为，是对各种不同海关行政行为不同阶段所要遵循的程序性规定的概括。根据不同的标准，海关行政行为有不同的种类和范畴，但是行政行为的共同属性决定了无论作出何种形态的行政行为，都须经过立案、调查，以及最终决定的形成等阶段，而在这个过程中，基于权力控制、权利保障，以及对行政效率的兼顾等因素的考虑，都必须遵循基本的程式规范，从而形成了海关行政程序的基本制度。

二、海关行政程序基本制度介绍

（一）申请与受理制度

申请与受理制度是指有关海关行政相对人为维护、实现自己或者他人的合法权益，或者为维护社会利益、公共利益，依法向海关行政主体提出要求为一定行政行为的申请，海关行政主体通过审查相对人提供的申请信息是否符合法定的条件，而决定是否予以受理的一系列法律规范构成的行政程序制度。海关行政行为依启动程序的不同，可以分为依申请的海关行政行为和依职权的海关行政行为，而基于控权的需要和考虑到行政权对复杂社会事态灵活的应变能力和运作机制，绝大部分海关行政行为需要依海关行政相对人的申请而启动。即使在有限的海关依职权而主动启动的行政行为场合，行政行为的利害关系人对于职权的启动也具有不可忽视的作用。这就使得申请与受理制度几乎对任何海关行政行为而言都是必需的，从而也使其自身成为海关行政程序基本制度之一。

1. 法律价值或功能。作为海关行政程序基本制度之一，申请与受理制度的法律价值或者功能主要体现在以下几个方面：

（1）它是海关行政行为的启动程序，是海关行政权行使的依据。依申请的海关行政行为，如果没有相对人的申请，根据不告不理和个人自治原则，海关行政主体不能主动作出相应行政行为，否则，其行为将受到法律的否定性评价。要求海关某些行政行为的作出以相对人的申请为前提的重要意义在于，防止海关行政权过分侵入公民的个人生活领域，充分发挥市场的自我调节作用，以避免过度行政干预所带来的无效率。同时，由于相对人对自身事务通常有较为全面和准确的了解，因而规定海关行政行为依相对人的申请而启动，可以保证海关获得作出合法合理的行政行为所必需的最基本的证据材料，从而有利于海关行政权行使效率的提高。

（2）申请与受理制度是海关行政相对人特定权利的实现途径和保障手段。赋予海关行政相对人以相对自由的海关行政程序启动权，可以使其在仅凭自身力量无法保护自身合法权益的时候，申请海关运用行政权来保护自己。而且，由于相对人掌握了一定的海关行政程序启动权，这就使得其在运用海关行政权保护自身合法权益的同时，可以有效地确保海关行政权力的行使始终处于自己可以预见的范围内，而不至于反过来成为侵害自身合法权益的、自己无法控制的异己力量。

2. 基本内容。

（1）申请的时间。一般而言，相关的海关法律都规定了海关行政相对人应在请求海关处理的事情发生之后或者将要发生之前的一定期限内向海关提出申请，以方便海关及时调查取证，查明事实真相，从而作出正确的行政行为。如果相对人逾期申请，则其申请可能不被海关受理，从而也失去了请求海关保护自己合法权益的机会。《海关办理行政处罚案件程序规定》第17条规定："违法行为在2年内未被发现的，不再给予行政处罚。法律另有规定的除外。前款规定的期限，从违法行为发生之日起计算；违法行为有连续或者继续状态的，从行为终了之日起计算"。据此，如果公民认为他人的行为违反海关法律规定侵犯其合法权益依法应当给予处罚而海关未发现该违法行为的，若其请求海关对有关人员进行处罚的，依法应当自违法行为发生之日起2年内提出请求，逾期则其请求将不被海关受理。《知识产权海关保护条例》第16条规定："海关发现进出口货物有侵犯备案知识产权嫌疑的，应当立即书面通知知识产权权利人。知识产权权利人自通知送达之日起3个工作日内依照本条例第13条的规定提出申请，并依照本条例第14条的规定提供担保的，海关应当扣留侵权嫌疑货物，书面通知知识产权权利人，并将海关扣留凭单送达收货人或者发货人。知识产权权利人逾期未提出申请或者未提供担保的，海关不得扣留货物。"《海关办理行政处罚案件程序规定》第61条规定："除因不可抗力或者海关认可的其他正当理由外，当事人应当在收到行政处罚告知单的3个工作日内提出书面陈述、申辩和听证申请。逾期视为放弃陈述、申辩和要求听证的权利。"《海关行政处罚听证办法》第18条规定："当事人应当在海关告知其听证权利之日起3日以内，以书面形式向海关提出听证申请。以邮寄方式提出申请的，以寄出的邮戳日期为申请日期。当事人因不可抗力或者其他特殊情况不能在规定期限内提出听证申请的，经海关同意，可以在障碍消除后3日以内提出听证申请。"

应当说，对海关行政相对人以及利害关系人申请海关为一定行政行为的时间限制，总的来说是符合海关行政法治基本精神和海关行政效率的要求的，但是，虽然时间限制对海关行政权行使的正当性和稳定性来说都是必要的，但具体申请期间长短的确定是否合理仍有必要深入探讨。具体来说，申请期间的确定应考虑到所要处理的事态的重要性程度和复杂性程度；应与海关行政人员编制、行政经费配置、行政技术条件相适应；应确保海关行政相对人能够从容不迫的完成申请行为；应保证必要的海关行政权行使效率的实现。

（2）申请的形式。申请的形式一般采用书面形式，随着现代管理日益采用计算机技术，电子形式也越来越成为一种重要的申请形式，甚至有取代传统书面形式的趋势。如《海关行政处罚听证办法》第18条第1款规定："当事人应当在海关告知其听证权利之日起3日以内，以书面形式向海关提出听证申请。"《海关法》第25条规定："办理进出口货物的海关申报手续，应当采用纸质报关单和电子数据报关单的形式。"《中华人民共和国海关实施〈中华人民共和国行政许可法〉办法》第20条规定："申请海关行政许可应当以书面形式提出。申请书需要采用格式文本的，海关应当向申请人提供海关行政许可申请书格式文本，并将示范文本和填制说明在办公场所公示。申请书格式文本中不得包含与申请海关行政许可事项没有直接关系的内容。"

一般来说，为了防止将来可能发生的与行政行为有关的纠纷，法律一般要求申请人以书面申请为原则，以口头申请为例外。在海关行政领域存在一种特殊的申请形式，即绿色通道通过制度所创立的行为申请形式。海关行政相对人通过选择绿色通道，以自己的行为向海关表明自己未携带应纳关税物品，从而极大提高了通关效率。应当说各种申请形式各有利弊，比如口头形式方便、简单，但发生纠纷时不利于证据的保存；书面形式可以明确地记录相对人的申请时间和申请内容，但却比较烦琐复杂，不利于行政效率的提高和行政成本的节约；电子形式当然最为方便和快捷，但是也面临着行政相对人素质参差不齐，行政办公缺乏人性化的问题。因此，重要的不是要取谁舍谁，而是如何综合运用好各种申请形式，既使海关行政相对人能够方便的请求海关保护自己的合法权益，又使海关行政主体能够很好地理解相对人申请的实质内容和要求，从而作出满足相对人需求的行政行为，最终实现海关与相对人之间关系的和谐。

（3）申请的内容。申请的内容是海关据以作出是否受理相对人申请的决定的主要依据。一般来说，无论是口头申请，还是书面申请，相对人都必须向海关行政主体提供有关申请事项的足够信息和内容，以便海关行政主体依法作出正确的判断。一般而言，相对人的申请必须包含以下内容：一是申请人的基本情况。如自然人的姓名、性别、年龄、身份、住址、民族等，如果申请人为法人或者其他组织的，包括申请人的名称、地址、法定代表人的姓名、职务等。

二是申请事项。申请人的申请事项必须明确具体，以便海关能够有的放矢地进行审查。三是申请的事实根据和法律依据。即根据法律的规定，申请人据以提出申请，并可能得到海关行政主体肯定答复的有关事实的材料、说明文件、法律、法规规定等。申请的事实根据和法律依据是申请书的主要部分所在，相对人在此应着重说明自己提出该项申请的事实理由，认为自己的申请应当被受理的法律依据。四是申请的时间。申请的时间在海关行政程序的进程中具有重要的程序意义，申请的提交标志着海关相应的审查程序的启动，海关必须在法定的期限内决定是否受理相对人的申请，海关不在法定期间内决定是否受理相对人的申请，依据有关法律的规定就可以视为海关已受理了相对人的申请，如《行政许可法》就有这样的规定。一旦海关决定受理该项申请，申请的日期通常也是海关进行实质处理的法定期间开始计算的日期，逾期海关未作出行政行为的，相对人可以提起行政不作为之诉。

　　例如，《海关办理行政处罚案件程序规定》第10条规定："办案人员要求回避的，应当提出书面申请，并且说明理由。办案人员具有应当回避的情形之一，没有申请回避，当事人及其代理人也没有申请他们回避的，有权决定他们回避的海关关长可以指令他们回避。当事人及其代理人要求办案人员回避的，应当提出申请，并且说明理由。口头提出申请的，海关应当记录在案。"再如《知识产权海关保护条例》第7条第1款规定："知识产权权利人可以依照本条例的规定，将其知识产权向海关总署申请备案；申请备案的，应当提交申请书。申请书应当包括下列内容：①知识产权权利人的名称或者姓名、注册地或者国籍等；②知识产权的名称、内容及其相关信息；③知识产权许可行使状况；④知识产权权利人合法行使知识产权的货物的名称、产地、进出境地海关、进出口商、主要特征、价格等；⑤已知的侵犯知识产权货物的制造商、进出口商、进出境地海关、主要特征、价格等。"第13条规定："知识产权权利人请求海关扣留侵权嫌疑货物的，应当提交申请书及相关证明文件，并提供足以证明侵权事实明显存在的证据。申请书应当包括下列主要内容：①知识产权权利人的名称或者姓名、注册地或者国籍等；②知识产权的名称、内容及其相关信息；③侵权嫌疑货物收货人和发货人的名称；④侵权嫌疑货物名称、规格等；⑤侵权嫌疑货物可能进出境的口岸、时间、运输工具等。侵权嫌疑货物涉嫌侵犯备案知识产权的，申请书还应当包括海关备案号。"

　　（4）申请的审查与受理。海关接到相对人的申请材料后，应迅速安排人员进行审查，在法定期间内作出是否受理的决定，并将结论告知申请人。必要的时候，海关可以要求申请人补充进行审查所需要的材料，甚至要求申请人到场说明有关情况。但是，此阶段的审查应当以形式审查为主，主要审查相对人的申请是否具备受理所需要的法定条件，申请材料是否齐全，而不是对申请的事项是否可以在实体上获得海关行政权行使的支持的实质审查，那是受理之后的工作。决定受理申请的，应及时通知申请人，送达受理通知书；对于不予受理的，也应及时通知申请人，说明不受理的理由，并告知必要的救济途径。如《海关办理行政处罚案件程序规定》第 28 条第 2 款规定："海关决定不予立案的，应当制作不予立案通知书，及时通知举报人、线索移送机关或者主动投案的违法嫌疑人。"再如《知识产权海关保护条例》第 15 条规定："知识产权权利人申请扣留侵权嫌疑货物，符合本条例第 13 条的规定，并依照本条例第 14 条的规定提供担保的，海关应当扣留侵权嫌疑货物，书面通知知识产权权利人，并将海关扣留凭单送达收货人或者发货人。知识产权权利人申请扣留侵权嫌疑货物，不符合本条例第 13 条的规定，或者未依照本条例第 14 条的规定提供担保的，海关应当驳回申请，并书面通知知识产权权利人。"

在申请的受理阶段，对于海关行政相对人的申请，海关一般不得以不属于自己的职权范围为由，拒收申请材料。但是，对于明显不属于自己职权范围的事项，海关可以拒收，但应告知申请人向有权机关或部门申请。对于一时无法确定是否是自己职权范围内的事项的申请，应当先收下相对人的申请材料，然后自己查明，而不得将查明责任不负责任地推给海关行政相对人。实践中常有类似的情况发生，使得海关行政相对人维权无门，甚至因此错过了申请期间，对此必须予以关注和加以改进。另外，海关接受相对人的申请材料必须向相对人出具收据，载明收到的申请书的份数、申请的事项、申请的时间、申请时提交的证据材料等，以防发生纠纷。对于口头提出的申请应当以妥善的方式记录在案，向申请人出具相应的已记录在案的证明，认真对待，不因是口头申请而忽视对相对人合法权益的保护。如《海关行政处罚听证办法》第 10 条第 3 款规定："当事人及其代理人要求办案人员回避的，应当提出申请，并且说明理由。口头提出申请的，海关应当记录在案。"

（二）告知制度

告知制度是海关行政主体在实施行政行为的过程中，向相对人告知相应行政行为的主要内容、理由和根据，相对人参与相应行政行为的权利和途径，以及其对行政行为不服而表示异议和寻求救济的途径、时限等一系列法律规范所构成的海关行政程序基本制度。对于任何最后作出决定的正当程序，其基本要求是合理和适当的通知，在任何情况下，通知利益相关的当事人即将开始的程序并向他们提供提出反对意见的机会。

1. 法律价值和功能。告知制度作为一项基本的海关行政程序制度，具有如下的法律价值和功能：

（1）告知制度是海关行政程序公开和公正原则的要求和体现。海关行政程序公开的一项重要内容就是向海关行政相对人公开与海关行政权行使有关的行政事项，以使相对人对海关行政行为有基本的了解，从而为参与到海关行政行为中来和监督海关依法行政提供基础和可能。海关行政程序公正原则不仅要求海关一视同仁地对待海关行政相对人，而且要求在海关与海关行政相对人之间实现最基本的公正，进一步说就是要保证相对人对海关行政行为的基本知情，海关行政行为不能是在相对人不知情的、秘密的情况下作出的，否则就违反了程序正义、公正的基本要求。

（2）告知制度有利于提高行政行为的实效，促进海关行政效率的实现。海关向相对人告知与其职权行使有关的事项，有利于提高相对人参与行政过程的实效，提高相对人对海关行政行为的认同度，从而自觉履行行政行为所要求的义务，实现海关行政管理的目的。

（3）告知制度有利于海关行政相对人及时有效地保护自己的实体性和程序性权利。在申请与受理阶段，海关及时向相对人告知不予受理的理由和救济的途径，有利于相对人及时采取其他的救济手段，进行行政复议或提起行政诉讼；在海关行政处罚行为中，海关及时向相对人告知拟作出的行政处罚的种类、事实根据和法律依据，有利于相对人行使陈述权和申辩权；在海关决定对相对人实行行政强制执行前，向相对人告知有关事项，有利于督促相对人自觉履行行政行为所要求的义务，避免在海关行政强制执行程序中对相对人权益造成更大的损害。

2. 主要内容。

（1）事前告知。事前告知是指海关行政主体在作出行政行为之前，尤其是在依职权作出行政行为的场合，应事先向相对人告知拟作出的行政行为的主要内容、依据和理由。如《海关办理行政处罚案件程序规定》第60条规定："海关在作出行政处罚决定前，应当告知当事人作出行政处罚决定的事实、理由和依据，并且告知当事人依法享有的权利。"再如《知识产权海关保护条例》第16条规定："海关发现进出口货物有侵犯备案知识产权嫌疑的，应当立即书面通知知识产权权利人。知识产权权利人自通知送达之日起3个工作日内依照本条例第13条的规定提出申请，并依照本条例第14条的规定提供担保的，海关应当扣留侵权嫌疑货物，书面通知知识产权权利人，并将海关扣留凭单送达收货人或者发货人。知识产权权利人逾期未提出申请或者未提供担保的，海关不得扣留货物。"事前告知旨在使海关行政相对人有针对性地提出证据为自己辩护、主张权利或选择相应的法律途径寻求救济（如货物被海关扣留的收货人或发货人收到海关扣留凭单后可以向海关提出符合规定的担保而请求放行货物），从而实现海关行政权行使过程的民主化、参与化，真正做到相对人参与到海关行政权行使过程中来，监督海关依法行政。在告知程序中，听取相对人的意见显得至关重要，可以说告知制度的一个重要目的就是要使相对人知悉与其权利义务有关的行政事项，从而进行陈述和提出自己的抗辩。海关应当认真听取海关行政相对人的意见，对其合法合理的意见和主张予以采纳和认可，不予采纳的也要向相对人说明不予采纳的理由，而不能仅仅把告知程序和听取意见程序视为走过场。至于告知的形式，法律并未要求统一的格式，但是为了恰当的告知，应尽量采取书面形式，这样也有利于海关行政行为过程证据的保存，将来发生纠纷时也有据可查。

（2）事中告知。事中告知是指海关行政主体在作出影响海关行政相对人权利义务的行政行为的过程中，应告知相对人参与行政行为的权利和途径、方法，以及相对人获取有关行政信息的途径和方法等。例如，《海关行政处罚听证办法》第3条规定："海关作出暂停从事有关业务、暂停报关执业、撤销海关注册登记、取消报关从业资格、对公民处1万元以上罚款、对法人或者其他组织处10万元以上罚款、没收有关货物、物品、走私运输工具等行政处罚决定之前，应当告知当事人有要求举行听证的权利；当事人要求听证的，海关应当组织听证。"再如，《知识产权海关保护条例》第20条规定："海关发现进出口货物有侵犯备案知识产权嫌疑并通知知识产权权利人后，知识产权权利人请求海关扣留侵权嫌疑货物的，海关应当自扣留之日起30个工作日内对被扣留的侵权嫌疑货物是否侵犯知识产权进行调查、认定；不能认定的，应当立即书面通知知识产权权利人。"

如果说事前告知强调海关应事先告知行政行为的实体内容、理由和根据，那么事中告知则重在对程序性事项的告知，旨在指导相对人恰当地参与到海关行政行为过程中来。要求海关向相对人告知程序性事项，主要是因为海关法律体系过于庞大，而且目前来说还过于庞杂，相对人毕竟精力有限，不可能对具体的海关行政行为程序有十分清楚的了解，而海关作为这一法律体系的执行者，势必对相关的法律规定有清楚的了解，由其向相对人告知具体的程序事项，将有助于海关行政相对人及时、有效地参与到海关行政程序中来，维护自己的合法权益。同时，通过提高相对人参与的效率，海关行政的效率也得到了提高；相对人对自己真正参与其中的海关行政行为的认同度也会有很大提高，从而也有利于提高海关行政主体的权威。

（3）事后告知。事后告知是指海关作出影响相对人权力义务的实体行政决定后，应及时向相对人告知决定的内容，以便相对人履行决定所要求的义务或者及时寻求救济。如《海关办理行政处罚案件程序规定》第71条规定："行政处罚决定书应当在宣告后当场交付当事人；当事人不在场的，海关应当在 7 日内将行政处罚决定书送达当事人。"

需要注意的是，事后告知除应恰当地告知实体行政决定的内容外，还应恰当地告知相对人若不服行政决定进行救济的途径和方式、方法、时限等。事后告知有利于相对人及时、恰当地保护自己的合法权益，同时，行政决定的公开也有利于相对人和社会公众对海关是否合法合理地行使行政权进行监督。

（三）证据制度

海关行政程序证据制度是指海关行政主体主动调查、收集一切能证明行政案件真实情况的证据材料的活动，海关行政相对人提交能证明案件真实情况的证据材料的活动，以及海关行政主体对所有的证据材料进行质证、认证所遵循的方式、方法、步骤、规则等一系列海关具体行政程序法律规范所构成的有机联系的整体。

1. 意义。法律的执行过程归根结底就是证据的调查、收集和质证、认证过程。与案件事实有关的证据是否得到全面的收集，收集证据的方法是否合法，对证据的质证、认证是否遵照法定的方式进行，都将直接影响海关行政行为的成立和生效。因此，证据制度在海关行政程序中具有极其重要的意义：

（1）证据制度是海关行政程序的核心制度。无论是申请与受理制度、告知制度，还是后面将要论述的行政听证制度、说明理由制度等等，其制度的设置和运行都围绕着证据制度展开，证据制度决定了其他海关行政程序制度运行的实际效果，海关行政程序的每一项具体制度都留有证据制度的痕迹，在每一项具体程序制度中，海关和行政相对人都是以证据说话的，也必须以证据说话。在某种程度上可以说，行政法治和行政人治的根本区别就在于是否依据证据来作出行政决定，依据证据作出行政决定的行政就是行政法治，依据行政首长个人的意见、看法、建议作出行政决定的就是行政人治。因此，完善的证据收集、调查和质证、认证制度应当是海关行政程序制度设计和建设的核心。

（2）证据制度是确保海关行政主体依法行政的根本。海关行政行为要合法合理，就必须建立在全面、真实和可靠的证据之上，而要确保证据的全面、真实和可靠，就必须有一套规范海关行政主体和海关行政相对人取得证据、采信证据的制度。证据制度可以确保海关行政主体依法收集证据，抑制违法取证行为的发生，防止借取证之名侵犯公民合法权益之实；可以使作为具体行政行为依据的证据都是经过质证、认证的证据，而不是海关行政机关先入为主或以行政人员一己之偏私而任意选择的证据。

（3）证据是海关行政相对人对抗海关行政主体任意行政，维护自己合法权益的最佳武器。在依职权的海关行政行为场合，法律一般对行政行为的证据基础有较为严格的要求，海关负有主动和全面地收集证据的责任，相对人则没有举证的义务。在依申请的海关行政行为场合，相对人只要提出了符合法定要求的证据，海关行政主体就必须作出相应的行政行为。由此，相对人只要提出合法有效的证据，就能够推翻海关不利于己的行政决定或者要求海关依法作出一定的行政行为来维护自己的合法权益。可以说，对海关相对人而言，一切海关行政权行使的秘密就在于证据，掌握了这把钥匙，就能够有效避免来自海关行政权的不当侵害，而且还可以利用海关行政权为自己谋福利。

2. 主要内容。

（1）证据的种类。《行政诉讼法》规定了7种行政证据：物证、书证、视听资料、证人证言、当事人陈述、鉴定结论、勘验笔录与现场笔录等。《海关办理行政处罚案件程序规定》第14条第1款规定："海关办理行政处罚案件的证据种类主要有：①书证；②物证；③视听资料、电子数据；④证人证言；⑤化验报告、鉴定结论；⑥当事人的陈述；⑦查验、检查记录。"

（2）举证责任的承担。在依申请的海关行政行为场合，申请人一般负有责任证明自己的申请符合法律的规定；在依职权的海关行政行为场合，海关负有主动调查、全面取证的责任，相对人不负有提出证据的责任，但是相对人对于自己提出的抗辩主张应提供证据予以证明，不过相对人承担的这种提出证据的责任，并不是举证责任，即使不能提出充足的证据证明自己的抗辩成立，也并不能使海关有充分的理由作出于己不利的行政决定，海关行政主体仍应独立收集作出行政行为所需要的全部证据。

（3）海关调查、收集证据的规则。证据制度中虽然也有关于相对人收集证据的规定，但由于海关行政程序制度的立法目的主要在于规范海关行政权力的行使，保障海关行政相对人的合法权益，所以证据制度中的大部分规则都是针对海关依职权调查、收集证据所设。

《海关行政处罚实施条例》第34条规定："海关立案后，应当全面、客观、公正、及时地进行调查、收集证据。海关调查、收集证据，应当按照法律、行政法规及其他有关规定的要求办理。海关调查、收集证据时，海关工作人员不得少于2人，并应当向被调查人出示证件。调查、收集的证据涉及国家秘密、商业秘密或者个人隐私的，海关应当保守秘密。"《海关办理行政处罚案件程序规定》第7条规定："海关在调查、收集证据时，办理行政处罚案件的海关工作人员（以下简称办案人员）不得少于2人，并且应当向当事人或者有关人员出示执法证件。"第8条规定："办案人员有下列情形之一的，应当回避，当事人及其代理人有权申请其回避：①是本案的当事人或者当事人的近亲属；②本人或者其近亲属与本案有利害关系；③与本案当事人有其他关系，可能影响案件公正处理的。"对于物证、书证,《海关办理行政处罚案件程序规定》第 15 条规定:"海关收集的物证、书证应当是原物、原件。收集原物、原件确有困难的,可以拍摄、复制足以反映原物、原件内容或者外形的照片、录像、复制件,并且可以指定或者委托有关单位或者个人对原物、原件予以妥善保管。收集物证、书证的原物、原件的,应当开列清单,注明收集的日期,由有关单位或者个人确认后盖章或者签字。收集由有关单位或者个人保管书证原件的复制件、影印件或者抄录件的,应当注明出处和收集时间,经提供单位或者个人核对无异后盖章或者签字。收集由有关单位或者个人保管物证原物的照片、录像的,应当附有关制作过程及原物存放处的文字说明,并且由提供单位或者个人在文字说明上盖章或者签字。提供单位或者个人拒绝盖章或者签字的,办案人员应当注明"。对于视听资料、电子数据,《海关办理行政处罚案件程序规定》第 16 条规定:"海关收集电子数据或者录音、录像等视听资料,应当收集原始载体。收集原始载体确有困难的,可以收集复制件,注明制作方法、制作时间、制作人、证明对象以及原始载体存放处等,并且由有关单位或者个人确认后盖章或者签字。海关对收集的电子数据或者录音、录像等视听资料的复制件应当进行证据转换,电子数据能转换为纸质资料的应当及时打印,录音资料应当附有声音内容的文字记录,并且由有关单位或者个人确认后盖章或者签字。"此外,《海关办理行政处罚案件程序规定》对证人证言、化验报告、鉴定结论、当事人的陈述、查验、检查记录等证据的获得也规定了较为具体和严格的程序,请参见相关法条,此处不赘。

(4) 证据的质证、认证。《海关办理行政处罚案件程序规定》第 14 条第 2款规定:"证据应当经查证属实,才能作为认定事实的根据。"据此,海关拟作为行政行为依据的证据必须符合客观性、合法性、真实性,必须是经过质证、认证的证据。在证据的认证过程中,海关行政主体应认真听取相对人的意见、陈述和申辩,尤其是对相对人提出的证据要进行认真的审查质证,对于合法的证据要予以采纳。对此,《海关办理行政处罚案件程序规定》第 62 条规定:"海关在收到当事人的书面陈述、申辩意见后,应当进行复核;当事人提出的事实、理由或者证据成立的,海关应当采纳。"

(四) 海关行政听证制度

听证制度作为一项行政程序基本制度,已得到学界的公认。听证起源于英美普通法中的自然公正原则,即任何人或团体在行使权利可能使别人受到不利影响时,必须听取相对方的意见,每个人都有防卫和为自己辩护的权利。[1] 海

―――――――――――

〔1〕　王名扬:《英国行政法》,中国政法大学出版社 1987 年版,第 152 页。

关行政听证制度是指海关在作出对相对人权益或者公共利益影响较大的行政行为时，应遵照法律规定依职权或依申请举行听证会，认真听取相对人或利害关系人的意见、建议、理由，审查相对人或利害关系人提出的证据，并在此基础上做出相应的行政行为。《中华人民共和国海关实施〈中华人民共和国行政许可法〉办法》第 31 条规定："法律、行政法规、海关总署规章规定实施海关行政许可应当听证的事项，或者海关认为需要听证的涉及公共利益的其他重大海关行政许可事项，海关应当向社会公告，并举行听证。海关行政许可直接涉及申请人与他人之间重大利益关系的，海关在作出海关行政许可决定前，应当告知申请人、利害关系人享有要求听证的权利。海关应当根据听证笔录作出海关行政许可决定。"《海关行政处罚实施条例》第 49 条第 1 款规定："海关作出暂停从事有关业务、暂停报关执业、撤销海关注册登记、取消报关从业资格、对公民处 1 万元以上罚款、对法人或者其他组织处 10 万元以上罚款、没收有关货物、物品、走私运输工具等行政处罚决定之前，应当告知当事人有要求举行听证的权利；当事人要求听证的，海关应当组织听证。"

目前，在法律层面上我国尚没有统一规定行政听证制度的法律，只是在《行政处罚法》和《行政许可法》中对听证程序有较完整的规定，[1] 其他行政法律中关于听证制度的规定也主要是直接借用这两部法律中的规定，在行政听证制度适用范围方面也没有超出行政许可和行政处罚的范围。海关法在行政听证制度方面的规定也体现出这一特点。

目前，海关行政听证制度除了受《行政处罚法》和《行政许可法》的一般规制外，还主要受《海关行政许可听证办法》（2005 年 12 月 8 日经海关总署署务会审议通过，自 2006 年 2 月 1 日起施行）和《海关行政处罚听证办法》（2005 年 12 月 27 日经海关总署署务会审议通过，自 2006 年 3 月 1 日起施行）这两个办法的具体规制。

下面首先介绍海关听证制度的法律意义、功能，以及当前海关行政听证制度应予完善之处。

1. 功能和意义。

（1）海关行政听证制度有利于防止偏私，确保海关行政权力的正确行使。海关行政听证制度在适用于一般海关行政行为的、简单听取当事人陈述和申辩制度的基础之上，采用一种类似于司法审判的形式，使海关行政主体和相对人在一种地位平等的制度构造中进行充分的辩论和对抗，从而有利于海关正确、全面地认识案件事实和明了相对人所面临的现实状况，并在此基础上作出合法

---

〔1〕　姜明安主编：《行政程序研究》，北京大学出版社 2006 年版，第 44 页。

合理和人性化的行政行为。

（2）由于海关行政听证制度很好地实现了相对人对行政过程的参与，因而，即使海关最终作出的行政行为对相对人权益造成了很不利的影响，也容易得到相对人的认可和服从，从而有利于消弭潜在的行政纠纷，疏导、缓和社会矛盾，提高海关行政效率。"人们一旦参加程序，那么就很难抗拒程序所带来的后果，除非程序的进行明显不公正。无论把它解释为参与和服从的价值兑换机制，还是解释为动机与承受的状况布局机制，甚至解释为潜在的博弈心理机制，都无关宏旨。重要的是公正的程序在相当程度上强化了法律的内在化、社会化效果。"[1]

（3）海关行政听证制度有利于增加海关行政权行使的透明度，满足人民的知情权。行政权行使的透明度是衡量民主行政与专制行政的首要指标。[2] 其他的海关行政程序制度虽然在一定程度上贯彻了行政公开原则，一定程度上实现了海关行政权行使的透明，但是与行政听证制度相比，其他制度所体现的海关行政权行使的透明度与之相比仍有很大差别。在海关行政听证制度中，除听证事项涉及国家秘密、商业秘密和个人隐私之外，听证一律公开进行，允许旁听，这是其他任何海关行政程序制度所没有的。行政听证制度使行政相对人介入了行政权的行使过程，行政听证的公开更使社会民众得以了解行政权行使的依据、方式、步骤、时限等，它使行政权的行使告别了暗箱操作的陋习，虽然它与社会民众之间还存在着某种隔阂，但这种隔阂毕竟是透明的。[3]

2. 基本内容。

（1）听证的范围。《海关行政许可听证办法》第 3 条规定："法律、行政法规、海关总署规章规定海关实施行政许可应当听证的，海关应当举行听证。对直接关系公共资源配置、提供公共服务等涉及公共利益的重大行政许可事项，海关认为需要举行听证的，可以举行听证。海关根据前两款规定举行听证的，应当在听证前向社会公告。"《海关行政处罚听证办法》第 3 条规定："海关作出暂停从事有关业务、暂停报关执业、撤销海关注册登记、取消报关从业资格、对公民处 1 万元以上罚款、对法人或者其他组织处 10 万元以上罚款、没收有关货物、物品、走私运输工具等行政处罚决定之前，应当告知当事人有要求举行听证的权利；当事人要求听证的，海关应当组织听证。"

完善的海关行政法治，其听证制度的适用范围应当包括海关立法行为和海

〔1〕 季卫东："程序比较论"，载《比较法研究》1993 年第 1 期。

〔2〕 章剑生：《行政程序法基本理论》，法律出版社 2003 年版，第 105 页。

〔3〕 章剑生：《行政程序法基本理论》，法律出版社 2003 年版，第 105 页。

关具体行政行为，但是目前我国海关行政听证仍只限于那些对海关行政相对人合法权益影响较大的行政处罚行为和依法应当举行听证的海关行政许可行为，对海关制定规范性法律文件等抽象行政行为的听证缺乏相应的法律规定。应当说，海关抽象行政行为涉及更大范围和更多潜在海关行政相对人的权益，其制定过程理应进行听证，使潜在的行政相对人参与到规范性法律文件的制定过程中来，表达自己的意见，提出建议和要求，使制定机关能够更好地了解相对人所面临的实际情况，从而使制定出来的规范性法律文件更合乎理性和人性，更利于实现海关行政管理的目标。

（2）听证的形式。[1]　听证的形式可分为正式听证和非正式听证。这一听证形式分类可以使行政听证适应行政实践的多种需要。

正式听证是借助于司法审判程序而发展起来的一种听证形式，其内部结构为三角程序模式，在这种程序中，听证主持人居中，行政机关调查人员和行政相对人各执一方、地位平等，指控与抗辩互相交涉。这种程序模式讲究方式，按部就班，会消耗大量的人力、物力、财力，且也不能适应行政效率的需求。因此，正式听证在各国的听证立法中只是一种例外，适用于法律明确规定的范围。从《海关行政许可听证办法》和《海关行政处罚听证办法》关于听证程序的规定来看，我国海关行政听证指的是正式听证。

非正式听证是指不采用司法审判程序听取意见，且不以笔录作为裁决唯一依据的一种程序模式，在非正式听证中行政机关对如何进行听证有较大的自由裁量权，它可以根据案件审理的需要决定程序的进展，或者中止、终结程序。它不太强调听证的形式，只要使当事人得到一个表达意见的机会，也就满足了听证的要求。因此，各国行政程序法仅对非正式听证作一些原则性规定。非正式听证灵活、适应性强、注重行政效率的特点，使其成为行政实践中听证的主要形式。

目前我国海关行政听证程序主要采用正式听证程序，但由于正式听证程序成本高、效率低，其适用范围只能限制在那些对相对人权益影响较大的海关行政决定上，这就导致大量的海关行政决定在作出之前，相对人并不能够充分表达自己的意见、抗辩和理由，从而影响了海关行政决定的可接受性。虽然有听取意见制度，但由于其过于简单、随意，因而不能充分保障相对人的程序参与权。鉴于此，应加强非正式听证在海关行政执法实践中的运用，使听证制度发挥出更大的功效。

（3）海关行政听证的具体程序。具体包括以下几个方面的内容：

---

[1]　章剑生：《行政程序法基本理论》，法律出版社2003年版，第108～112页。

第一，听证权利的告知。《海关行政许可听证办法》第 16 条规定："对本办法第 4 条所规定的行政许可事项，海关在作出行政许可决定之前应当告知海关行政许可申请人、利害关系人享有要求听证的权利。"《海关行政处罚听证办法》第 3 条也规定海关在作出有关的行政处罚决定时应向当事人告知有要求进行听证的权利。

第二，要求听证的申请。《海关行政许可听证办法》第 18 条规定："海关行政许可申请人、利害关系人要求听证的，应当在收到《听证告知书》之日起 5 日内向海关提交《海关行政许可听证申请书》（以下简称《听证申请书》），列明听证要求和理由，并予以签字或者盖章。"《海关行政处罚听证办法》第 18 条规定："当事人应当在海关告知其听证权利之日起 3 日以内，以书面形式向海关提出听证申请。以邮寄方式提出申请的，以寄出的邮戳日期为申请日期。当事人因不可抗力或者其他特殊情况不能在规定期限内提出听证申请的，经海关同意，可以在障碍消除后 3 日以内提出听证申请。"

第三，听证通知书或不予听证通知书的送达。《海关行政许可听证办法》第 20 条规定："海关行政许可申请人或者利害关系人依照本办法第 18 条规定提出听证申请的，海关应当在收到《听证申请书》之日起 20 日内组织听证。"第 21 条规定："海关行政许可申请人或者利害关系人无正当理由超过本办法第 18 条规定的期限提出听证申请，或者海关行政许可申请人、利害关系人以外的公民、法人或者其他组织提出听证申请的，海关可以不组织听证。不组织听证应当制发《海关行政许可不予听证通知书》，载明理由，并加盖海关行政许可专用印章。"《海关行政处罚听证办法》第 19 条第 1 款规定："海关决定组织听证的，应当自收到听证申请之日起 30 日以内举行听证，并在举行听证的 7 日以前将《海关行政处罚听证通知书》送达当事人。"第 20 条规定："有下列情形之一的，海关应当作出不举行听证的决定：①申请人不是本案当事人或者其代理人；②未在本办法第 18 条规定的期限内提出听证申请的；③不属于本办法第 3 条规定范围的。决定不予听证的，海关应当在收到听证申请之日起 5 日以内制作《海关行政处罚不予听证通知书》，并及时送达申请人。④听证前的准备。指海关在决定听证的情况下，应当在法定期限内完成听证主持人、记录人的选择、确定听证的时间、地点等。⑤通知海关行政相对人及利害关系人与听证有关的事项。"海关这一通知义务的履行是通过听证通知书的送达进行的。《海关行政许可听证办法》第 23 条规定："海关应当于举行听证的 7 日前将下列事项通知海关行政许可申请人、利害关系人或者听证参加人：①听证事由；②举行听证的时间、地点；③听证主持人、听证人员及记录员的姓名、身份；④有关委托代理人、申请回避等程序权利。海关通知上述事项应当制发《海关行政许可听证通知书》，并加盖海关行政许可专用印章，必要时予以公告。"《海关行政处罚听证办法》第19条第2款规定："海关行政处罚听证通知书应当列明当事人姓名或者名称、听证案件的名称以及举行听证的时间、地点，加盖海关行政案件专用章，并可以列明下列事项：①是否公开举行听证。不公开听证的，应当说明理由；②听证主持人、听证员、记录员的姓名；③要求当事人报送参加听证的人员名单、身份证明以及准备有关证据材料、通知证人等事项；④当事人及其代理人的权利、义务；⑤其他有关事项。⑥听证会举行；听证会进行中海关调查人员和行政相对人的辩论、质证；听证秩序的维持；听证的中止、终止；听证笔录的书写等。"关于此部分应遵循的具体程序请参见《海关行政许可听证办法》及《海关行政处罚听证办法》的有关规定，此处不赘。

（4）基于听证笔录的海关行政决定的作出。经过听证的，特别是经过正式听证的行政行为，海关行政主体必须按照在听证过程中形成的笔录作出最终的行政决定，而不能抛开听证笔录另行作出行政决定。对此，《海关行政许可听证办法》第9条明确规定："海关应当根据听证笔录中认定的事实作出海关行政许可决定。"遗憾的是，《海关行政处罚听证办法》对此没有作出明确的要求。

听证制度的目的就是要在辩论性的、对抗性的制度构造中通过当事人举证、质证、认证，查明案件事实真相，在此基础上作出正确的行政行为，维护相对人的合法权益，如果允许行政主体脱离听政笔录任意行为，那么耗费了大量人力、物力和财力的行政听证只能是走过场的表演、作秀，只能流于形式而没有任何实际意义。当然，对于听政时尚未取得，听证结束后取得的、对案件事实的认定有重要影响的证据，应允许例外，但必须为行政相对人提供另外的表达自己的意见和提出自己的抗辩机会。

（五）说明理由制度[1]

海关行政程序中的说明理由制度，是指海关行政主体在作出对行政相对人合法权益产生不利影响的行政行为时，应当向相对人说明作出该行政行为的事实根据、法律依据等。例如，《海关行政许可听证办法》第31条规定："延期举行听证的，海关应当书面通知海关行政许可申请人、利害关系人或者听证参加人，并说明理由。"再如海关作出行政处罚决定时必须向相对人说明行政处罚的事实根据和法律依据。

行政行为必须说明理由，是现代法治国家公认的一项原则。在英国，说明理由制度被视为是行政正义的一个基本要素。韦德教授认为，给出决定的理由

[1] 张树义主编：《行政程序法教程》，中国政法大学出版社2005年版，第110～114页。

是正常人的正义感所要求的，是所有对他人行使权力的人的一条健康的戒律。[1]

1. 意义。

（1）有利于促使海关在作出行政决定时，就事实问题和法律问题进行认真考虑，仔细斟酌，谨慎作出决定，以免草率行事。要求海关将其行政决定的理由向相对人公开，有利于促使其在作决定时更加认真谨慎，尽量避免相对人事后提起行政救济或者司法救济。

（2）有利于提高海关行政行为的可接受程度，使海关行政相对人信服，避免对立，从而有利于海关行政行为的执行和海关行政效率的提高。将海关行政行为的理由向相对人公开，可以使相对人了解海关所认定的事实和适用的法律，以及行政行为背后所蕴涵的推理和考虑，从而有助于使相对人接受海关的行政决定，特别是对其不利的决定。这就减少了海关和相对人的对立，增强了相对人对海关行政行为的认同，有利于海关行政行为的执行。反之，如果海关只是要求相对人按照其决定履行一定的义务，而拒绝说明任何必要的理由，那么势必招致相对人的抵抗。

（3）方便海关行政相对人寻求救济。将海关行政决定的事实根据和法律依据向海关行政相对人充分公开，有利于相对人认识到海关行政行为在事实认定和法律适用方面是否存在问题，存在什么样的问题，以及以此问题为根据寻求救济得到支持的可能性有多大，从而作出寻求救济还是不寻求救济的决定，以及以什么样的方式寻求救济。

（4）便于受理海关行政纠纷的机关进行审查。要求海关说明其行政行为的事实根据和法律依据，一旦发生行政纠纷，纠纷解决机关就可以以海关所说明的理由为依据来审查海关行政行为的合法性和合理性，而没必要花费大量的人力、物力、财力对海关行政行为所依据的事实和法律进行重复调查。

（5）说明海关行政行为的理由还有利于满足社会的知情权，使社会公众对海关行政行为的监督落到实处。

2. 主要内容。

（1）说明作出行政行为的事实根据。《海关办理行政处罚案件程序规定》第66条第2款规定："海关作出行政处罚决定，应当做到认定违法事实清楚，定案证据确凿充分，违法行为定性准确，适用法律正确，办案程序合法，处罚幅度合理适当。海关行政执法活动必须以事实为依据，以法律为准绳。"其中又以"以事实为依据"尤为重要，法律适用正确与否直接取决于所认定的事实真实与否。说明理由制度对证据规则提出了如下几个要求：其一，海关不得以其主观

---

〔1〕 ［英］威廉·韦德：《行政法》，徐炳等译，中国大百科全书出版社1997年版，第193页。

臆断的所谓"法律事实"作为行政行为的依据，并将这一"法律事实"强加给相对人；其二，所认定的案件事实必须是海关在充分的证据材料基础上，在遵循证明逻辑的前提下达到的结论；其三，作为说明理由制度要说明的事实根据，指的是主要事实根据，而非次要事实根据。

（2）说明作出行政行为的法律依据。法律依据是用来支撑海关行政行为合法性的法律规范。依法行政的基本原则要求海关作出的行政行为必须有法律依据，并要求海关将所依据的法律规范作为行政行为的理由之一告诉海关行政相对人，从而使相对人明确海关之所以作出如此行政行为的原因，并根据自己的法律知识水平来判断行政行为的合法性，进而选择服从或者寻求救济。一个确有法律依据但拒不说明该法律依据的海关行政行为，无论如何都难以获得相对人的认同，而且，如果相对人不知道海关行政行为的法律依据，就无法对其合法性作出判断，也就无法有效地寻求救济。英国学者威廉·韦德揭示了这一点，他这样说道："如果公民找不出决定背后的推理，他便说不出是不是可以复审，这样他便被剥夺了法律保护。"[1]　具体地说，海关对其行政行为法律依据的说明应当做到：其一，全面展示法律依据。即，凡是支撑其所作出的行政行为的法律规定，海关必须以不会引起相对人误解的方式，全部出示给相对人，任何保留、部分保留或者误导性的展示都是不适当的；其二，当海关行政主体面对两个以上的法律规范，且它们之间相互冲突时，应当选择效力层次高的法律规范作为自身行政行为的法律依据；其三，海关行政主体不能仅仅以海关行政规章之下的行政规范性文件作为其行政行为的法律依据。规章之下的这些规范性文件不具备海关行政法渊源的地位，仅仅根据这些法律文件来说明海关行政行为的合法性缺乏正当性和权威性，不易为相对人接受。

另外，在海关行使自由裁量权的情况下，除了要说明行政行为的事实根据和法律依据之外，还要说明行使自由裁量时所考虑的相关因素，说明之所以作出这样的行政行为，而不是那样的行政行为的理由。只有这样，海关行政相对人才能真正理解海关行政行为背后的推理，才能对相应行政行为的合法性、正当性作出准确的判断。也只有这样，社会公众对海关行政自由裁量权行使的监督才能落到实处。

（六）期间、时限与送达制度

1. 期间、时限制度。所谓期间、时限，是指海关和海关行政相对人在行政行为进程中完成一定行为应遵循的法定期限或者指定期限。由这一系列关于期间、时限的具体海关行政程序法律规范所构成的有机整体即是海关行政程序的

---

〔1〕　〔英〕威廉·韦德：《行政法》，徐炳等译，中国大百科全书出版社1997年版，第193页。

期间、时限制度。如《海关办理行政处罚案件程序规定》第 11 条规定："对当事人及其代理人提出的回避申请，海关应当在 3 个工作日内作出决定并且书面通知申请人。对海关驳回回避申请有异议的，当事人及其代理人可以在收到书面通知后的 3 个工作日内向作出决定的海关申请复核 1 次；作出决定的海关应当在 3 个工作日内作出复核决定并且书面通知申请人。"该规定里的"3 日内"就是相对人和海关完成一定行为应遵守的期间和时限规定，违反该规定将承担一定的不利法律后果。

期间、时限制度是海关行政程序效率原则的直接要求。在某种程度上来说，人们之所以忍受限制个人权利和自由的政府的存在，就是因为政府在处理某些社会事务上确实较个人在处理相同的事务时取得了显著的成效。高效是政府的一个重要优势，因此我们可以说，效率是行政的生命，行政必须不断地追求和提高自己的效率。海关行政管理亦是如此。而要确保海关行政效率的实现，就必须为海关行政行为的每一阶段、每一环节规定时限，要求海关行政主体和海关行政相对人必须在法定或者指定的期间内完成一定的行为，否则将承担不利于己的时效责任。也只有为海关行政行为的每一阶段、每一环节规定必要的时限，才能确保海关行政行为有条不紊地进行，而不致因某一环节的过分拖延而耽误或中断整个行政行为的进程，影响海关行政效率的实现。

期间、时限制度也体现了海关行政程序公正原则。如果没有期间、时限制度，海关可以无期限地拖延作出行政行为，那么，与海关行政相对人有关的社会关系就会长期处于不稳定的状态，这不利于对相对人合法权益的保护。期间、时限制度的有关规定解决了这一问题。期间、时限制度中除了有部分规范是规定相对人应在法定或者指定的期间内完成一定行为外，有很大一部分规范是针对海关行政主体而设置的，这些规定明确要求海关行政主体应在法定期间内作出一定的行政行为，否则将导致不利的法律后果，这有利于促使海关行政主体尽可能早地作出行政行为，使与相对人有关的社会关系早日处于稳定的状态，便于相对人保护自己的合法权益。

期间、时限制度虽然同时体现了海关行政效率原则和公正原则的要求，但是，这并不意味着在期间、时限制度中二者会自然地实现和谐，因此，在海关行政程序期间、时限制度设计中，必须妥善处理好海关行政效率与行政公正之间的关系。具体来说要注意两个方面：其一，期间、时限不能太长。太长的期间、时限不利于海关行政效率的提高和实现，也不利于海关行政相对人合法权益的保护；其二，期间、时限也不能太短。太短的期间、时限将迫使海关行政主体仓促作出行政行为或者相对人无法在法定的期间内保护自己的合法权益，海关行政公正将得不到保障。因此，海关行政程序期间、时限的设置应根据所要完成的行为的种类、性质、难易复杂程度、发生几率以及海关人、财、物配置情况合理确定，既要保证一定水平的海关行政效率的实现，又要确保每个行政相对人、每件海关行政事务都得到合理和适当的时间对待。

不同的海关行政行为应遵守不同的期间、时限规定，至于具体的规定请参见有关的海关行政法律、法规、规章、规范性文件的规定，此处不一一列举。

2. 送达制度。所谓海关行政程序送达制度，是指海关行政主体通过一定的方式将海关行政文书交付给行政相对人或有关人员，使其知晓一定事项的一系列法律规范所构成的行政程序制度。

送达制度具有重要的法律意义：其一，送达制度是海关行政程序公开原则的要求。海关行政程序公开原则要求海关应向相对人和有关人员告知有关行政事项，而告知必然采用一定的形式，送达制度就是规范告知形式的制度。其二，送达是一定的海关行政行为得以生效的前提条件。海关行政决定具有确定力、先定力、执行力，但是这一切效力的发生都必须以向相对人送达有关行政决定为前提，尚未向相对人送达的行政决定对相对人不具有任何效力，这是海关行政法治的基本要求。其三，行政决定的送达可以制约海关任意行政。已经送达的行政决定具有确定力，海关不得对其内容随意加以变更，包括不得变更行政决定所认定的事实、所适用的法律依据和所作出的行政结论。

送达的方式，依法有直接送达、留置送达、邮寄送达、委托送达、转交送达、公告送达等。鉴于《海关办理行政处罚案件程序规定》（以下简称《程序规定》）中对海关行政法律文书的送达有较为完善的规定，此处就以其为例介绍海关行政送达制度。

《程序规定》第20条规定："海关送达行政法律文书，应当直接送交受送达人。受送达人是公民的，本人不在交其同住成年家属签收；受送达人是法人或者其他组织的，应当由法人的法定代表人、其他组织的主要负责人或者该法人、组织负责收件的人签收；受送达人有委托接受送达的代理人的，可以送交代理人签收。直接送达行政法律文书，由受送达人在送达回证上签字或者盖章，并且注明签收日期。"送达回证上的签收日期为送达日期。"

《程序规定》第21条规定："受送达人或者与其同住的成年家属拒绝签收行政法律文书，送达人应当邀请见证人到场，说明情况，在送达回证上注明拒收事由和日期，由送达人、见证人签字或者盖章，把行政法律文书留在受送达人的住所，即视为送达。"

《程序规定》第22条规定："直接送达行政法律文书有困难的，可以委托其他海关代为送达，或者邮寄送达。委托其他海关代为送达的，应当向受托海关出具委托手续，并且由受托海关向当事人出示。邮寄送达的，应当附有送达回证并且以送达回证上注明的收件日期为送达日期；送达回证没有寄回的，以挂号信回执或者查询复单上注明的收件日期为送达日期。"

《程序规定》第 23 条规定："海关对中华人民共和国领域内有住所的外国人、无国籍人、外国企业或者组织送达行政法律文书，适用本规定第 20 条至第 22 条规定。海关对中华人民共和国领域内没有住所的外国人、无国籍人、外国企业或者组织能够直接送交行政法律文书的，应当直接送达。受送达人有委托接受送达的代理人的，海关可以向代理人直接送达，也可以向受送达人在中华人民共和国领域内设立的代表机构或者有权接受送达的分支机构、业务代办人直接送达。海关对授权委托有疑问的，可以要求代理人提供经过公证机关公证的授权委托书。直接送达行政法律文书有困难并且受送达人所在国的法律允许邮寄送达的，可以邮寄送达。海关向我国香港、澳门和台湾地区送达法律文书的，比照对中华人民共和国领域内没有住所的外国人、无国籍人、外国企业或者组织送达法律文书的相关规定执行。"

《程序规定》第 24 条规定："受送达人是军人的，通过其所在部队团以上单位的政治机关转交。受送达人是被监禁的或者被劳动教养的，通过其所在监所、劳动改造单位或者劳动教养单位转交。受送达人在送达回证上的签收日期，为送达日期。"

《程序规定》第 25 条规定："经采取本规定第 20 条至第 24 条规定的送达方式无法送达的，公告送达。依法予以公告送达的，海关应当将行政法律文书的正本张贴在海关公告栏内。行政处罚决定书公告送达的，还应当在报纸上刊登公告。公告送达，自发出公告之日起满 60 日，视为送达；对在中华人民共和国领域内没有住所的当事人进行公告送达，自发出公告之日起满 6 个月，视为送达。法律、行政法规另有规定，以及我国缔结或者参加的国际条约中约定有特别送达方式的除外。"

第8章
违反海关行政法规范的行为及法律责任

第一节 走私行为及其责任

一、走私行为概述

（一）走私行为的概念及其特征

根据《海关法》和《海关行政处罚实施条例》等法律法规的规定，我国违反海关行政法规范的行为，可以分为走私行为和违反海关监管规定的行为。《海关行政处罚实施条例》在篇章结构的排列上即明显地体现出这一点来，其第一章为"总则"，第二章为"走私行为及其处罚"，第三章为"违反海关监管规定的行为及其处罚"，第四章为"对违反海关法行为的调查"，第五章为"海关行政处罚的决定和执行"，第六章为"附则"。本节首先来介绍海关行政法上的走私行为。

海关行政法上的走私行为，是指违反海关法及有关法律、行政法规，非法运输、携带、邮寄国家禁止、限制进出境或应纳税款的货物、物品进出境，或者未经海关许可并未缴纳税款、交验有关许可证件，擅自将保税货物、特定减免税货物以及其他海关监管货物、物品、进境的境外交通运输工具在境内销售，逃避海关监管或偷逃税款，但尚不构成走私类犯罪的违反海关行政法规范的行为。[1] 根据其定义可知，海关行政法上所说的走私行为具有如下几个特点：

1. 从违法性程度上来讲，海关行政法上所说的走私行为的违法性尚未达到构成走私犯罪的程度。《海关行政处罚实施条例》第2条规定："依法不追究刑

---

[1] 邵铁民：《海关法学》，上海财经大学出版社2004年版，第280页。

事责任的走私行为和违反海关监管规定的行为，以及法律、行政法规规定由海关实施行政处罚的行为的处理，适用本实施条例。"一旦海关行政相对人走私行为的社会危害性达到构成走私犯罪的程度，那么海关行政主体必须将案件移送给对走私犯罪案件有管辖权的机关作为刑事案件处理，而不能以海关行政处罚代替对相对人刑事责任的追究，否则海关行政人员要承担相应的行政或刑事责任（拒不移送刑事案件罪）。1998 年召开的打击走私工作会议，根据走私活动的严重性及其对国家和社会的危害性，国务院作出了改革缉私工作体制的决定。具体就是：其一，明确海关总署为国家的缉私工作职能部门，确立联合缉私，统一处理、综合治理的缉私工作体制。各行政执法部门查获的走私案件应移交海关统一依法处理；其二，组建走私犯罪侦查局（现为海关缉私局），作为侦查走私犯罪案件的公安机构，由公安部和海关总署双重领导，以海关总署领导为主，设在海关总署。因此，海关行政主体对构成犯罪的走私案件，应按规定移送对案件有管辖权的海关缉私局处理。

2. 海关行政法上所说的走私行为，虽然其社会危害性尚未达到构成犯罪的程度，但是与其他违反海关监管规定的行为相比，其危害性相对较大，这也是海关法和海关行政处罚实施条例将其单独列出，以区别于其他违反海关监管规定的行为的原因之一。走私行为不仅逃避国家税收，造成国家财政收入的减少，而且使国家对货物进出口的监管落空，大量走私产品非法进入国内市场，破坏了正常的市场秩序，对民族经济和国内产业的发展形成了巨大冲击，威胁国家经济安全。正因为走私行为所具有的这些严重危害性，世界各国法律都对走私行为予以严厉打击。

3. 海关行政法上所说的走私行为，其主要表现形式为违反国家进出口监督管理制度规定，进出口国家禁止进出口的一般货物、物品，或者未经许可进口国家限制进口的一般货物、物品，以及偷逃关税的行为。走私枪支、弹药、爆炸物等物品的行为一般不认为是海关行政法上所说的走私行为。

（二）海关行政法上的走私行为与刑法上走私行为的区分

简单来说，海关行政法上的走私行为是一种行政违法行为行为人需要承担的是行政法上的法律责任；而刑法上的走私行为是一种犯罪行为，在行为的社会危害性程度和违法性程度上均较海关行政法上的走私行为严重，行为人需要承担的是刑法上的法律责任，即刑罚。具体到海关行政执法和司法实践中二者的区分主要通过走私数额的大小和走私行为对象的特殊性（如毒品、核材料、武器、弹药、枪支等）来进行。根据《刑法》规定，走私类犯罪主要有以下几种：

1.《刑法》第 151 条规定："走私武器、弹药、核材料或者伪造的货币的，处 7 年以上有期徒刑，并处罚金或者没收财产；情节较轻的，处 3 年以上 7 年以下有期徒刑，并处罚金。

走私国家禁止出口的文物、黄金、白银和其他贵重金属或者国家禁止进出口的珍贵动物及其制品的，处 5 年以上有期徒刑，并处罚金；情节较轻的，处 5 年以下有期徒刑，并处罚金。

走私国家禁止进出口的珍稀植物及其制品的，处 5 年以下有期徒刑，并处或者单处罚金；情节严重的，处 5 年以上有期徒刑，并处罚金。

犯第 1 款、第 2 款罪，情节特别严重的，处无期徒刑或者死刑，并处没收财产。

单位犯本条规定之罪的，对单位判处罚金，并对其直接负责的主管人员和其他直接责任人员，依照本条各款的规定处罚。"

2. 《刑法》第 152 条规定："以牟利或者传播为目的，走私淫秽的影片、录像带、录音带、图片、书刊或者其他淫秽物品的，处 3 年以上 10 年以下有期徒刑，并处罚金；情节严重的，处 10 年以上有期徒刑或者无期徒刑，并处罚金或者没收财产；情节较轻的，处 3 年以下有期徒刑、拘役或者管制，并处罚金。

单位犯前款罪的，对单位判处罚金，并对其直接负责的主管人员和其他直接责任人员，依照前款的规定处罚。"

3. 《刑法》第 153 条规定："走私本法第 151 条、第 152 条、第 347 条规定以外的货物、物品的，根据情节轻重，分别依照下列规定处罚：

（1）走私货物、物品偷逃应缴税额在 50 万元以上的，处 10 年以上有期徒刑或者无期徒刑，并处偷逃应缴税额 1 倍以上 5 倍以下罚金或者没收财产；情节特别严重的，依照本法第 151 条第 4 款的规定处罚。

（2）走私货物、物品偷逃应缴税额在 15 万元以上

不满 50 万元的，处 3 年以上 10 年以下有期徒刑，并处偷逃应缴税额 1 倍以上 5 倍以下罚金；情节特别严重的，处 10 年以上有期徒刑或者无期徒刑，并处偷逃应缴税额一倍以上五倍以下罚金或者没收财产。

（3）走私货物、物品偷逃应缴税额在 5 万元以上不满 15 万元的，处 3 年以下有期徒刑或者拘役，并处偷逃应缴税额 1 倍以上 5 倍以下罚金。单位犯前款罪的，对单位判处罚金，并对其直接负责的主管人员和其他直接责任人员，处 3 年以下有期徒刑或者拘役；情节严重的，处 3 年以上 10 年以下有期徒刑；情节特别严重的，处 10 年以上有期徒刑。对多次走私未经处理的，按照累计走私货物、物品的偷逃应缴税额处罚。"

4. 《刑法》第 154 条规定："下列走私行为，根据本节规定构成犯罪的，依照本法第 153 条的规定定罪处罚：①未经海关许可并且未补缴应缴税额，擅自

将批准进口的来料加工、来件装配、补偿贸易的原材料、零件、制成品、设备等保税货物，在境内销售牟利的；②未经海关许可并且未补缴应缴税额，擅自将特定减税、免税进口的货物、物品，在境内销售牟利的。"

5.《刑法》第155规定："下列行为，以走私罪论处，依照本节的有关规定处罚：①直接向走私人非法收购国家禁止进口物品的，或者直接向走私人非法收购走私进口的其他货物、物品，数额较大的；②在内海、领海运输、收购、贩卖国家禁止进出口物品的，或者运输、收购、贩卖国家限制进出口货物、物品，数额较大，没有合法证明的；③逃避海关监管将境外固体废物运输进境的。"

6.《刑法》156 条规定："与走私罪犯通谋，为其提供贷款、资金、账号、发票、证明，或者为其提供运输、保管、邮寄或者其他方便的，以走私罪的共犯论处。"

7.《刑法》第 157 条规定："武装掩护走私的，依照本法第 151 条第 1 款、第 4 款的规定从重处罚。以暴力、威胁方法抗拒缉私的，以走私罪和本法第 277 条规定的阻碍国家机关工作人员依法执行职务罪，依照数罪并罚的规定处罚。"

8.《刑法》第 347 条规定："走私、贩卖、运输、制造毒品，无论数量多少，都应当追究刑事责任，予以刑事处罚。

走私、贩卖、运输、制造毒品，有下列情形之一的，处 15 年有期徒刑、无期徒刑或者死刑，并处没收财产：①走私、贩卖、运输、制造鸦片 1 000 克以上、海洛因或者甲基苯丙胺 50 克以上或者其他毒品数量大的；②走私、贩卖、运输、制造毒品集团的首要分子；③武装掩护走私、贩卖、运输、制造毒品的；④以暴力抗拒检查、拘留、逮捕，情节严重的；⑤参与有组织的国际贩毒活动的。

走私、贩卖、运输、制造鸦片 200 克以上不满 1000 克、海洛因或者甲基苯丙胺 10 克以上不满 50 克或者其他毒品数量较大的，处 7 年以上有期徒刑，并处罚金。

走私、贩卖、运输、制造鸦片不满 200 克、海洛因或者甲基苯丙胺不满 10 克或者其他少量毒品的，处 3 年以下有期徒刑、拘役或者管制，并处罚金；情节严重的，处 3 年以上 7 年以下有期徒刑，并处罚金。

单位犯第 2 款、第 3 款、第 4 款罪的，对单位判处罚金，并对其直接负责的主管人员和其他直接责任人员，依照各该款的规定处罚。

利用、教唆未成年人走私、贩卖、运输、制造毒品，或者向未成年人出售毒品的，从重处罚。

对多次走私、贩卖、运输、制造毒品，未经处理的，毒品数量累计计算。"

9.《刑法》第 349 条规定："包庇走私、贩卖、运输、制造毒品的犯罪分子的，为犯罪分子窝藏、转移、隐瞒毒品或者犯罪所得的财物的，处 3 年以下有期徒刑、拘役或者管制；情节严重的，处 3 年以上 10 年以下有期徒刑。

缉毒人员或者其他国家机关工作人员掩护、包庇走私、贩卖、运输、制造毒品的犯罪分子的，依照前款的规定从重处罚。

犯前两款罪，事先通谋的，以走私、贩卖、运输、制造毒品罪的共犯论处。"

对于《刑法》关于走私犯罪的上述规定在司法实践中的具体适用，请参见 2000 年 9 月 20 日由最高人民法院审判委员会第 1131 次会议通过并公布，自 2000 年 10 月 8 日起施行的《最高人民法院关于审理走私刑事案件具体应用法律若干问题的解释》和 2006 年 7 月 31 日由最高人民法院审判委员会第 1396 次会议通过并公布，自 2006 年 11 月 16 日起施行的法释〔2006〕9 号《最高人民法院关于审理走私刑事案件具体应用法律若干问题的解释（二）》的有关具体规定，此处不再赘述。

《刑法》第 402 条规定："行政执法人员徇私舞弊，对依法应当移交司法机关追究刑事责任的不移交，情节严重的，处 3 年以下有期徒刑或者拘役；造成严重后果的，处 3 年以上 7 年以下有期徒刑。"据此，海关行政执法人员在查处违反海关行政法规范的行为过程中发现相应行为构成走私犯罪的，必须依法移送有权机关按照《刑事诉讼法》的规定追究行为人的刑事责任，而不能以对相对人的行政处罚代替对其刑事责任的追究，否则将有可能构成徇私舞弊不移交刑事案件罪。《海关法》第 4 条规定："国家在海关总署设立专门侦查走私犯罪的公安机构，配备专职缉私警察，负责对其管辖的走私犯罪案件的侦查、拘留、执行逮捕、预审。"据此，海关行政执法人员发现有关违法行为构成走私犯罪的，应当将其移交有管辖权的海关缉私机构。

二、走私行为的种类及其法律责任

（一）走私行为的种类

1. 典型的走私行为。根据《海关行政处罚实施条例》第 7 条的规定，有下列行为之一的，是走私行为：

（1）未经国务院或者国务院授权的机关批准，从未设立海关的地点运输、携带国家禁止或者限制进出境的货物、物品或者依法应当缴纳税款的货物、物品进出境的。

相关法律如《海关法》第 8 条规定，进出境运输工具、货物、物品，必须通过设立海关的地点进境或者出境；在特殊情况下，需要经过未设立海关的地点临时进境或者出境的，必须经国务院或者国务院授权的机关批准，并依照本法规定办理海关手续。

（2）经过设立海关的地点，以藏匿、伪装、瞒报、伪报或者其他方式逃避海关监管，运输、携带、邮寄国家禁止或者限制进出境的货物、物品或者依法应当缴纳税款的货物、物品进出境的。

相关法律如《海关法》第9条规定，进出口货物，除另有规定的外，可以由进出口货物收发货人自行办理报关纳税手续，也可以由进出口货物收发货人委托海关准予注册登记的报关企业办理报关纳税手续；进出境物品的所有人可以自行办理报关纳税手续，也可以委托他人办理报关纳税手续。

（3）使用伪造、变造的手册、单证、印章、账册、电子数据或者以其他方式逃避海关监管，擅自将海关监管货物、物品、进境的境外运输工具，在境内销售的。

相关法律如《海关法》第19条规定，进境的境外运输工具和出境的境内运输工具，未向海关办理手续并缴纳关税，不得转让或者移作他用。《海关法》第32条规定，经营保税货物的储存、加工、装配、展示、运输、寄售业务和经营免税商店，应当符合海关监管要求，经海关批准，并办理注册手续。保税货物的转让、转移以及进出保税场所，应当向海关办理有关手续，接受海关监管和查验。《海关法》第57条规定，特定地区、特定企业或者有特定用途的进出口货物，可以减征或者免征关税。特定减税或者免税的范围和办法由国务院规定；依照前款规定减征或者免征关税进口的货物，只能用于特定地区、特定企业或者特定用途，未经海关核准并补缴关税，不得移作他用。

（4）使用伪造、变造的手册、单证、印章、账册、电子数据或者以伪报加工贸易制成品单位耗料量等方式，致使海关监管货物、物品脱离监管的。

相关法律如《海关法》第33条规定，企业从事加工贸易，应当持有关批准文件和加工贸易合同向海关备案，加工贸易制成品单位耗料量由海关按照有关规定核定；加工贸易制成品应当在规定的期限内复出口；其中使用的进口料件，属于国家规定准予保税的，应当向海关办理核销手续；属于先征收税款的，依法向海关办理退税手续；加工贸易保税进口料件或者制成品因故转为内销的，海关凭准予内销的批准文件，对保税的进口料件依法征税；属于国家对进口有限制性规定的，还应当向海关提交进口许可证件。

（5）以藏匿、伪装、瞒报、伪报或者其他方式逃避海关监管，擅自将保税区、出口加工区等海关特殊监管区域内的海关监管货物、物品，运出区外的。

相关法律如《海关法》第34条规定，经国务院批准在中华人民共和国境内设立的保税区等海关特殊监管区域，由海关按照国家有关规定实施监管。

自 2007 年 10 月 3 日起施行的《中华人民共和国海关保税港区管理暂行办法》第 44 条规定，违反本办法，构成走私行为、违反海关监管规定行为或者其他违反海关法行为的，由海关依照海关法和《中华人民共和国海关行政处罚实施条例》的有关规定予以处理；构成犯罪的，依法追究刑事责任。

《中华人民共和国海关对出口加工区监管的暂行办法》第 19 条规定，对加工区运往区外的货物，海关按照对进口货物的有关规定办理报关手续，并按照制成品征税；如属许可证件管理商品，还应向海关出具有效的进口许可证件。第 43 条规定，违反本办法规定的，由海关依照《中华人民共和国海关法》及《中华人民共和国海关法行政处罚实施细则》的有关规定进行处理。

（6）有逃避海关监管，构成走私的其他行为的。

2. 以走私论处的行为。除了典型的走私行为之外，还有某些行为法律规定以走私行为论处。根据《海关行政处罚实施条例》第 8 条的规定，有下列行为之一的，以走私行为论处：

（1）明知是走私进口的货物、物品，直接向走私人非法收购的；

（2）在内海、领海、界河、界湖，船舶及所载人员运输、收购、贩卖国家禁止或者限制进出境的货物、物品，或者运输、收购、贩卖依法应当缴纳税款的货物，没有合法证明的。

3. 共同走私行为。在刑法上有共同走私犯罪的概念，同样的，行政违法层面的走私行为也存在共同走私的问题。根据《海关行政处罚实施条例》第 10 条的规定，与走私人通谋为走私人提供贷款、资金、账号、发票、证明、海关单证的，与走私人通谋为走私人提供走私货物、物品的提取、发运、运输、保管、邮寄或者其他方便的，以走私的共同当事人论处。

（二）走私行为的法律责任

此处所说的走私行为的法律责任指的是走私行为的行政违法责任，而不是指民事责任或刑事责任。根据《海关行政处罚实施条例》第 9 条的规定，对典型的走私行为和以走私论处的行为，按照下列规定处罚：

1. 走私国家禁止进出口的货物的，没收走私货物及违法所得，可以并处 100 万元以下罚款；走私国家禁止进出境的物品的，没收走私物品及违法所得，可以并处 10 万元以下罚款；

2. 应当提交许可证件而未提交但未偷逃税款，走私国家限制进出境的货物、物品的，没收走私货物、物品及违法所得，可以并处走私货物、物品等值以下罚款；

3. 偷逃应纳税款但未逃避许可证件管理，走私依法应当缴纳税款的货物、物品的，没收走私货物、物品及违法所得，可以并处偷逃应纳税款 3 倍以下罚款。

对于专门用于走私的运输工具或者用于掩护走私的货物、物品，2 年内 3 次以上用于走私的运输工具或者用于掩护走私的货物、物品，应当予以没收。藏匿走私货物、物品的特制设备、夹层、暗格，应当予以没收或者责令拆毁。使用特制设备、夹层、暗格实施走私的，应当从重处罚。

对共同走私行为，《海关行政处罚实施条例》第 10 条规定依照第 9 条的规定处罚。

《海关行政处罚实施条例》第 11 条规定，报关企业、报关人员和海关准予从事海关监管货物的运输、储存、加工、装配、寄售、展示等业务的企业，构成走私犯罪或者 1 年内有 2 次以上走私行为的，海关可以撤销其注册登记、取消其报关从业资格。

第二节　其他违反海关监管规定的行为及其法律责任

一、违反海关监管规定的行为概述

根据《海关行政处罚实施条例》第 12 条的规定，违反海关法及其他有关法律、行政法规和规章但不构成走私行为的，是违反海关监管规定的行为。由此可见，违反海关监管规定的行为具有下列特点：

1. 违反海关监管规定的行为不包括走私行为。虽然走私行为必定违反了相关的海关法律、法规、规章等的规定，但由于其特殊性，法律已将其单独列为一类违反海关法律规范的行为，因而没必要再包含在违反海关监管规定的行为里。

2. 违反海关监管规定的行为是指除走私行为以外的一切违反海关法及其他与海关监管有关的法律、行政法规和规章的行为。

二、海关监管规定的行为要求分类及其法律责任

根据海关监管对象的不同，可以对海关监管规定的行为进行一定的分类。海关监管对象涉及诸多方面，但总的来说主要包括对进出境货物、物品的监管、对从事海关领域的运输业务的运输工具和运输主体的监管、对违反海关知识产权保护规定的行为的监管和对海关业务从业人员资格和行为的监管等几大类。下面就以此分类为根据简要介绍违反海关监管规定的行为的表现形式及其应承担的法律责任。

（一）海关对货物的监管规定的行为要求分类及其法律责任

1. 行为要求分类。依据《海关法》的有关规定，进出境的货物应当遵守如下规定：

（1）进口货物自进境起到办结海关手续止，出口货物自向海关申报起到出境止，过境、转运和通运货物自进境起到出境止，应当接受海关监管。

（2）进口货物的收货人、出口货物的发货人应当向海关如实申报，交验进出口许可证件和有关单证。国家限制进出口的货物，没有进出口许可证件的，不予放行，具体处理办法由国务院规定。进口货物的收货人应当自运输工具申报进境之日起 14 日内，出口货物的发货人除海关特准的外应当在货物运抵海关监管区后、装货的 24 小时以前，向海关申报。进口货物的收货人超过前款规定期限向海关申报的，由海关征收滞报金。

（3）除海关特准的外，进出口货物在收发货人缴清税款或者提供担保后，由海关签印放行。经海关批准暂时进口或者暂时出口的货物应当在 6 个月内复运出境或者复运进境；在特殊情况下，经海关同意，可以延期。

（4）经营保税货物的储存、加工、装配、展示、运输、寄售业务和经营免税商店，应当符合海关监管要求，经海关批准，并办理注册手续。保税货物的转让、转移以及进出保税场所，应当向海关办理有关手续，接受海关监管和查验。

（5）企业从事加工贸易，应当持有关批准文件和加工贸易合同向海关备案，加工贸易制成品单位耗料量由海关按照有关规定核定。加工贸易制成品应当在规定的期限内复出口。其中使用的进口料件，属于国家规定准予保税的，应当向海关办理核销手续；属于先征收税款的，依法向海关办理退税手续。加工贸易保税进口料件或者制成品因故转为内销的，海关凭准予内销的批准文件，对保税的进口料件依法征税；属于国家对进口有限制性规定的，还应当向海关提交进口许可证件。

（6）过境、转运和通运货物，运输工具负责人应当向进境地海关如实申报，并应当在规定期限内运输出境。海关认为必要时，可以查验过境、转运和通运货物。

（7）海关监管货物，未经海关许可，不得开拆、提取、交付、发运、调换、改装、抵押、质押、留置、转让、更换标记、移作他用或者进行其他处置。海关加施的封志，任何人不得擅自开启或者损毁。人民法院判决、裁定或者有关行政执法部门决定处理海关监管货物的，应当责令当事人办结海关手续。

（8）经营海关监管货物仓储业务的企业，应当经海关注册，并按照海关规定，办理收存、交付手续。在海关监管区外存放海关监管货物，应当经海关同意，并接受海关监管。违反前两款规定或者在保管海关监管货物期间造成海关监管货物损毁或者灭失的，除不可抗力外，对海关监管货物负有保管义务的人应当承担相应的纳税义务和法律责任。

（9）国家对进出境货物、物品有禁止性或者限制性规定的，海关依据法律、行政法规、国务院的规定或者国务院有关部门依据法律、行政法规的授权作出的规定实施监管。具体监管办法由海关总署制定。

（10）进出口货物的原产地按照国家有关原产地规则的规定确定。进出口货物的商品归类按照国家有关商品归类的规定确定。海关可以要求进出口货物的收发货人提供确定商品归类所需的有关资料；必要时，海关可以组织化验、检验，并将海关认定的化验、检验结果作为商品归类的依据。

自进出口货物放行之日起3年内或者在保税货物、减免税进口货物的海关监管期限内及其后的3年内，海关可以对与进出口货物直接有关的企业、单位的会计账簿、会计凭证、报关单证以及其他有关资料和有关进出口货物实施稽查。具体办法由国务院规定。

2. 法律责任。相对人违反海关对进出境货物的监管规定的，依据《海关行政处罚实施条例》第3章"违反海关监管规定的行为及其处罚"的有关规定，其处罚如下：

（1）违反国家进出口管理规定，进出口国家禁止进出口的货物的，责令退运，处100万元以下罚款。

（2）违反国家进出口管理规定，进出口国家限制进出口的货物，进出口货物的收发货人向海关申报时不能提交许可证件的，进出口货物不予放行，处货物价值30%以下罚款。

违反国家进出口管理规定，进出口属于自动进出口许可管理的货物，进出口货物的收发货人向海关申报时不能提交自动许可证明的，进出口货物不予放行。

（3）进出口货物的品名、税则号列、数量、规格、价格、贸易方式、原产地、启运地、运抵地、最终目的地或者其他应当申报的项目未申报或者申报不实的，分别依照下列规定予以处罚，有违法所得的，没收违法所得：①影响海关统计准确性的，予以警告或者处1 000元以上1万元以下罚款；②影响海关监管秩序的，予以警告或者处1 000元以上3万元以下罚款；③影响国家许可证件管理的，处货物价值5%以上30%以下罚款；④影响国家税款征收的，处漏缴税款30%以上2倍以下罚款；⑤影响国家外汇、出口退税管理的，处申报价格10%以上50%以下罚款。

进出口货物收发货人未按照规定向报关企业提供所委托报关事项的真实情

况，致使发生本实施条例第 15 条规定情形的，对委托人依照上述规定予以处罚。

（4）报关企业、报关人员对委托人所提供情况的真实性未进行合理审查，或者因工作疏忽致使发生本实施条例第 15 条规定情形的，可以对报关企业处货物价值 10% 以下罚款，暂停其 6 个月以内从事报关业务或者执业；情节严重的，撤销其报关注册登记、取消其报关从业资格。

（5）有下列行为之一的，处货物价值 5% 以上 30% 以下罚款，有违法所得的，没收违法所得：①未经海关许可，擅自将海关监管货物开拆、提取、交付、发运、调换、改装、抵押、质押、留置、转让、更换标记、移作他用或者进行其他处置的；②未经海关许可，在海关监管区以外存放海关监管货物的；③经营海关监管货物的运输、储存、加工、装配、寄售、展示等业务，有关货物灭失、数量短少或者记录不真实，不能提供正当理由的；④经营保税货物的运输、储存、加工、装配、寄售、展示等业务，不依照规定办理收存、交付、结转、核销等手续，或者中止、延长、变更、转让有关合同不依照规定向海关办理手续的；⑤未如实向海关申报加工贸易制成品单位耗料量的；⑥未按照规定期限将过境、转运、通运货物运输出境，擅自留在境内的；⑦未按照规定期限将暂时进出口货物复运出境或者复运进境，擅自留在境内或者境外的；⑧有违反海关监管规定的其他行为，致使海关不能或者中断对进出口货物实施监管的。前款规定所涉货物属于国家限制进出口需要提交许可证件，当事人在规定期限内不能提交许可证件的，另处货物价值 30% 以下罚款；漏缴税款的，可以另处漏缴税款 1 倍以下罚款。

（二）海关对物品的监管规定的行为要求分类及其法律责任

1. 行为要求分类。依据《海关法》有关规定，进出境物品应当遵守如下规定：

（1）个人携带进出境的行李物品、邮寄进出境的物品，应当以自用、合理数量为限，并接受海关监管。

（2）进出境物品的所有人应当向海关如实申报，并接受海关查验。海关加施的封志，任何人不得擅自开启或者损毁。

（3）出境邮袋的装卸、转运和过境，应当接受海关监管。邮政企业应当向海关递交邮件路单。邮政企业应当将开拆及封发国际邮袋的时间事先通知海关，海关应当按时派员到场监管查验。邮运进出境的物品，经海关查验放行后，有关经营单位方可投递或者交付。

（4）经海关登记准予暂时免税进境或者暂时免税出境的物品，应当由本人复带出境或者复带进境。过境人员未经海关批准，不得将其所带物品留在境内。

2. 法律责任。海关行政相对人违反上述海关对进出境物品的监管规定的，依据《海关行政处罚实施条例》有关规定，有下列行为之一的，予以警告，可以处物品价值20%以下罚款，有违法所得的，没收违法所得：

（1）未经海关许可，擅自将海关尚未放行的进出境物品开拆、交付、投递、转移或者进行其他处置的；

（2）个人运输、携带、邮寄超过合理数量的自用物品进出境未向海关申报的；

（3）个人运输、携带、邮寄超过规定数量但仍属自用的国家限制进出境物品进出境，未向海关申报但没有以藏匿、伪装等方式逃避海关监管的；

（4）个人运输、携带、邮寄物品进出境，申报不实的；

（5）经海关登记准予暂时免税进境或者暂时免税出境的物品，未按照规定复带出境或者复带进境的；

（6）未经海关批准，过境人员将其所带物品留在境内的。

运输、携带、邮寄国家禁止进出境的物品进出境，未向海关申报但没有以藏匿、伪装等方式逃避海关监管的，予以没收，或者责令退回，或者在海关监管下予以销毁或者进行技术处理。

（三）海关对运输工具的监管规定的行为要求分类及其法律责任

1. 行为要求分类。《海关法》对进出境的运输工具的监管规定主要体现为：

（1）进出境运输工具到达或者驶离设立海关的地点时，运输工具负责人应当向海关如实申报，交验单证，并接受海关监管和检查。

（2）停留在设立海关的地点的进出境运输工具，未经海关同意，不得擅自驶离。

（3）进出境运输工具从一个设立海关的地点驶往另一个设立海关的地点的，应当符合海关监管要求，办理海关手续，未办结海关手续的，不得改驶境外。

（4）进境运输工具在进境以后向海关申报以前，出境运输工具在办结海关手续以后出境以前，应当按照交通主管机关规定的路线行进；交通主管机关没有规定的，由海关指定。

（5）进出境船舶、火车、航空器到达和驶离时间、停留地点、停留期间更换地点以及装卸货物、物品时间，运输工具负责人或者有关交通运输部门应当事先通知海关。

（6）运输工具装卸进出境货物、物品或者上下进出境旅客，应当接受海关监管。货物、物品装卸完毕，运输工具负责人应当向海关递交反映实际装卸情况的交接单据和记录。上下进出境运输工具的人员携带物品的，应当向海关如实申报，并接受海关检查。

（7）海关检查进出境运输工具时，运输工具负责人应当到场，并根据海关的要求开启舱室、房间、车门；有走私嫌疑的，并应当开拆可能藏匿走私货物、物品的部位，搬移货物、物料。海关根据工作需要，可以派员随运输工具执行职务，运输工具负责人应当提供方便。

（8）进境的境外运输工具和出境的境内运输工具，未向海关办理手续并缴纳关税，不得转让或者移作他用。

（9）进出境船舶和航空器兼营境内客货运输，需经海关同意，并应当符合海关监管要求。进出境运输工具改营境内运输，需向海关办理手续。

（10）沿海运输船舶、渔船和从事海上作业的特种船舶，未经海关同意，不得载运或者换取、买卖、转让进出境货物、物品。

（11）进出境船舶和航空器，由于不可抗力的原因，被迫在未设立海关的地点停泊、降落或者抛掷、起卸货物、物品，运输工具负责人应当立即报告附近海关。

2. 法律责任。海关行政相对人违法实施违反上述海关对于进出境运输工具的监管规定的行为的，自然应当受到相应的惩罚。依据《海关行政处罚实施条例》第3章"违反海关监管规定的行为及其处罚"的有关规定，违反海关对运输工具的监管规定的行为其处罚如下：

（1）有下列行为之一的，予以警告，可以处10万元以下罚款，有违法所得的，没收违法所得：①运输工具不经设立海关的地点进出境的；②在海关监管区停留的进出境运输工具，未经海关同意擅自驶离的；③进出境运输工具从一个设立海关的地点驶往另一个设立海关的地点，尚未办结海关手续又未经海关批准，中途改驶境外或者境内未设立海关的地点的；④进出境运输工具到达或者驶离设立海关的地点，未按照规定向海关申报、交验有关单证或者交验的单证不真实的。

（2）有下列行为之一的，予以警告，可以处5万元以下罚款，有违法所得的，没收违法所得：①未经海关同意，进出境运输工具擅自装卸进出境货物、物品或者上下进出境旅客的；②未经海关同意，进出境运输工具擅自兼营境内客货运输或者用于进出境运输以外的其他用途的；③未按照规定办理海关手续，进出境运输工具擅自改营境内运输的；④未按照规定期限向海关传输舱单等电子数据、传输的电子数据不准确或者未按照规定期限保存相关电子数据，影响海关监管的；⑤进境运输工具在进境以后向海关申报以前，出境运输工具在办结海关手续以后出境以前，不按照交通主管部门或者海关指定的路线行进的；⑥载运海关监管货物的船舶、汽车不按照海关指定的路线行进的；⑦进出境船舶和航空器，由于不可抗力被迫在未设立海关的地点停泊、降落或者在境内抛掷、起卸货物、物品，无正当理由不向附近海关报告的；⑧无特殊原因，未将进出境船舶、火车、航空器到达的时间、停留的地点或者更换的时间、地点事先通知海关的；⑨不按照规定接受海关对进出境运输工具、货物、物品进行检查、查验的。

（3）有下列行为之一的，予以警告，可以处 3 万元以下罚款：①擅自开启或者损毁海关封志的；②遗失海关制发的监管单证、手册等凭证，妨碍海关监管的；③有违反海关监管规定的其他行为，致使海关不能或者中断对进出境运输工具、物品实施监管的。

（四）海关业务从业规定的行为要求分类及其法律责任

1. 行为要求分类。依据《海关行政处罚实施条例》的有关规定，违反海关业务从业规定的行为种类及其法律责任如下：

（1）报关企业、报关人员和海关准予从事海关监管货物的运输、储存、加工、装配、寄售、展示等业务的企业，有下列情形之一的，责令改正，给予警告，可以暂停其 6 个月以内从事有关业务或者执业：①拖欠税款或者不履行纳税义务的；②报关企业出让其名义供他人办理进出口货物报关纳税事宜的；③损坏或者丢失海关监管货物，不能提供正当理由的；④有需要暂停其从事有关业务或者执业的其他违法行为的。

（2）报关企业、报关人员和海关准予从事海关监管货物的运输、储存、加工、装配、寄售、展示等业务的企业，有下列情形之一的，海关可以撤销其注册登记、取消其报关从业资格：①1 年内 3 人次以上被海关暂停执业的；②被海关暂停从事有关业务或者执业，恢复从事有关业务或者执业后 1 年内再次发生本实施条例第 26 条规定情形的；③有需要撤销其注册登记或者取消其报关从业资格的其他违法行为的。

（3）报关企业、报关人员非法代理他人报关或者超出海关准予的从业范围进行报关活动的，责令改正，处 5 万元以下罚款，暂停其 6 个月以内从事报关业务或者执业；情节严重的，撤销其报关注册登记、取消其报关从业资格。

（4）进出口货物收发货人、报关企业、报关人员向海关工作人员行贿的，撤销其报关注册登记、取消其报关从业资格，并处 10 万元以下罚款；构成犯罪的，依法追究刑事责任，并不得重新注册登记为报关企业和取得报关从业资格。

（5）未经海关注册登记和未取得报关从业资格从事报关业务的，予以取缔，没收违法所得，可以并处 10 万元以下罚款。

（6）提供虚假资料骗取海关注册登记、报关从业资格的，撤销其注册登记、取消其报关从业资格，并处 30 万元以下罚款。

2. 法律责任。2006 年 3 月 8 日经海关总署署务会审议通过并经公布，自 2006

年 6 月 1 日起施行的《中华人民共和国海关报关员执业管理办法》对报关员的注册、注册的变更、延续及其权利、义务、违法行为的法律责任做了较为细致的规定。其第 34 条规定，报关员有下列情形之一的，海关予以警告，责令其改正，并可以处人民币 2 000 元以下罚款：①本办法第 32 条规定情形的；②本办法第 14 条所列海关注册内容发生变更，未按照规定向海关办理变更手续的。

其第 32 条规定，报关员执业不得有以下行为：①故意制造海关与报关单位、委托人之间的矛盾和纠纷；②假借海关名义，以明示或者暗示的方式向委托人索要委托合同约定以外的酬金或者其他财物、虚假报销；③同时在 2 个或者 2 个以上报关单位执业；④私自接受委托办理报关业务，或者私自收取委托人酬金及其他财物；⑤将《报关员证》转借或者转让他人，允许他人持本人《报关员证》执业；⑥涂改《报关员证》；⑦其他利用执业之便谋取不正当利益的行为。

（五）违反海关对权利人知识产权的保护规定的行为种类及其法律责任

根据《中华人民共和国知识产权海关保护条例》的有关规定，国家禁止侵犯知识产权的货物进出口。海关依照有关法律和该条例的规定实施知识产权保护，行使《中华人民共和国海关法》规定的有关权力。知识产权权利人发现侵权嫌疑货物即将进出口的，可以向货物进出境地海关提出扣留侵权嫌疑货物的申请。被扣留的侵权嫌疑货物，经海关调查后认定侵犯知识产权的，由海关予以没收。个人携带或者邮寄进出境的物品，超出自用、合理数量，并侵犯该条例所保护的知识产权的，由海关予以没收。进口或者出口侵犯知识产权货物，构成犯罪的，依法追究刑事责任。

依据《海关行政处罚实施条例》第 25 条的规定，进出口侵犯中华人民共和国法律、行政法规保护的知识产权的货物的，没收侵权货物，并处货物价值 30% 以下罚款；构成犯罪的，依法追究刑事责任。需要向海关申报知识产权状况，进出口货物收发货人及其代理人未按照规定向海关如实申报有关知识产权状况，或者未提交合法使用有关知识产权的证明文件的，可以处 5 万元以下罚款。

（六）伪造、变造、买卖海关单证的行为及其法律责任

根据《海关行政处罚实施条例》第 24 条规定，伪造、变造、买卖海关单证的，处 5 万元以上 50 万元以下罚款，有违法所得的，没收违法所得；构成犯罪的，依法追究刑事责任。

上面对走私行为之外的违反海关监管规定的行为的种类及其法律责任做了简单的介绍，另外需要注意的一点是，《海关行政处罚实施条例》第 32 条规定，法人或者其他组织有违反海关法的行为，除处罚该法人或者组织外，对其主管

人员和直接责任人员予以警告，可以处 5 万元以下罚款，有违法所得的，没收违法所得。这一规定确立了对法人和其他组织违反海关监管规定的行为的"双罚制"原则，对于这一原则，海关在行政执法过程中必须坚决予以贯彻和执行，加大对法人和其他组织违反海关监管规定的行为的查处力度，真正发挥出海关行政处罚在控制海关行政相对人违法行为方面所具有的重要的利益杠杆功能，使制度的目的落到实处。

第9章

海关行政复议

第一节　海关行政复议概述

一、海关行政复议的概念和特征

"行政复议是指行政相对人认为行政主体作出的具体行政行为侵犯其合法权益，依法向法定的行政复议机关提出申请，由受理申请的行政复议机关依照法定程序对被申请的具体行政行为的合法性、合理性进行审查，并作出裁决的活动和制度。"[1]　行政复议是现代社会中解决行政争议的方法之一，与行政诉讼、行政赔偿同属行政救济，是行政相对人保护自身合法权益的基本法律制度。

为了规范海关行政复议，发挥行政复议制度在解决行政争议、建设法治海关、构建社会主义和谐社会中的作用，我国于 2007 年 8 月 29 日通过了《中华人民共和国海关行政复议办法》（以下简称《海关行政复议办法》），其中第 2 条明确规定："公民、法人或者其他组织认为海关具体行政行为侵犯其合法权益向海关提出行政复议申请，海关办理行政复议事项，适用本办法。"故海关行政复议，是指海关行政活动中的相对人认为海关的具体行政行为侵犯了其合法权益，按照法定的程序和条件向海关行政复议机关提出申请，由受理申请的行政机关依法对该具体行政行为进行相关审查并作出相应的复议决定活动的法律制度。它具有以下特征：

1. 海关行政复议是一种行政救济制度。行政复议是上级行政机关或者法定复议机关对下级行政机关行使监督权的一种形式，其本质是行政机关行使行政职权的一种形式。海关行政机关违法或者不当作出具体行政行为，对公民、法

---

〔1〕　关保英主编：《行政法与行政诉讼法》，中国政法大学出版社 2004 年版，第 481 页。

人或者其他组织的利益将带来损害，海关行政复议的目的在于纠正违法或者不当的具体海关行政行为。复议机关以裁判者的身份来解决行政机关与相对人之间的争议，对行政违法或者不当行为进行补救，实现相对人的权利救济。海关行政复议是对海关行政相对人受损害的权益进行救济的行政行为。

2. 海关行政复议由海关行政相对人提出，以做出具体行政行为的海关行政机关为被申请人。当公民、法人和其他组织从事进出关境活动时，都是海关相对人，处于受海关监督和管理的地位，其合法权益受法律保护。在海关行政法律关系之中，海关行政机关代表国家行使管理权，公民、法人和其他组织作为被管理者，海关行政机关有权要求海关行政相对人履行义务，或者为一定的行为，对相对人违反海关法规定的行为，有权依照海关法以及相关法规的规定予以处罚。公民、法人或者其他组织无权自行纠正违法或者不当的具体行政行为，只能通过法定的行政复议程序来获得救济。海关作为行政主体，不是复议申请人，因而公民或者其他组织不能成为海关行政复议的被申请人。在海关行政复议关系之中，公民、法人或者其他组织所不服的是海关及其工作人员的具体行政行为，因而被申请人只能是海关，而不能是其他行政机关。另外，海关工作人员是以海关的名义实施具体行政行为的，代表的是海关，其行为结果归属于海关。所以，被申请人也不能是海关工作人员。

3. 海关行政复议的机关是海关。根据《中华人民共和国行政复议法》（以下简称《行政复议法》）第12条、《海关行政复议办法》第2、3、16条的规定，海关是海关行政复议的复议机关，其他行政机关都不能成为海关行政复议的复议机关，海关行政复议申请人只能向有管辖权的海关提起海关行政复议。

4. 海关行政复议以海关行政争议为客体，即海关行政复议是因相对人认为海关具体行政行为侵犯其合法权益而引起的，也即是相对人对海关不服，怀疑其具体行政行为的合法性和合理性，而不要求该具体行政行为确实侵犯了其合法权益。行政复议的对象原则上是海关作出的具体行政行为，但可以在具体提出复议申请时，对海关制定的具有普遍约束力的规范性文件一并审查请求。

5. 复议机关对海关行政复议案件进行审理，并做出决定。其中，对正确的具体行政行为予以维持，对违法的具体海关行政行为予以撤销，对不当的具体行政行为予以变更。

总之，海关行政复议作为一种行政救济手段，旨在维护行政相对人的合法权益和纠正在海关法律关系中，行政主体的违法或者不当的具体海关行政行为，从而使海关能有效地行使国家海关管理职能。

二、海关行政复议的分类

对海关行政复议，根据不同的标准可以有不同的分类，主要有以下几种：

1. 根据复议机关的不同，海关行政复议可分为：上一级海关的复议，即由作出具体行政行为的海关的上一级海关作为复议机关，进行行政复议；海关总署的复议，即由海关总署作为复议机关，对直属海关或者海关总署作出的具体行政行为进行行政复议。

2. 根据行政复议是否为解决争议的必经程序可分为：选择性复议和必经复议两种。选择性复议，即非复议前置的海关行政复议，海关行政相对人既可以选择向海关行政机关提出复议申请，也可以向人民法院直接提起诉讼。海关行政相对人选择了复议救济以后，对复议决定仍然不服的话，还可以向法院提起诉讼，但是反过来，如果相对人首先选择的是诉讼的话，对结果不服，不能再向海关行政机关提起复议申请。必经复议，即复议前置的行政复议，是指除非经过复议机关的先行处理，否则不能向人民法院提出行政诉讼的行政复议。根据海关行政法规范的相关规定，复议前置的只有一种，即海关行政相对人对于纳税争议的复议。据《海关法》第 64、15 条的规定，纳税义务人同海关行政机关发生争议时，应向作出具体征税决定的海关的上一级海关申请复议，对复议决定不服的，才能向人民法院提起诉讼。

三、海关行政复议的基本原则

海关行政复议的基本原则是指在海关行政复议立法目的指导下并遵循行政复议的基本规律而设定的，对整个海关行政复议活动有着指导意义的基本行为准则。海关行政复议的基本原则不仅规范行政主体的行为，同时也规范行政相对人参与行政复议的行为。因此，海关行政复议的基本原则在海关行政复议的理论和实践中有极其重要的作用。海关行政复议作为一种解决争议的制度，拥有此类制度所共有的原则，比如说，以事实为依据、以法律为准绳，当事人适用法律平等，适用本民族语言和文字原则等等。但是，这里所要阐述的主要是根据海关行政复议活动所具有的性质和特点而产生的海关行政复议的基本原则。

（一）合法、公正、公开的原则

合法原则，是任何行政行为和司法行为都必须要遵守的基本原则，在海关行政复议关系中，首先，要求海关行政复议机关和复议机构、复议人员履行行政复议职责的主体资格合法，不符合复议法以及海关实施复议法办法规定的资格条件的，不能承担复议工作，或者作出的复议决定无效。其次，要求复议程序合法，依法履行复议职责，依法定程序审理案件，凡法律、行政法规、海关规章已有程序规定而未遵守这些法定程序的，复议决定无效，并且作出复议决定的依据必须是国家法律、行政法规。

公正原则，是指复议机关及其复议机构和人员受理、审理复议案件、作出复议决定，必须严格依法进行，坚持申请人、被申请人在法律面前平等的原则，不偏袒任何一方，既注意维护国家利益，又注意维护复议申请人的合法权益，复议机关独立行使海关行政复议权，对具体案件进行合法性和合理性的审查，确保海关行政复议的公正性。

公开原则，公正与公开密不可分，只有在阳光下才能驱散黑暗，只有公开才能打破"暗箱"操作，才能将偏私驱除，只有公开才能增强行政行为的公信力。公开原则是行政复议制度的核心内容，包括复议程序、复议的法律依据公开，从而复议机构、复议人员公开，从而保证复议的公平性，保证复议行为处于各种形式的有效监督范围之内。海关行政复议机关应当通过宣传栏、公告栏、海关门户网站等方便查阅的形式，公布本海关管辖的行政复议案件受案范围、受理条件、行政复议申请书样式、行政复议案件审理程序和行政复议决定执行程序等事项。规定行政复议机关对于当面听取申请人、被申请人、第三人意见、举行听证的复议案件，当面听取意见、听证活动可以录音、录像，建立行政复议当面听取意见、听证活动的声像档案，申请人、被申请人、第三人可以按照规定查阅和复制。

（二）及时、便民原则

及时原则是指复议机关及其复议机构受理复议案件、审理复议案件、作出复议决定以及送达法律文书等，都必须在法律、行政法规以及本部门规章规定的期限内依法完成，不得以任何理由拖延办案。这一原则的核心内容是指，海关行政复议必须要在法定范围内受理、审理、作出决定，延长期限也必须要有法律依据。

便民原则是指复议机关、复议机构及复议人员受理、审理行政复议案件、做出复议决定时，应在法律、行政法规、行政规章允许的范围内，为复议申请人以及第三人提供方便，确保当事人复议权利的行使，减少当事人不必要的人力、物力支出，但不能无原则地迁就、照顾，从而影响行政效率，更不能以损害国家利益为代价。要求行政复议机关应当随时考虑到公民、法人或者其他组织行政复议时如何更加便利，即在尽量节省费用、时间、精力的情况下，保证公民、法人或者其他组织充分行使复议申请权，避免人力、物力的浪费。海关行政复议机关应当建立和公布行政复议案件办理情况查询机制，方便申请人、第三人及时了解与其行政复议权利、义务相关的信息。海关行政复议机构应当对申请人、第三人就有关行政复议受理条件、审理方式和期限、作出行政复议处理决定的理由和依据、行政复议决定的执行等行政复议事项提出的疑问予以解释说明，行政复议申请材料不齐全或者表述不清楚的，海关行政复议机构可以自收到该行政复议申请之日起 5 日内书面通知申请人补正，这些都体现了便民原则。

（三）复议独立原则

行政复议必须依据行政复议法进行，不仅其他机关、社会团体和个人不得非法干预，本行政机关的上级机关、本级机关的非复议机构、非复议人员，也不得干预复议机关及其复议机构和复议人员依法行使职权。

（四）一级复议的原则

一级复议原则是指，一个复议案件经复议机关一次审理即告终结的制度。具体说，不服从海关具体行政行为的相对人，可以向法定复议机关申请复议一次，复议机关作出的决定是行政终局决定，相对人不服不能再申请复议，但可依法提起行政诉讼的制度。但此制度也有一定例外，在有关进出口关税问题上，纳税义务人对海关所作的复议如有不服，还可以向海关总署申请复议。

（五）以审查具体行政行为合法性、适当性为主，连带审查规范性文件的原则

行政复议不同于行政诉讼，在行政诉讼中，法院一般只能对具体行政行为的合法性进行审查，而在行政复议中，复议机关既审查具体行政行为的合法性，又审查行政行为的适当性。根据行政复议法的规定，行政复议的范围一般限于具体行政行为，但是复议申请人如果对作为引起争议的具体行政行为的做出依据的规范性文件有异议，可在申请复议时一并提出审查申请。

第二节　海关行政复议机构和参加人

一、海关行政复议机构

（一）海关行政复议机构的概念和特征

海关行政复议机构，是指依据海关行政法律规范的规定，内设于海关行政机关中，专门负责海关行政复议事宜的机构。它具有以下特征：

1. 海关行政复议机构是海关行政复议机关的内设机构。海关行政复议机关是受理海关行政复议申请，依法对具体海关行政行为进行审查并作出裁决的海关，是海关行政复议的核心，而海关行政复议机构只是海关行政复议机关的一个内设机构，不具有独立的行政主体地位。

2. 海关行政复议机构是负责复议工作的机构。也就是说，海关行政复议机构的职责是负责具体海关行政复议的工作，对海关行政复议案件进行审查并裁

决。不同的内部分工，使得其区别于海关的其他内设机构。

3. 海关行政复议机构作为一个内部机构，不具有行政主体地位，那么其在海关行政机关内部可以自己的名义进行活动，但是在外部其只能以复议机关，即海关的名义进行活动。海关行政复议机构直接对海关行政机关负责，接受其领导和监督，在业务上受上级海关行政复议机构的领导，而不受海关内其他行政机构的干遇。

4. 海关行政复议机构，内设于海关，由于其特有的工作内容而不同于海关的其他行政机构。它是专门负责行政复议案件合法性与适当性的审理，解决海关与海关行政相对人之间的行政争议，保护海关行政相对人的合法权益的，具有准司法性质的机构。一般的海关行政机构主要是实施管理，维护海关秩序，其管理的目的、方法、适用的程序与海关行政复议机构都不一致。

（二）海关行政复议机构的职责

根据《海关行政复议办法》第4条规定，海关行政复议机构具有以下职责：

1. 受理行政复议申请；

2. 向有关组织和人员调查取证，查阅文件和资料，组织行政复议听证；

3. 审查被申请行政复议的具体行政行为是否合法与适当，拟定行政复议决定，主持行政复议调解，审查和准许行政复议和解；

4. 办理海关行政赔偿事项；

5. 依照行政复议法第33条的规定，办理海关行政复议决定的依法强制执行或者申请人民法院强制执行事项；

6. 处理或者转送申请人依照本办法第31条提出的对有关规定的审查申请；

7. 指导、监督下级海关的行政复议工作，依照规定提出复议意见；

8. 对下级海关及其部门和工作人员违反行政复议法、行政复议法实施条例和本办法规定的行为依照规定的权限和程序提出处理建议；

9. 办理或者组织办理不服海关具体行政行为提起行政诉讼的应诉事项；

10. 办理行政复议、行政应诉、行政赔偿案件统计和备案事项；

11. 研究行政复议过程中发现的问题，及时向有关机关和部门提出建议，重大问题及时向行政复议机关报告；

12. 其他与行政复议工作有关的事项。

海关行政复议机构所要履行的职责比较多，而且主要涉及法律问题，所以《海关行政复议办法》第3条规定，各级海关行政复议机关应当认真履行行政复议职责，领导并且支持本海关负责法制工作的机构依法办理行政复议事项，依照有关规定配备、充实、调剂专职行政复议人员，为行政复议工作提供财政保障，保证海关行政复议机构的办案能力与工作任务相适应。该办法还规定了专职从事海关行政复议工作的人员应当具备下列条件，包括具有国家公务员身份；高等院校法律专业毕业或者高等院校非法律专业毕业具有法律专业知识；从事海关工作2年以上等等。特别强调，各级海关行政复议机关应当支持并且鼓励行政复议人员参加国家司法考试；取得律师资格或者法律职业资格的海关工作人员可以优先成为行政复议人员。近年来，由于行政复议机关的工作人员的素质和能力方面的限制，使得行政复议工作时常流于形式，不能真正起到定纷止争，保护行政相对人的合法权益的作用。复议作为行政救济制度，主要是用于解决行政争议的一个制度，具有准司法的性质，所以其复议工作人员应以法律专业人员来充任，不是一般的国家公务员就能胜任的，并且还应该注重职业人员的专业培训，故新出台的复议办法率先提出强化复议人员的职业资质使之能够胜任复议工作。

　　《海关行政复议办法》第6条规定："行政复议人员享有下列权利：依法履行行政复议职责的行为受法律保护；获得履行职责应当具有的工作条件；对行政复议工作提出建议；参加培训；法律、行政法规和海关规章规定的其他权利。行政复议人员应当履行下列义务：严格遵守宪法和法律；以事实为根据，以法律为准绳审理行政复议案件；忠于职守，尽职尽责，清正廉洁，秉公执法；依法保障行政复议参加人的合法权益；保守国家秘密、商业秘密、海关工作秘密和个人隐私；维护国家利益、社会公共利益，维护公民、法人或者其他组织的合法权益；法律、行政法规和海关规章规定的其他义务。"

二、海关行政复议参加人

（一）海关行政复议的申请人和被申请人

　　海关行政复议的申请人是指对具体海关行政行为不服，认为具体海关行政行为侵犯其合法权益，依据法律、法规的规定，以自己的名义向行政复议机关提出申请，要求对该具体海关行政行为进行复查并依法裁决的人。

　　在一般情况下，具体行政行为侵害的当事人是行政复议的申请人，所以海关行政复议的当事人主要包括了合法权益受到侵犯的公民、法人或其他组织以及外国人、无国籍人。但是，在特定条件下，海关行政复议的当事人的资格也会发生转移。根据《行政复议法》、《海关行政复议办法》规定，行政复议当事人资格转移的情况包括：①有权申请行政复议的公民死亡，其近亲属可以申请行政复议。近亲属包括了其配偶、父母、子女、兄弟姐妹、祖父母、外祖父母、孙子女、外孙子女；②有权申请行政复议的法人或者其他组织终止，承受其权利的法人或者其他组织可以申请行政复议。法人或者其他组织实施违反海关法的行为后，有合并、分立或者其他资产重组情形，海关以原法人、组织作为当事人予以行政处罚并且以承受其权利义务的法人、组织作为被执行人的，被执行人可以自己的名义申请行政复议。总的来说，海关行政复议的申请人有：公民、已经死亡公民的近亲属、法人、其他组织、承受权利的法人或者其他组织、外国人、无国籍人和外国组织。

海关行政复议的申请人必须具备以下条件：①必须是在海关行政执法关系中作为相对方的公民、法人或者其他组织。这里的相对方包括了具体行政行为明确指向的人，也包括了未直接针对，但是海关具体行政行为影响到其合法权益的人。②必须是认为海关具体行政行为侵犯到其合法权益的人。该"认为"是公民、法人等基于一定的事实根据作出的一种主观判断，至于海关具体行为是否真正侵犯到相对人的权益，则需要通过复议机关的复议来决定。③需要明确地提出复议申请，申请可以是书面的，也可以是口头的。

海关行政复议的申请人具有以下权利：有向海关行政复议机关就海关具体行政行为申请复议的权利和依法撤回复议申请的权利；有要求海关行政复议人员回避的权利；有使用本民族语言和文字进行复议的权利；有请求复议机关决定停止有争议的海关具体行政行为的执行的权利；对复议决定不服，有提起行政诉讼的权利。

海关行政复议的申请人在海关行政复议中的义务主要有：按照法定的程序和方式提出复议申请；复议期间不停止具体海关行政行为的执行；维护正常的行政复议程序；履行有效的行政复议决定等等。

海关行政复议的被申请人是指，公民、法人或者其他组织对行政机关的具体行政行为不服申请行政复议的，作出具体行政行为的行政机关是被申请人。具体地说，被申请人是其具体行政行为被行政复议的申请人指控违法侵犯其合法权益，并由海关行政复议机关通知其参加复议的行政主体。根据法律规定，被申请人还可以是被授权做出具体行政行为的组织、派出机构、继续行使被撤销行政机关职权的行政机关或作出撤销决定的行政机关指定的行政机关等。

依照法律、行政法规或者海关规章的规定，下级海关经上级海关批准后以自己的名义作出具体行政行为的，以作出批准的上级海关为被申请人。经直属海关关长或者其授权的隶属海关关长批准后作出的具体行政行为，以直属海关为被申请人。海关设立的派出机构、内设机构或者其他组织，未经法律、行政法规授权，对外以自己名义作出具体行政行为的，以该海关为被申请人，向该海关的上一级海关申请行政复议。

被申请人在海关行政复议中的权利主要有：不停止执行被申请复议的具体行政行为的权利；依法申请人民法院强制执行或者自己强制执行生效的复议决定的权利。

被申请人在海关行政复议中的义务主要有：接受海关复议机关对其具体行政行为全面审查的义务；按时提出复议书面答复的义务；向海关行政复议机关提供当初作出具体行政行为的证据、依据和有关材料的义务；遵守正常复议秩序的义务；履行发生法律效力的复议决定的义务等等。

（二）共同申请人和被申请人

共同申请人和被申请人发生在海关共同行政复议中。共同行政复议是指当事人一方或者双方为两人或者两人以上，因同一具体海关行政行为或者同样的具体海关行政行为发生争议，复议机关将其合并审理的行政复议。共同行政复议又可以分为必要共同复议和普通共同复议两种。必要共同复议是当事人一方或者双方为两人或者两人以上，因同一具体海关行政行为发生争议，复议机关必须合并审理的行政复议。普通共同复议，是指当事人一方或者双方为两人或者两人以上，因同样的具体海关行政行为发生争议，复议机关可以合并审理的行政复议。

共同申请人就是在共同海关行政复议中，共同作为申请人一方的两个或者两个以上的公民、法人或者其他组织。在必要共同复议中，共同申请人主要有以下几种情况：法人受到海关行政处罚，而其主管人员和主要责任人员也受到处罚，两者均因不服处罚而申请复议；两个或者两个以上的公民、法人或者其他组织，共同违反海关行政法，被分别处罚后都不服而申请复议等等。在普通共同复议中，共同申请人是两个或两个以上的相对人不服同一海关分别作出的数个同样的具体海关行政行为，各自向同一复议机关申请复议的公民、法人或者其他组织。

共同被申请人是指在共同行政复议中，相对人不服两个或者两个以上海关以共同名义作出的同一具体海关行政行为而申请复议的，作出该具体海关行政行为的各海关为共同被申请人。相对人不服两个或两个以上海关分别作出的数个同样的具体海关行政行为申请复议的，则该各海关为共同被申请人。海关与其他行政机关以共同的名义作出具体行政行为的，海关和其他行政机关为共同被申请人，向海关和其他行政机关的共同上一级行政机关申请行政复议。申请人对海关总署与国务院其他部门共同作出的具体行政行为不服，向海关总署或者国务院其他部门提出行政复议申请，由海关总署、国务院其他部门共同作出处理决定。

（三）海关行政复议的第三人

海关行政复议的第三人是指除了申请人以外的同复议的具体海关行政行为有利害关系，为了维护自己的合法权益，并经过海关行政复议机关的批准参加复议的公民、法人或者其他组织。《海关行政复议办法》第14条规定："行政复议期间，海关行政复议机构认为申请人以外的公民、法人或者其他组织与被审查的具体行政行为有利害关系的，应当通知其作为第三人参加行政复议。行政复议期间，申请人以外的公民、法人或者其他组织认为与被审查的海关具体行政行为有利害关系的，可以向海关行政复议机构申请作为第三人参加行政复议。申请作为第三人参加行政复议的，应当对其与被审查的海关具体行政行为有利害关系负举证责任。"

海关行政复议第三人具有以下一些特征：①复议第三人是复议申请人和被申请人之外的公民、法人或其他组织；②第三人同被复议的具体行政行为之间有法律上的利害关系，也就是说复议的结果将会影响到其权益；③第三人必须是依法申请并经海关行政复议机关批准参加行政复议或是海关行政复议机关认为有必要通知参加复议的其他公民、法人或者其他组织，这点使其地位与海关行政复议的申请人不同；④第三人参加行政复议的期间必须是在行政复议开始后、终结前，如果复议活动尚未开始，或者当事人已经撤回申请或复议终结，都不存在第三人参加行政复议。

海关行政复议的第三人可以是一个，也可以是两个或者两个以上，不存在有独立请求权和无独立请求权的第三人的划分。

（四）海关行政复议的代理人

申请人、第三人可以委托1至2名代理人参加行政复议。委托代理人参加行政复议的，应当向海关行政复议机构提交授权委托书。"海关行政复议的代理人，是指在海关行政复议中，依法由复议机关指定或接受当事人的委托，以被代理人的名义在代理权限范围内实施复议行为的人。"[1] 它具有以下特征：①海关行政复议代理人是以被代理人的名义，并为维护被代理人的利益而参加海关行政复议的，其与被复议的海关具体行政行为无利害关系，故由于代理行为而产生的权利义务完全由被代理人承担；②海关行政复议的代理人必须要在其被授权的范围内代理，越权无效。

海关行政复议代理人可以分为法定代理人、指定代理人和委托代理人三种。法定代理人是指依照法律的规定行使复议代理权，代替无复议行为能力的公民而进行复议的人。主要是指无行为能力或者限制行为能力的当事人的监护人，如未成年人的父母、精神病人的配偶或者未成年人父母所在的单位等等。指定代理人是根据复议机关的指定，代理无行为能力或限制行为能力的当事人进行复议的人。出现这种情况的原因主要有，无行为能力或者限制行为能力的当事人无法定代理人或者法定代理人因故不能行使代理权，法定代理人忽然丧失了

---

〔1〕 袁建国主编：《海关行政法》，中国人事出版社1993年版，第244页。

复议能力。指定代理人通常由当事人的近亲属或者其他合适的公民担任。委托代理人是指受当事人、法定代表人、法定代理人的委托而代为复议的律师或者其他人。当事人、法定代表人委托他人代为诉讼的，必须要向复议机关提交委托书，列明代理事项和权限。

第三节　海关行政复议的范围和管辖

一、海关行政复议的范围

"海关行政复议的范围，又称海关行政复议的主管范围，是指相对人可以提起海关行政复议或者复议机关拥有复议审查权的海关行政行为的范围。"[1]　由于复议必须受到一定范围的限制，故可以将海关行政复议的范围分为可以提起的范围和不能提起的海关行政复议的范围。

（一）可以提起海关行政复议的范围

根据《中华人民共和国行政复议法》（以下简称《行政复议法》）、《中华人民共和国海关行政复议办法》（以下简称《海关行政复议办法》）和有关海关法律、行政法规的规定，公民、法人或者其他组织对下列具体海关行政行为不服的，可以申请复议：

1. 海关行政处罚行为。根据《行政复议法》第6条第1项、《海关行政复议办法》第9条第1项的规定，对海关作出的警告、罚款，没收货物、物品、运输工具和特制设备，追缴与无法没收的货物、物品、运输工具的等值价款，没收违法所得，暂停从事有关业务或者执业，撤销注册登记，取消报关从业资格及其他行政处罚决定不服的可以申请复议。

2. 行政强制措施。根据相关法律、法规的规定，海关行政机关可以在必要情况下对公民的人身自由权进行限制或者可以扣留走私嫌疑人和走私嫌疑货物、物品、运输工具等，还可以采取封存有关进出口货物、账簿等资料的行政强制措施。根据《行政复议法》第6条第2项、《海关行政复议办法》第9条第2、3、4、5、6项的规定，对海关作出的各项行政强制措施不服的，可以提起海关行政复议。

3. 根据《行政复议法》第6条第3项、《海关行政复议办法》第9条第9～12项的规定，对对海关作出的责令退运、不予放行、责令改正、责令拆毁和变卖等行政决定不服的，对海关作出的企业分类决定以及按照该分类决定进行管

---

[1]　毕家亮：《海关行政法》，中国海关出版社2002年版，第298页。

理的措施不服的都可以提起海关行政复议。

4. 根据《行政复议法》第 6 条第 7 项、《海关行政复议办法》第 9 条第 15 项的规定，认为海关违法收取滞报金或者其他费用，违法要求履行其他义务的，可以提起海关行政复议。海关只能够根据相关法律、行政法规、海关规章及规范性文件的规定要求公民、法人或者其他组织履行义务，即必须要有法定的依据，无权在没有任何依据的情况下违反规定或者超出法定条件要求公民、法人或者其他组织履行义务。

5. 根据《行政复议法》第 6 条第 8 项、《海关行政复议办法》第 6 条第 8 项，认为符合法定条件，申请海关办理行政许可事项或者行政审批事项，海关未依法办理的，可以向海关行政复议机关申请复议。这其中包括了各种资质证、资格证、执业证等许可事项，它们具有证明力、确定力和拘束力，直接决定着申请资质证、资格证、执业证的公民、法人或者其他组织能否享有某些方面的权利和能力，直接影响到他们的权益。在海关行政领域，《加工贸易保税工厂登记证书》、《报关注册登记证明书》等就属于资质证，《报关员证》则是执业证。

6. 根据《行政复议法》第 6 条第 9 项、《海关行政复议办法》第 6 条第 16 项的规定，公民、法人或者其他组织申请海关履行保护人身权、财产权的法定职责，海关没有依法履行的，可以提起行政复议。海关行政法律规范赋予海关保护相对人在进出关境中的人身权和财产权的职责，此职责是海关的义务，必须认真履行，如果海关存在怠于履行此保护责任时，公民、法人或者其他组织即可以提起行政复议。

7. 根据《海关行政复议办法》第 6 条第 7 项的规定，对海关确定纳税义务人、确定完税价格、商品归类、确定原产地、适用税率或者汇率、减征或者免征税款、补税、退税、征收滞纳金、确定计征方式以及确定纳税地点等其他涉及税款征收的具体行政行为有异议的可以提起海关行政复议，如对货物在《进出口税则》上的归类和完税价格审定行为，相对人有异议的，可根据《海关法》、《进出口关税条例》第 6 章等相关法律和法规的规定提起海关行政复议。纳税争议事项，属于必经复议的事项，公民、法人或者其他组织应当依据海关法的规定先向海关行政复议机关申请行政复议，对海关行政复议决定不服的，再向人民法院提起行政诉讼。

8. 根据《行政复议法》第 6 条第 11 项、《海关行政复议办法》第 6 条第 18 项的规定，公民、法人或者其他组织认为海关的其他具体行政行为侵犯其合法权益的，也可以提起海关行政复议。

9. 根据《行政复议法》第 7 条的规定，公民、法人或者其他组织认为海关的具体行政行为所依据的规定不合法，在对具体行政行为申请行政复议时，可以一并向海关行政复议机关提出对该规定的审查申请。

（二）排除提起海关行政复议的范围

根据《行政复议法》第 7 条第 2 款、第 8 条、《海关行政复议办法》第 10 条的规定，公民、法人或者其他组织对下列事项不能提起海关行政复议：

1. 国务院各部、委员会的规章和地方人民政府规章。

2. 海关工作人员不服海关内部作出的行政处分或者其他人事处理决定的，只能依照有关法律、法规的规定提出申诉。

3. 海关对民事纠纷所做出的调解或者其他处理行为。

4. 国防、外交等国家行为。如海关按照有关国家对我国的对等原则而实施的海关行政行为。

5. 非海关行政行为。

二、海关行政复议的管辖

"所谓行政复议的管辖是指行政复议机关在受理行政复议案件上的分工。"[1] 海关行政复议的管辖，是指有关的海关行政复议机关对行政复议案件在受理上的具体权限和分工，即海关行政相对人在提起行政复议申请后，应当由哪一个行政复议机关来行使行政复议权。海关行政复议的管辖是海关行政复议权的具体体现和落实。根据《行政复议法》、《海关行政复议办法》中对管辖的规定，具体来讲，有以下几种情况：

（一）职权管辖

1. 上一级海关管辖。根据《行政复议法》以及《海关行政复议办法》的规定，一般情况下，对海关具体行政行为不服的，应向作出该具体行政行为的上一级海关申请行政复议。故上一级海关管辖就是指，公民、法人或者其他组织对海关的具体行政行为不服的复议申请，由作出引起海关行政争议的具体行政行为的海关的上一级海关管辖。

对海关依法设立的派出机构依照法律、行政法规或者海关规章规定，以派出机构的名义作出的具体行政行为不服的，向设立该派出机构的海关申请行政复议。

对法律、法规和规章授权的组织作出的具体海关行政行为不服申请的复议，由直接主管该组织的海关管辖；对受委托的组织作出的具体海关行政行为不服申请的复议，由委托的海关的上一级海关管辖。

作出具体行政行为的海关被撤销的，对其撤销前所作的具体行政行为不服

---

〔1〕　关保英：《行政法教科书之总论行政法》，中国政法大学出版社 2005 年版，第 647 页。

的海关行政复议案件，由继续行使其职权的海关的上一级海关管辖。

对于需要逐级批准的海关具体行政行为引起的海关行政复议案件，应由最终批准该行为的海关的上一级海关管辖。

2. 共同海关具体行政行为的复议管辖。根据《海关行政复议办法》的规定，如果被提起行政复议的具体行政行为是两个以上海关的共同行政行为，则这些海关的上一级海关都有管辖权。故共同海关具体行政行为是指两个或者两个以上的海关以共同的名义作出的海关具体行政行为，其基本的特点是该具体行政行为由两个或者两个以上的海关共同作出。根据相关法律规定，对两个或者两个以上的海关以共同名义作出的海关具体行政行为不服而申请的复议，由他们的共同上一级海关管辖。但是，申请人对海关总署与国务院其他部门共同作出的具体行政行为不服，向海关总署或者国务院其他部门提出行政复议申请，由海关总署、国务院其他部门共同作出处理决定。

3. 海关总署管辖。根据《行政复议法》、《海关行政复议办法》的规定，对直属海关或者海关总署作出的具体行政行为不服的，向海关总署申请行政复议。

（二）移送管辖

移送管辖是指复议机关对已经受理的某一复议案件，经审查人审查后认为本机关对该案件没有管辖权，应将该案件移送给有管辖权的复议机关来复议。海关发现受理的案件不属于本机关管辖的，应该按照规定移送有管辖权的海关。移送管辖需要满足几个条件，即移送的海关必须已经受理该案件；经审查移送海关对该案件没有管辖权；而受移送的海关对该案件必须具有管辖权。受移送的海关不能拒绝接受移送，也不能再自行移送给其他的海关行政机关，但是如果被移送的海关行政机关确实不具有移送案件的管辖权的话，应该按照规定交移送和被移送的海关行政机关的共同上一级海关，由其指定该移送案件的管辖机关。

移送管辖制度的设立，旨在保护海关行政相对人的权益的，能够避免各海关行政机关在是否受理、审查、处理海关行政案件的时候互相推诿扯皮，拖延复议案件的办理时间，能有效地提高行政效率，保护海关行政相对人的合法权利。

（三）指定管辖

指定管辖主要出现在以下几种情况：①有管辖权的海关由于特殊的原因而不能行使管辖权，或者在行使管辖权确实有困难的情况下，可以由此海关行政机关的上级海关以裁定的方式指定某一海关管辖。出现这种情况有很多原因，可能是法律上的原因，如复议工作的人员由于回避而无法继续开展复议工作；或者说是实施上的原因，如气候天灾等。②对于复议案件的管辖权，各海关发生了争议且争议双方海关协商不成的，则由他们的共同上一级海关指定其中的一个海关管辖。如在移送管辖中，被移送海关认为自己无管辖权而双方发生分歧，则由其共同的上级海关指定管辖。③法律、法规或者规章中，对于某一具体海关行政行为的复议案件的管辖受理有时候可能出现规定不明的情况，此时，也需要由特定的机关来进行指定管辖。

（四）管辖权的转移

管辖权的转移不同于移送管辖，移送管辖是无管辖权的海关把不属于自己管辖的案件移送给有管辖权的海关，而管辖权的转移是指有管辖权的机关把所管辖的复议案件转交给本来无管辖权的海关，使其取得了对该案件的管辖权。具体来说，管辖权的转移，是经上级海关决定或者同意，把行政复议案件的管辖权，由下级海关移交给上级海关，或者由上级海关移交给下级海关。上级海关认为必要，可以复议属于下级海关管辖的案件，下级海关认为案情重大、复杂，需要由上级海关复议的案件，也可以报请上级海关复议。

第四节　海关行政复议程序及规则

海关行政复议程序是指海关复议机关审理海关复议案件时必经的法定的阶段和步骤。根据《行政复议法》、《海关行政复议办法》的规定，海关行政复议程序共有申请、受理、审理和决定等四个阶段，每个阶段均包含了不同的要素和程序要求。作为一种复议制度，灵活性的设计，加上科学的程序制度，对于行政复议机关合法且高效的行使复议工作，保障海关行政相对人的合法权益具有重要的意义。

一、海关行政复议的申请

海关行政复议的申请，是指公民、法人或者其他组织认为海关具体行政行为侵犯其合法权益，而依法要求海关行政复议机关对该具体行政行为进行审查和处理以及提出变更或者撤销该具体行政行为的请求。由于行政复议是一种依申请的行政行为，是以行政相对人的申请为前提的，没有申请就没有海关的复议行为，也就是说，海关行政机关不能主动开始行政复议程序。所以，申请是启动海关行政复议的关键，是整个行政复议程序的起点。但是申请并不必然导致海关行政复议行为的发生，还必须经过海关复议机关的审查，对于符合法定条件的，予以受理，进而审理作出决定，对于不符合法定条件的，海关行政复议机关有权不予受理。

（一）申请海关行政复议的实体要件

海关行政复议依当事人的申请而产生，依照有关法律的规定，申请海关行政复议在实体上应该满足以下条件：

1. 申请人必须适格。申请人是认为海关具体行政行为侵犯其合法权益的公民、法人或者其他组织，也就是说，申请人应当受到具体海关行政行为的影响，另外，公民作为申请人，不仅应该具有权利能力，而且还应该具有能够亲自进行行政复议的能力，即复议的行为能力。因此，无行为能力人或者限制行为能力人不能单独提起行政复议，如果要申请行政复议，应由其法定代理人代为申请。如果有申请权的公民死亡，其近亲属可以申请行政复议。法人或者其他组织作为申请人，依法申请行政复议的，应当由其法定代表人代为进行，如果法人或者其他组织终止的，承受其权利的法人或者其他组织可以申请行政复议。在实践中，只要申请人主观上认为自己的合法权益受到具体行政行为的侵害就可以提出复议要求，至于客观上是否受到侵害还有待于复议机关的审理确定。

2. 有明确的被申请人。海关行政复议的被申请人是指作出申请人认为侵犯其合法权益的具体行政行为，并且由复议机关通知参加复议的行政主体。复议申请必须要有明确的对申请复议行为负责的主体，否则行政复议就无法进行，申请人的要求也无法实现。这里的申请人应该作广义的理解，包括两层含义：一是指申请人申请行政复议必须说明侵犯其合法权益的是哪一个海关；二是指申请人申请行政复议必须说明是对这个海关的那一项具体行政行为不服。两者同时具备才能称为海关行政复议机关有明确的对象，也便于明确海关行政复议的管辖。根据法律规定，被申请人还可以是被授权做出具体行政行为的组织、派出机构、继续行使被撤销行政机关职权的行政机关或作出撤销决定的行政机关指定的行政机关等。具体来说，海关行政行为的作出者是被授权组织的，如果其行为侵犯公民、法人或者其他组织的合法权益，相对人在申请行政复议时，可以以该组织为被申请人；当海关行政行为是由海关依法设立的派出机构，并以设立该派出机构的海关的名义作出时，应该以设立该派出机构的海关为申请人；对被撤销的海关行政机关在撤销前所作出的具体行政行为不服的，以继续行使其职权的海关行政机关为被申请人，没有继续行使其职权的海关行政机关的，以作出撤销行为的海关行政机关为被申请人。

3. 有具体的复议请求和事实根据。所谓具体的复议请求，是指申请人申请复议的主张和要求，也即使申请人要求海关复议机关具体解决什么问题，提出保护自己合法权益的要求，具体来说，主要有四种情况：一是请求撤销违法的海关具体行政行为；二是请求变更不适当的海关具体行政行为；三是请求责成被申请人限期履行法定职责；四是请求确认具体行政行为为违法、责令被申请人赔偿损失。具体的复议请求，可以是一个，也可以是多个。

所谓事实根据，是指能够证明海关行政机关已经作出某种具体行政行为的材料，以及能够证明海关行政机关的具体行政行为已经侵犯其合法权益的材料。比如说，行政处罚决定书、评估机构出示的损失证明等等。

4. 属于海关行政复议范围。申请人只能对属于复议范围内的具体行政行为提出复议申请，即必须属于海关行政复议的范围。否则，不能申请海关行政复议，即使申请了，海关复议机关也可以不予受理。对于不属于海关行政复议的案件，海关行政机关应该告知申请人向享有管辖权的复议机关或者其他机关提起申请。

5. 属于受理海关复议机关管辖。根据有关法律、行政法规等关于海关行政复议机关管辖复议案件的权限划分，申请人必须向享有管辖权的海关行政复议机关申请复议，海关行政复议机关不得受理超出管辖权的复议案件。复议机关对不属于自己管辖的复议案件，接受申请的海关应当移送有管辖权的海关。

6. 法律、法规规定的其他条件。如海关行政复议必须在法定期限内提出，另外，根据《行政复议法》第16条的规定，公民、法人或者其他组织向人民法院提起行政诉讼，人民法院已经受理的，不得申请行政复议。

（二）海关行政复议的程序要件

1. 申请行政复议的期限。该程序要件要求相对人必须要在法定的期限内申请复议。根据《行政复议法》第9条第1款的规定："公民、法人或者其他组织认为具体行政行为侵犯其合法权益的，可以自知道该具体行政行为之日起60日内提出行政复议的申请；但是法律规定的申请期限超过60的除外。"根据《行政复议法》该条内容以及《海关行政复议办法》的相关规定，确定申请海关行政复议案件时应注意以下几点：①申请海关行政复议的期限是60日，自公民、法人或者其他组织知道或者应当知道具体行政行为之日起计算。②海关的具体行政行为（包括作为与不作为）处于持续状态的，提出行政复议申请的期限自该具体行政行为终了之日起计算。③公民、法人或者其他组织因不可抗力或者其他正当理由耽误法定申请期限的，申请期限自障碍消除之日起继续计算。所谓不可抗力是指不能遇见并且不能避免和克服的客观情况，如地震、火灾、水灾、战争等等。所谓其他正当理由，是指不可抗力之外的其他可以延长期限的理由，比如申请人忽然患重病、法人正处于合并或分立的阶段等。延长法定期限需要具有正当性，合乎情理，能够被社会大多数人接受。④公民、法人或者其他组织认为海关未依法履行法定职责保护人身权利、财产权利，履行职责的期限有法律、行政法规或者海关规章的明确规定的，行政复议申请期限自规定的履行期限届满之日起计算，如果履行职责的期限没有明确规定的，自海关收到公民、法人或者其他组织要求履行职责的申请满 60 日起计算。⑤公民、法人或者其他组织在紧急情况下请求海关履行保护人身权、财产权的法定职责，海关不及时履行的，行政复议申请期限不受前述规定的限制。

2. 复议申请的形式。海关行政复议申请的形式就是指复议申请人向海关行政复议机关提出申请、表达意愿要求的方式方法。申请人申请海关行政复议，可以书面申请，也可口头申请。申请人书面申请行政复议的，可以采取当面递交、邮寄、传真、电子邮件等方式递交行政复议申请书。海关行政复议机关应当通过海关公告栏、互联网门户网站公开接受行政复议申请书的地址、传真号码、互联网邮箱地址等，方便申请人选择不同的书面申请方式。口头申请的，海关行政复议机关应当当场记录申请人的基本情况、行政复议请求、申请行政复议的主要事实、理由和时间。海关行政复议机关应当场制作《行政复议申请记录》，并当场交由申请人签章确认。对于申请人由于文化层次低，或者其他原因，无法递交书面申请的，可以口头申请，但是对于口头的复议申请，应当要注意几个问题：①申请人应当亲自或委托他人到行政复议机关所在地提出复议申请，而不能采取诸如电话和"带口信"等不到现场或有失严肃的方式提出口头申请。②复议机关对申请人提出的口头申请，应当场制作笔录，并向当事人宣读纪录的内容，在申请人签字或者盖章后，方可作为有效的行政复议申请材料。

3. 复议申请的内容。根据《海关行政复议办法》，申请人书面申请行政复议的，应当在行政复议申请书中载明下列内容：①申请人基本情况，包括：公民的姓名、性别、年龄、工作单位、住所、身份证号码、邮政编码；法人或者其他组织的名称、住所、邮政编码和法定代表人或者主要负责人的姓名、职务；②被申请人的名称；③行政复议请求、申请行政复议的主要事实和理由；④申请人签名或者盖章；⑤申请行政复议的日期。

二、海关行政复议的受理

（一）海关行政复议机关对申请的审查

海关行政复议的审查是指申请人提出海关行政复议申请以后，海关复议机构应该对申请书进行的审查。根据《海关行政复议法》、《海关行政复议办法》的规定，海关行政复议机关收到复议申请后，应当在 5 个工作日内进行审查，审查是准确受理案件的前提条件，具体来说，海关行政复议机关对申请的审查主要包括以下内容：①申请是否符合法定的实体要件和形式要件。比如，申请人是否适格；被申请人是否明确；是否有具体的复议请求和事实依据；是否属于海关行政复议的受案范围；复议申请手续是否完备；申请书是否符合法定格式，是否需要补正材料，是否超过了法定期限，如果超过了，是否有申请延长期限的正当理由等。②是否属于违反《行政复议法》第16条的规定，即公民、法人或者其他组织向人民法院提起行政诉讼，人民法院已经受理的，不得申请行政复议。如果公民、法人或者其他组织已经向人民法院起诉，海关行政机关对他们的复议申请不予受理。③是否属于重复申请，就海关行政复议机关正在审理或者已经作出终局决定的案件再次申请复议的，不得受理。

根据《海关行政复议办法》第39条的规定，下列情况不视为申请复议，但应当由复议机关或者转由其他机关给予答复：①对海关工作人员的个人违法违纪行为进行的举报、控告或者对海关工作人员的态度、作风提出异议的；②对海关业务政策、作业制度、作业方式和程序提出异议的；③对海关工作效率提出异议的；④对行政处罚认定的事实、适用的法律及处罚决定没有异议，仅因经济上不能承受而请求减免处罚的；⑤不涉及海关具体行政行为，只对海关规章或者其他规范性文件有异议的；⑥请求解答海关法律、法规、规章的。

（二）审查后的处理

海关行政复议机关收到复议申请后，应当在5个工作日内进行审查，并根据法律、法规规定，对具体复议申请作出以下的决定：

1. 对于符合《行政复议法》、《海关行政复议办法》规定的法定条件的，且属于本机关受理的行政复议案件，应决定立案受理，海关行政复议机关应当制作《行政复议申请受理决定书》和《行政复议答复通知书》。案件自海关行政复议机关的复议机构收到申请之日起即为受理，复议机构收到复议申请的日期，属于直接从邮递渠道收取或者海关行政复议机关及其下属部门转来的，由复议机构签收章或复议机构工作人员签字予以确认；属于当事人当面递交的，由复议机构经办人在申请书上注明收到日期，并交由递交人签字确认。《行政复议申请受理通知书》应当载明受理日期、合议人员或者案件审理人员，告知申请人申请回避和申请举行听证的权利。《行政复议答复通知书》应当载明受理日期、提交答复的要求和合议人员或者案件审理人员，告知被申请人申请回避的权利。

申请人以传真、电子邮件方式递交行政复议申请书、证明材料的，海关行政复议机构不得以其未递交原件为由拒绝受理。海关行政复议机构受理申请人以传真、电子邮件方式提出的行政复议申请后，应当告知申请人自收到《行政复议申请受理通知书》之日起10日内提交有关材料的原件。

2. 对于不符合法定条件的复议案件，复议机关应决定不予受理，并制作《行政复议申请不予受理决定书》，以书面的形式告知申请人。《行政复议申请不予受理决定书》应当载明不予受理的理由和法律依据，告知申请人主张权利的其他途径。

3. 对于符合《行政复议法》、《海关行政复议办法》规定，但是不属于本海关管辖的行政复议申请，海关行政复议机关应当在审查期限内告知申请人向有管辖权的复议机关提出。口头告知的，应当记录告知的内容，并当场交由申请人签章确认；书面告知的，应当制作《行政复议告知书》并送达申请人。

4. 行政复议申请材料不齐全或者表述不清楚的，海关行政复议机构可以自收到该行政复议申请之日起 5 日内书面通知申请人补正。补正通知应当载明以下事项：①行政复议申请书中需要修改、补充的具体内容；②需要补正的有关证明材料的具体类型及其证明对象；③补正期限。申请人应当在收到补正通知之日起 10 日内向海关行政复议机构提交需要补正的材料。补正申请材料所用时间不计入行政复议审理期限。

申请人无正当理由逾期不补正的，视为其放弃行政复议申请。申请人有权在规定的期限内重新提出行政复议申请。

（三）受理的法律效果

海关行政机关一经受理复议申请，即产生了如下法律效果：①就海关行政复议机关而言，受理行政复议申请后便开始了行政复议程序，行政复议机关对该案件行使行政复议权，负有以法定程序和期限审查并作出行政复议决定的义务。②海关行政复议的申请人和被申请人的身份确立，开始享有一定的权利和履行相应的义务。③就原海关行政机关而言，行政机关的具体行政行为成为行政复议的审查对象，行政机关变更、撤销原具体行政行为要受到行政复议机关的监督。④就申请人而言，不得违反法律、法规在实体和程序方面的规定，随意再提起行政复议或者诉讼。

（四）不予受理时申请人的救济

海关行政复议机关作出不予受理的决定后，申请人可以根据不同的情况寻求不同的救济途径：

1. 海关复议机关所作出的不予受理决定有正当理由，申请人可以自收到不予受理决定书之日起或者行政复议期满之日起 15 日内，依法向人民法院起诉。

2. 如果海关行政复议机关所作出的不予受理决定无正当理由，申请人可以向该复议海关的上级海关提出复议申请，上级海关经审理认为申请符合法定受理条件的，应当责令原复议机关受理，并制作《责令受理行政复议申请通知书》。必要时，上一级海关也可以直接受理，并制作《直接受理行政复议申请决定书》，送达上述不予受理的复议机关。

三、海关行政复议的审理

"海关行政复议案件的审理是指海关行政复议机关依法对复议案件进行全面

审查的活动。"[1] 是行政复议机关在对受理的海关行政争议案件进行合理性和适当性时审查的过程，是行政复议程序的核心，该阶段的主要任务是调查收集证据，审查证据，询问当事人和其他参与人等。

（一）审理前的准备

为了确保审理工作的顺利进行，以及保证其合法与公正，海关复议机构在受理复议案件后，开始审理前，应该做好一些准备工作。《行政复议法》、《海关行政复议办法》对此作了规定。

1. 通知被申请人并由被申请人提出答辩状。《海关行政复议办法》规定："复议机构应当自行政复议申请受理之日起7个工作日内，将行政复议申请书副本或者行政复议申请笔录复印件发送被申请人。被申请人应当自收到申请书副本或者行政复议申请笔录复印件之日起10日内，提出书面答复，并提交当初作出具体行政行为的证据、依据和其他有关材料。《行政复议答复书》应载明下列内容：①被申请人名称、地址、法定代表人姓名；②被申请人作出具体行政行为的事实、证据及法律依据；③对申请人的复议申请要求、事实、理由逐条进行答辩和进行必要的举证；④对有关具体行政行为建议维持、变更、撤销或者确认违法，建议驳回行政复议申请，进行行政复议调解等答复意见；⑤作出书面答复的时间。"

《行政复议答复书》应当加盖被申请人印章。被申请人提交的有关证据、依据和其他有关材料应当按照规定装订成卷。行政复议案件的答复工作由被申请人负责法制工作的机构具体负责。对海关总署作出的具体行政行为不服向海关总署申请行政复议的，由原承办具体行政行为有关事项的部门或者机构具体负责提出书面答复，并且提交当初作出具体行政行为的证据、依据和其他有关材料。

2. 申请人、第三人查阅材料。《海关行政复议办法》第53条规定："申请人、第三人可以查阅被申请人提出的书面答复、提交的作出具体行政行为的证据、依据和其他有关材料，除涉及国家秘密、商业秘密、海关工作秘密或者个人隐私外，海关行政复议机关不得拒绝，并且应当为申请人、第三人查阅有关材料提供必要条件。有条件的海关行政复议机关应当设立专门的行政复议接待室或者案卷查阅室，配备相应的监控设备。申请人、第三人查阅有关材料依照下列规定办理：①申请人、第三人向海关行政复议机构提出阅卷要求；②海关行政复议机构确定查阅时间后提前通知申请人或者第三人；③查阅时，申请人、第三人应当出示身份证件；④查阅时，海关行政复议机构工作人员应当在场；

---

[1] 毕家亮：《海关行政法》，中国海关出版社2002年版，第315页。

⑤申请人、第三人可以摘抄查阅材料的内容；⑥申请人、第三人不得涂改、毁损、拆换、取走、增添查阅的材料。"

3. 确定复议人员。海关行政复议机关在受理复议案件后，应及时确定承办该复议案件的复议人员，并在规定的时间内通知有关当事人。海关行政复议案件实行合议制审理。合议人员为不得少于 3 人的单数。合议人员由海关行政复议机构负责人指定的行政复议人员或者海关行政复议机构聘任或者特邀的其他具有专业知识的人员担任。被申请人所属人员不得担任合议人员。对海关总署作出的具体行政行为不服向海关总署申请行政复议的，原具体行政行为经办部门的人员不得担任合议人员。对于事实清楚、案情简单、争议不大的海关行政复议案件，也可以不适用合议制，但是应当由 2 名以上行政复议人员参加审理。海关行政复议机构负责人应当指定一名行政复议人员担任主审，具体负责对行政复议案件事实的审查，并且对所认定案件事实的真实性和适用法律的准确性承担主要责任。合议人员应当根据复议查明的事实，依据有关法律、行政法规和规章的规定，提出合议意见，并且对提出的合议意见的正确性负责。

申请人、第三人及其代理人、被申请人认为复议人员与本案有利害关系或者有其他关系可能影响公正审理的，有权申请复议人员回避。合议人员或者案件审理人员认为自己与本案有利害关系或者有其他关系的，应当主动申请回避。海关行政复议机构负责人也可以指令合议人员或者案件审理人员回避。复议人员的回避由复议机构负责人决定。复议机构负责人的回避由复议机关负责人决定。

复议案件的合议人员确定后，应当以书面形式或口头告知复议参加人。复议参加人认为合议人员与案件有利害关系或其他关系可能影响案件公正审理而申请有关人员回避的，应说明理由，经复议机关负责人批准，合议人员应该回避；合议人员认为自己与案件有利害关系或有其他关系可能影响案件公正审理的，应主动向复议机关负责人申请回避。因回避导致合议人员不足法定人数的，复议机构负责人应另行指定合议人员。

在海关行政复议机关审理行政复议案件期间，同申请复议的海关具体行政行为有利害关系的其他公民、法人或者其他组织，申请参加复议的，海关复议机关应及时作出是否同意其作为第三人参加复议的决定。海关复议机关认为必要的，也可以直接通知第三人参加复议。

（二）审理方式

1. 审理原则。《行政复议法》第 22 条规定："行政复议原则上采取书面审查的办法，但是申请人提出要求或者行政复议机关负责法制工作的机构认为有必要时，可以向有关组织和人员调查情况，听取申请人、被申请人和第三人的意见。"《行政复议法实施条例》第 33 条规定："行政复议机构认为必要时，可以实地调查核实证据；对重大、复杂的案件，申请人提出要求或者行政复议机构认为必要时，可以采取听证的方式审理。"此规定确定了我国的海关行政复议制度以书面审理为原则，以直接听证方式审理为补充的行政复议审理方式。

书面审理，是指复议机关仅就双方所能够提供的书面材料进行审查后即作出决定的一种审理方式。书面审理是与当面审理相对应的。当面审理是指，复议机关将申请人与被申请人召集到复议机关指定的场所，由复议人员进行当面调查，由被申请人当面出示作出原具体行政行为的证据，由被申请人当面质证，由申请人提出反证并由被申请人当面质证等一系列的程序。[1] 行政复议不同于行政诉讼，对程序性要求过高就会影响到其高效的价值目标的实现，没有必要进行当面审查，故书面方式审理复议案件较为可行。采用此种方法在程序上比较简单，不公开审理，不传唤申请人、被申请人、证人等到场，也不进行口头调查和辩论，只是就复议申请人在申请书上和被申请人在答辩书上提出的事实、理由、请求和有关的证据材料经行审查。但是在某些特殊情形下，复议机构可以向有关组织和人员调查情况，听取申请人、被申请人和第三人的意见。海关行政复议机构对于事实清楚、案情简单、争议不大的案件，可以采取书面审查的方式进行审理。

2. 听证审理。根据《海关行政复议办法》的规定，有下列情形之一的，海关行政复议机构可以采取听证的方式审理：①申请人提出听证要求的；②申请人、被申请人对事实争议较大的；③申请人对具体行政行为适用依据有异议的；④案件重大、复杂或者争议标的价值较大的；⑤海关行政复议机构认为有必要听证的其他情形。

海关行政复议机构决定举行听证的，应当制发《行政复议听证通知书》，将举行听证的时间、地点、具体要求等事项事先通知申请人、被申请人和第三人。第三人不参加听证的，不影响听证的举行。听证可以在海关行政复议机构所在地举行，也可以在被申请人或者申请人所在地举行。行政复议听证应当公开举行，涉及国家秘密、商业秘密、海关工作秘密或者个人隐私的除外。对人民群众广泛关注、有较大社会影响或者有利于法制宣传教育的行政复议案件的公开听证，海关行政复议机构可以有计划地组织群众旁听，也可以邀请有关立法机关、司法机关、监察部门、审计部门、新闻单位以及其他有关单位的人员参加旁听。

行政复议听证人员为不少于 3 人的单数，由海关行政复议机构负责人确定，

---

〔1〕 成卉青：《中国海关法理论与实务总论》，中国海关出版社 2005 年版，第 460 页。

并且指定其中一人为听证主持人。听证可以另行指定专人为记录员。行政复议听证应当按照以下程序进行：

（1）由主持人宣布听证开始、核对听证参加人身份、告知听证参加人的权利和义务；

（2）询问听证参加人是否申请听证人员以及记录员回避，申请回避的，按照本办法第48条的规定办理；

（3）申请人宣读复议申请并且阐述主要理由；

（4）被申请人针对行政复议申请进行答辩，就作出原具体行政行为依据的事实、理由和法律依据进行阐述，并且进行举证；

（5）第三人可以阐述意见；

（6）申请人、第三人对被申请人的举证可以进行质证或者举证反驳，被申请人对申请人、第三人的反证也可以进行质证和举证反驳；

（7）要求证人到场作证的，应当事先经海关行政复议机构同意并且提供证人身份等基本情况；

（8）听证主持人和其他听证人员进行询问；

（9）申请人、被申请人和第三人没有异议的证据和证明的事实，由主持人当场予以认定；有异议的并且与案件处理结果有关的事实和证据，由主持人当场或者事后经合议予以认定；

（10）申请人、被申请人和第三人可以对案件事实、证据、适用法律等进行辩论；

（11）申请人、被申请人和第三人进行最后陈述；

（12）由申请人、被申请人和第三人对听证笔录内容进行确认，并且当场签名或者盖章；对听证笔录内容有异议的，可以当场更正并且签名或者盖章。

行政复议听证笔录和听证认定的事实应当作为海关行政复议机关作出行政复议决定的依据。行政复议参加人无法在举行听证时当场提交有关证据的，由主持人根据具体情况限定时间事后提交并且另行进行调查、质证或者再次进行听证；行政复议参加人提出的证据无法当场质证的，由主持人当场宣布事后进行调查、质证或者再次进行听证。行政复议参加人在听证后的举证未经质证或者未经海关行政复议机构重新调查认可的，不得作为作出行政复议决定的证据。

（三）审理范围

海关行政复议应该遵循全面审查原则，即进行合法性和适当性的审查，故应该兼顾以下三个方面的内容：

1. 海关行政复议遵循全面审查原则，海关行政复议机关应对具体行政行为进行全面审查，不受申请事项范围的限制。

2. 行政复议审查具体行政行为的适当性，我国的行政复议制度中，明确地规定了对不当的具体行政行为可以撤销、变更或者确认该具体行政行为违法，对决定撤销或者确认该具体行政行为违法的，可以责令被申请人在一定期限内重新作出具体行政行为。但是适当性审查不是法外审查，必须结合法律、行政法规的相关立法精神，同时还应兼顾行政主体和行政相对人的利益，兼顾行政权行使的目的和社会公益。

3. 复议审理不仅对具体行政行为进行全面的审查，还要对该具体行政行为所依据的规范性文件进行审查。《行政复议法》规定，公民、法人或者其他组织认为行政机关的具体行政行为所依据的有关规定不合法，在对具体行政行为申请行政复议时，可以一并向行政复议机关提起对该规定的审查申请。申请人认为海关的具体行政行为所依据的规定不合法，在对具体行政行为申请行政复议时一并提出对该规定的审查申请。申请人在对具体行政行为提起行政复议申请时尚不知道该具体行政行为所依据的规定的，可以在海关行政复议机关作出行政复议决定前提出。按照《海关行政复议办法》的相关规定，申请人在向海关申请行政复议时，一并提出对有关规定的审查申请，海关行政复议机关对该规定有权处理的，应当在 30 日内依照下列程序处理：① 依法确认该规定是否与法律、行政法规、行政规章相抵触；②依法确认该规定能否作为被申请人作出具体行政行为的依据；③书面告知申请人对该规定的审查结果。

海关行政复议机关应当制作《抽象行政行为审查告知书》，并送达申请人、被申请人。

海关行政复议机关对申请人申请审查的有关规定无权处理的，应当在 7 日内按照下列程序转送有权处理的上级海关或者其他行政机关依法处理：①转送有权处理的上级海关的，应当报告行政复议有关情况、执行该规定的有关情况、对该规定适用的意见；②转送有权处理的其他行政机关的，在转送函中应当说明行政复议的有关情况、请求确认该规定是否合法。有权处理的上级海关应当在 60 日内依照下列程序处理：①依法确认该规定是否合法、有效；②依法确认该规定能否作为被申请人作出具体行政行为的依据；③制作《抽象行政行为审查告知书》，并且送达海关行政复议机关、申请人和被申请人。

海关行政复议机关在对被申请人作出的具体行政行为进行审查时，认为需对该具体行政行为所依据的有关规定进行审查的，依照相关规定办理。

（四）审理依据

审理依据是指复议机关在审理行政复议案件中所依据的判断标准。"行政复议审理的依据与行政诉讼审理的依据不同，在行政诉讼中审理依据受到了严格的限制，规章以下的行政法渊源不能成为诉讼审理的依据，规章仅是行政诉讼的参考，行政复议的审理依据较为宽泛，几乎所有的行政法正式渊源都是行政复议审理的依据。"[1]　海关行政复议以法律、行政法规、海关行政规章，以及海关总署制定发布或直属海关制定发布的具有规范权利义务内容的规范性文件为依据。

（五）海关行政复议申请的撤回

复议申请的撤回是指复议申请人提出复议申请后，行政复议机关作出复议决定之前，经行政复议机关同意撤回申请，不再要求行政复议机关作出裁决的意思表示。提出复议申请，是申请人的一项权利，申请人撤回自己的复议申请，实际上是对自己的申请权的处分，也是申请人的权利。《行政复议法》第 25 条规定，行政复议申请被复议机关受理后，在复议决定作出之前，申请人可以要求撤回行政复议申请。经说明理由，行政复议机关同意申请人撤回复议申请的，行政复议终止。因此复议申请人对复议申请有处分权，既可以提出申请也可以取消申请，对此，复议机关应该予以保护。

《海关行政复议办法》第 80 条规定，申请人在行政复议决定作出前自愿撤回行政复议申请的，经海关行政复议机构同意，可以撤回。申请人撤回行政复议申请的，不得再以同一事实和理由提出行政复议申请。但是，申请人能够证明撤回行政复议申请违背其真实意思表示的除外。第 81 条规定，行政复议期间被申请人改变原具体行政行为，但是申请人未依法撤回行政复议申请的，不影响行政复议案件的审理。据此，复议申请的撤回有两种情况：一是复议申请人在复议中认识到自己的申请难以成立，缺乏法律或事实的依据，没有成立的可能性，进而对具体行政行为由不同意转向认同，继续复议已无意义，因而主动请求撤回；二是由于被申请人撤销、变更了原具体行政行为，申请人接受此种变化，因而请求撤回。但是上述两种情况的撤回，申请人都应该向复议机关说明理由，复议机关对该理由进行审查后，有权决定是否同意复议申请的撤回，经审查同意的，可以撤销复议案件，终止行政复议行为；经审查不同意撤回的，复议机关应继续审理，并在法定的时间内作出审理决定。

（六）海关行政复议的中止

海关行政复议的中止，是指在行政复议的过程中，由于法定条件的丧失，而暂时停止复议行为，在条件恢复以后，再继续审理的情况。《海关行政复议办法》第 82 条规定行政复议期间有下列情形之一的，行政复议终止：

1. 申请人要求撤回行政复议申请，海关行政复议机构准予撤回的；

2. 作为申请人的自然人死亡，没有近亲属或者其近亲属放弃行政复议权

---

〔1〕　关保英：《行政法教科书之总论行政法》，中国政法大学出版社 2005 年版，第 652 页。

利的；

3. 作为申请人的法人或者其他组织终止，其权利义务的承受人放弃行政复议权利的；

4. 申请人与被申请人达成和解，并且经海关行政复议机构准许的；

5. 申请人对海关限制人身自由的行政强制措施不服申请行政复议后，因申请人同一违法行为涉嫌犯罪，该限制人身自由的行政强制措施变更为刑事拘留的，或者申请人对海关扣留财产的行政强制措施不服申请行政复议后，因申请人同一违法行为涉嫌犯罪，该扣留财产的行政强制措施变更为刑事扣押的；

6. 依照本办法第 55 条第 1 款第 1 项、第 2 项、第 3 项规定中止行政复议，满 60 日行政复议中止的原因仍未消除的；

7. 申请人以传真、电子邮件形式递交行政复议申请书后未在规定期限内提交有关材料的原件的。

行政复议终止，海关行政复议机关应当制作《行政复议中止决定书》，并且送达申请人、被申请人和第三人。

（七）海关行政复议的终止

海关行政复议的终止是指，在海关行政复议进行期间，由于发生了足以导致复议程序终止的客观原因，从而终止正在进行的海关行政复议的一项制度。《海关行政复议办法》规定，行政复议期间有下列情形之一的，行政复议终止：

1. 申请人要求撤回行政复议申请，海关行政复议机构准予撤回的；

2. 作为申请人的自然人死亡，没有近亲属或者其近亲属放弃行政复议权利的；

3. 作为申请人的法人或者其他组织终止，其权利义务的承受人放弃行政复议权利的；

4. 申请人与被申请人达成和解，并且经海关行政复议机构准许的；

5. 申请人对海关限制人身自由的行政强制措施不服申请行政复议后，因申请人同一违法行为涉嫌犯罪，该限制人身自由的行政强制措施变更为刑事拘留的，或者申请人对海关扣留财产的行政强制措施不服申请行政复议后，因申请人同一违法行为涉嫌犯罪，该扣留财产的行政强制措施变更为刑事扣押的；

6. 依照本办法第 55 条第 1 款第 1、2、3 项规定中止行政复议，满 60 日行政复议中止的原因仍未消除的；

7. 申请人以传真、电子邮件形式递交行政复议申请书后未在规定期限内提交有关材料的原件的。

行政复议终止，海关行政复议机关应当制作《行政复议终止决定书》，并且送达申请人、被申请人和第三人。

（八）海关行政复议审理步骤

海关行政复议机关审理复议案件，一般可以分为以下步骤：其一，海关行政复议人员必须首先认真阅读复议材料，审阅全案卷宗材料，了解复议案件的整体情况。其二，核对申请人和被申请人提供的证据材料，进行调查研究，证据不充分时，要求申请人和被申请人补充有关的证据、材料。必要时由复议机关亲自收集证据或调查有关证据。复议机关在调查时，有关单位和个人应当协助。其三，审查原具体行政行为适用法律、法规是否正确适当。其四，复议机关经过审理后，对复议案件的处理提出意见。该意见是最终做出复议决定的基础。

（九）海关行政复议的审理期限

根据行政复议法的规定，不服海关具体行政行为的复议，海关行政机关应当自收到复议申请书之日起 60 日内作出复议决定。《中华人民共和国海关行政复议办法》第 68 条还规定了期限延长的具体情况，海关行政复议机关应当自受理复议申请之日起 60 日内作出行政复议决定。但有下列情况之一的，经海关行政复议机关负责人批准，可以延长 30 日：①复议案件案情重大、复杂、疑难的；②决定举行行政复议听证的；③经申请人同意的；④有第三人参加行政复议的；⑤申请人、第三人提出新的事实或者证据需进一步调查的。

海关行政复议机关延长复议期限，应当制作《延长行政复议审查期限通知书》，并且送达申请人、被申请人和第三人。

四、海关行政复议的决定

（一）海关行政复议决定的种类

海关行政复议案件经过审理后，复议人员应形成审理意见或合议意见。这些意见经海关行政复议机关负责人统一或者经过海关案件审理委员会讨论通过后，成为海关行政复议机关最后的行政复议决定。根据《海关行政复议办法》的规定，海关行政复议机构提出案件处理意见，经海关行政复议机关负责人审查批准后，作出行政复议决定：

1. 决定维持。海关具体行政行为同时具备以下四个条件的，可决定维持具体行政行为：①海关具体行政行为所认定的事实清楚、证据确凿；②适用法律、法规等规范性文件正确；③程序合法；④内容适当。

2. 决定被申请人在一定期限内履行法定职责。海关行政复议机关经过审理后，认为被申请人的不作为行为违反了法律、行政法规、规章及有关的规范性文件，属于未履行法定职责的，应该作出责令其在一定期限内履行法定职责的决定。被申请人不履行法定职责的，决定其在一定期限内履行。

3. 决定撤销、变更或者确认该具体行政行为违法，可以责令被申请人在一定期限内重新作出具体行政行为。《海关行政复议办法》规定，具体行政行为有下列情形之一的，决定撤销、变更或者确认该具体行政行为违法，决定撤销或者确认该具体行政行为违法的，可以责令被申请人在一定期限内重新作出具体行政行为：

（1）主要事实不清、证据不足的。在这种情况下，海关行政复议机关可以作出撤销或者确定该具体行政行为违法，并责令被申请人在一定期限内重新作出具体行政行为的决定，由原海关继续查清事实，重新做出处理。如果在复议过程中查清了主要事实，海关复议机关也可以直接作出变更决定。

（2）适用依据错误的。适用依据错误包括，适用了已经失效、未生效的依据或者适用了与法律、法规相抵触的规章或者其他规范性文件。

（3）违反法定程序的。程序违法，复议机关可以撤销、变更或者确认该具体行政行为违法，可以责令被申请人重新作出海关具体行政行为。

（4）超越或者滥用职权的。超越或者滥用职权属于无效，一般应予撤销或确认该具体行政行为违法。

（5）具体行政行为明显不当的。

被申请人未按照规定提出书面答复、提交当初作出具体行政行为的证据、依据和其他有关材料的，视为该具体行政行为没有证据、依据，海关行政复议机关应当决定撤销该具体行政行为。

4. 决定变更。具体行政行为有下列情形之一的，海关行政复议机关可以决定变更：①认定事实清楚，证据确凿，程序合法，但是明显不当或者适用依据错误的；②认定事实不清，证据不足，但是经海关行政复议机关审理查明事实清楚，证据确凿的。

（二）不利变更禁止原则

不利变更禁止原则指的是复议机关对申请人提交的复议案件，在作出处理决定时不能将申请人置于较行政复议之前更加不利的境地。也就是说，既不能加重申请人的法律责任，也不能减损申请人的既得利益，申请人的负担不得因行政复议而增加。这一原则的确立对消除当事人害怕因提出复议申请对自己不利的顾虑，确保申请人充分利用行政复议程序维护其合法权益，提高行政复议工作质量都起着积极的作用。为了鼓励公民、法人或者其他组织通过行政复议的方式依法解决行政争议、解除申请人"不敢告"的思想负担，《行政复议法实施条例》第51条、《海关行政复议办法》第75条都规定了行政复议不利变更禁止原则，即海关行政复议机关在申请人的行政复议请求范围内，不得作出对申请人更为不利的行政复议决定。有原则，即有例外，该办法也规定了此制度的例外，即海关行政复议机关依据该办法第72条规定责令被申请人重新作出具体行政行为的，除以下情形外，被申请人不得作出对申请人更为不利的具体行政行为：

1. 不作出对申请人更为不利的具体行政行为将损害国家利益、社会公共利益或者他人合法权益的；

2. 原具体行政行为适用法律依据错误，适用正确的法律依据需要依法作出对申请人更为不利的具体行政行为的；

3. 被申请人查明新的事实，根据新的事实和有关法律、行政法规、海关规章的强制性规定，需要作出对申请人更为不利的具体行政行为的；

4. 其他依照法律、行政法规或者海关规章规定应当作出对申请人更为不利的具体行政行为的。

（三）海关行政复议决定书

海关行政复议机关作出决定后，应当制作《行政复议决定书》。根据《海关行政复议办法》第77条的规定，海关行政复议机关作出行政复议决定，应当制作《行政复议决定书》。《行政复议决定书》应当载明下列内容：

1. 申请人姓名、性别、年龄、职业、住址（法人或者其他组织的名称、地址、法定代表人或者主要负责人的姓名、职务）；

2. 第三人姓名、性别、年龄、职业、住址（法人或者其他组织的名称、地址、法定代表人或者主要负责人的姓名、职务）；

3. 被申请人名称、地址、法定代表人姓名；

4. 申请人申请复议的请求、事实和理由；

5. 被申请人答复的事实、理由、证据和依据；

6. 行政复议认定的事实和相应的证据；

7. 作出行政复议决定的具体理由和法律依据；

8. 行政复议决定的具体内容；

9. 不服行政复议决定向人民法院起诉的期限和具体管辖法院；

10. 作出行政复议决定的日期。

《行政复议决定书》应当加盖海关行政复议机关的印章。

《行政复议决定书》直接送达的，行政复议人员应当就行政复议认定的事实、证据、作出行政复议决定的理由、依据向申请人、被申请人和第三人作出说明；申请人、被申请人和第三人对《行政复议决定书》提出异议的，除告知其向人民法院起诉的权利外，应当就有关异议作出解答。《行政复议决定书》以其他方式送达的，申请人、被申请人和第三人就《行政复议决定书》有关内容向海关行政复议机构提出异议的，行政复议人员应当向申请人、被申请人和第三人作出说明。经申请人和第三人同意，海关行政复议机关可以通过出版物、海关门户网站、海关公告栏等方式公布生效的行政复议法律文书。

海关行政复议机关的复议决定作出后，应当向当事人送达《行政复议决定书》。根据《行政复议法》第 40 条的规定，海关行政复议机关送达《行政复议决定书》，应当直接送交受送达人；本人不在的，交其同住的成年家属或者所在单位签收；本人已向复议机关指定代收人的，交代收人签收；受送达人是法人或者其他组织的，交其收发部门签收。受送达人拒绝接受复议决定书的，送达人应当邀请有关人员到场，说明情况，在送达回证上记明拒收事由和日期，由送达人、见证人签名或者盖章，把《行政复议决定书》留在受送达人的住处或者收发部门，即视为送达。海关行政复议机关送达《行政复议决定书》，可以委托其他海关代为送达，或者邮寄送达，如果无法直接送达的，可以公告送达。送达必须要有回证，受送达人在回证上面注明收到的日期、签章。受送达人在送达回证上面的签收日期为送达日期，邮寄送达的，以挂号回执上注明的收件日期为送达日期。公告送达的，自发出公告之日起，经过 60 日，即视为送达。

（四）海关行政复议决定的效力

行政复议一经送达即发生法律效力，如果法律规定行政复议裁决为终局裁决的，复议决定一经作出，即产生执行力。申请人拒不执行复议决定的，做出复议决定的机关可依法强制执行或申请法院强制执行。如果不是属于终局的行政复议，申请人对复议决定逾期不起诉又不履行的，复议机关可以申请法院强制执行，被申请人如果不履行或者无正当理由拖延履行海关行政复议决定的，上一级海关应当责令其限期履行。

（五）海关行政复议的执行

复议申请人和被申请人应该认真履行复议决定，复议申请人不履行已经生效的决定的，由作出原具体行政行为的海关或者复议机关依《行政复议法》第 33 条的规定依法强制执行，或者申请法院强制执行。

五、海关行政复议和解和调解

（一）海关行政复议和解

"办理行政复议案件能否适用和解，在理论界和实务界一直存有争议。目前，对此存在两种观点：一种观点认为，行政复议和解并不是放弃行政权力，是坚持原则性与灵活性处置的统一，是法律效果与社会效果的统一。另一种观点认为，行政权是国家权力，行政机关只有行使国家权力的职责，而无权自由处分国家权力。"[1] 如果将行政复议定位于给相对人完善的救济，保护行政相对人合法权益，那么从这个角度来考虑，建立行政复议的和解制度就是十分必要的，因为行政复议和解对化解矛盾、解决行政纠纷、减少行政诉讼等都具有很大的作用。因此，我国的《行政复议法实施条例》的第40条规定，公民、法人或者其他组织对行政机关行使法律、法规规定的自由裁量权作出的具体行政行为不服申请行政复议，申请人与被申请人在行政复议决定作出前自愿达成和解的，应当向行政复议机构提交书面和解协议；和解内容不损害社会公共利益和他人合法权益的，行政复议机构应当准许。

1. 海关行政复议和解概念。公民、法人或者其他组织对海关行使法律、行政法规或者海关规章规定的自由裁量权作出的具体行政行为不服申请行政复议，在海关行政复议机关作出行政复议决定之前，申请人和被申请人可以在自愿、合法基础上达成和解。

2. 海关行政复议和解的适用范围。海关行政复议机构应当对申请人和被申请人提交的和解协议进行审查，和解确属申请人和被申请人的真实意思表示，和解内容不违反法律、行政法规或者海关规章的强制性规定，不损害国家利益、社会公共利益和他人合法权益的，应当准许和解，并且终止行政复议案件的审理。对于哪些情节适用和解没有具体规定，从目前海关行政复议的实际来看，和解应该主要可以适用于海关实施的便捷通关措施、审价绿色通道等行为以及一些法律和政策界定不清的案件，社会关注程度大的案件和其他有和解价值的案件。

3. 海关行政复议和解的程序。申请人和被申请人达成和解的，应当由当事人向海关行政复议机构提交书面和解协议。和解协议应当载明行政复议请求、事实、理由和达成和解的结果，并且由申请人和被申请人签字或者盖章。海关行政复议机构应当对申请人和被申请人提交的和解协议进行审查，和解确属申请人和被申请人的真实意思表示，和解内容不违反法律、行政法规或者海关规章的强制性规定，不损害国家利益、社会公共利益和他人合法权益的，应当准许和解，并且终止行政复议案件的审理。准许和解并且终止行政复议的，应当在《行政复议终止决定书》中载明和解的内容。最后，经海关行政复议机关准许和解的，申请人和被申请人应当履行和解协议。

4. 海关行政复议和解的期限和效力。在复议申请受理之后，复议决定作出之前都可进行海关行政复议和解。行政复议和解书经双方当事人签字后，即具有法律效力。和解未达成协议或者和解书送达前一方反悔的，行政复议机关应

---

[1] 齐大勇："试论海关行政复议和解"，载《法制与社会》2007年第10期。

当及时作出行政复议决定。当事人对行政复议和解决定不服的，可以向人民法院提起行政诉讼。经海关行政复议机关准许和解并且终止行政复议的，申请人以同一事实和理由再次申请行政复议的，不予受理。但是，申请人提出证据证明和解违反自愿原则或者和解内容违反法律、行政法规或者海关规章的强制性规定的除外。

（二）海关行政复议调解

调解作为化解利益冲突的有效方式一直在我国的纠纷解决实践中被广泛运用，它不仅深深地影响着社会价值观，而且其作用范围也日益扩大。对于作为一项行政权的行政复议工作来说，能否适用调解呢？长期以来，在行政法学的主导面均对复议机关审理行政复议案件适用调解持否定态度。然而，调解制度以其优越性越来越多地适用于我国的行政复议领域，并且发挥了相当好的实际效果。各种理论在一个国家的实现，取决于这些理论能否满足实际需要。因此，《行政复议法实施条例》第50条规定，行政复议机关可以按照自愿、合法的原则进行调解。

1. 海关行政复议调解的概念。海关行政复议调解是指在海关行政复议过程中，由海关复议机关根据行政争议当事人的申请，或根据复议案件的实际情况主动对当事人之间的行政争议所进行的居中协调。

2. 海关行政复议调解的原则。海关行政复议机关应该按照自愿、合法的原则进行调解。只有申请人和被申请人都自愿接受调解时，复议机关的调解才能进行。调解不应当成为行政复议的必经程序，复议机关也不得强迫当事人接受调解结果。调解目的在于对当事人提供救济、保护合法权益和纠正违法、不当的具体行政行为，因此调解协议的内容必须符合法律规定，不得损害国家利益、集体利益和他人的合法权益。

3. 海关行政复议调解的适用。《海关行政复议办法》对调解的具体适用范围作出了规定，主要有以下两种情况：①公民、法人或者其他组织对海关行使法律、行政法规或者海关规章规定的自由裁量权作出的具体行政行为不服申请行政复议的；②行政赔偿、查验赔偿或者行政补偿纠纷。

4. 海关行政复议调解的程序。海关行政复议机关主持调解应当按照下列程序进行：

（1）征求申请人和被申请人是否同意进行调解的意愿；

（2）经申请人和被申请人同意后开始调解；

（3）听取申请人和被申请人的意见；

（4）提出调解方案；

（5）达成调解协议。

调解期间申请人或者被申请人明确提出不进行调解的，应当终止调解。终止调解后，申请人、被申请人再次请求海关行政复议机关主持调解的，应当准许。

5. 海关行政复议调解的效力。申请人和被申请人经调解达成协议的，海关行政复议机关应当制作《行政复议调解书》。《行政复议调解书》应当载明下列内容：①申请人姓名、性别、年龄、职业、住址（法人或者其他组织的名称、地址、法定代表人或者主要负责人的姓名、职务）；②被申请人名称、地址、法定代表人姓名；③申请人申请行政复议的请求、事实和理由；④被申请人答复的事实、理由、证据和依据；⑤行政复议认定的事实和相应的证据；⑥进行调解的基本情况；⑦调解结果；⑧申请人、被申请人履行调解书的义务；⑨日期。《行政复议调解书》应当加盖海关行政复议机关的印章。《行政复议调解书》经申请人、被申请人签字或者盖章，即具有法律效力。

调解未达成协议或者行政复议调解书生效前一方反悔的，海关行政复议机关应当及时作出行政复议决定。

第五节　海关行政复议的法律责任

一、海关行政复议机关的法律责任

海关行政复议机关的法律责任是指，海关行政复议机关在行政复议过程中违反海关行政复议规定而承担的法律责任。《海关行政复议办法》规定，海关行政复议机关、海关行政复议机构、行政复议人员有行政复议法第34、35条、《行政复议法实施条例》第64条规定情形的，依照行政复议法、行政复议法实施条例的有关规定处理。上级海关发现下级海关及有关工作人员有违反行政复议法、《行政复议法实施条例》和本办法规定的，应当制作《处理违法行为建议书》，向有关海关提出建议，该海关应当依照行政复议法和有关法律、行政法规的规定作出处理，并且将处理结果报告上级海关。海关行政复议机构发现有关海关及其工作人员有违反行政复议法、《行政复议法实施条例》和本办法规定的，应当制作《处理违法行为建议书》，向人事、监察部门提出对有关责任人员的处分建议，也可以将有关人员违法的事实材料直接转送人事、监察部门处理；接受转送的人事、监察部门应当依法处理，并且将处理结果通报转送的海关行政复议机构。海关行政复议机关的法律责任是由海关行政复议机关的直接负责的主管人员和其他直接责任人员来承担的，依法可以给予其警告、记过、记大过的行政处分，他们所承担的是公务员法规规定的行政处分责任。

二、海关行政复议被申请人的法律责任

被申请人因为消极地对待复议活动及其他违法行为而应该承担的法律责任。比如说，不提交作出具体行政行为的证据、依据和其他有关材料；不履行行政复议决定或者无正当理由拖延履行行政复议决定的行为等。《海关行政复议办法》规定，被申请人有行政复议法第 36 条、第 37 条、行政复议法实施条例第 62 条规定情形的，依照《行政复议法》、《行政复议法实施条例》的有关规定处理。

第10章

海关行政诉讼

关于行政诉讼，学界研究的已经很多，但具体到海关行政诉讼，则寥寥无几。为数不多的涉及海关行政诉讼的著作多是直接套用行政诉讼的基本内容。诚然，无论从理论还是实务方面而言，行政诉讼都是海关行政诉讼的基础，但作为行政诉讼法的一个部门法，海关行政诉讼法应该有自己的特点，我们试图在行政诉讼的基础上，尽量结合海关行政的特点，对海关行政诉讼作一论述。

第一节　海关行政诉讼概念、原则和基本制度

一、海关行政诉讼的概念

行政诉讼是指由司法系统主持解决行政纠纷的行为。在我国是指由人民法院解决行政纠纷的行为。具体来讲，行政诉讼是指行政相对人认为行政主体的具体行政行为侵犯了其合法权益，依法向人民法院起诉，由人民法院对该具体行政行为是否合法进行审查并作出裁判的法律行为或法律制度。[1] 行政诉讼是对行政的司法审查，其宪政理念是权利救济理念。

1987年1月1日生效的《治安管理处罚条例》开创了行政诉讼的先河，但其范围仅限于对行政处罚不服提起诉讼。1987年7月1日《海关法》生效后海关系统开始实行行政诉讼制度，其范围除包括不服行政处罚的诉讼外，加了关于纳税争议的诉讼。1991年《行政诉讼法》正式实施生效之后，海关行政诉讼范围扩大为海关行政管理相对人认为海关侵犯其人身权、财产权的所有具体行政

---

〔1〕 关保英：《行政法教科书之总论行政法》，中国政法大学出版社2005年版，第659页。

行为。[1] 因此，海关行政诉讼可定义为：海关行政管理相对人（公民、法人或其他组织）认为海关的具体行政行为侵犯了其合法权益，依法以相应海关为被告向相应的人民法院起诉，由人民法院对海关相应行为进行审查并作出裁判的法律制度。具体包括：①对海关行政处罚不服或同海关发生纳税争议而提起的诉讼；②对海关针对进口或出口侵犯知识产权货物的行为作出的处罚决定不服而提起的诉讼；③对海关针对违法进口污染环境的固体废物的行为作出的处罚决定不服而提起的诉讼；④对海关针对海关行政规章设定的处罚决定不服以及海关作出的其他具体行政行为（包括海关监管行为、海关稽查行为、海关行政处罚行为、知识产权海关保护行为、海关统计行为等）不服提起的诉讼。

二、海关行政诉讼的基本原则

海关行政诉讼的基本原则，是指在整个海关行政诉讼过程或者在海关行政诉讼的主要阶段，对人民法院审理海关行政案件和当事人参与海关行政诉讼活动起指导作用的准则。海关行政诉讼的基本原则不一定由法律明确规定，而且作为一个部门行政法，实际上法律对此并没有明确规定，相应学界对此的研究也不是很多。英美法系诉讼的基本原则一般由学界从各种法律规定及法院的判例中概括和提炼而来。其中，最为典型的是英国行政法中的自然正义原则，虽不由法律直接规定，但英国法官将其视为程序法中的帝王原则。当然，在我国，一般认为诉讼的基本原则应该由法律明确规定，我国行政诉讼法对行政诉讼的基本原则也作了规定。[2] 学界也多根据这些法律规定来阐述行政诉讼的基本原则。

海关行政诉讼作为行政诉讼的一个特殊种类而存在，当然应当遵守所有诉讼法的共同原则，比如：人民法院依法独立行使审判权原则；以事实为根据，以法律为准绳原则；回避、辩论、合议、公开审判、两审终原则；当事人法律地位平等、使用本民族语言文字进行诉讼原则；人民检察院对诉讼实行法律监督原则等。但海关行政诉讼毕竟是行政诉讼的一种，所以海关行政诉讼还应遵循行《行政诉讼法》第5条规定，人民法院审理行政案件，对具体行政行为是否合法进行审查。这一规定是对行政诉讼的定性，同时也确立了人民法院对具体行政行为进行合法性审查这一行政诉讼的独特原则。其一，它表明海关行政诉讼审查的重点应该是海关作出的具体行政行为。但是根据《行政诉讼法》第35条规定，人民法院在审理行政案件时参照规章；《最高人民法院关于执行

---

[1]　成卉青：《中国海关法理论与实务总论》，中国海关出版社2001年版，第528页。
[2]　《中华人民共和国行政诉讼法》第3～10条。

〈中华人民共和国行政诉讼法〉若干问题的解释》（以下简称《若干问题解释》）第61条第2项规定："人民法院审理行政案件，可以在裁判文书中引用合法有效的规章及其他规范性文件。"这些表明人民法院审理行政案件时将具体行政行为的审查放在中心地位，同时对其他行为也要进行审查。但不能偏离这个中心，在审查范围上应该将合法性审查放在首位，同时对具体行政行为的合理性也进行审查，只是要注意限度。其二，司法最终救济原则。对大多数行政诉讼案件而言，公民、法人或者其他组织可以先向上一级行政机关或者法律法规规定的行政机关申请复议，对复议决定不服的，再向人民法院提起诉讼；也可以直接向人民法院提起诉讼。法律、法规规定应当先向行政机关申请复议，对申请复议不服再向人民法院起诉的，依照法律、法规的规定。其三，争诉不停止执行原则。《行政诉讼法》第44条确立了行政诉讼期间不停止行政主体具体行政行为执行的原则。这是为保持行政管理的连续性和法律的执行力而作出的规定。海关行政诉讼中，海关做出的具体行政行为并不因原告的起诉而停止执行。

但是，海关行政诉讼毕竟不完全等同于行政诉讼，根据《海关法》的相关规定，海关行政诉讼具有一项特有原则，即海关纳税争议行政复议前置原则。我们首先来看一个案例：

> 2005年3月14日，天合贸易有限公司（以下简称天合公司）以一般贸易方式向某海关申报进口螺纹钢管一批，申报单价USD8.35/kg。某海关经审查有关单证发现，天合公司的申报价格与海关掌握的同期进口价格及国际市场行情有较大差异，遂对上述价格的真实性和准确性产生怀疑。3月16日，某海关依据有关规定，要求天合公司补充填写《价格申报表》，并提供能够证明其申报价格符合成交价格条件的相关证据和资料。此后，天合公司应海关要求进行价格申报，同时提交了有关材料，但仍未消除海关对其申报价格真实性的怀疑。在此情况下，某海关启动估价程序，经与天合公司进行价格磋商，最终适用相同货物成交价格方法确定进口货物的完税价格为USD12.30/kg，并据此对天合公司作出征收关税及代征进口环节增值税的税款缴款书。
>
> 天合公司不服海关征税决定，在收到税款缴款书的次日即向某海关所在地的中级人民法院提起行政诉讼。天合公司在《起诉状》中称，天合公司的申报价格即是涉案货物的实际成交价格；某海关估价完税价格过高，不符合贸易实际情况，同时也超出了天合公司签订货物进口合同时所核算的投资成本，将给企业造成巨大经济损失，请法院依法撤销某海关上述征税决定并责令某海关以实际价格为基础重新计征

税款。

法院收到《起诉书》后经审查认为，天合公司与某海关基于税收征管行为所产生的行政争议属于纳税争议范畴，对于此类争议《海关法》明确规定应适用复议前置程序加以解决，即应先向复议机关申请行政复议，对复议决定不服的，再依法向人民法院提起诉讼，天合公司径行起诉的做法不符合《行政诉讼法》和《海关法》的有关规定。2005年4月，法院对天合公司的诉讼请求作出了不予受理的裁定，同时告知天合公司通过行政复议程序解决与某海关之间的纳税争议。[1]

一般来讲，管理相对人对绝大多数海关具体行政行为有异议而要寻求法律救济时，其在申请行政复议或提起行政诉讼两者之间具有选择权。但在与海关发生纳税争议的情况下，管理相对人的这种选择权是受到限制的。根据《海关法》的有关规定，海关行政管理相对人与海关发生纳税争议时适用"行政复议前置原则"，即管理相对人应当先向作出税收征管决定的海关的上一级海关申请行政复议，对复议决定不服的，才能依照《行政诉讼法》的相关规定，向有管辖权的人民法院提起行政诉讼。《海关法》作出上述规定主要是考虑到海关征管行为往往涉及进出口货物商品归类、完税价格审定、税率适用及原产地认定等多方面复杂的海关技术和专业知识，其中许多领域还涉及我国已加入国际公约所确定的权利义务，例如《WTO估计协议》、《产地规则协定》以及世界海关组织统一遵守的《商品名称及编码协调制度》等，上述问题具有较强的专业性和技术性。对于海关税收征管行为所引发的纳税争议，如果允许管理相对人直接向法院提起行政诉讼，势必会给法院的案件审理工作造成很大难度，同时也不利于提高行政效率。[2] 基于此，《海关法》和《进出口关税条例》对于解决此类执法争议作出了必须适用"行政复议前置"的规定。关于纳税争议，前面海关具体行政行为行为部分已提及，此处不加赘言。

三、海关行政诉讼的基本制度

海关行政诉讼的基本制度是指有关海关行政案件审理诉讼程序的法律制度体系。具体包括海关行政诉讼的受案范围、海关行政诉讼案件的管辖、海关行政诉讼参加人及诉讼程序（包括一审、二审、审判监督）等，这些将在下面的章节加以详细论述。

---

〔1〕 孟杨主编：《案说海关》，中国海关出版社2007年版，第106页。
〔2〕 孟杨主编：《案说海关》，中国海关出版社2007年版，第108页。

第二节　海关行政诉讼的受案范围

一、海关行政诉讼的受案范围的概念

海关行政诉讼的受案范围所要解决的是人民法院对哪些行政行为拥有司法审查权或者说行政相对人对哪些海关行政行为可向人民法院起诉，人民法院有权对其予以司法审查。在我国，行政诉讼的受案范围由《行政诉讼法》和其他法律、法规以及司法解释的规定来确立。海关行政诉讼的受案范围，对不同的主体有不同的意义，对于人民法院来说，海关行政诉讼的受案范围意味着人民法院对哪些海关行政案件拥有司法管辖权，只有在海关行政诉讼受案范围内的案件，人民法院才有权进行审理并作出判决；对于海关行政相对人而言，海关行政诉讼受案范围意味着他们可以提起海关行政诉讼的范围。如果他们对超出海关行政诉讼受案范围的案件提起海关行政诉讼，法院将不予受理；对于海关而言，海关行政诉讼的受案范围则意味着自己的行政行为受人民法院干预的程度。对受案范围内的海关行政行为，相应海关有义务接受司法机关的审查和监督。

我国《行政诉讼法》第 2 条即明确规定，公民、法人或者其他组织认为行政机关工作人员的具体行政行为侵犯了其合法权益，有权向人民法院提起诉讼。该条即以概括的方式确立了行政诉讼受案的基本标准，即总体上限于具体行政行为。《行政诉讼法》第 11.12 条分别采用肯定和否定列举的方式对我国行政诉讼的方式加以阐述。除了法律法规的规定以外，海关行政诉讼的受案范围更多地取决于我国政治、经济、文化以及法治水平的实际情况，它应当符合我国法治发展的现状，符合人民法院与行政机关在受理行政案件上的合理分工，还应该最大限度的保护公民、法人或者其他组织的合法权益，同时要适应我国行政诉讼制度发展水平的实际情况。[1] 海关对进出关境活动的当事人做出的大部分具体行政行为都可以形成行政诉讼。

二、海关行政诉讼的受案范围

根据行政诉讼法对行政诉讼受案范围的规定，海关行政诉讼的受案范围大致可分为八类，由于有关海关行政处罚和限制人身自由的纠纷相对多一些，所以对这两类特列出案例：

---

〔1〕　胡建淼主编：《行政诉讼法学》，复旦大学出版社 2003 年版，第 23～24 页。

1. 对拘留、罚款、吊销许可证和执照、责令停产停业、没收财物等行政处罚不服的。海关行政处罚的方式有罚款、没收财物、吊销许可证、吊销报关员证书、暂停或取消报关企业报关权等，都在上述规定范围内。本项有一个附属框架——"等行政行为"，所以即便以后出现新的处罚方式仍可以纳入起诉范围。相关案例如下：

> 2005 年 10 月 15 日，当事人郑某持《往来港澳通行证》，经某口岸选择绿色通道出境前往澳门。某海关关员经检查发现，当事人随身携带澳门旅游娱乐有限公司赌博"筹码"46 枚（面值港币 194710 元），未向海关申报。海关当即扣留上述"筹码"，并于 10 月 24 日以"携带专用赌具出境、违反国家进出境物品管理规定"为由，依据《中华人民共和国海关法》（以下简称《海关法》）及《中华人民共和国海关行政处罚实施条例》（以下简称《实施条例》）的有关规定，对当事人作出没收在扣"筹码"的行政处罚决定。郑某不服，向海关总署申请复议。2006 年 1 月 9 日，海关总署作出维持原海关具体行政行为的复议决定。郑某不服行政复议决定，基于同一事实和理由向某市中级人民法院提起了行政诉讼。[1]

2. 对限制人身自由或者对财产的查封、扣押、冻结等行政强制措施不服的。海关为履行进出关境监督管理职能（包括对违反海关法行为的调查、稽查；征收或减免关税；进行海关统计；知识产权的海关保护等）依法有采取扣留、查封货物、物品、运输工具、有关账册、对当事人进行人身检查、扣留当事人、冻结走私嫌疑人款项、划拨纳税义务人款项等采取行政强制措施的权力。当事人对此不服可以依法提起诉讼。

> 2006 年 9 月 20 日，旅客张凯丽乘坐晚班飞机由泰国飞抵北京首都国际机场，选择走无申报通道过关。当班旅检关员将其截停，询问其是否有需要申报的物品。张凯丽表示自己去泰国是旅游，未携带任何需要申报的物品进境。旅检关员随即对其行李物品进行了检查，发现一瓶洋酒，性状可疑：酒液中混杂着其他物质且呈现出分离状态。凭以往查获过在酒瓶中夹藏液状可卡因的经验，旅检关员对这瓶酒产生怀疑，遂在现场初步对酒液进行了检验，但根据检验结果无法明确判

---

〔1〕 孟杨主编：《案说海关》，中国海关出版社 2007 年版，第 1 页。

断是否含有可卡因，需送交北京市公安局毒品检测中心进行进一步化验检测。旅检部门将该案移交缉私局。由于当时已近午夜，送交北京市毒品检测中心化验需待次日上午，经请示首都机场海关关长批准，当晚 11 时 15 分，首都机场海关制发《扣留决定书》，对张凯丽实施扣留，并告知其享有的救济权利。张凯丽情绪激动，表示了极大的不满，拒绝在《扣留决定书》上签字，缉私局有关工作人员在注明这一情况后，将其送入扣留室，并通知了张凯丽的家属。次日上午 9 时许，北京市公安局毒品检测中心检测排除了酒液中含有可卡因的可能。得到这一检测结果，首都机场海关立即于当日 9 时 20 分制发了《海关解除扣留走私犯罪嫌疑人决定书》，解除了对张凯丽的扣留。后来，张不服向北京海关提起行政复议申请并附带行政赔偿请求。北京海关作出维持原具体行政行为，同时做出不予赔偿的决定。如果张对此复议决定不服，当然可以向首都机场所在地中级人民法院提起行政诉讼。[1]

3. 认为行政机关侵犯法律规定的经营自主权的。海关在进出口环节行使监督管理职能，一般与企事业单位的经营自主权不发生冲突。但实践中，海关在征收、减免关税；查禁走私；稽查等工作中，有可能因越权、不当行政而干预企业经营自主权，在此情况下当事人可以提起诉讼。

4. 认为符合法定条件申请行政机关颁发许可证和执照，行政机关拒绝颁发或不予答复的。从维护相对人合法权益的角度出发，这里的许可证应该是最广义的，指"所有国家机关制发的准许从事经济、文化和社会活动的批准书、证明件等"。同样"执照"也应该是广义的，涉及海关工作的，在没有正式解释之前应包括海关颁发的报关企业批准书、报关员证书、保税工厂、保税仓库批准书、免税商店批准书等。

5. 申请行政机关履行保护人身权、财产权的法定职责，行政机关拒绝履行或者不予答复的。一般而言，海关作为进出关境监督管理机关，并无保护人身权、财产权的法定职责，但在实际业务中海关常常涉及对人身、财产权的保护。例如海关依法扣留走私罪嫌疑人，在扣留期间就有义务保证被扣留人的健康和人身安全；海关扣留有违法嫌疑的货物、物品，扣留走私罪嫌疑人，当事人认为海关没有履行好职责，就可以将其起诉至人民法院。

6. 认为行政机关违法要求履行义务的。海关作为国家进出关境管理机关，对进出关境当事人有权要求其就进出境货物、物品和运输工具向海关申报，接

---

〔1〕 孟杨主编：《案说海关》，中国海关出版社 2007 年版，第 159 页。

受查验，缴纳关税、接受对违法嫌疑的稽查或调查。在上述过程中海关可以要求当事人依法作出一系列行为，比如，申报时要求提供单证资料；查验时要求搬离货物；稽查时要求提供账册资料；调查时要求配合检查询问等。当事人认为海关要求其履行义务没有法律依据，可以提起行政诉讼。

7. 认为海关侵犯其他人身权、财产权的。此项概括的涵盖了上述 6 项以外的可能侵犯公民、法人、其他组织合法权益的海关行政行为。海关的职责是监督管理货物、物品、运输工具进出关境，进出关境活动当事人对海关具体行政行为有异议，都会与货物、物品、运输工具的进出口以及是否缴纳关税有关，当然都会涉及到当事人的人身权或财产权。诸如纳税减免争议，认为海关官员态度恶劣或检查不文明，海关拖延检查、验放等都可归入此类。[1]

行政诉讼法还规定，人民法院还可以受理："法律、法规规定可以提起诉讼的案件"。由此，海关行政诉讼的受案范围也包括法律、法规规定可以提起诉讼的案件。

第三节　海关行政诉讼的管辖

一、海关行政诉讼管辖的概念

海关行政诉讼管辖是指人民法院受理第一审海关行政案件的分工与权限。与行政诉讼管辖和行政诉讼主管有所区别一样，海关行政诉讼主管是指人民法院受理海关行政案件的范围。海关行政诉讼主管是确定海关行政诉讼管辖的前提，也是海关行政诉讼与海关行政复议的重要区别之一。海关行政诉讼管辖是海关行政诉讼主管的具体落实，没有海关行政诉讼管辖，具体的海关行政纠纷进入诉讼程序后会出现公民、法人和其他组织投诉无门的后果，从而妨碍海关行政诉讼目的的达成。海关行政诉讼的管辖主要从纵的方面和横的方面来理解，纵的方面指不同级别的法院之间对海关一审行政案件的分工，横的方面指具体的海关行政案件在同级人民法院之间的分工。

确定海关行政诉讼的管辖主要依据下列原则：其一，利于人民法院公正审理海关行政案件的原则。我国《行政诉讼法》以及相关司法解释在确定管辖时，基于海关事务的专业性较强，涉及的法律关系较为复杂，为了提高审判质量，减少和避免行政权干预审判权的现象，行政诉讼法提高了海关行政案件审判的

---

[1] 成卉青：《中国海关法理论与实务总论》，中国海关出版社 2001 年版，第 540～542 页。

审级，规定第一审海关行政案件由中级人民法院审理。[1] 而且，分别规定了中级、高级以及最高人民法院受理一审海关行政案件的条件，避免了上下级法院间审判负担畸轻畸重的局面。其二，便于当事人参加诉讼的原则。例如，在级别管辖中，确定由被告所在地的中级人民法院审理；其三，原则性与灵活性相结合的原则。我国行政诉讼法在规定管辖权问题时，允许人民法院根据需要或出现的特定情况作灵活处理。如上级法院有权提审下级法院管辖的第一审行政案件，也可以把自己管辖的第一审行政案件，认为需要的移交下级法院审理。下级人民法院对其管辖的第一审行政案件，认为需要由上级人民法院审判的，可以报请上级法院决定。

二、海关行政诉讼管辖的种类

海关行政诉讼管辖的种类，依照不同的标准可以作不同的划分，其中依据是否有法律规定为标准而划分为法定管辖与裁定管辖。而法定管辖又可以分为级别管辖和地域管辖。

（一）级别管辖

海关行政诉讼的级别管辖是指上下级法院之间受理第一审海关行政案件的分工与权限。在我国，人民法院分为四级，自上而下分别为最高人民法院、高级人民法院、中级人民法院和基层人民法院。我国《行政诉讼法》第 13 条规定："基层人民法院管辖第一审行政案件。但是，法律规定应由上级人民法院管辖的除外。"第 14 条规定，中级人民法院具体管辖确认发明、专利权的案件、海关处理的案件。也就是说，通常第一审行政案件由基层人民法院管辖。但基于海关的业务种类繁多、专业性较强，特别是有关纳税争议的案件，基层人民法院审理这类案件有一定困难，而且海关处理的案件多具有一定的涉外因素，涉及国家主权和利益，对案件审理者要求有较高的政策水平和法律水平。因此，一审海关行政诉讼案件由中级人民法院管辖，有利于提高海关类诉讼案件的办案质量。[2] 本辖区重大、复杂的第一审海关行政案件或海关二审行政案件由高级人民法院审理。全国范围内重大、复杂的海关行政案件或由高级人民法院一审后上诉的海关行政案件由最高人民法院审理。下面是一个案例：

　　2005 年 8 月 5 日，当事人王某乘飞机从境外返回国内，入境时随身携带一本境外出版物（印刷品）未向海关申报，某海关旅检现场关

〔1〕《中华人民共和国行政诉讼法》第 14 条。
〔2〕 张红编：《海关法》，对外经济贸易大学出版社 2002 年版，第 358 页。

员经检查发现，该书具有歪曲中国共产党党史、历史事件以及攻击中共某领导人的内容，遂将该书依法查扣。后经进一步审查，某海关认定王某所携带书籍属于对中国政治、经济、文化、道德有害内容的印刷品，根据《禁止进出境物品表》及《中华人民共和国海关对个人携带和邮寄印刷品及音像制品进出境管理规定》（以下简称《管理规定》）的规定，上述印刷品属于禁止进出境物品。2005 年 12 月 16 日，该海关对王某作出行政处罚决定，以携带禁止进出境印刷品未向海关申报为由，依据《海关法》第 82 条第 1 款第 1 项及《海关行政处罚实施条例》第 7 条第 2 项、第 9 条第 1 款第 1 项的规定，没收涉案书籍。

　　王某不服某海关上述行政处罚决定，于 2006 年 1 月 3 日向某市中级人民法院提起诉讼。原告诉称，其入境时所携带的书籍属于学术著作，并非国家明令禁止进境的非法出版物。境外印刷品入境是否需要申报，海关未作规定，也没有开设受理此类业务的窗口，被告作出没收该书的处罚决定缺乏事实根据和法律依据，请法院依法予以撤销。

　　某市中级人民法院经审理认为，海关作为国家进出关境的监督管理机关，享有依法对进出境货物、物品征收关税，查缉走私和办理其他海关业务的法定职责。根据《海关行政处罚实施条例》、《管理规定》的规定，进出境旅客对其携带的行李物品，有依法向海关如实申报并接受查验的义务。海关有权对旅客携带的印刷品是否属于禁止进出境物品进行审定。被告某海关没收原告入境携带印刷品的行政处罚决定认定事实清楚，适用法律正确，程序合法，应予维持。2006 年 6 月 19 日，某市中级人民法院一审判决维持某海关上述处罚决定。

　　王某不服一审判决，随后向某省高级人民法院提出上诉。该高级人民法院经审理认为，海关依法有权对入境旅客携带的印刷品作通关检验，并有权对通关旅客携带的印刷品是否属于禁止进境物品进行审定。王某携带书籍未申报入境事实清楚。某海关依法扣留上述书籍后，认定该书系禁止入境印刷品，并根据书籍性质以及王某未申报等事实，依据《海关法》及《海关行政处罚实施条例》的有关规定，作出没收涉案书籍的行政处罚规定，认定事实清楚，适用法律正确，程序合法。2006 年 11 月 24 日，该高级人民法院对该案作出终审判决：驳回上诉，维持一审判决。[1]

〔1〕　孟杨主编：《案说海关》，中国海关出版社 2007 年版，第 6 页。

（二）地域管辖

海关行政诉讼的地域管辖是指同级人民法院之间在各自辖区内受理第一审海关行政案件的分工和权限。参照《行政诉讼法》的相关规定，确定海关行政诉讼地域管辖的一般规则有：①一般的海关行政案件由最初作出具体行政行为的海关所在地的中级人民法院管辖，即由被告所在地的中级人民法院管辖。②经过复议的海关行政诉讼案件，海关复议机关改变原具体行政行为的，既可以由复议机关所在地法院管辖，也可以由最初作出具体行政行为的行政机关所在地法院管辖。复议机关维持原具体行政行为的，应由最初作出具体行政行为的行政机关所在地的法院管辖。《若干问题解释》第7条规定，复议决定有下列情形之一的，属于行政诉讼法规定的"改变原具体行政行为"：①改变原具体行政行为所认定的主要事实和证据的；②改变原具体行政行为所适用的规范依据且对定性产生影响的；③撤销、部分撤销或者变更原具体行政行为处理结果的。

（三）裁定管辖

海关行政诉讼的裁定管辖，指的是在特殊情况下，人民法院依照《行政诉讼法》的有关规定，自由裁定具体海关行政案件由哪一级或哪一个人民法院管辖。海关行政诉讼裁定管辖具体包括移送管辖、指定管辖和管辖权的移转。

1. 移送管辖。参照《行政诉讼法》的相关规定，海关行政诉讼移送管辖是指人民法院发现受理的海关行政案件不属于自己管辖时，应当将其移送有管辖权的法院，受移送的人民法院不得自行移送。海关行政诉讼移送管辖应当具备三个条件：其一，移送案件的人民法院对案件已经受理；其二，移送法院发现自身对已经受理的案件没有管辖权；其三，受移送的人民法院对该案件确有管辖权。例如，海关具体行政行为作出地的中级人民法院受理一起海关行政案件后，发现案件非常重大、复杂，属于高级人民法院管辖范围，于是将该案件移送高级人民法院审理。

2. 指定管辖。参照《行政诉讼法》第22条的规定，海关行政诉讼指定管辖是指有管辖权的人民法院由于特殊原因对相关海关行政案件不能行使管辖权的，报上级法院指定管辖；或者几个人民法院对管辖权发生争议，争议双方协商解决不成的，报他们共同的上级法院指定管辖。指定管辖适用于下列情形：其一，由于特殊原因，使有管辖权的法院不能行使管辖权，由上级人民法院指定下级人民法院中某一个人民法院管辖；其二，同级人民法院因管辖权冲突发生争议，双方不能协商解决。注意，这里管辖权发生争议是指人民法院之间对案件的管辖权问题发生争议，而不是当事人与人民法院之间对管辖权问题发生争议。

3. 管辖权的移转。海关行政诉讼管辖权的移转，又称为海关行政诉讼转移管辖，是指经上级人民法院决定或同意，将第一审行政案件的审判权转移给上级人民法院，即上级法院提审本应由下级法院审理的案件；或者由上级人民法院将本应由自己审理的海关行政案件移交给下级人民法院审理。下级人民法院认为自己管辖的一审海关行政案件需要由上级人民法院审理的，可以报上级人民法院决定。海关行政诉讼管辖权的移转也应当同时满足三项条件：其一，必须是人民法院已受理的案件；其二，移交的法院对此案具有管辖权；其三，移交法院与接受移交人民法院之间具有上下级监督关系。

第四节　海关行政诉讼的参加人

一、海关行政诉讼的参加人概述

海关行政诉讼参加人，是指因起诉、应诉以及参加到行政诉讼活动中或者与诉讼争议的海关具体行政行为有利害关系的人及代理其参加诉讼的人。海关行政诉讼的参加人具体包括海关行政诉讼的原告、海关行政诉讼的被告、海关行政诉讼第三人、海关行政诉讼共同诉讼人及海关行政诉讼的代理人等。海关行政诉讼参加人与海关行政诉讼参与人不同，前者指与海关诉讼的客体有某种联系而参加到海关诉讼过程中，后者指所有参与到诉讼诉讼过程的证人、鉴定人、勘验人、翻译人员等。所以，海关行政诉讼参与人的范围比海关行政诉讼参加人的范围要宽泛得多。这里仅就海关行政诉讼的参加人作一探讨。

二、海关行政诉讼的原告

海关行政诉讼的原告，即指认为海关的具体行政行为侵犯了自己的合法权益，以自己的名义，以作出具体行政行为的海关为被告向人民法院起诉，要求撤销或改变该行政行为的进出关境当事人（包括公民、法人或者其他组织）。这个概念明确了海关行政诉讼原告的构成要件：①海关行政诉讼的原告必须是海关行政法律关系中与海关相对应的一方当事人，即海关行政相对人。只有海关行政相对人才能成为海关行政诉讼的原告。海关行政诉讼原告可以是公民、法人或其他组织。②海关行政诉讼原告必须是与海关具体行政行为有法律上的利害关系，认为自己的合法权益受到海关具体行政行为的侵犯。注意在这里所谓合法权益受侵犯，只是原告起诉时的一种"认为"，其合法权益是否实际被侵犯有待开庭审理作出裁判后才能得出结论。原告合法权益是否受到侵犯不影响原告资格的取得。至于"利害关系"，《若干问题解释》第13条作了列举：一是具体行政行为涉及相邻权或公平竞争权的；二是与行政复议决定有法律上利害关系的，或者行政复议程序中被追加为第三人的；三是要求主管机关依法追究加害人法律责任的；四是与撤销或者变更具体行政行为有法律上的利害关系的。③海关行政诉讼的原告必须以自己的名义提起海关行政诉讼。这点构成原告与诉讼代理人的区别。

《行政诉讼法》第24条规定："依照本法提起诉讼的公民、法人或其他组织是原告。有权提起诉讼的公民、法人死亡，其近亲属可以提起诉讼。有权提起诉讼的法人或者其他组织终止，承受其权利的法人或其他组织可以提起诉讼。"所以，提起海关行政诉讼的公民死亡，其近亲属可以提起诉讼。有权提起诉讼的法人或其他组织终止，承受其权利的法人或者其他组织可以提起诉讼。

三、海关行政诉讼的被告

海关行政诉讼的被告，是指被原告依法起诉指控其实施了侵犯原告合法权益的具体行政行为，而由人民法院通知应诉的海关行政管理机关。这个概念明确了作为海关行政诉讼的被告应具备三个条件：其一，海关行政诉讼的被告必须是海关行政管理机关，具备行政执法资格。具体包括海关和有关国家机关。作为国家进出境的监督管理机关，海关依法对进出境履行监督管理职能，体现国家意志。所以，海关是海关行政诉讼被告的主要组成部分。但是，海关法还赋予了其他有关国家机关一定范围内海关事务的管理权。具体包括对海关执法活动享有监督管理权的监督机关如监察、审计机关和法院等以及与海关监管业务有关的工商行政管理机关和公安机关等。其二，海关行政诉讼被告必须实施了被原告指控侵犯其合法权益的具体行政行为。其三，海关行政诉讼被告必须由人民法院通知参加到海关行政诉讼中来。

由于海关行政诉讼案件存在复议选择型和复议前置型（纳税争议），有些海关行政行为经过了行政复议，有些在复议期间即被取消，所以，海关行政诉讼被告的确定因上述情形而变得复杂。参照《行政诉讼法》第25条规定，海关行政诉讼被告具体可分为如下情形：其一，当原告未申请行政复议而直接向人民法院提起诉讼时，被告应当是作出具体行政行为的海关；其二，经上级海关复议后不服复议结果而提起海关行政诉讼的案件，海关复议机关决定维持原具体行政行为的，被告是作出原具体行政行为的海关；复议改变原具体行政行为的，被告为海关复议机关；其三，由法律法规授权的其他国家机关作出海关具体行政行为，相对人提起诉讼的，相应的国家机关是被告。

四、海关行政诉讼第三人

海关行政诉讼第三人是指与提起诉讼的海关作出的具体行政行为有利害关系，在诉讼过程中自己申请参加，或由人民法院通知其参加诉讼的公民、法人或其他组织。这个概念明确了海关行政诉讼第三人的构成要件：其一，海关行政诉讼第三人必须同被诉的海关具体行政行为有利害关系，即人民法院对行政主体被诉具体行政行为的审查结果会影响到他的利益，第三人介入诉讼为维护自己的利益；其二，海关行政诉讼第三人必须参加到原被告已经展开但尚未结束的海关行政诉讼中来；其三，海关行政诉讼第三人参加诉讼可以是主动向人民法院提出申请经人民法院准许而参加，也可以是由人民法院依职权通知其参加；其四，海关行政诉讼第三人必须是原被告以外的诉讼参加人，他既非原告，也非被告，具有独立的法律地位。海关行政诉讼第三人在海关行政诉讼中有权提出与本案有关的诉讼主张，对人民法院的一审判决不服，有权提起上诉。海关行政诉讼第三人可分为有独立请求权的第三人和无独立请求权的第三人。例如，在沿海航行的船舶运载国家禁运或限制出入境的货物，无合法证明，被海关查获，并认定承运人构成走私行为而予以处罚。承运人不服海关行政处罚的，可作为原告提起行政诉讼，而船载货物的物主则是行政诉讼中的第三人。第三人可依申请或由人民法院通知参加行政诉讼。

五、海关行政诉讼的代理人

海关行政诉讼代理人，是代理海关行政诉讼当事人实施海关行政诉讼行为的人。依据《行政诉讼法》的规定，并根据代理权限的产生方式不同，可以将海关行政诉讼代理人分为法定代理人和委托代理人。具体包括包括律师、社会团体、提起诉讼的公民的近亲属或者所在单位推荐的人。当事人可以委托 1～2 名代理人参加诉讼，代理诉讼的律师享有《律师法》规定的诉讼权利。

下面以一个案例来对海关行政诉讼当事人加以说明：

肇庆外贸公司诉肇庆海关
海关估价行政纠纷案

2002 年 11 月 27 日，原告肇庆外贸公司以一般贸易方式，向肇庆海关申报 3 票进口货物，其中有墨西哥产 RC4558DR 型集成电路 10 万个、RC4558P 型集成电路 9.5 万个、泰国产 SN74HCU04DR 型集成电路 2.75 万个、马来西亚产 SN74HCU04DR 型集成电路 1.25 万个，申报的货物单价均为每个 0.05 美元。

经审核报关单及附随单证，肇庆海关认为，原告肇庆外贸公司申报的价格明显低于海关设定的价格风险参数，遂于 2002 年 11 月 27 日向肇庆外贸公司发出《价格质疑通知书》，要求其作出书面说明，并提供证明申报价格真实、准确的相关资料。11 月 28 日和 29 日，肇庆外贸公司向肇庆海关提交了境外供货商香港翱思公司与境内实际收货单位、本案第三人翱思科技公司之间业务往来的说明、肇庆外贸公司代理进口电子元件协议、肇庆外贸公司代理进口的说明、肇庆外贸公司与香港翱思公司签订的成交确认书、《中华人民共和国海关进口货物价格申报单》、进口货物装箱单、发票、提单、肇庆外贸公司开给翱思科技公司同型号集成电路销售增值税发票、国内数家公司开给翱思科技公司或跃马（翱思）的采购订单、翱思科技公司开给国内数家公司同型号集成电路的销售增值税发票、有关集成电路代理商的集成电路价格行情信息等资料。同年 12 月至 2003 年 4 月，肇庆海关通过询问、磋商、谈话等方式，向肇庆外贸公司进一步了解进口货物申报价格信息，并向海关总署广州商品价格信息办公室（以下简称海关价格办公室）了解了同型号集成电路价格行情和信息。据此肇庆海关认为，进口货物的买卖双方（境内实际收货人与境外供货人）之间存在特殊关系，且该特殊关系可能影响成交价格，遂根据《海关审价办法》第 34 条的规定，决定不接受进口货物申报价格。

为确定完税价格，2003 年 3 月 3 日，肇庆海关与肇庆外贸公司进行价格磋商。3 月 17 日，肇庆海关主持了与肇庆外贸公司和第三人翱思科技公司的审价谈话。4 月 28 日，肇庆海关再次向肇庆外贸公司发出《价格质疑通知书》，对买卖双方存在特殊关系，且可能影响成交价格提出质疑。5 月 12 日，肇庆外贸公司向肇庆海关提交了《关于肇庆市翱思科技有限责任公司申报价格的补充说明》等 11 份资料。肇庆海关在审核这些资料后认为，这些资料的采信度不高，仍然不能有效证明进口申报价格真实、合理并作为确定完税价格的基础。5 月 15 日，肇庆海关又与肇庆外贸公司进行价格磋商，肇庆外贸公司始终不同意对进口货物重新估价。由于肇庆外贸公司没有提供使用相同货物成交价格方法、类似货物成交价格方法、倒扣价格方法和计算价格方法确定完税价格所需的资料，同时肇庆海关也没有掌握上述价格资料，5 月 20 日，肇庆海关经询价后，使用合理方法进行估价，作出三份《代征缴款书》，决定对肇庆外贸公司申报的三批集成电路征收增值税 13 172.08 元。应肇庆外贸公司申请，肇庆海关又于 5 月 28 日发出四份《估价告知书》，向肇庆外贸公司告知：对 RC4558DR 型、RC4558P 型集成电路，肇庆海关决定按每个 0.0898 美元估价；对 SN74HCU04DR 型集成电路，肇庆海关决定按每个 0.09 美元估价。四份《估价告知书》上，均说明肇庆海关是按《海关审价办法》第 34 条、第 7 条第 1 款第 5 项的规定估价，并告知于不服估价行为的权利救济途径。另外一个事实是，肇庆外贸公司申报进口的集成电路，境外销售人是香港翱思公司，境内实际收货人是第三人翱思科技公司。肇庆外贸公司与翱思科技公司之间存在委托代理进口货物关系，代理翱思科技公司进口有关电子元件，负责对外签约、报关等工作。翱思科技公司由香港翱思公司的注册人李兆汉和翱思科技公司的法定代表人冯炜恒共同经营，该公司的部分流动资金由香港翱思公司提供，与香港翱思公司保持着分公司与总公司的关系。双方口头约定，对翱思科技公司的销售利润，由翱思科技公司分三成，香港翱思公司分七成。

肇庆外贸公司不服三份《代征缴款书》和四份《估价告知书》的决定，向广州海关申请复议。11 月 25 日，广州海关复议后，决定维持肇庆海关的三份《代征缴款书》和四份《估价告知书》。肇庆外贸公司不服复议决定，于是向广东省肇庆市中级人民法院提起行政诉讼。很显然，本案中原告为广东省肇庆市外贸开发公司。被告为中华人民共和国肇庆海关。因肇庆市翱思科技有限责任公司与本案被诉具体行政行为有法律上的利害关系，肇庆市中级人民法院依法追加其为第三人参加诉讼。[1]

第五节　海关行政诉讼的一审程序

海关行政诉讼程序，是指法律规定的，人民法院解决海关行政案件必须遵循的行为方式、步骤、顺序、期限等的总称。我国行政诉讼程序总体上包括第一审程序、第二审程序、审判监督程序。海关行政诉讼同样也包括该三个方面的程序。

海关行政诉讼一审程序，是指人民法院对某一海关行政案件第一次审理时必须遵循的程序。一审程序是海关行政诉讼的基本程序，是全部审判的基础。海关行政诉讼一审自立案起到作出判决、裁定止，具体程序和有关规定如下：

---

[1]　http://vip. chinalawinfo. com/Case/displaycontent. asp? gid = 117507916.

一、海关行政诉讼一审审理程序

（一）起诉与受理

起诉与受理，是海关行政诉讼程序的开始阶段，是一审程序发生的前提。海关行政诉讼的起诉，是指海关行政相对人认为海关行政机关的具体行政行为侵犯了其合法权益，向人民法院提起诉讼，请求人民法院对海关具体行政行为进行审查并保护自己合法权益的诉讼行为。参照《行政诉讼法》第 41 条的规定，相对人提起海关行政诉讼必须具备下列条件：其一，原告必须是认为海关具体行政行为侵犯了自己合法权益的海关行政相对人，可以是公民、法人或其他组织；其二，必须有明确的被告——明确的海关行政管理机关；其三，有具体的诉讼请求和事实根据；其四，属于人民法院的受案范围和受诉人民法院管辖。

（二）庭前准备

庭前准备是开庭审理的一个重要阶段，也是诉讼的必经环节。其核心是对当事人双方的具体情况，原告诉讼请求的具体内容、所提出的事实根据等进行了解，从而掌握当事人争执的焦点，收集能够证明所争议的具体行政行为合法与否的有关证据，通知与案件有利害关系的其他诉讼主体参加诉讼等开庭准备工作。该程序的启动首先是组成合议庭，合议庭由院长或行政审判庭庭长指定合议庭中审判员 1 人担任审判长。合议庭应进行必要的调查工作；根据原告提起诉讼的理由和被告提供的材料，要求当事人进一步提供证据；通知当事人准备开庭；公告开庭日期、地点并通知当事人。人民法院在立案之日起 5 日内，将起诉状副本发送被告。被告应在收到起诉状副本之日起 10 日内向法院提交作出具体行政行为的有关材料，并提交答辩状。人民法院在收到答辩状之日起 5 日内，将答辩状副本发送原告。被告不提出答辩状的，不影响人民法院审理。

（三）开庭审理

海关行政诉讼一审程序中，人民法院不得进行书面审理，一律实行开庭审理。开庭审理的程序为：宣布开庭；法庭调查；法庭辩论；合议庭评议；宣告判决。开庭审理的方式有，公开审理和不公开审理两种。对涉及国家秘密、个人隐私和涉及未成年人、商业秘密的案件，在开庭审理时，只允许当事人和人民法院通知到庭的其他诉讼参与人参加，不允许旁听和采访报道。司法实践中，公开审理是原则，不公开审理是例外。

1. 宣布开庭。主要包括以下几个过程：

（1）查明当事人和其他诉讼参加人是否到庭。核对诉讼参加人及其他诉讼参与人身份，审查双方诉讼代理人的授权委托书和代理权限。如果出现诉讼参加人未到庭的情况，则由合议庭决定是否延期或按撤诉处理及缺席判决等。

（2）由书记员宣布法庭纪律，宣布诉讼参加人和其他诉讼参与人入席，法庭准备工作就绪。

（3）审判长宣布开庭；宣布案由、双方当事人及其代理人姓名、身份；宣布双方当事人诉讼权利（特别是申请回避权、答辩权）、义务。

2. 法庭调查。法庭调查的内容是，由原告宣读起诉状，被告宣读答辩状；当事人陈述和询问当事人；询问证人、审查证人证言；询问鉴定人、勘验人，审查鉴定结论、勘验笔录；审查书证、物证及视听资料。

当事人可以申请出示自己拥有的证据或将证据提交法庭，也可以申请人民法院要求对方当事人出示证据，还可以要求重新鉴定、调查或勘验，是否准许，由人民法院决定。法院在法庭调查期间也可以针对调查中出现的新情况要求当事人出示或补充证据。

合议庭认为案件事实已经查清，审判长即可宣布法庭调查结束，进入辩论环节。

3. 法庭辩论。法庭辩论的顺序是，先由原告及其诉讼代理人发言，再由被告及其诉讼代理人答辩，然后双方相互辩论。第三人参加诉讼的，应在原被告发言后再发言。

法庭辩论由审判长主持，任何人发言须经审判长许可。辩论时，审判长有权制止当事人重复陈述或陈述与案件无关的内容，包括侮辱、攻击、谩骂对方的言论。辩论中提出与案件有关的新的事实、证据，由合议庭决定停止辩论，恢复法庭调查。

法庭辩论结束后，最后都会给当事人一个全面陈述的机会，一般先由原告陈述，再由被告陈述。

审判长认为应该查明的事实已辩论清楚，即可宣告结束辩论。审判长在按顺序听取了原、被告的陈述意见后，可以宣告休庭。

4. 合议庭评议。评议时，合议庭成员可平等地表达自己对案件处理的意见。当合议庭成员意见不一致时，适用少数服从多数的原则，按多数意见作出裁决。评议过程应制作评议笔录，评议中的不同意见必须如实记入笔录，由合议庭全体人员签名。对于重大、疑难的行政案件，则由院长提交审委会讨论决定。

5. 公开宣告判决。海关行政案件无论是否公开审理，都要公开宣判，能够当庭宣判的，由审判长在休庭结束、恢复开庭后，当庭宣判，并在一定工作日内向当事人发放判决书。不能当庭判决需要报审委会讨论决定的案件，应定期判决，并在宣判后立即发给当事人判决书。在宣读判决后，法院还应告知上诉的权利和期限。

（四）闭庭

公开宣告判决后，由审判长宣布闭庭。

二、海关行政诉讼一审中的相关规定

1. 诉讼期间，不停止原海关具体行政行为的执行。但是，如被告即海关行政管理机关认为需要停止执行的，停止原海关具体行政行为的执行；原告申请停止执行，人民法院认为该具体行政行为的执行会造成难以弥补的损失，并且停止执行不损害社会公共利益，裁定停止执行；法律、法规规定停止执行的，停止原海关具体行政行为的执行。停止执行不能理解为撤销或改变决定，而是对原海关具体行政行为决定执行的冻结状态。

2. 海关行政案件应公开审理。但涉及国家秘密、个人隐私和法律另有规定的除外。

3. 合议审判。合议庭人员，必须是三人以上（含三人）单数。

4. 回避制度。当事人依法申请回避的，审判人员以及书记员、翻译人员、鉴定人、勘验人自己依法申请回避的，审判长、院长或审委会应及时作出决定，告知申请人。其中当事人如对决定不服，有权申请复议。

5. 撤诉。海关行政相对人自愿放弃起诉权为自愿申请撤诉。经法院两次合法传唤，原告无正当理由拒不到庭，视为申请撤诉。海关行政管理机关改变其所作的具体行政行为，原告同意并申请撤诉的，是否准许，由人民法院裁定。最高人民法院关于认真贯彻执行《关于行政诉讼撤诉若干问题的规定》的通知还规定："人民法院经审查认为被诉海关具体行政行为违法或者明显不当，可以根据案件的具体情况，建议被诉海关改变其所作的具体行政行为，主动赔偿或补偿原告的损失，原告同意后可以申请撤诉。"[1]

6. 缺席判决。被告海关或其他国家机关无正当理由拒不到庭，原告申请撤诉的，人民法院不予准许；经合法传唤，被告无正当理由拒不到庭或者未经法庭允许而中途退庭，可以缺席判决。

7. 对海关行政诉讼活动中违法行为的制裁措施。海关行政诉讼参加人或其他参与人如果有以下行为之一的，人民法院可以根据情节轻重，采取训诫、责令具结悔过、处1 000元以下罚款、15 日以下拘留的处罚措施；构成犯罪的，依法追究刑事责任。

（1）有义务协助执行海关行政诉讼法律文书的人，对人民法院的协助执行

---

〔1〕《最高人民法院关于行政诉讼撤诉若干问题的规定》已由最高人民法院审判委员会第1441次会议通过，于2008年2月1日起施行。

通知书，无故推脱、拒绝或者妨碍执行的；

（2）伪造、隐藏、毁灭证据的；

（3）指使、贿买、胁迫他人作伪证或者威胁、阻止证人作证的；

（4）隐藏、转移、变卖、毁损已被查封、扣押、冻结的财产的；

（5）以暴力、威胁或者其他方法阻碍人民法院工作人员执行职务或者扰乱人民法院工作秩序的；

（6）对人民法院工作人员、诉讼参与人、协助执行人侮辱、诽谤、诬陷、殴打或者打击报复的。

其中，采取罚款、拘留的，须经人民法院院长批准。当事人不服的，可以申请复议。

8. 人民法院审理海关行政案件，以法律、行政法规、地方性法规为依据，并参照有关行政机关、行政部门制定的规章。

9. 人民法院在审理海关行政案件中，认为海关行政管理机关主管人员、直接责任人员违反政纪的，应当将有关材料移送该行政机关或者上一级海关、其他行政机关或监察、人事机关；认为有犯罪行为的，应当将有关材料移送公安、检察机关。

三、关于海关行政诉讼案件一审判决

经过法庭调查，法庭辩论和当事人的最后陈述，合议庭认为该海关行政诉讼案件事实已经清楚，双方当事人对自己诉讼理由的陈述已经充分，有关证据材料已全部核实，有关法律、行政法规依据已经全部明确，有关参照的行政规章已经明了并且其中相互不一致的规定也通过有关部门做出了有效解释或裁定，经过合议庭成员按民主集中制进行合议，根据《行政诉讼法》的有关规定，作出如下几种海关一审行政诉讼的判决：

1. 维持判决。即人民法院作出维持海关行政管理机关所作出的具体行政行为的判决。根据《行政诉讼法》第 54 条规定，维持海关具体行政行为的判决适用于如下条件：原海关具体行政行为证据确凿，适用法律、法规正确，并符合法定程序。缺乏其中任何一项条件，都会影响被诉海关具体行政行为的合法性，不能作出维持判决。

2. 撤销判决。即人民法院经过审查，认为被诉海关具体行政行为属于下列五种情形之一的，作出对原海关具体行政行为予以撤销的判识：原海关具体行政行为作出的主要证据不足；该海关具体行政行为所适用的法律、法规错误；原海关具体行政行为的作出违反法定程序；原海关具体行政行为的作出超越了原海关行政管理机关的职权范围；作出该海关具体行政行为属于海关行政管理

机关滥用职权。撤销判决包括三种形式：①判决全部撤销；②判决部分撤销；③判决部分撤销并同时判决作出原决定的海关行政管理机关重新作出具体行政行为。在该种判决情形下，相应海关行政管理机关不得以同一事实和理由，作出与原海关具体行政行为基本相同的具体行政行为。但是，如果人民法院以违反法定程序为由，判决撤销海关具体行政行为的，海关行政管理机关重新作出具体行政行为的，则不在此限。对于经过海关行政复议决定维持原海关具体行政行为的，人民法院判决撤销原海关具体行政行为，海关复议决定自然无效。海关复议决定改变原海关具体行政行为错误，人民法院判决撤销海关复议决定的同时，应当责令海关复议机关重新作出复议决定。

3. 履行判决。即针对海关行政管理机关的不作为判决其限期履行法定职责的判决。该判决主要适用于认为符合法定条件申请海关行政管理机关颁发许可证和执照，相应海关行政管理机关拒绝颁发或者不予答复的；申请海关履行保护人身权、财产权的法定职责，海关拒绝履行或不予答复的等海关行政管理机关被认定不履行或拖延履行法定职责的情形。

人民法院经过对海关行政诉讼案件的审理，确认海关未履行或拖延履行法定职责的，判决其在一定期限内履行。

4. 变更判决。即人民法院作出改变被诉海关具体行政行为的判决。该判决只适用于原海关行政处罚显失公正的情形。对于其他海关具体行政行为，人民法院无权直接变更。人民法院审理海关行政案件不得加重对海关行政相对人的处罚，但利害关系人同为原告的除外。人民法院审理海关行政诉讼案件不得对海关未予处罚的人直接给予海关行政处罚。

5. 赔偿判决。即人民法院作出责令海关行政管理机关作出行政赔偿的判决。赔偿判决可以单独作出，也可以同其他判决一并作出。赔偿判决的适用条件是，海关具体行政行为侵犯了公民、法人或其他组织的合法权益并给其造成损害。

为防止法院对案件审理、判决拖延时间过长，既影响海关行政相对人的合法权益不能及时得到维护，也可能影响到海关行政管理机关的工作效率，参照《行政诉讼法》的相关规定，对海关行政诉讼的判决期限可以规定人民法院应当在立案之日起 3 个月内作出第一审海关行政诉讼判决。有特殊情况需要延长的，由高级人民法院批准；高级人民法院审理第一审海关行政案件需要延长的，由最高人民法院批准。

法院依法对海关行政案件进行判决，对包括海关在内的海关行政管理机关的行政行为，客观上提出了严格的要求。海关行政管理机关要保证自己作出的海关具体行政行为的合法性和有效性，就必须确保每一个具体行政行为的作出，都有确凿的证据，都能正确适用有关的法律、法规，也必须严格依法定程序作出，必须依法定职权作出并保证不是滥用职权。由于法院的判决还表现出司法机关强制要求海关行政管理机关履行法定职责的权力和对海关行政处罚显失公正的司法变更权，这对海关行政管理机关拖延履行职责乃至无视海关行政相对人的要求、不履行法定职责以及在自由裁量幅度内掌握的随意性，都是一种实际的、有效、有力的限制和监督。

法院作出判决，标志着海关行政诉讼一审程序的结束。是否发生海关行政诉讼二审程序，将由当事人选择决定。双方当事人均表示服从海关行政诉讼一审判决的，就不会发生二审，而是直接进入海关行政诉讼执行程序。任何一方或双方当事人均不服海关行政诉讼一审判决的结果，依法提起上诉的，即发生海关行政诉讼二审程序。

就海关参加诉讼而言，一审结束后，海关应对判决结果认真慎重研究。属于法院完全维持海关行政行为的，也应对照判决书，认真总结行政行为是否还有值得改进的不足、值得汲取的教训，同时，对应诉工作的经验、教训加以认真总结、探讨。此外，对原告是否上诉，应有必要的准备，不宜盲目乐观。属于法院判决撤销或部分撤销海关行政行为的，则要马上着手认真研讨、慎重决定是否提起上诉。一般说来，如果认为法院判决错误，认为自己的行政行为不予以维持就是放弃依法行政，就会给国家利益带来损害的，不论难度多大，不论二审结果的可能性如何，都必须在法定期限内提出上诉，并立即着手进行二审应做的准备工作。属于判决海关一方必须履行某种职责的，以及判决变更海关行政处罚决定的，性质与撤销或部分撤销一样，都属于认为原海关具体行政行为有错误或失误，如果从国家法律、法规以及国家利益着想，认为不能接受法院判决的，就应该坚决提起上诉。反之，虽然执行法院判决使海关"丢面子"，但只要法院认定的事实和适用的法律、法规没有错误，从维护当事人合法权益和维护国家利益角度看法院的判决也没有错误，海关就应该接受判决，不要抱着侥幸的心理硬提出上诉，既浪费大量人力、物力和时间，也会助长"无理赖三分"的不良意识，助长执法不严、违法不究的恶劣作风，[1] 影响我国法治的进程。

---

〔1〕　成卉青：《中国海关法理论与实务总论》，中国海关出版社 2001 年版，第 566 页。

案例

江西可嘉利科技开发有限公司不服中华人民共和国
上海海关征收进口关税、代征增值税判决

可嘉利公司由江西省轻工业品进出口公司代理，于 2000 年 3 月 6 日向中国广昌音响国际有限公司（以下简称广昌公司）进口 823 台电子音频功率放大器，并于同月 23 日按 46 美元／台至 56 美元／台报关，上海海关曾于 2000 年 7 月按审定的 200 美元／台进行征税。可嘉利公司不服，向海关总署申请复议。因上海海关认定该 823 台电子音频功率放大器牌号均为马兰士，与实际不符，故海关总署于 2001 年 1 月 18 日以上海海关征收决定认定事实不清，证据不足为由，撤销原征收决定，并由上海海关重新作出征收决定。上海海关经调查取证，认定可嘉利公司提供的报关发票系假发票，不能作为征税依据，其申报的所谓成交价格明显低于海关掌握的相同或类似货物的国际市场公开成交价格，且又不能提供合法证据和说明正当理由，遂于 2001 年 4 月 28 日按审定的 200 美元／台进行征税。可嘉利公司不服，向海关总署申请复议，海关总署于 2001 年 7 月 2 日作出复议决定，驳回可嘉利公司复议申请，维持上海海关所作的具体行政行为。可嘉利公司不服复议决定，向上海市第二中级人民法院提起诉讼。诉称其由江西省轻工业品进出口公司代理，向广昌公司进口 823 台电子音频功率放大器，按 46 美元／台至 56 美元／台报关，并提供了相关的合同、发票等材料。被告上海海关按 200 美元／台估价征税，缺乏事实证据和法律依据。请求人民法院撤销上海海关（003）070004515—A01、（003）070004515—L02 征税缴款决定，判令被告按原告申报价格重新作出征税缴款决定。被告辩称：上海海关依法具有审定完税价格进行估价征税的职权；原告提供的报关发票系假发票，不能作为征税依据，且其申报的所谓成交价格明显低于海关掌握的相同或类似货物的国际市场公开成交价格，又不能提供合法证据和正当理由；被告通过调查取证，以 200 美元／台估价征税，事实清楚，证据充分；请求法院判决维持上海海关（003）070004515—A01、（003）070004515—L02 征税缴款决定。

双方向法庭递交了如下证据：

1. 美国凯莱特公司上海办事处工作人员王玉萍 2000 年 3 月 24 日

在上海海关走私犯罪侦查分局所作陈述笔录。

2. 赵莉萍与王玉萍之间的来往传真，2000 年 3 月 10 日王向赵请示"如何造价比较合理"，同月 20 日，赵指示王修改原来做好的发票。

3. 在美国凯莱特公司上海办事处查获的已经广昌公司签章的空白单据。

4. 海关总署价格信息中心 2001 年 2 月 5 日传真电报（提供相关产品的价格为香港经销商批发价）、上海市第一百货商店、上海东方商厦有限公司分别于 2001 年 1 月 8 日、2001 年 1 月 12 日出具的相关产品进货价格、雅马哈电子（中国）有限公司上海办事处 2001 年 2 月出具的相关产品 2000 年 3 月底从日本运抵香港到岸价（附表金额均已折算为美元）。

5. 2001 年 1 月 2 日对 823 台电子音频功率放大器所作检验检疫报告、上海市电子产品质量监督检验站检验报告。

上海市第二中级人民法院根据上述事实和证据认为：被告上海海关依据原《中华人民共和国海关法》、《中华人民共和国进出口关税条例》第 2 条第 1 款、《中华人民共和国增值税暂行条例》第 20 条第 1 款规定，具有征收关税、代征增值税的执法主体资格。《中华人民共和国海关进出口税则》的规定征收进口关税的税率为 15%、代征增值税的税率为 17%。原《中华人民共和国海关法》第 38 条规定："进口货物以海关审定的正常到岸价格为完税价格。"《中华人民共和国进出口关税条例》第 17 条规定："进出口货物的收发货人或者他们的代理人，应当如实向海关申报进出口货物的成交价格。申报的成交价格明显低于或者高于相同或者类似货物的成交价格的，由海关依照本条例的规定确定完税价格。"《中华人民共和国海关审定进出口货物完税价格办法》第 9 条第 2 项规定："凡有下述情形之一者，海关有权不接受进口人申报的成交价格：……②申报价格明显低于海关掌握的相同或类似货物的国际市场公开成交货物的价格，而又不能提供合法证据和正当理由的。"据此，上海海关具有对报关价格进行审定并确定完税价格的职权。

原告可嘉利公司报关后，上海海关经审查，认定可嘉利公司提供的报关发票系假发票，不能作为征税依据。上海海关在作出征收决定前，就可嘉利公司申报进口产品的价格进行了审定。因可嘉利公司申报的所谓成交价格明显低于海关掌握的相同或类似货物的国际市场公开成交价格，又不能提供合法证据和正当理由，上海海关经调查取证以 200 美元/台予以估价征税，事实清楚，证据充分，适用法律正确，程序合法。原告可嘉利公司认为其报关时提供的合同、发票并非伪造，缺乏事实证据。可嘉利公司认为，上海海关早在 2000 年 7 月就对该 823 台电子音频功率放大器按 200 美元/台进行征税，因认定 823 台产品的牌号事实不清，被海关总署撤销并限令重作，上海海关未提供 2000 年 7 月前取得的事实证据。法院认为，本案审查的是上海海关 2001 年 4 月 28 日作出的征收决定，并非 2000 年 7 月所作行政行为的合法性，上海海关提供的证据材料均是 2001 年 4 月 28 日之前调查取证收集的，未违反法律规定。

上海海关依法具有征收关税、代征增值税并对报关价格进行审定的执法主体资格。上海海关提供的王玉萍陈述笔录、王玉萍与赵莉萍的传真、空白单据等证据，证明可嘉利公司提供的报关材料不真实，上海海关提供的其向海关总署价格信息中心等单位调取相关产品价格的证据，系行政行为作出前取得，取证合法，与案件事实具有相关性。故上海海关提供的法律依据及事实证据应予认定。原告可嘉利公司对上海海关所作征收决定在认定事实及执法程序上的异议，法院不予支持。

上海市第二中级人民法院依照原《中华人民共和国海关法》第 2 条、第 38 条，《中华人民共和国进出口关税条例》第 2 条第 1 款、第 17 条，《中华人民共和国增值税暂行条例》第 20 条第 1 款，《中华人民共和国海关审定进出口货物完税价格办法》第 9 条第 2 项，《中华人民共和国海关进出口税则》及《中华人民共和国行政诉讼法》第 54 条第 1 项规定，作出如下判决：

维持中华人民共和国上海海关 2001 年 4 月 28 日作出（003）070004.515—A01 上海海关进口关税专用缴款书和（003）070004515—L02 上海海关代征增值税专用缴款书的具体行政行为。

案件受理费人民币 9 571.72 元，由原告江西可嘉利科技开发有限公司负担。[1]

---

[1] http：//vip. chinalawinfo. com/Case/displaycontent. asp？ Gid = 117482198&Keyword = 江西可嘉利科技开发有限公司诉中华人民共和国上海海关征收进口关税、代征增值税决定纠纷案。

第六节　海关行政诉讼的二审程序

二审又称"上诉程序"。我国实行两审终审制，因此二审又称终审程序。海关行政诉讼二审程序，是指上一级人民法院依照法律规定，基于当事人在法定期限内对海关行政诉讼一审判决所提起的上诉，对尚未生效的海关一审行政判决或裁定进行审理的程序。海关行政诉讼二审程序因海关行政诉讼当事人的上诉而发生，并不是每一个海关行政案件的必经程序。

海关行政诉讼当事人不服人民法院一审海关行政判决或裁定，在判决书送达之日起15日内（裁定书送达之日起10日内）向上一级人民法院提出上诉。逾期不提起上诉的，该判决或裁定发生法律效力。海关行政诉讼当事人在法定期限内提起上诉，即开始海关行政诉讼二审程序。

一、海关行政诉讼上诉与否的决定因素

根据海关行政诉讼二审判决方式的有关规定，包括海关在内的行政机关，如果作为被告人参与行政诉讼，对一审结果决定是否上诉，其基本着眼点应在于是否认为一审判决或裁定具有下述情形之一或全部：

1. 认定事实不清，证据不足；
2. 违反法定程序（包括合议、回避、公开审理、3个月审结等）；
3. 适用法律、法规错误。

如果不存在上述情况，无论是否愿意，都应自觉接受判决、裁定并认真执行，不必也不应上诉，既浪费司法资源，也影响海关行政管理机关本身的工作。

对于相对于海关的另一方诉讼当事人而言，其上诉与否的决定因素更多地取决于其主观意志，即只要他对海关行政诉讼的一审判决不服，就可以提起上诉。

二、海关行政诉讼二审程序的提起

提起海关行政诉讼二审程序，必须符合以下几个条件：

1. 主体适格。这是包括上诉人和被上诉人的诉讼资格都必须适格的要求。海关一审程序的当事人，包括原告、被告、第三人及其法定代理人、法人和其他组织的法定代表人，都有资格提起上诉；委托代理人必须经被代理人的特别授权，才能以被代理人的名义提起上诉。被上诉人必须是提起上诉的当事人的对方当事人。第一审人民法院作出判决和裁定后，海关行政诉讼双方当事人均提起上诉的，上诉各方均为上诉人。诉讼当事人中一部分提出上诉，没有提出

上诉的对方当事人则为被上诉人，其他当事人依原审诉讼地位列明。

2. 对象适格。海关行政诉讼上诉必须针对尚未发生法律效力的海关一审行政判决、裁定。对超过上诉期限、已经发生法律效力的判决或高级人民法院对海关行政诉讼上诉案件的判决和裁定以及最高人民法院关于海关行政诉讼案件的判决和裁定，当事人不得提起上诉；除起诉不予受理、驳回异议以及管辖异议的裁定外，法律规定对海关行政诉讼一审中的其他裁定都不能提起上诉。

3. 程序适格。海关行政诉讼上诉必须在法定期限内以法定的方式提起。海关行政诉讼当事人不服人民法院的第一审判决的，有权在判决书送达之次日起15 日内向上一级人民法院提起上诉（裁定则为 10 日）；当事人逾期不上诉的，即丧失上诉权。上诉审的提起，可以向原审人民法院，也可以向上一级人民法院提出。海关行政诉讼上诉必须递交上诉状。海关行政诉讼上诉状一般包括如下内容：当事人的姓名，法人或其他组织的名称及其法定代表人的姓名，原审人民法院的名称，案件编号和案由，上诉请求和理由。在递交上诉状的同时还必须交纳诉讼费用。

三、海关行政诉讼二审程序的受理

上诉由不服一审人民法院未生效判决的当事人在法定上诉期限内向上一级人民法院提出。具体到海关行政诉讼，则由不服中级人民法院或高级人民法院一审未生效判决的海关行政诉讼当事人向相应的高级人民法院或最高人民法院提起。并案审理的案件，判决后一人或者部分人上诉，上诉后可以分开审理的，未上诉的当事人在法律文书中可以不列出；上诉后仍不可以分开审理的，则未上诉的当事人可以列为被上诉人。当事人原则上应向原审人民法院提交上诉状，并按照对方当事人人数提供副本。海关行政诉讼当事人直接向二审人民法院提出上诉状的，第二审人民法院应当在 5 日内将上诉状移交原审人民法院。原审人民法院接到上诉状的，应当在 5 日内将上诉状副本送达对方当事人或代表人，并告知在收到上诉状副本之日起 10 日内提出答辩状。原审人民法院在收到上诉状和答辩状后，应当在 5 日内连同案卷、诉状和证据，报送第二审人民法院。第二审人民法院收到全部案卷、诉状和证据后，经审查认为符合法律规定的上诉条件的应立案受理。

四、海关行政诉讼二审程序的审理

由于二审和一审审理的是同一海关行政诉讼案件，诉讼当事人没有改变，只是称谓发生变化，因而当事人双方的诉讼主张与第一审有密切联系。此时上诉人不仅要求撤销或变更第一审裁判，而且要求第二审人民法院确认自己的合法权益。一审是二审的基础，二审是一审的继续。两者适用的程序基本相同。但海关行政诉讼第二审程序也有自己的特点：

1. 审判组织。二审人民法院（只能是高级人民法院或最高人民法院）审理上诉案件一律由审判员组成合议庭，合议庭成员必须是 3 人以上单数。

2. 审判方式。根据《行政诉讼法》的规定，人民法院对上诉案件，认为事实清楚的，可以实行书面审理。也就是说海关行政诉讼二审法院审理上诉案件有开庭审理和书面审理两种方式。与一审相区别的是海关行政诉讼二审人民法院认为上诉案件事实清楚的，可以实行书面审。即二审法院只对当事人所提出的诉状、答辩状以及其他书面材料和证据进行审查，不需要诉讼参加人出庭，也不向社会公开。人民法院采取书面审理必须具备两个条件：①必须是上诉案件；②必须是认为案件事实已经清楚。如果事实不清，仍要开庭审理；即使事实清楚，人民法院认为有必要的，也可以开庭审理。当事人对原审人民法院认定的事实有争议或二审人民法院认为原审人民法院认定的事实不清楚的，二审法院都应当开庭审理。可见，二审开庭审理是原则，书面审理是例外。

3. 审理原则。海关行政诉讼二审法院对上诉案件必须全面审查原审人民法院所作的海关行政诉讼一审裁判是否合法，认定的事实是否清楚，适用法律、法规是否正确，有无违反法定程序的情形等。同时，对被诉海关具体行政行为是否合法也要全面审查。

4. 审理对象。海关行政诉讼二审程序的审理过程中，海关行政管理机关不得改变被诉具体行政行为。原因在于，二审程序中，海关具体行政行为已为法院所审查，无论合法与否，已经得到国家审判权的确认，海关行政管理机关对此已失去了处分权。上诉人如因海关机关改变原海关具体行政行为而撤回上诉的，人民法院一律不予准许。

5. 海关行政相对人在海关行政诉讼二审期间提出海关行政赔偿请求的，二审法院可以进行调解；调解不成的，应告知当事人另行起诉。

五、海关行政诉讼二审程序的判决

根据规定，人民法院审理海关行政诉讼上诉案件，应当在收到上诉状之日起 2 个月内作出终审判决。这一规定表明：①海关行政诉讼二审案件的审理，同样有时间限制，不能超过两个月；需要延长的，由最高人民法院批准；②海关行政诉讼二审判决是终审判决，即发生法律效力的判决。海关行政诉讼当事人对二审判决仍有异议，不能再提起上诉，只能通过海关行政诉讼审判监督程序提出申诉，但申诉期间不停止原海关行政诉讼判决或裁定的执行。

参照《行政诉讼法》的第 61 条的相关规定，人民法院审理海关行政诉讼上诉案件，按不同情形，分别采取下列三种处理方式：

1. 判决驳回上诉，维持原判。二审法院经过审理，认为海关行政诉讼一审判决认定事实无误，适用法律、法规正确，并认可其合法性的，判决确认其法律效力，驳回海关行政诉讼当事人的上诉。

2. 依法改判。该种判决适用于海关行政诉讼二审法院认为海关行政诉讼一审判决认定事实清楚，但适用法律、法规存在错误的情况。

3. 裁定撤销原判，发回重审。该种判决适用于认为海关行政诉讼一审判决认定事实不清，证据不足，或者由于违反法定程序可能影响海关行政案件正确判决的情形下，可以裁定撤销海关一审判决、发回海关行政诉讼一审法院重新审理；也可以查清事实后改判。发回重审的案件属于第一审案件，当事人如果对重审案件的判决、裁定不服，仍可以提起上诉。

我国行政诉讼案件实行两审终审制，上诉案件一经判决即发生法律效力。虽然当事人认为判决存在错误，还可以申诉，但申诉期间不停止判决的执行。因此，一般而言，海关行政诉讼二审判决一经作出，诉讼程序即告结束。这里之所以用"一般"，是因为《行政诉讼法》规定对二审法院经审理的上诉案件，裁定发回原海关行政诉讼一审人民法院重审的，当事人对重审案件的判决、裁定，还可以如同普通海关一审案件一样提出上诉，由上一级人民法院重新进行二审。[1]

六、海关行政诉讼二审的撤回

在海关行政诉讼二审法院受理上诉至作出二审裁判前，上诉人认为自己的上诉理由不充分，或者接受一审裁判等，均可以向二审法院申请撤回上诉。撤回上诉应递交撤诉状。撤回上诉是否准许，由二审法院裁定。下列情形下人民法院不得准许撤回上诉：

1. 发现海关行政管理机关对海关行政相对人有胁迫的情况或海关行政管理机关为了息事宁人而对上诉人做了违法让步的；

2. 在二审程序中，海关行政管理机关不得改变原具体行政行为，如果上诉人因海关行政管理机关改变了原海关具体行政行为而申请撤诉的；

3. 海关行政诉讼双方当事人都提出上诉，而只有一方当事人提出撤回上诉的；

4. 海关行政诉讼原审人民法院的裁判确有错误，应予纠正或者发回重审的。

二审人民法院对于当事人撤回上诉申请应作出准予或者不准予撤回上诉的

---

〔1〕　成卉青：《中国海关法理论与实务总论》，中国海关出版社 2001 年版，第 567 页。

裁定。应制作裁定书，由合议庭人员和书记员签名并加盖法院的印章。不准撤回上诉的裁定可以用口头形式，记入笔录。上诉撤回后，将产生以下法律后果：一是上诉人丧失对该案件的上诉权，不得再行上诉；二是第一审裁判立即发生法律效力；三是上诉费用将由上诉人承担。

连云港美好电子有限公司与
中华人民共和国南京海关行政纠纷案

美好公司系香港美好企业有限公司在江苏省连云港市经济技术开发区投资注册的独资公司。其经营范围是生产、组装、销售空调器和摩托车。1993 年 4 月 16 日，美好公司经连云港海关审查批准，以进料加工名义进口保税货物制冷机散件 430 套（实际为空调器整机），存放于连云港纺织品进出口仓库。1993 年 5 月 18 日，美好公司又向连云港海关申请第二批进料加工登记，进口制冷机散件 1517 套。经连云港海关批准，同意该批货物从南京新生圩码头进关，转关运输至连云港，指定存放仓库为连云港保税仓库，连云港海关并指派两名海关人员对转关运输进行监管。5 月 19 日，美好公司在新生圩海关办理了转关运输手续后，在未告知海关监管人员的情况下，自行安排了 15 辆集卡将转关货物运往连云港。5 月 21 日晚，15 辆集卡陆续到达连云港市纺织品进出口仓库（非连云港保税仓库），随车人员擅自开启海关封志，将货物全部卸入仓库。5 月 22 日凌晨，连云港海关监管人员赶到存货地点，将货物全部封存。同日，海关人员对美好公司存放于纺织品仓库的两批货物进行了清点，均为日本原装分体式空调器整机，数量为 2183 件。1993 年 8 月 25 日，南京海关将上述空调器扣留后，于同年 11 月转运并封存于南京新生圩保税仓库至今。南京海关根据《中华人民共和国海关法行政处罚实施细则》第 3 条第 2 项，第 5 条第 1 款第 1 项、第 3 款之规定于 1994 年 4 月 29 日作出（94）宁关（查）字 04004 号处罚通知书。美好公司对南京海关的处罚决定不服，向江苏省高级人民法院提起诉讼。

江苏省高级人民法院一审审理认为：美好公司的行为属于违反海关监管规定中申报不实的行为，应当依照《中华人民共和国海关法实施细则》第 11 第 5 项规定予以处罚。南京海关依照该细则第 3 条第 2 项以构成走私行为予以处罚，属于适用法规不当，应予撤销。同时，南京海关认定美好公司转关运输途中出售家电行为的证据不足，其处以追缴走私货物等值价款计人民币 7 191 410 元的处罚应予撤销。依照《中华人民共和国行政诉讼法》第 54 条第 2 项、第 55 条的规定，判决撤销南京海关（94）宁关（查）字 04004 号处罚通知书，南京海关应当在判决发生法律效力之日起一个月内，依照《中华人民共和国海关法行政处罚实施细则》第 11 条第 5 项的规定重新处理。

南京海关不服该判决向最高人民法院提起上诉，请求撤销原审判决。其理由是：美好公司具有走私故意，其将空调器整机伪报为制冷机散件，已构成走私而不是申报不实；美好公司转关运输途中出售家电的证据充分、确凿，应予认定。

最高人民法院审理认为：美好公司于 1993 年 4 月 16 日、5 月 18 日两次以进料加工名义申报进口的保税货物制冷机散件，实际为分体式空调器整机，其行为违反了《中华人民共和国海关法行政处罚实施细则》第 3 条第 2 项的规定，属于走私行为。南京海关（94）宁关（查）字 04004 号处罚通知中认定美好公司走私并决定没收在扣走私空调器是正确的。但南京海关认定美好公司转关运输途中出售家电的证据不足。原审人民法院判决认定事实清楚，但适用法律有误。根据《中华人民共和国海关法行政处罚实施细则》第 3 条第 2 项、《中华人民共和国行政诉讼法》第 61 条第 2 项的规定，判决如下：

1. 维持江苏省高级人民法院（1994）苏高法行初字第 2 号行政判决中关于撤销南京海关（94）宁关（查）字 04004 号行政处罚通知书中追缴其余走私货物等值价款计人民币 7 191 410 元的决定。

2. 撤销江苏省高级人民法院（1994）苏高法行初字第 2 号行政判决中关于撤销南京海关（94）宁关（查）字 04004 号行政处罚通知书中没收美好公司在扣走私货物部分。

3. 维持南京海关（94）宁关（查）字 04004 号处罚通知书中没收美好公司走私货物空调室内机 1098 台、室外机 1096 台、软管 109 件的决定。

二审案件受理费人民币 9 万元，由上诉人南京海关负担 3 万元；被上诉人美好公司负担 6 万元。

本判决为终审判决。[1]

---

[1] http://vip. chinalawinfo. com/Case/Display. asp? Gid = 117469610&KeyWord = 连云港美好电子有限公司与中华人民共和国南京海关行政纠纷案。

第七节　海关行政诉讼的审判监督程序

为防止个别案件经过二审审理后仍可能发生错误判决、裁定，致使行政相对人的合法利益得不到保护，或者行政机关依法行政作出的合法行政行为不能保证其有效性，影响国家利益或社会公共利益，《行政诉讼法》与《刑事诉讼法》、《民事诉讼法》一样，规定了审判监督程序。因此，行政诉讼审判监督程序并不是每一个行政案件的必经程序，只有对已经发生法律效力且被认为是违反法律、法规的，才能适用审判监督程序。[1]

一、海关行政诉讼审判监督程序概述

海关行政诉讼审判监督程序即指人民法院对以海关行政管理机关为被告的已经发生法律效力的海关行政诉讼判决或裁定，发现违反法律、法规的，再次进行审理并作出裁判的一种诉讼程序。

海关行政诉讼审判监督程序包括再审程序和提审程序。其中，再审程序又分为指令再审和自行再审。海关行政诉讼审判监督程序不是通常的审理程序，不是每一个海关行政诉讼案件的必经程序，它是海关行政案件一审和二审以外的不具有审级性质的一种特殊程序。与一审和二审程序相比，现行海关行政诉讼审判监督程序有如下特点：①是法院进行海关行政审判监督的一种方式，而非法院审理海关行政案件的必经程序；②提起海关行政审判监督程序的理由须具有法定性；③启动海关行政审判监督程序的主体具有多元性；④海关行政诉讼审判监督程序依具体情况适用海关行政诉讼一审或二审程序。

海关行政诉讼审判监督程序的存在有其重要意义：①体现了人民司法工作实事求是、有错必纠的原则。海关行政诉讼审判监督程序是人民法院行政审判机构的一项补救制度，其基础是审判权，目的是纠正已经发生法律效力而确有错误或者违反法律、法规规定的海关行政案件裁判；②体现了行政诉讼制度保护国家、集体、公民、法人和其他组织合法权益的立法宗旨；③体现了人民法院内部监督机制的完善，体现了对审判人员工作的监督和促进原则。通过审判监督程序对错误裁判的纠正，有利于监督和指导人民法院的审判工作，提高审判人员的法律素质和工作水平。

---

〔1〕　沈福俊、邹荣主编：《行政法与行政诉讼法学》，北京大学出版社 2007 年版，第 485 页。

二、海关行政诉讼审判监督程序的提起

(一) 海关行政诉讼审判监督程序的提起的条件

海关行政诉讼审判监督程序作为纠正生效海关行政诉讼判决、裁定的错误所设的一个具有补救性质的特殊程序，其提起必须符合一定的条件：参照《行政诉讼法》的规定，海关行政诉讼审判监督程序提起的条件有三个：

1. 海关行政诉讼判决、裁定违反法律法规的规定。这是提起海关行政诉讼审判监督程序的实质条件。根据《若干问题解释》第72条的规定，有下列情形之一的即属于违反法律法规的规定：原海关行政诉讼判决、裁定认定事实主要证据不足；原判决、裁定适用法律法规确有错误；违反法定程序，可能影响案件正确判决；其他违反法律法规的情形。

2. 人民法院作出的海关行政诉讼判决、裁定已经发生效力，这是提起海关行政诉讼审判监督程序的形式要件。

3. 提起海关行政诉讼审判监督程序的主体必须是有海关行政诉讼审判监督权的组织。这也是提起海关行政诉讼审判监督程序的形式要件。除人民检察院和人民法院以外，任何机关和个人都不能直接引起海关行政诉讼审判监督程序的发生。即使他们发现人民法院已经发生法律效力的海关行政诉讼判决和裁定违反法律，也只能向有权提起海关行政诉讼审判监督程序的组织反映，由他们提起。

(二) 海关行政诉讼审判监督程序的提起的途径和方式

根据有权提起审判监督程序的主体不同，提起海关行政诉讼审判监督程序的途径和方式分为如下三种：

1. 人民法院院长通过审判委员会讨论决定再审。参照《行政诉讼法》相关规定，人民法院院长对本院已经发生法律效力的海关行政诉讼判决、裁定，发现违反法律、法规规定认为需要再审的，应当提交审判委员会决定是否再审。

2. 上级人民法院有权提审或指令再审。上级人民法院对下级人民法院已经发生法律效力的海关行政诉讼判决、裁定，发现违反法律、法规规定的，有权提审或者指令下级人民法院再审。

需要注意的是，提审是上级法院对下级法院发生法律效力的裁判进行监督的行为，是对违法生效裁判进行有效力补救的重要措施，因此不受法定管辖原则的约束。

3. 人民检察院提出抗诉。人民检察院对人民法院已经发生法律效力的海关行政诉讼判决、裁定，发现违反法律、法规规定的，有权按照海关行政诉讼审判监督程序提出抗诉。

三、海关行政诉讼审判监督程序的审理和判决

（一）裁定中止原判决的执行

按照审判监督程序决定再审的案件，应当裁定中止原海关行政诉讼判决或裁定的执行。根据《若干问题解释》的相关规定，按照审判监督程序决定再审的海关行政诉讼案件，应当裁定中止原海关行政诉讼判决执行；裁定由院长署名加盖人民法院印章，上级人民法院决定提审或者指令下级人民法院再审的，应当作出裁定，裁定应当写明中止原判决执行；情况紧急的，可以将中止执行的裁定口头通知负责执行的人民法院或作出生效判决、裁定的人民法院，但应当在口头通知后 10 日内发出裁定书。海关行政案件进入审判监督程序的途径有三种：第一种是由本院审判委员会决定，第二种是由上级人民法院提审或指令再审，第三种是人民检察院提出抗诉，都是发现已经发生法律效力的判决违反了法律、法规规定。因此，司法实践中就产生了对已生效的错误的海关行政诉讼判决应如何处理的问题，如继续执行错误判决，可能产生难以弥补的损失，如不再执行，但其效力尚未消失。为此，对决定再审的海关行政诉讼案件，人民法院应当中止相应海关行政诉讼判决的执行。这里之所以裁定中止原判决的执行，而不撤销原判决，是因为人民法院作出的发生法律效力的法律文书，具有执行力，没有法定原因，不能停止执行。人民法院对案件决定再审，只是发现了错误，而这种错误只有通过再审程序才能最终得到确认。总之，按照海关行政诉讼审判监督程序决定再审或提审的案件，不必先将原海关行政诉讼判决撤销，而应当由实施再审或提审的人民法院在新的判决中确定是否撤销。

中止原海关行政诉讼判决的裁定是人民法院的司法文书，裁定书由人民法院院长署名，加盖人民法院印章。

（二）另行组成合议庭

人民法院审理再审海关行政案件，应当另行组成合议庭。所谓另行组成合议庭，是指原海关行政案件审理合议庭的所有成员都应该更换，而不能只换一个审判长或部分审判员，这是为了防止审判人员先入为主，从而达到公正审判的目的。

原来是海关行政诉讼一审案件的，按照第一审程序另行组成合议庭；原来是海关行政诉讼二审案件的，按照第二审程序另行组成合议庭。最高人民法院和上级人民法院提审的案件，不论哪一级，对再审案件都应按照第二审程序依法组成合议庭审理。

（三）再审分别适用第一、二审的审理程序

因为海关行政诉讼再审只是纠正已经发生法律效力的海关行政诉讼判决、裁定和行政赔偿调解协议的错误的程序，因而海关行政诉讼再审没有自身的审判程序。人民法院决定再审的案件，应根据原来案件审判的不同情况，分别适用海关行政诉讼第一审程序或第二审程序。

人民法院按照海关行政审判监督程序再审的海关行政案件，发生法律效力的判决、裁定是由第一审法院作出的，按照第一审程序审理，对所作的判决、裁定，当事人可以上诉。发生法律效力的判决、裁定是由第二审法院按照第二审程序审理，所作的判决、裁定，是发生法律效力的判决、裁定，不能再上诉。最高人民法院和上级人民法院按照海关行政诉讼审判监督程序提审的海关行政案件，按照第二审程序审理，所作的判决、裁定是发生法律效力的判决、裁定。

海关行政诉讼再审案件按第一审程序审理，审理期限为3个月。按照第二审程序审理的，审理期限为2个月。因特殊情况需要延长审理期限的，分别按《行政诉讼法》第57、60条的规定处理。

（四）海关行政诉讼再审案件的裁判

《行政诉讼法》没有规定法院审理行政诉讼再审案件应当如何作出裁判，参照《若干问题解释》，对海关行政诉讼再审案件分别作出如下判决：

1. 人民法院审理海关行政诉讼再审案件，认为原生效海关行政诉讼判决、裁定确有错误的，撤销原生效判决或者裁定的同时，可以对生效判决、裁定的内容作出相应裁决，也可以裁定撤销生效判决或裁定，发回原生效判决、裁定的人民法院重新审理。

2. 人民法院审理海关行政诉讼再审案件，对原审法院受理、不予受理或者驳回起诉错误的，应当分别情况作出如下处理：

第二审人民法院维持第一审人民法院不予受理裁定错误的，再审法院应当撤销第一审、第二审人民法院的裁定，指令第一审人民法院受理；

第二审人民法院维持第一审人民法院驳回起诉裁定错误的，再审法院应当撤销第一审、第二审人民法院裁定，指令第一审人民法院受理。

3. 人民法院审理海关行政诉讼再审案件，发现海关行政诉讼生效裁判有下列情形之一的，应当裁定发回作出生效判决、裁定的人民法院重新审理：①审理本案的审判人员、书记员应当回避而未回避的；②依法应当开庭审理而未开庭即作出判决的；③未经合法传唤当事人而缺席判决的；④遗漏必须参加诉讼的当事人的；⑤对与本案有关的诉讼请求未予裁判的；⑥其他违反法定程序可能影响案件正确裁判的。

总之，海关行政诉讼再审案件提起的条件是发现原审海关行政诉讼裁判违反法律、法规的规定，但是再审中人民法院仍应对海关行政案件进行全面审查，包括对原裁判认定的事实进行审查。

人民法院对海关行政诉讼再审案件的判决，同样应当公开进行。作出再审判决的法院，可以委托原审法院代为宣判。

第 11 章

海关行政赔偿

第一节　海关行政赔偿的概念

一、海关行政赔偿的界定

海关国家赔偿制度是指海关及其工作人员在行使国家进出境监督管理权的过程中，违法造成公民、法人或者其他组织的损害，而由国家来承担赔偿责任的制度。根据赔偿主体的不同，海关国家赔偿可以分为海关行政赔偿和海关刑事赔偿两类。海关刑事赔偿，是指海关侦查走私犯罪公安机构及其工作人员违法行使职权侵犯公民、法人和其他组织合法权益造成损害所产生的赔偿责任，是海关国家赔偿的组成部分。

行政赔偿是指国家行政机关及其工作人员，在实施国家行政管理职权过程中，违法执行职务，给公民、法人或者其他组织造成损害，由国家承担的赔偿制度。[1] 我们认为，海关行政赔偿，就是指海关及其工作人员违法行使职权，侵犯公民、法人和其他组织的合法权益并造成损害，依法由国家承担责任，对受害人予以赔偿的制度。

二、海关行政赔偿的特征

1. 海关行政赔偿属于国家赔偿。即是说，海关行政赔偿是国家赔偿的一类，属于行政赔偿的范畴，国家是海关行政赔偿的责任主体。国家机关及其工作人员的公务行为，侵害行政相对人的合法权益而产生的赔偿责任由国家承担。就主体这一要素来说，这是行政赔偿与一般民事赔偿的主要区别所在。

---

〔1〕　应松年主编：《行政诉讼法学》，中国政法大学出版社 1994 年版，第 318 页。

2. 海关行政赔偿以海关行政违法为前提。海关行政赔偿是海关及其行政人员违法行使职权所引起的法律责任，没有海关行政违法，便不存在海关行政赔偿。正是这个前提，才使海关行政赔偿与行政补偿相区别。海关行政违法行为，包括了作为和不作为。根据《中华人民共和国海关行政赔偿办法》（以下简称《赔偿办法》）第2条的规定："各级海关办理行政赔偿案件，包括因海关及其工作人员违法行使行政职权导致的行政赔偿和依法对进出境货物、物品实施查验而发生的查验赔偿，适用本办法。"可见，该规定中行政赔偿案件囊括了两种情况，一种是海关行政赔偿。另外一种是海关依法对进出境货物、物品实施查验而发生的查验赔偿。合法检验检查，为了公共目的或者其他原因而造成相对人的损害，该赔偿按其性质应该属于行政补偿之列，故不属于我们本章所欲阐述的范围。

3. 海关行政赔偿以侵犯海关行政相对人的合法权益并造成损害为一重要条件。这一特征包含三个意思：一是海关及其工作人员违法行使职权侵犯了海关行政相对人的合法权益。如果海关及其人违法行使职权所侵犯的是行政相对人的违法权益，而不是合法权益，那就不会发生行政赔偿问题。二是损害是由于海关及其工作人员违法行使行政职权所致，即海关及其工作人员行使职权的行为与相对人的损害存在因果关系，即依正常人的理解，行为和结果之间有牵连。如果相对人的损害是由于其他因素导致的，比如相对人个人的原因，相对人也不能就该损害结果要求国家赔偿。如果是海关工作人员的个人行为导致相对人损害的，也不会产生国家赔偿问题，而只能构成民事侵权。三是行政相对人所受到的损害是实际发生的，即必须是造成了海关行政相对人人身权和财产权的实际损害。赔偿是对实际损害而言，无实际损害即无赔偿，无损害不负赔偿责任。如果仅有损害的可能性，而实际上损害并没有发生，则行政相对人无权要求国家行政赔偿。

4. 海关行政赔偿的义务机关是海关。根据《行政诉讼法》及《国家赔偿法》的规定，行政赔偿义务机关为实施侵权行为的机关。因此，在海关行政赔偿诉讼中，相对人应首先向实施侵权行为的海关提出赔偿申请，并从该海关获得赔偿。海关先行承担了赔偿责任后，再通过财政拨款的形式将赔偿责任转移给国家。

5. 海关行政赔偿必须要有法律规定，取得行政赔偿还必须要符合法律规定。如果没有法律的规定，即使公民受到了海关行政机关的违法侵害，国家也有可能不承担赔偿责任。这就是说，海关行政赔偿责任的承担遵循依法承担原则。法律规定是指现存的所有规定国家赔偿责任的法律和法规。如《行政诉讼法》、《国家赔偿法》、《赔偿办法》，海关行政赔偿的方式、范围、程序等均应该按法律的明确规定进行，如果没有法律法规明确规定，一般不予赔偿。

三、海关行政赔偿的地位

建立行政赔偿制度是国家民主法制建设中的一件大事，不仅对于实施宪法，监督行政机关依法行使职权，为受到国家行政行为侵害的公民、法人提供有效补救，都具有不可估量的意义，而且能增强国家机关工作人员的法律意思和责任心。具体来说，海关行政赔偿制度的建立，其意义表现在以下两个方面：

1. 海关行政赔偿制度有利于监督海关行政机关及其公务员依法行政，强化行政机关的自我约束，减少各种行政违法行为和滥用职权、渎职失职现象，提高行政效率，减少海关内部的行政腐败，因而有利于推进我国行政法治的进程。首先，海关行政赔偿制度作为一种民主制度，强调国家责任，它确立了海关责任。在法治社会，为使社会处于有序状态，任何人都必须对自己的行为负责，海关作为国家的进出境监督管理机关当然不能例外。因为海关享有人民赋予的优越于普通公民的权力，当然也应当承担与此权力相适应的责任，海关的活动必须在法律规定的范围内进行，违法侵权给公民、法人或其他组织造成损害的，海关要承担赔偿责任。这对于增强行政机关工作人员的法律意识和工作责任心起到了强化作用。其次，确认海关行政赔偿责任保证了海关依法行政。自律总是不够的，还需要外部的监督和保障机制的他律，海关行政赔偿制度正是他律的设计，也是一种潜在的压力，提醒公务员违法行政滥用职权将承担法律责任。因此在这种外在的制裁和压力下，可以有效地督促行政机关及公务员正确行使职权。

2. 海关行政赔偿制度，可以为受到海关行政侵害的受害人提供有效的补救，有利于国家的稳定和社会的进步，和谐社会的构建。首先为受到国家行政机关以及公务员侵害的公民、法人或者其他组织提供补救，是行政赔偿制度基本功能之一。在现代法治国家，所有受到不法侵害的公民、法人都应该获得补救，有权利，就应该有救济。海关行政赔偿制度是对受违法行为侵害的公民、法人和其他组织的救济，有利于保护公民、法人和其他组织的合法权益。其次，从损害赔偿的直接后果看，海关行政相对人的合法权益能得到有效保护，被损害的权益可以通过赔偿机制得到补救和恢复。这也体现了保护公民宪法权利，公民权利至上的观念，否定了个人权利应当无条件地服从国家利益的观念。最后，对海关侵权行为予以赔偿可以避免和消除因损害得不到补救而引起的种种社会冲突，增进海关和公民、法人以及其他组织之间的相互信任和理解，便于海关管理目标的实现。从而有利于社会的稳定，有利于构建一个管理者与被管理者之间良性的互动、和谐一致的理想法治环境。

第二节　海关行政赔偿的归责原则

一、海关行政赔偿责任的性质

海关行政赔偿责任讨论的是究竟由国家代替海关行政人承担责任还是国家自己承担责任的问题。在赔偿责任中，由于侵权主体与责任主体是分离的，而且国家与国家公务员的联系程度存在区别，再加上各国赔偿立法和判例制度的差异，所以概括出来，主要由以下三种学说：

（一）代位责任说

该学说认为，公务员侵权行为造成的损害，由国家来承担赔偿责任，即国家承担的责任并不是自己本身的责任，而是公务员的责任。因为公务员的财力有限，为确保受害人能够实际得到赔偿，改由国家代替公务员对受害人来承担赔偿责任。如果公务员有重大过失或者故意的，国家对该公务员有求偿权。

（二）自己责任说

该观点认为无论公务员有无主观过错，只要损害发生在国家权力运作过程中，由违法行为所引起，国家都要负赔偿责任。[1] 自己责任说，主张把国家视为法人，国家公务员是雇员，国家意志只能通过国家公务员来实施，国家本身不直接实施具体行为，公务员是代表国家的，其行为就是国家的行为，国家应该对此行为负责。

（三）合并责任能说

合并责任又称责任竞合，该学说认为如果公务员具有公务机关身份时，则其侵权行为造成的损害，国家应承担赔偿责任；如果公务员不具有公务机关的身份，仅具有受雇人身份的，则其侵权行为所造成的损害，国家所承担的赔偿责任就是代位责任。

我们赞成"自己责任说"，理由为：

1. 从国家与公务员的关系来说，国家为了实现自己的职能，必须设置各类国家机关，任命国家机关工作人员，国家机关工作人员行使职权时并不是以个人身份出的，而是以国家机关的身份出现，无论行为的后果如何都应归于国家，其赔偿责任理应由国家承担，即为国家自己的责任。

2. 从维护受害人的合法权益来说，应将国家赔偿责任理解为国家自己的责任。若将国家赔偿责任理解为代位责任，则意味着受害人必须就公务员的主观

---

[1]　薛刚凌主编：《国家赔偿法教程》，中国政法大学出版社 1997 年版，第 9 页。

过错举证，这实际上是加重了受害人的负担，相反，若将国家赔偿视为国家自己的责任，则只要公务行为存在违法，无论公务员是否有主观过错，国家都应承担赔偿责任，这显然有利于对受害人的保护。受害人请求赔偿无须证明公务员的主观过错，只要举出公务行为的客观过错以及损害确系由过错的公务行为所致即可。[1]

3. 从法律思想的演变来看，国家赔偿责任是自己责任。进入 20 世纪后，在过失责任之外又产生了无过失责任，随着社会发展，无过失责任思想的影响也越来越大，因无过失责任的采用，法律上开始承认行为人应对自己行为所形成的危险状态负责。如果这种危险状态引起了损害，行为人就应该承担赔偿责任，而不管其主观是否有无过错。国家赋予国家机关工作人员行使国家职务的职权，是实现国家职能的需要。但这种职权常有被违法行使的可能性，形成一种危险状态。对于这种危险状态所引起的损害，国家自应直接承担赔偿责任，而无代位责任可言。[2]

二、海关行政赔偿归责原则

海关行政赔偿责任的归责原则，是指在法律上确定赔偿义务机关承担赔偿责任所依据的某种标准，即海关凭什么要承担行政赔偿责任，某种损害发生后，是以行为人的过错为依据，还是以已发生的损害结果为依据，抑或以行为的违法为依据。归责原则的确立，为从法律价值上判断国家承担赔偿责任提供了最根本的依据和标准。海关行政赔偿的归责原则从民事赔偿的归责原则发展而来，但海关行政赔偿的归责原则又区别于民事赔偿的归责原则。我国的民事赔偿采用以过错原则为主，以无过错原则、公平原则为辅的归责原则体系；而行政赔偿则主要有以下几种归责原则：

（一）过错归责原则

过错归责原则是指国家机关及其工作人员在行使职权时，存在着故意或过失或者致害行为本身存在着某种欠缺，从而成为承担赔偿责任的根据。过错责任原则实现了规范与救济的统一，也解决了共同侵权行为和混合过错责任的承担问题，即根据过错大小、轻重来分别承担责任。在民事侵权理论中，过错有主观过错和客观过错之分，这同样也体现在海关行政赔偿中。

1. 主观过错原则。该原则是指致害行为人具有的一种应受非难的心理状态，包括故意和过失。主观过错说认为过错之所以应受非难，原因在于行为人应该

---

〔1〕 毕家亮：《海关行政法学》，中国海关出版社 2002 年版，第 296 页。
〔2〕 姚天冲主编：《国家赔偿法律制度专论》，东北大学出版社 2005 年版，第 48 页。

意识到自己行为的后果，过错是由行为人内在的意志决定的，主观过错在英、美、日等国的行政赔偿中，是主要的归责原则之一，但在实践中，致害行为发生在国家管理中，且往往不是一人所为，加上程序公开程度不够，使得对主观方面的判断较为困难，不易把握。

2. 客观过错原则。该原则是指以某种客观行为为标准来判断行为人是否有过错，着眼于致害行为本身，从行为来判断是否具有过错。如美国的《侵权行为法》就采纳了不符合某种标准的学说，规定行为不符合法律为保护他人免受不合理的危险而订立的标准，即为过错。

3. 公务过错原则，该原则是指致害行为不符合正常的公务标准，此原则最早是在法国建立起来的，它明显优越于主观过错原则和过错违法双重标准，避免了主观过错判断的困难，也适应了国家赔偿的特点。公务过错的表现形式有：公务实施不良、不执行公务、公务实施拖延等。

（二）无过错原则

无过错原则，是指无论国家机关及其工作人员有无过错，只要损害结果发生，致害人就要承担赔偿任。无过错责任是为了弥补过错责任的不足而设立的制度，其目的在于补偿受害人所受的损失，以达到"分配正义"。因为很多时候，国家机关及其工作人员无过错，也可能侵犯相对人合法权益，所以，无过错责任就产生了，以便更好的保护当事人合法权利。而且，过错原则是在具有高度危险的领域对无过错原则的补充，在此领域，完全依靠过错原则，则无力提供充分的救济；在性质上，无过错原则不以过错为基础，不从行为本身是否有过错出发，而是从结果出发，有损害结果即导致赔偿。

（三）违法原则

违法原则是指国家机关及其工作人员在执行职务中，违反法律造成他人权益损害的，国家承担赔偿责任，即以行为违法为归责的标准，而不问有无过错。何谓"违法"，各国法律有不同的表述，一种指致害行为违反了法律、法规的规定，另一种指除了违反了法律规范外，还包括违反诚信原则、尊重人权原则、公序良俗等原则法律。

三、海关行政赔偿归责原则的适用

（一）我国海关行政赔偿的归责原则

在我国的行政赔偿立法中，对于采用何种归责原则，曾有过许多主张，有人主张采用过错原则，也有人主张采用违法原则，甚至采用无过错原则；有主张单一归责原则的，也有主张采用多元化归责体系的，还有人主张采用过错、违法双重归责原则。我国《国家赔偿法》第2条规定："国家机关和国家机关工作人员违法行使职权侵犯公民、法人和其他组织的合法权益造成损害的，受害人有依照本法取得国家赔偿的权利。"这里可以看出，我国的国家行政赔偿采用的是违法归责原则，之所以采用违法归责原则，其原因在于：其一，违法原则是客观的归责原则，避免了主观的认定困难以及过错、违法原则的双重标准，有利于保护相对人的合法权益；其二，违法原则是单一原则，简单明了，易于接受，可操作性强。海关行政赔偿作为国家赔偿的一种形式，也应该适用是违法归责原则。

（二）我国海关行政赔偿归责原则的适用

对于"违法"的涵义，尚无法律的规定和解释。在学术界，有两种不同的观点，一种观点认为违法是指海关及其工作人员行使海关行政职权时作出的行为违反法律、法规的规定，即严格意义上的违法。另一种观点认为违法包含以下几方面内容：明确违反海关行政法律规范，干涉他人权益；违反诚信原则、尊重人权原则及公序良俗原则，干涉他人权益；滥用或超越行使自由裁量权、提供错误信息、指导及许可批准，造成他人合法权益损害；没有履行特定的法律义务或尽到合理注意的义务。本书认为，应当从广义上解释违法，因为我国目前的法制尚不健全，在有些领域无法可依，何谈认定"违法"？另外在海关的行政管理活动中，将会存在大量的事实行为，法律不可能对所有的事实行为进行规定，如果采用严格的违法概念，使大量的事实行为致害排除在海关行政赔偿之外，不利于很好的保护受害人的权益。

综上所述，我们认为，海关行政机关及其工作人员的"违法"的内容，应该包括以下几方面内容：①海关及其行政人员所实施的行政行为违反海关行政法律规范规定，并且违法是指致害行为违法，而不是指损害结果违法，损害结果违法只产生补偿问题；②海关及其行政人员的事实行为违反海关行政法律规范规定，或者违反行政法及其他相关法律的一般原则，一般来说，事实行为包括行使公共权力时作出的不产生法律效力的行为，如提供咨询、进行指导等，也包括某些程序行为，如对某决定的执行行为，对扣押物品的保管等。无论是哪种性质的事实行为只要违法都引起赔偿。③海关及其工作人员的不作为、在行使行政职权时没有尽到合理注意义务。违法既包括作为违法，也包括不作为违法。不作为违法是指负有法定义务而不作为导致相对人损害的，比如企业向海关办理通关手续，在报关资料齐全、手续完备的情况下，海关拒绝办理相关海关手续，海关应当承担赔偿责任。④对于海关的行政自由裁量行为来说，"如果行使自由裁量权达到滥用或显失公正的程度即构成违法，可以根据违法归责原则承担赔偿责任。如果行使裁量权仅为一般的不当，则不构成违法，不适用违法归责原则"。因为，自由裁量行为大量存在，如果没有一定的标准和要求，海关及其行政人员得以随意行使，这不利于对相对人合法权益的保护，但是为了发挥自由裁量行政行为的积极主动性，如果自由裁量行政行为仅仅为一般的不当，就不构成违法。比如，海关行使自由裁量权进行处罚时，在法定的范围幅度内，出现不合理的选择处罚的尺度，不平等处罚等显失公正情况，就是明显超越法律规定的违法，即广义的"违法"。

第三节　海关行政赔偿的范围

一、海关行政赔偿范围的界定

行政赔偿的范围，是指国家行政机关及其工作人员在使用职权时对受害人所遭遇的哪些损害应予赔偿。各国行政赔偿的范围都有一定的限制，只是限制的大小不同而已。[1] 行政赔偿的范围是行政赔偿制度的核心问题，既涉及国家在多大范围内对行政行为负担赔偿责任，更决定着受害人对哪些事项享有索赔的权利。我们认为，海关行政赔偿的范围，是指海关在行使职权或者作出与行使职权相关的行为时，给公民、法人或者其他组织造成损害的，国家给予赔偿的范围。

海关行政赔偿范围的确定对于相对人来说，意味着属于海关行政赔偿范围内的事项和损害，国家必须承担责任，赔偿义务机关必须履行赔偿义务，任何个人或者组织不得限制和剥夺受害人的行政赔偿请求权。对于作为行政机关的海关来说，明确其行使行政行为而给行政相对人造成损害的赔偿范围，能更有利于规范海关行政机关的行政行为，能使海关更合法、合理地行使职权。对于法院来说，明确海关行政赔偿纠纷的范围，有利于法院公正受理裁判案件，对受害人予以司法保护。

我国有关法律、法规对于海关行政赔偿的范围采用了成文的条款性的规定，有概括性语言，亦有具体列举，有肯定性的范围，又有否定的范围，且通过行为标准和损害标准相结合的方式来确定。

二、侵犯人身权的海关行政赔偿范围

人身权是指来去自由，参加或者放弃的自由，以及一般来说只要是没有法律禁止即可以做一个人想做的事的自由。[2] 人身权包括人格权和身份权，人格

---

〔1〕　应松年主编：《国家赔偿法》，法律出版社1995年版，第106页。
〔2〕　薛刚凌主编：《国家赔偿法教程》，中国政法大学出版社1997年版，第150页。

权是指人身自由权、生命健康权、姓名权、肖像权、名誉权等，身份权是指荣誉权和婚姻自由权等。根据《国家赔偿法》以及《赔偿办法》的规定，海关及其工作人员有下列违法行使行政职权，侵犯公民人身权情形之一的，受害人有取得赔偿的权利：

1. 违法扣留公民的。人身自由是公民的基本权利，是公民从事任何社会活动的基础，但是，行政机关在公民有某种违法行为或者在客观情势必要的情况下，可以对其予以拘留或采取限制人身自由的行政强制措施。基于公民人身自由和社会秩序之间的矛盾，法律规定了行政机关限制公民人身自由的条件、措施或程序等，行政机关必须依法实施。否则，就会侵犯人身权，构成此需要赔偿的范围。具体包括：①对没有走私犯罪嫌疑的公民予以扣留的；②未经直属海关关长或者其授权的隶属海关关长批准实施扣留的；③扣留时间超过法律规定期限的；④有其他违法情形的。

2. 违法采取其他限制公民人身自由的行政强制措施的。法律明确规定了采取行政强制措施的条件和措施等，行政机关必须要依法实施。所谓依法实施，首先是指限制公民人身自由的行政强制措施只有在法律有规定时才能采取，其次是指在采取限制人身自由的强制措施时必须要符合法律的相关规定，如法定条件、法定期限、法定程序等。否则就属于违法采取限制公民人身自由的行政强制措施。

3. 非法拘禁或者以其他方法非法剥夺公民人身自由的。"中华人民共和国公民的人身自由不受侵犯"，是宪法规定的公民的基本权利。因此，任何人或机关都不能对公民的人身非法剥夺。"违法"是指法律规定了拘留处罚制度和限制人身自由和行政强制的措施，但行政机关在实施过程中，违背了拘留处罚和行政强制措施的有关规定，"非法"主要是指海关行政机关在法定限制人身自由的措施以外采取拘禁或者以其他方法剥夺或者限制公民的人身自由。应该明确，行政机关在法定拘留处罚和行政强制措施以外，不允许以任何方式方法限制或剥夺公民的人身自由。否则，即构成非法拘禁或非法剥夺公民的人身自由。

4. 以殴打等暴力行为或者唆使他人以殴打等暴力行为造成公民身体伤害或者死亡的。此类案件属于对公民的生命健康权的侵犯，生命健康权是人固有的权利，是人进行各种活动，创造社会财富的基础。因此，公民的身体不受伤害，生命不可剥夺，任何海关行政机关都限于使用法律规定的手段，而任何法律都不允许行政机关用殴打或者其他造成公民身体伤害的暴力来达到目的。

5. 违法使用武器、警械造成公民身体伤害或者死亡的。对于违法使用武器、器械有以下几种情况：①不该使用的场合，使用了武器、警械；②使用武器、警械超过了必要的限度；③该使用甲种武器、器械却错误地选择使用了乙种武器、警械等。凡是海关行政机关违法使用了武器、警械造成公民身体伤害或者死亡的，都应承担赔偿责任。

6. 造成公民身体伤害或者死亡的其他违法行为。此属于概括性规定，即凡是海关行政机关在行使职权或者相关职务行为时违法造成公民身体伤害或者残废的，国家都要承担赔偿责任，该条规定是为了防止遗漏了某些对公民人身权造成损害应当承担的赔偿责任的行为。

三、侵犯财产权的海关行政赔偿范围

财产权包括公民个人财产所有权、继承权、土地使用权和承包经营权、采矿权、宅基地使用权、租赁权、抵押权、专利权和著作权等。[1] 根据《中华人民共和国海关行政赔偿办法》（以下简称《赔偿办法》）第 6 条的规定，海关及其工作人员有下列违法行使行政职权，侵犯公民、法人或者其他组织财产权情形之一的，受害人有取得赔偿的权利：

1. 违法实施罚款，没收货物、物品、运输工具或其他财产，追缴无法没收的货物、物品、运输工具的等值价款，暂停或者撤销企业从事有关海关业务资格及其他行政处罚的；

2. 违法对生产设备、货物、物品、运输工具等财产采取扣留、封存等行政强制措施的；

3. 违法收取保证金、风险担保金、抵押物、质押物的；

4. 违法收取滞报金、监管手续费等费用的；

5. 违法采取税收强制措施和税收保全措施的；

6. 擅自使用扣留的货物、物品、运输工具或者其他财产，造成损失的；

7. 对扣留的货物、物品、运输工具或者其他财产不履行保管职责，严重不负责任，造成财物毁损、灭失的，但依法交由有关单位负责保管的情形除外；

8. 违法拒绝接受报关、核销等请求，拖延监管，故意刁难，或不履行其他法定义务，给公民、法人或者其他组织造成财产损失的；

9. 变卖财产应当拍卖而未依法拍卖，或者有其他违法处理情形造成直接损失的；

10. 造成财产损害的其他违法行为。

财产罚是对公民的财产直接施加，可能会侵犯到合法的财全权，如罚款、没收财物等。能力罚是一种对公民、法人或其他组织的财产利益的能力和手段的剥夺与限制，如撤销、吊销资格、执照等。海关行政机关在实施处罚时必须

---

[1]　罗豪才主编：《行政法》，北京大学出版社 1996 年版，第 338 页。

依法进行，国家法律对处罚的条件和幅度都有明确规定，违反这些规定即可能构成对公民、法人或者其他组织的财产的侵犯，受害人有权取得海关行政赔偿。对生产设备、货物、物品、运输工具等财产采取扣留、封存等行政强制措施，对于海关行政机关来说，都是一些必要的行政措施，但是又会影响到公民的财产所有权和使用权，所以，为了防止滥用，法律规定了采取行政强制措施的规则，如主体、条件、期限、内容等，行政机关必须严格遵守。

四、海关行政赔偿范围的排除

《赔偿办法》第 7 条规定了不属于海关行政赔偿的范围，属于下列情形之一的，海关不承担行政赔偿责任：

1. 海关工作人员与行使职权无关的个人行为。行政机关工作人员行使职权的行为是行政行为，其行为结果归属于国家，行政机关工作人员与行使职权无关的行为属于个人行为，其行为结果应归属于个人，由此造成的损害由个人承担。

2. 因公民、法人和其他组织自己的行为致使损害发生的。行政赔偿以损害为前提，但是有损害，不一定就有海关行政赔偿，在他人过错的情况下，行政机关可以免责。

3. 因不可抗力造成损害后果的。我国《民法通则》中规定的不可抗力，同样也适用于海关行政赔偿中的免责情况。

4. 法律规定的其他情形。因公民、法人和其他组织的过错致使损失扩大的，对扩大部分海关不承担赔偿责任。谁损害，谁赔偿，是法的一般原则，损害不是由于受害人造成的，但是对于损害的扩大其有过错时，海关对于因公民、法人和其他组织的过错而造成的损失扩大部分不承担赔偿责任。

第四节　　海关行政赔偿的当事人

行政赔偿关系中的当事人，从狭义上说，仅指海关行政赔偿请求人与海关行政赔偿义务机关；从广义而言，除指海关行政赔偿请求人和海关行政赔偿义务机关外，还包括海关行政赔偿中的第三人。[1]《国家赔偿法》、《赔偿办法》中对海关行政赔偿关系中的当事人资格的认定作出了规定。

---

〔1〕　毕家亮：《海关行政法》，中国海关出版社 2002 年版，第 421 页。

一、海关行政赔偿请求人

海关行政赔偿请求人，是指因其合法权益在海关行政管理活动中受到海关及其工作人员的不法侵害，而有权依法要求赔偿的当事人。《国家赔偿法》第6条第1款规定："受害的公民、法人和其他组织有权要求赔偿。"《行政诉讼法》第67条第1款规定："公民、法人或者其他组织的合法权益受到行政机关或者行政机关工作人员作出的具体行政行为侵犯造成损害的，有权请求赔偿。"《赔偿办法》第10条第1款规定："受害的公民、法人和其他组织有权要求赔偿。"这都是对行政赔偿请求人一般资格的基本规定。另外，对于其他情况，《赔偿办法》第10条第2款规定："受害的公民死亡，其继承人和其他有扶养关系的亲属以及死者生前扶养的无劳动能力的人有权要求赔偿。"该条第3款规定："受害的法人或者其他组织终止，承受其权利的法人或者其他组织有权要求赔偿。"也就是说，企业法人或者其他组织被行政机关撤销、变更、兼并、注销，认为经营自主权受到侵害，依法提起行政赔偿诉讼的原企业法人或者其他组织，或者对其享有权利的法人或其他组织均具有原告资格。《赔偿办法》第11条规定，赔偿请求人为无民事行为能力人或者限制民事行为能力人的，由其法定代理人或指定代理人代为要求赔偿。

二、海关行政赔偿义务机关

海关行政赔偿义务机关，系指因其本身或者由其委托的其他组织以及所属的工作人员，违法行使职权侵犯行政相对人的合法权益，而依法必须承担赔偿责任的海关。行政赔偿的义务机关，应当区分不同情况而定。根据《国家赔偿法》、《赔偿办法》的规定，海关行政赔偿义务机关的具体认定规则如下：

1. 海关本身违法行使行政职权侵犯公民、法人和其他组织的合法权益造成损害的，该行政机关为赔偿义务机关；海关所属的工作人员违法行使行政职权侵犯公民、法人和其他组织的合法权益造成损害的，其所属的海关为赔偿义务机关。其设立的派出机构侵犯公民、法人和其他组织的合法权益造成损害的，设立该派出机构的海关为赔偿义务机关。《赔偿办法》第12条第1款规定："海关及其工作人员违法行使行政职权侵犯公民、法人和其他组织的合法权益造成损害的，该海关为赔偿义务机关。"《赔偿办法》第12条第3款规定："海关依法设立的派出机构行使行政职权侵犯公民、法人和其他组织的合法权益造成损害的，设立该派出机构的海关为赔偿义务机关。"

2. 两个以上海关共同行使行政职权时侵犯公民、法人和其他组织的合法权益造成损害的，共同行使行政职权的海关为共同赔偿义务机关。两个以上海关共同侵权，赔偿请求人对其中一个或者数个侵权海关提起行政赔偿诉讼，若诉讼请求系可分之诉，被诉的一个或者数个侵权海关为被告；若诉讼请求为不可分之诉，由人民法院依法追加其他侵权机关为共同被告。《赔偿办法》第12条第2款规定："两个以上海关共同行使行政职权时侵犯公民、法人和其他组织的合法权益造成损害的，共同行使行政职权的海关为共同赔偿义务机关。"

3. 受海关委托的组织或者个人在行使受委托的海关行政权力时侵犯公民、法人或其他组织的合法权益造成损害的，委托的海关为赔偿义务机关。《赔偿办法》第12条第4款规定："受海关委托的组织或者个人在行使受委托的行政权力时侵犯公民、法人和其他组织的合法权益造成损害的，委托的海关为赔偿义务机关。"

4. 《赔偿办法》第15条规定："经行政复议机关复议的，最初造成侵权行为的海关为赔偿义务机关，但复议机关的复议决定加重损害的，复议机关对加重的部分履行赔偿义务。"经海关行政复议机关复议的，最初造成侵权行为的海关为赔偿义务机关，但海关行政复议机关的复议决定加重损害的，海关行政复议机关对加重部分承担赔偿义务。但如果赔偿请求人只对作出原行政决定的海关提起行政赔偿诉讼，作出原决定的海关为被告；如果赔偿请求人只对海关行政复议机关提起行政赔偿诉讼的，仅以海关行政复议机关为赔偿义务机关。

5. 《赔偿办法》第14条规定："赔偿义务机关被撤销的，继续行使其职权的海关为赔偿义务机关；没有继续行使其职权的海关的，该海关的上一级海关为赔偿义务机关。"行政机关可以撤销，但其行政职权不能被撤销。行政职权只能发生转移，按照权责一致的原则，继续行使其职权的行政机关也应承担起职责，为赔偿义务机关。

6. 依据《行政诉讼法》第66条的规定，申请人民法院强制执行具体海关行政行为，由于据以强制执行的根据错误而发生行政赔偿诉讼的，申请强制执行的海关为被告。

三、海关行政赔偿第三人

海关行政赔偿第三人，系指同海关行政赔偿案件处理结果有法律上的利害关系，除海关行政赔偿请求人以外的其他公民、法人和其他组织。《赔偿办法》第20条规定："同赔偿案件处理结果有利害关系的其他公民、法人或者其他组织，可以作为第三人参加赔偿案件处理。申请以第三人身份参加赔偿案件处理的，应当以书面形式提出，并对其与赔偿案件处理结果有利害关系负举证责任。赔偿义务机关认为必要时，也可以通知第三人参加。第三人参加赔偿案件处理的，赔偿义务机关应当制作《第三人参加行政赔偿案件处理通知书》，并送达第三人、赔偿请求人。"

第五节　海关行政赔偿的程序

一、海关行政赔偿程序及其特征

行政赔偿程序，是指行政赔偿请求人向行政赔偿义务机关请求行政赔偿，行政赔偿义务机关处理行政赔偿，以及人民法院解决行政赔偿纠纷的步骤、方式、顺序和时限的总称。海关行政赔偿程序，系指海关赔偿请求人请求海关行政赔偿和海关行政赔偿义务机关、人民法院处理海关行政赔偿案件所遵循的方式、步骤、期间、顺序的总称。它是海关行政赔偿请求人依法获得行政赔偿这一实体权利的程序保障。海关行政赔偿程序有两种类型：一是单独请求海关行政赔偿的程序；二是附带请求海关行政赔偿的程序。[1]《赔偿办法》第17条规定："赔偿请求人要求行政赔偿应当先向赔偿义务机关提出，也可以在申请行政复议和提起行政诉讼时一并提出。"

单独请求海关行政赔偿的程序是指海关赔偿请求人没有提出其他行政诉讼的请求，单独就海关行政赔偿提出请求所遵循的方式、步骤、期间和顺序的总称。公民、法人或者其他组织单独就损害赔偿提出请求，应当先由行政机关解决。对行政机关的处理不服，可以向人民法院提起诉讼。人民法院审理行政赔偿案件在坚持合法、自愿的前提下，可以就赔偿范围、赔偿方式和赔偿数额进行调解。调解成立的，应当制作行政赔偿调解书。也就是说，在赔偿义务海关不予赔偿或赔偿请求人对赔偿方式及数额等有异议时，海关行政赔偿请求人才可以依法向法院提起诉讼。海关先行处理程序要求赔偿请求人在单独提出海关行政赔偿请求时必须首先向赔偿义务海关提出。

附带请求海关行政赔偿的程序是指海关行政相对人在提起海关行政复议和海关行政诉讼的同时一并提出海关行政赔偿请求所遵循的方式、步骤、期间和顺序的总称。附带请求海关行政赔偿的程序，完全适用海关行政复议和海关行政诉讼程序。其特点为：将确认海关行政职权行为违法与要求海关行政赔偿两项请求一并提出，并要求并案处理。海关行政复议机关或人民法院通常先对海关行政职权行为的违法性进行确认，然后再决定是否应予海关行政赔偿。

---

[1]　毕家亮：《海关行政法》，中国海关出版社2002年版，第424页。

二、海关行政赔偿请求的提出

（一）提出海关行政赔偿请求的要件

海关行政赔偿请求的提出必须符合一定的要件，当具备了这些要件时，则具备了提出资格。

1. 请求人必须具有海关行政赔偿请求权。享有海关行政赔偿请求权的人通常为其合法权益受到违法海关行政行为侵犯并造成损害的公民、法人或其他组织。

2. 必须有明确的海关行政赔偿义务机关。海关行政赔偿请求人必须先弄清谁为赔偿义务机关，方能有针对性地依法行使自己的海关行政赔偿请求权。

3. 必须在法定期限内提出海关行政赔偿请求。法律对公民、法人和其他组织的海关行政赔偿请求权，并非无期限地永久保护，而是有一定的期限限制的，超过法定期限，该海关行政赔偿请求权即灭失，受害人即使提出赔偿请求，也无法律效力，不会获得国家赔偿。

4. 所提出的海关行政赔偿请求必须在法律规定的应予赔偿的损害范围内。《赔偿办法》第16条规定："赔偿义务机关对依法确认有本办法第5条、第6条规定的情形之一，侵犯公民、法人或者其他组织合法权益的，应当给予赔偿。"

（二）海关行政赔偿的请求方式

根据《国家赔偿法》、《赔偿办法》等相关规定，海关行政赔偿请求人向赔偿义务机关提出赔偿请求，必须以书面形式进行。如果赔偿请求人书写申请书确有困难的，可以委托他人代书，最后由本人签名或盖章，以示申请书的内容是本人的真实意思表示。如果海关行政赔偿请求人委托他人代书亦有不便，也可以口头申请，由赔偿义务海关将其口头申请记入笔录，经海关赔偿请求人确认无误后，由请求人签字或盖章。该笔录则与正式申请书的法律效力相同，请求人向行政赔偿义务海关递交的申请书必须能反映其合法权益受损害的基本情况和要求海关行政赔偿的案由。申请书应记载下列事项：

1. 受害人的姓名、性别、年龄、工作单位和住所。如果是受害人的法定代理人或者继承人或与其有扶养关系的亲属代为行使请求权时，还应载明法定代理人、继承人和该亲属的姓名、性别、年龄、工作单位、住所以及与受害人的关系等事项。

2. 赔偿请求人委托代理人代为参加赔偿案件处理的，应当向海关出具委托书，委托书应当具体载明下列事项：委托人姓名（法人或者其他组织的名称、法定代表人的姓名、职务）、代理人姓名、性别、年龄、职业、地址及邮政编码；代理人代为提起、变更、撤回赔偿请求、递交证据材料、收受法律文书等代理权限；代理人参加赔偿案件处理的期间；委托日期及委托人、代理人的签章。

3. 如海关行政赔偿请求人为法人或其他组织时，申请书应载明它们的名称、住所、法定代表人或主要负责人的姓名、职务。

4. 具体的海关行政赔偿要求。如所要求的金钱赔偿数额，是否恢复原状，是否返回财产等。请求人可以根据受到的不同损害，同时提出数项赔偿请求。申请书要把每一项请求表述清楚明白。

5. 要求海关行政赔偿的理由和事实根据。申请书中必须简明扼要地叙述损害行为发生的时间、地点及事实经过，若有其他证明材料的，必须一同附上。例如，证明人身伤害的程度书，医疗费收据及因此而受到其他损失的证明；对财产损害的，应提交修复费的收据、购置同类财物的价格资料等；因死亡而要求赔偿的，应提交受害人死亡证明书或其他载明死亡的原因、时间、地点等情况的证明书，以及有关死亡人生前的职业、工资收入状况、生前抚养人的姓名、年龄等情况的证明和因死亡而开支的丧葬费收据等。《赔偿办法》第 21 条规定："赔偿请求人要求赔偿时，应当提供符合受理条件的相应的证据材料。本办法第 10 条第 2 款规定的赔偿请求人要求赔偿的，还应当提供公民死亡的证明及赔偿请求人与死亡公民之间的关系证明；本办法第 10 条第 3 款规定的赔偿请求人要求赔偿的，还应当提供原法人或者其他组织终止的证明，以及承受其权利的证明。"

6. 赔偿义务海关。申请书必不可少的内容之一是赔偿义务海关的名称，以明示该赔偿申请是针对适格海关提出的，便于海关行政赔偿案件的处理。

7. 申请的年月日。写明提交申请的时间很重要，这关系到赔偿义务机关进行处理的时限，也关系到请求人行使权利的期限。

三、海关行政赔偿义务海关的受理

（一）海关行政赔偿义务海关的受案

1. 海关行政赔偿义务海关在收到行政赔偿申请书后，要进行受案前的初步审查，赔偿义务海关对申请书的初步审查主要包括下列几项内容：

（1）是否符合海关行政赔偿的要件；

（2）申请书的内容和形式是否符合要求；

（3）申请人所要求赔偿的损害是否确由本海关及其行政人员或受本海关委托的组织或个人的违法职权行为造成的；

（4）赔偿请求人所要求的行政赔偿是否属于《国家赔偿法》所规定的赔偿范围之内。

2. 《赔偿办法》第 22 条规定，赔偿义务机关收到赔偿申请后，应当在 5 个工作日内进行审查，分别作出以下处理：

（1）对不符合本办法规定，有下列情形之一的，决定不予受理，制作《行政赔偿申请不予受理决定书》，并送达赔偿请求人：赔偿请求人不是本办法第 10 条规定的有权要求赔偿的公民、法人和其他组织；不属于本办法第 5 条、第 6 条规定的行政赔偿范围；超过法定请求赔偿的期限，且无不可抗力等其他情况。已向复议机关申请复议或者已向人民法院提起行政诉讼，复议机关或人民法院已经依法受理的；以海关制定发布的行政规章或者具有普遍约束力的规定、决定侵犯其合法权益造成损害为由，请求赔偿的。

（2）对未经依法确认违法的具体行政行为请求赔偿的，如该具体行政行为尚在法定的复议、诉讼期限内，应当书面告知申请人有权依法向上一级海关申请行政复议或者向人民法院提起行政诉讼，并可以一并提出赔偿请求；经告知后，申请人要求赔偿义务机关直接对侵权行为的违法性予以确认并作出赔偿决定的，赔偿义务机关应当予以受理。如该具体行政行为已超过法定的复议、诉讼期限，应当作为申诉案件处理，并书面通知当事人，原具体行政行为经申诉确认违法后，可以依法请求赔偿。

（3）对材料不齐备的，应当在审查期限内书面告知赔偿请求人补正材料。

（4）对符合本办法规定，但是本海关不是赔偿义务机关的，应当在审查期限内书面告知申请人向赔偿义务机关提出。

（5）对符合本办法有关规定且属于本海关受理的赔偿申请，决定受理，制作《行政赔偿申请受理决定书》并送达赔偿请求人。决定受理的，赔偿主管部门收到申请之日即为受理之日；经赔偿请求人补正材料后决定受理的，赔偿主管部门收到补正材料之日为受理之日。

（二）海关行政赔偿义务海关的处理

《赔偿办法》第 32 条规定，海关行政赔偿主管部门应当对行政赔偿案件进行审查，提出处理意见。处理意见经赔偿义务机关负责人同意或者经赔偿义务机关案件审理委员会讨论通过后，按照下列规定作出决定：

1. 有下列情形之一的，依法作出不予赔偿的决定：

（1）海关及其工作人员行使职权的行为是依法作出，没有违法情形的；

（2）海关及其工作人员行使职权的行为虽然已被依法确认为违法，但未造成公民、法人或其他组织直接财产损失或公民人身损害的；

（3）已经确认违法的行为与公民、法人或其他组织受到的财产损失或公民人身损害没有直接因果关系的；

（4）属于本办法第 7 条第 1 款规定的情形之一的。

2. 对已被确认为违法的海关及其工作人员行使行政职权的行为直接造成了公民、法人或其他组织财产损失或公民人身损害的，依法作出赔偿的决定。赔偿义务机关依据以上规定作出赔偿或者不予赔偿决定，应当分别制作《行政赔偿决定书》或者《不予行政赔偿决定书》，并送达赔偿请求人和第三人。

（三）赔偿义务海关处理申请的期限

1. 海关行政赔偿审理的中止。行政赔偿义务海关应当自收到赔偿请求之日起2个月内作出赔偿或不赔偿的决定。但有下列情形之一的，期间中止，从中止期间的原因消除之日起，赔偿义务机关作出决定的期间继续计算：

（1）赔偿请求人死亡，需要等待其继承人或其他有扶养关系的亲属以及死者生前扶养的无劳动能力的人表明是否参加赔偿案件处理的；

（2）作为赔偿请求人的法人或者其他组织终止，需要等待其权利承受人的确定以及其权利承受人表明是否参加赔偿案件处理的；

（3）赔偿请求人丧失行为能力，尚未确定其法定代理人或指定代理人的；

（4）赔偿请求人因不可抗拒的事由，不能参加赔偿案件处理的；

（5）需要依据司法机关，其他行政机关、组织的决定或者结论作出决定的；

（6）其他应当中止的情形。

赔偿义务机关违反上述规定逾期不作出决定的，赔偿请求人可以自期间届满之日起60日内向赔偿义务机关的上一级海关申请行政复议，赔偿请求人对不予赔偿的决定或对赔偿数额、赔偿方式等有异议的，可以自收到决定书之日起60日内向赔偿义务机关的上一级海关申请行政复议；赔偿请求人也可以自期间届满之日或者收到决定书之日起3个月内向人民法院提起诉讼。

2. 海关行政赔偿审理的终止。在赔偿义务机关受理赔偿申请之后，赔偿决定作出之前，有下列情形之一的，应当终止赔偿案件审理，制作《行政赔偿案件终止决定书》，并送达赔偿请求人、第三人：

（1）赔偿请求人申请撤回赔偿申请的；

（2）发现在受理赔偿申请之前赔偿请求人已向复议机关申请复议或者已向人民法院提起行政诉讼，并且复议机关或人民法院已经依法受理的；

（3）有其他应当终止的情形的。

四、海关行政赔偿诉讼

（一）海关行政赔偿诉讼的概念与特征

海关行政赔偿诉讼是一种独立的特殊诉讼形式，是人民法院根据海关行政赔偿请求人的诉讼请求，依照行政诉讼程序和国家赔偿的基本制度和原则裁判海关行政赔偿争议的活动。[1] 海关行政赔偿诉讼具有双重性，一方面是由国家机关工作人员的行为造成的，适用《行政诉讼法》规定的程序，另一方面，它解决是否有损害，以及如何赔偿等类似于民事诉讼的问题，这种双重性决定了海关行政赔偿诉讼的特点如下：

1. 海关行政赔偿诉讼不同于一般的行政诉讼，在海关行政赔偿诉讼的审理过程中，可以调解作为审理程序和结案方式。

2. 在单独提起海关行政赔偿诉讼时，要以行政赔偿义务海关先行处理为前提条件。在一并提起诉讼赔偿请求时，通常以海关行政复议或海关行政诉讼形式确认行政职权行为违法为赔偿先决条件。

3. 举证责任合理分配，海关行政赔偿诉讼不完全采取"被告负举证责任"的原则，而是参照民事诉讼规则，要求海关行政赔偿请求人对其诉讼请求和主张进行举证。海关行政赔偿诉讼原则上适用行政诉讼法规定的程序，如果没有规定的可以参照适用相应的民事诉讼程序。

（二）海关行政赔偿案件的管辖

赔偿请求人单独提起的海关行政赔偿案件由被告住所地的中级人民法院管辖。高级人民法院管辖本辖区内有重大影响和复杂的第一审海关行政赔偿案件。最高人民法院管辖全国范围内有重大影响且复杂的第一审海关行政赔偿案件。

赔偿请求人因同一事实对两个以上海关提起行政赔偿诉讼，可以向其中任何一个海关所在他的人民法院提起。赔偿请求人向两个以上有管辖权的人民法院提起海关行政赔偿诉讼的，由最先收到起诉状的人民法院管辖。

公民对限制人身自由的海关行政强制措施不服，或者对海关基于同一事实对同一当事人作出限制人身自由或对财产采取强制措施的具体行政行为不服，在提起行政诉讼的同时一并提出行政赔偿请求的，由受理该行政案件的人民法院管辖，单独提起海关行政赔偿诉讼的，由被告住所地或原告住所地或者不动产所在地的人民法院管辖。赔偿请求人提起海关行政赔偿诉讼的请求涉及不动产的，由不动产所在地的人民法院管辖，如果人民法院发现受理的海关行政赔偿案件不属自己管辖，应当移送有管辖权的人民法院；受移送的人民法院不得再行移送。

人民法院对海关行政赔偿案件的管辖权发生争议的，由争议双方协商解决，协商不成的，报请他们的共同上级人民法院指定管辖。报请上级人民法院指定管辖时，应当逐级进行，不得越级报请。如双方为跨省、自治区、直辖市的人民法院，高级人民法院之间协商不成的，由最高人民法院及时指定管辖。

---

[1] 毕家亮：《海关行政法》，中国海关出版社 2002 年版，第 429 页。

（三）海关行政赔偿的具体程序

1. 海关行政赔偿的受理。海关行政赔偿案件通过赔偿义务海关先行处理后，赔偿请求人可以单独提起海关行政赔偿诉讼。公民、法人或其他组织在提起海关行政诉讼的同时也可以一并提出海关行政赔偿请求。

赔偿请求人单独提起海关行政赔偿诉讼，应当符合下列条件：原告须为具有海关行政赔偿请求人资格的公民、法人或其他组织；有明确的被告，即要求其承担或履行行政赔偿义务的赔偿义务海关；有具体的赔偿请求和受损害的事实根据；加害行为是具体海关行政行为的，该行为已被确认为违法；赔偿义务海关已先行处理或超过法定期限不予处理；属于人民法院行政赔偿诉讼的受案范围和受诉人民法院管辖；符合法律规定的起诉期限。

赔偿请求人单独提起海关行政赔偿诉讼，可以在向赔偿义务海关递交赔偿申请书后的2个月届满之日起3个月内提起。但是，赔偿义务海关作出赔偿决定时，未告知赔偿请求人的诉权或者起诉期限，致使赔偿请求人逾期向人民法院起诉的，其起诉期限从赔偿请求人实际知道诉权或者起诉期限时计算，但逾期的期间自赔偿请求人收到赔偿决定之日起不得超过1年。公民、法人或其他组织在提起海关行政诉讼的同时一并提出海关行政赔偿请求的，其起诉期限按照行政诉讼起诉期限的规定执行。此外，海关行政诉讼案件的原告可以在提起海关行政诉讼后至人民法院一审庭审结束前，提出海关行政赔偿请求。

人民法院接到原告单独提起海关行政赔偿起诉状，应当进行审查，并在7日内立案或者作出不予受理的裁定。当接到海关行政赔偿起诉状后，在7日内不能确定可否受理的，应当先予受理。审理中发现不符合受理条件的，裁定驳回起诉。

当事人对不予受理或者驳回起诉的裁定不服的，可在送达之日起10日内向上一统人民法院提起上诉。

2. 审理和判决。人民法院对当事人在提起海关行政诉讼的同时一并提出海关行政赔偿请求，或者与行使海关职权有关的其他行为造成损害一并提出的海关行政赔偿请求，应当分别立案，根据具体情况可以合并审理，也可以单独审理。

人民法院审理海关行政赔偿案件，就当事人之间的海关行政赔偿争议进行审理和裁判。可以就赔偿范围、赔偿方式和赔偿数额进行调解。调解成立的，应当制作行政赔偿调解书，其与判决书具有同等的法律效力。在一审判决前被告同原告达成赔偿协议，原告申请撤诉的，人民法院应当依法予以审查并裁定是否准许。

原告在海关行政赔偿诉讼中对自己的主张承担举证责任，被告可提供不予赔偿或者减少赔偿数额方面的证据。被告的具体行政行为违法但尚未对原告合法权益造成损害的，或者原告的请求没有事实根据或法律根据的，人民法院应当判决驳回原告的赔偿请求。

单独受理的第一审海关行政赔偿案件的审理期限为 3 个月，第二审为 2 个月。海关行政赔偿案件审结后，发生法律效力的海关行政赔偿判决、裁定或调解协议，当事人必须如实履行。一方拒绝履行的，对方当事人可以向第一审人民法院申请强制执行。申请强制执行的期限，申请人是公民的为 1 年，申请人是法人或其他组织的为 6 个月。人民法院对单独提起海关行政赔偿的案件作出判决，其法律文书的名称分别为行政赔偿判决书、行政赔偿裁定书、行政赔偿调解书。

第六节　海关行政赔偿的方式、标准和赔偿费用

一、海关行政赔偿的方式

海关行政赔偿的方式，是指海关对受害人进行赔偿，承担赔偿责任所采用的各种形式。赔偿是对损害的补救，根据损害的不同性质和程度，赔偿的方式也有所不同。海关行政赔偿的主要方式包括：金钱赔偿、恢复原状、返还原物以及其他赔偿方式。《国家赔偿法》第 25 条规定："国家赔偿以支付赔偿金为主要方式，能够返还财产或者恢复原状的，予以返还财产或者恢复原状。"根据这条规定，金钱赔偿是海关行政赔偿中的最主要的方式。该方式的优点是适应性强，对各种形式的海关行政损害都适用；在具体执行上也比较简单，易于操作。缺点是具体的赔偿金额难以确定，在计算时须考虑各种因素的影响。恢复原状和返还原物是海关行政赔偿中使用较少的两种形式。恢复原状在受损害的货物、物品具有可恢复性的前提下才能采用，而返还原物一般是在误征税款、错罚以及扣留、没收货物、物品的情况下采用。

《赔偿办法》第 42 条规定，有该办法第 6 条规定情形，侵犯公民、法人和其他组织的财产权造成损害的，按照以下规定予以赔偿：①能够返还财产或者恢复原状的，予以返还财产或者恢复原状；②造成财产损坏的，赔偿修复所需费用或者按照损害程度予以赔偿；③造成财产灭失的，按违法行为发生时当地市场价格予以赔偿，灭失的财产属于尚未缴纳税款的进境货物、物品的，按海关依法审定的完税价格予以赔偿；④财产已依法拍卖或者变卖的，给付拍卖或者变卖所得的价款；⑤扣留的财产因海关保管不当或不依法拍卖、变卖造成损

失的，对直接损失部分予以赔偿；⑥导致仓储费、运费等费用增加的，对增加部分予以赔偿；⑦造成停产停业的，赔偿停产停业期间的职工工资、税金、水电费等必要的经营性费用；⑧对财产造成其他损害的，按照直接损失确定赔偿金额。

其他的赔偿方式包括消除影响、恢复名誉、赔礼道歉等形式。如果具体海关行政行为侵犯相对人的姓名权、名誉权、荣誉权等人身权，可采用上述方式。《赔偿办法》第60条规定，对造成受害人名誉权、荣誉权损害的，应当在侵权行为影响的范围内，为受害人消除影响，恢复名誉，赔礼道歉。

二、海关行政赔偿的标准

海关行政赔偿的标准主要分以下三种情况：

1. 海关侵犯公民人身自由的，每日的赔偿金按照国家上年度职工日平均工资计算。

2. 海关侵犯公民生命健康权的，赔偿金按照下列规定计算：造成身体伤害的，应当支付医疗费，以及赔偿因误工减少的收入。减少的收入每日的赔偿金按照国家上年度职工日平均工资计算，最高额为国家上年度职工年平均工资的5倍；造成部分或者全部丧失劳动能力的，应当支付医疗费，以及残疾赔偿金，残疾赔偿金根据丧失劳动能力的程度确定，部分丧失劳动能力的最高额为国家上年度职工年平均工资的10倍，全部丧失劳动能力的为国家上年度职工年平均工资的20倍。造成全部丧失劳动能力的，对其扶养的无劳动能力的人，还应当支付生活费；造成死亡的，应当支付死亡赔偿金、丧葬费，总额为国家上年度职工年平均工资的20倍。对死者生前扶养的无劳动能力的人，还应当支付生活费。前款规定的生活费的发放标准参照当地民政部门有关生活救济的规定办理。被扶养的人是未成年人的，生活费给付至18周岁止；其他无劳动能力的人，生活费给付至死亡。

3. 海关侵犯公民、外国人、法人和其他组织的财产权造成损害的，按照下列规定处理：处罚款、追缴、没收货物、物品或者违反国家规定征收税费的，返还财产；扣留货物、物品、运输工具或冻结款项的，解除扣留、冻结；应当返还或解除冻结的财产损坏的，能够恢复原状的恢复原状，不能恢复原状的，按照损害程度给付相应的赔偿金；应当返还的财产灭失的，给付相应的赔偿金；财产已经拍卖的，给付拍卖所得的价款；吊销报关员证书、暂停专业报关公司报关权的，恢复报关资格，赔偿报关员工资损失，或赔偿报关企业停产期间的经常性费用开支；对财产权造成其他损害的，按照直接损失给予赔偿。

三、海关行政赔偿的赔偿费用

行政赔偿费用都由国库支出，政府应当在每年度的国家财政预算中列出赔偿费用一项，专款专用。海关行政赔偿由赔偿义务机关向请求权人支付，转交给请求权人，或通知银行协助将该资金划拨至请求权人的账户内。根据《赔偿办法》第 45 条规定，依据生效的赔偿决定或者其他法律文书，需要返还财产的，依照下列规定返还：①尚未上交财政的财产，由赔偿义务机关负责返还；②已经上交财政的款项，由赔偿义务机关逐级向海关总署财务主管部门上报，由海关总署向国家财政部门申请返还。需要支付赔偿金的，由赔偿义务机关先从本单位缉私办案费中垫支，并向海关总署财务主管部门作专项申请，由海关总署向国家财政部门申请核拨国家赔偿费用。赔偿义务机关向赔偿请求人支付国家赔偿费用或者返还财产，赔偿请求人应当出具合法收据或者其他有效凭证，收据或者其他凭证的副本应当报送国家财政部门备案。

第七节　　海关行政追偿程序

一、海关行政追偿概述

赔偿制度解决的是国家或行政机关与受害人之间的关系，追偿制度解决的是国家或国家行政机关与其工作人员之间的关系。在行政赔偿中，行政工作人员是直接实施侵权行为的人，其所造成的损害应由所在行政机关予以赔偿。但是，具体实施侵权行为的工作人员不能完全免除责任，由此就产生了行政赔偿中的追偿制度。海关行政追偿是指海关代表国家向行政赔偿请求人支付赔偿费用以后，依法责令有故意或重大过失的海关行政人员、受委托的组织或个人承担部分或全部赔偿费用的法律制度。[1]《国家赔偿法》第 14 条规定："赔偿义务机关赔偿损失后，应当责令有故意或者重大过失的工作人员或受委托的组织或者个人承担部分或全部赔偿费用。对有故意或者重大过失的责任人员，有关机关应当依法给予行政处分；构成犯罪的，应当依法追究刑事责任。"《赔偿办法》第 51 条规定："行政赔偿义务机关赔偿损失后，应当责令有故意或者重大过失的工作人员或者受委托的组织、个人承担部分或者全部赔偿费用。"

（一）追偿的性质和意义

海关的工作人员或者受委托的组织和个人，在行使行政职权时，以国家和

---

[1]　毕家亮：《海关行政法》，中国海关出版社 2002 年版，第 436 页。

海关代表的身份出现，因此，其职权行为违法侵犯公民、法人或其他组织的合法权益时，受害人不能向行使职权的个人或者被委托的组织要求赔偿，只能向代表国家的海关行政赔偿义务机关要求赔偿。但是，致害人因故意或重大过失导致的损失，其应当承担责任。因此，追偿制度实际上是一种制裁，着眼于监督责任人恪尽职守、依法行政、防止其滥用职权。追偿制度既可以保证受害人及时得到赔偿，避免海关行政因资金薄弱难以向受害人支付足额赔偿费用的情形，又可监督海关行政人依法行使行政职权，增强其责任感，使海关行政人尽职尽责，同时还可以减轻国家财政负担。

（二）海关行政追偿的形式

海关行政追偿的形式是海关先向受害人赔偿，然后根据法定条件和情况责令致害的海关行政人员支付赔偿费用，即"先赔后追"的方式。这种方式能够使受害人及时得到海关行政赔偿，有利于保护受害人的合法权益，同时建立对有故意或重大过失的海关行政人员进行追偿的制度，可以监督其依法行政，忠于职守，督促海关行政人员合法、合理地行使海关行政权，履行职责。

二、海关行政追偿人与被追偿人

（一）海关行政追偿人

海关行政追偿人包括因海关的工作人员违法行使职权，侵犯公民、法人或其他组织的合法权益造成损害、引起赔偿的，该工作人员所在的海关为海关行政追偿人；受海关委托的组织或个人违法行使所委托之海关行政职权，造成侵权损害赔偿的，委托的海关是海关行政追偿人。

（二）海关行政被追偿人

海关行政被追偿人是实施造成受害人合法权益损害的侵权行为的海关行政人员或受委托的组织和个人。在数人共同实施加害行为的情况下，该数人均为海关行政被追偿人，应根据各行为人在加害行为中的地位、作用以及过错的轻重，分别确定其追偿责任；直接受海关委托行使海关行政职权的组织内部的成员实施加害行为，该受委托的组织为海关行政被追偿人。该组织在承担了追偿责任之后，还可以根据内部的规定追究直接责任人员的责任。工作人员因执行错误命令而造成损害的，应以发布错误命令的责任人为被追偿人，而不应以执行命令的人为被追偿人；经合议的行为发生的赔偿责任，所有投赞成票的工作人员都是被追偿人。

（三）被追偿人的权利和责任

《赔偿办法》第55条规定："有关责任人员对追偿有申辩的权利。"其也具有不服决议，向上级行政机关或者监察、人事行政机关申诉的权利。被追偿人理应有进行法定赔偿，履行赔偿义务的责任，另外，《国家赔偿法》规定，对于有故意或者重大过失的责任人员，有关机关应当依法给予行政处分，构成犯罪的，应当依法追究刑事责任。如果海关行政人员或受委托的个人因故意或重大过失造成公民、法人或其他组织的合法权益受损，违反了海关行政法律规范的要求，即违法行使海关行政职权，应该受到法律制裁。如果触犯了刑律，还应追究其刑事责任。《赔偿办法》第 50 条规定："对有本办法第 5 条、第 6 条所列行为导致国家赔偿的有故意或者重大过失的责任人员，由有关部门依法给予行政处分；有违法所得的，依法没收违法所得；构成犯罪的，依法追究刑事责任。"也就是说，被追偿人还可能承担法定的行政处分，情节严重的，可能受到刑事制裁。

三、海关行政追偿的条件

海关行政追偿的实行，根据其性质和形式，必须具备以下两个条件：

（一）赔偿义务海关已经向受到损害的公民、法人或其他组织支付了赔偿金或者履行了其他的赔偿责任。赔偿本身的性质决定了只有具备国家承担了赔偿责任这一前提条件，才可能产生追偿问题。在赔偿义务海关向受害人履行赔偿义务之前，不发生追偿。

（二）海关行政人员或者受海关委托的组织或个人违法行使海关行政职权侵犯受害人的合法权益并造成损失，其在主观上有故意或者重大过失。行政追偿的核心是责任人员有故意或者重大过失，也就是严重的主观错误。"故意"是指致害的海关行政人员或受委托的组织或个人在行使海关行政权力、执行海关行政职务时，明知自己的行为会给行政相对人的合法权益造成侵权损害，却仍然希望或放任这种损害结果发生的主观心理状态。"重大过失"是指海关行政人员或受委托的组织或个人在行使海关行政职权时未能达到普通注意致使他人合法权益损害的主观状态，即没有达到法律对一个公民的起码要求，而致使受害人的合法权益遭到侵犯并造成损害的。

四、海关行政追偿金额

追偿义务海关有权依法责令有故意或重大过失的海关行政人员或受委托的组织、个人承担部分或全部赔偿费用。追偿金额的范围，以赔偿义务海关支付的损害赔偿金额为限。在海关行政赔偿案件处理过程中，赔偿义务海关所支付的办案经费、诉讼费用等应从海关的财政经费支付，不宜列入追偿范围；如果赔偿义务海关因自己的过错而支付了过多的赔偿金时，对超额部分无权追偿。

追偿金额的确定方式上，有的国家采取了协议的办法，由追偿人和被追偿人进行协商，以确定追偿数额、给付方式等，如果不能达成协议，赔偿义务机关有权作出决定。我国对此没有具体规定。

追偿金额的大小要与过错程度相适，同时考虑被追偿者的薪金收入。《赔偿办法》第52条规定："对责任人员实施追偿时，应当根据其责任大小和造成的损害程度确定追偿的金额。追偿的金额一般应当在其月基本工资的1至10倍之间，特殊情况下作相应调整。"过错重的多赔，过错轻的则少赔，在此原则下，追偿金的具体数额应与被追偿者所得的工资额相适应，且考虑被追偿者的家庭生活费用。

中华人民共和国海关法

(1987 年 1 月 22 日第六届全国人民代表大会常务委员会第十九次
会议通过 根据 2000 年 7 月 8 日第九届全国人民代表大会常务委员会
第十六次会议《关于修改〈中华人民共和国海关法〉的决定》修正)

第一章 总 则

第一条 为了维护国家的主权和利益,加强海关监督管理,促进对外经济贸易和科技文
化交往,保障社会主义现代化建设,特制定本法。

第二条 中华人民共和国海关是国家的进出关境(以下简称进出境)监督管理机关。海
关依照本法和其他有关法律、行政法规,监管进出境的运输工具、货物、行李物品、邮递物
品和其他物品(以下简称进出境运输工具、货物、物品),征收关税和其他税、费,查缉走
私,并编制海关统计和办理其他海关业务。

第三条 国务院设立海关总署,统一管理全国海关。

国家在对外开放的口岸和海关监管业务集中的地点设立海关。海关的隶属关系,不受行
政区划的限制。

海关依法独立行使职权,向海关总署负责。

第四条 国家在海关总署设立专门侦查走私犯罪的公安机构,配备专职缉私警察,负责
对其管辖的走私犯罪案件的侦查、拘留、执行逮捕、预审。

海关侦查走私犯罪公安机构履行侦查、拘留、执行逮捕、预审职责,应当按照《中华人
民共和国刑事诉讼法》的规定办理。

海关侦查走私犯罪公安机构根据国家有关规定,可以设立分支机构。各分支机构办理其
管辖的走私犯罪案件,应当依法向有管辖权的人民检察院移送起诉。

地方各级公安机关应当配合海关侦查走私犯罪公安机构依法履行职责。

第五条 国家实行联合缉私、统一处理、综合治理的缉私体制。海关负责组织、协调、
管理查缉走私工作。有关规定由国务院另行制定。

各有关行政执法部门查获的走私案件,应当给予行政处罚的,移送海关依法处理;涉嫌

犯罪的，应当移送海关侦查走私犯罪公安机构、地方公安机关依据案件管辖分工和法定程序办理。

第六条　海关可以行使下列权力：

（一）检查进出境运输工具，查验进出境货物、物品；对违反本法或者其他有关法律、行政法规的，可以扣留。

（二）查阅进出境人员的证件；查问违反本法或者其他有关法律、行政法规的嫌疑人，调查其违法行为。

（三）查阅、复制与进出境运输工具、货物、物品有关的合同、发票、账册、单据、记录、文件、业务函电、录音录像制品和其他资料；对其中与违反本法或者其他有关法律、行政法规的进出境运输工具、货物、物品有牵连的，可以扣留。

（四）在海关监管区和海关附近沿海沿边规定地区，检查有走私嫌疑的运输工具和有藏匿走私货物、物品嫌疑的场所，检查走私嫌疑人的身体；对有走私嫌疑的运输工具、货物、物品和走私犯罪嫌疑人，经直属海关关长或者其授权的隶属海关关长批准，可以扣留；对走私犯罪嫌疑人，扣留时间不超过二十四小时，在特殊情况下可以延长至四十八小时。

在海关监管区和海关附近沿海沿边规定地区以外，海关在调查走私案件时，对有走私嫌疑的运输工具和除公民住处以外的有藏匿走私货物、物品嫌疑的场所，经直属海关关长或者其授权的隶属海关关长批准，可以进行检查，有关当事人应当到场；当事人未到场的，在有见证人在场的情况下，可以径行检查；对其中有证据证明有走私嫌疑的运输工具、货物、物品，可以扣留。

海关附近沿海沿边规定地区的范围，由海关总署和国务院公安部门会同有关省级人民政府确定。

（五）在调查走私案件时，经直属海关关长或者其授权的隶属海关关长批准，可以查询案件涉嫌单位和涉嫌人员在金融机构、邮政企业的存款、汇款。

（六）进出境运输工具或者个人违抗海关监管逃逸的，海关可以连续追至海关监管区和海关附近沿海沿边规定地区以外，将其带回处理。

（七）海关为履行职责，可以配备武器。海关工作人员佩带和使用武器的规则，由海关总署会同国务院公安部门制定，报国务院批准。

（八）法律、行政法规规定由海关行使的其他权力。

第七条　各地方、各部门应当支持海关依法行使职权，不得非法干预海关的执法活动。

第八条　进出境运输工具、货物、物品，必须通过设立海关的地点进境或者出境。在特殊情况下，需要经过未设立海关的地点临时进境或者出境的，必须经国务院或者国务院授权的机关批准，并依照本法规定办理海关手续。

第九条　进出口货物，除另有规定的外，可以由进出口货物收发货人自行办理报关纳税手续，也可以由进出口货物收发货人委托海关准予注册登记的报关企业办理报关纳税手续。

进出境物品的所有人可以自行办理报关纳税手续，也可以委托他人办理报关纳税手续。

第十条　报关企业接受进出口货物收发货人的委托，以委托人的名义办理报关手续的，应当向海关提交由委托人签署的授权委托书，遵守本法对委托人的各项规定。

报关企业接受进出口货物收发货人的委托，以自己的名义办理报关手续的，应当承担与收发货人相同的法律责任。

委托人委托报关企业办理报关手续的，应当向报关企业提供所委托报关事项的真实情况；报关企业接受委托人的委托办理报关手续的，应当对委托人所提供情况的真实性进行合理审查。

第十一条　进出口货物收发货人、报关企业办理报关手续，必须依法经海关注册登记。报关人员必须依法取得报关从业资格。未依法经海关注册登记的企业和未依法取得报关从业资格的人员，不得从事报关业务。

报关企业和报关人员不得非法代理他人报关，或者超出其业务范围进行报关活动。

第十二条　海关依法执行职务，有关单位和个人应当如实回答询问，并予以配合，任何单位和个人不得阻挠。

海关执行职务受到暴力抗拒时，执行有关任务的公安机关和人民武装警察部队应当予以协助。

第十三条　海关建立对违反本法规定逃避海关监管行为的举报制度。

任何单位和个人均有权对违反本法规定逃避海关监管的行为进行举报。

海关对举报或者协助查获违反本法案件的有功单位和个人，应当给予精神的或者物质的奖励。

海关应当为举报人保密。

第二章　进出境运输工具

第十四条　进出境运输工具到达或者驶离设立海关的地点时，运输工具负责人应当向海关如实申报，交验单证，并接受海关监管和检查。

停留在设立海关的地点的进出境运输工具，未经海关同意，不得擅自驶离。

进出境运输工具从一个设立海关的地点驶往另一个设立海关的地点的，应当符合海关监管要求，办理海关手续，未办结海关手续的，不得改驶境外。

第十五条　进境运输工具在进境以后向海关申报以前，出境运输工具在办结海关手续以后出境以前，应当按照交通主管机关规定的路线行进；交通主管机关没有规定的，由海关指定。

第十六条　进出境船舶、火车、航空器到达和驶离时间、停留地点、停留期间更换地点以及装卸货物、物品时间，运输工具负责人或者有关交通运输部门应当事先通知海关。

第十七条　运输工具装卸进出境货物、物品或者上下进出境旅客，应当接受海关监管。

货物、物品装卸完毕，运输工具负责人应当向海关递交反映实际装卸情况的交接单据和记录。

上下进出境运输工具的人员携带物品的，应当向海关如实申报，并接受海关检查。

第十八条　海关检查进出境运输工具时，运输工具负责人应当到场，并根据海关的要求开启舱室、房间、车门；有走私嫌疑的，并应当开拆可能藏匿走私货物、物品的部位，搬移货物、物料。

海关根据工作需要，可以派员随运输工具执行职务，运输工具负责人应当提供方便。

第十九条　进境的境外运输工具和出境的境内运输工具，未向海关办理手续并缴纳关税，不得转让或者移作他用。

第二十条　进出境船舶和航空器兼营境内客、货运输，需经海关同意，并应当符合海关监管要求。

进出境运输工具改营境内运输，需向海关办理手续。

第二十一条　沿海运输船舶、渔船和从事海上作业的特种船舶，未经海关同意，不得载运或者换取、买卖、转让进出境货物、物品。

第二十二条　进出境船舶和航空器，由于不可抗力的原因，被迫在未设立海关的地点停泊、降落或者抛掷、起卸货物、物品，运输工具负责人应当立即报告附近海关。

第三章　进出境货物

第二十三条　进口货物自进境起到办结海关手续止，出口货物自向海关申报起到出境止，过境、转运和通运货物自进境起到出境止，应当接受海关监管。

第二十四条　进口货物的收货人、出口货物的发货人应当向海关如实申报，交验进出口许可证件和有关单证。国家限制进出口的货物，没有进出口许可证件的，不予放行，具体处理办法由国务院规定。

进口货物的收货人应当自运输工具申报进境之日起十四日内，出口货物的发货人除海关特准的外应当在货物运抵海关监管区后、装货的二十四小时以前，向海关申报。

进口货物的收货人超过前款规定期限向海关申报的，由海关征收滞报金。

第二十五条　办理进出口货物的海关申报手续，应当采用纸质报关单和电子数据报关单的形式。

第二十六条　海关接受申报后，报关单证及其内容不得修改或者撤销；确有正当理由的，经海关同意，方可修改或者撤销。

第二十七条　进口货物的收货人经海关同意，可以在申报前查看货物或者提取货样。需要依法检疫的货物，应当在检疫合格后提取货样。

第二十八条　进出口货物应当接受海关查验。海关查验货物时，进口货物的收货人、出口货物的发货人应当到场，并负责搬移货物，开拆和重封货物的包装。海关认为必要时，可以径行开验、复验或者提取货样。

经收发货人申请，海关总署批准，其进出口货物可以免验。

第二十九条　除海关特准的外，进出口货物在收发货人缴清税款或者提供担保后，由海关签印放行。

第三十条　进口货物的收货人自运输工具申报进境之日起超过三个月未向海关申报的，其进口货物由海关提取依法变卖处理，所得价款在扣除运输、装卸、储存等费用和税款后，尚有余款的，自货物依法变卖之日起一年内，经收货人申请，予以发还；其中属于国家对进口有限制性规定,应当提交许可证件而不能提供的,不予发还。逾期无人申请或者不予发还的,上缴国库。

确属误卸或者溢卸的进境货物,经海关审定,由原运输工具负责人或者货物的收发货人自该运输工具卸货之日起三个月内,办理退运或者进口手续;必要时,经海关批准,可以延期三个月。逾期未办手续的,由海关按前款规定处理。

前两款所列货物不宜长期保存的,海关可以根据实际情况提前处理。

收货人或者货物所有人声明放弃的进口货物,由海关提取依法变卖处理;所得价款在扣除运输、装卸、储存等费用后,上缴国库。

第三十一条　经海关批准暂时进口或者暂时出口的货物,应当在六个月内复运出境或者复运进境;在特殊情况下,经海关同意,可以延期。

第三十二条　经营保税货物的储存、加工、装配、展示、运输、寄售业务和经营免税商店,应当符合海关监管要求,经海关批准,并办理注册手续。

保税货物的转让、转移以及进出保税场所,应当向海关办理有关手续,接受海关监管和查验。

第三十三条　企业从事加工贸易,应当持有关批准文件和加工贸易合同向海关备案,加工贸易制成品单位耗料量由海关按照有关规定核定。

加工贸易制成品应当在规定的期限内复出口。其中使用的进口料件,属于国家规定准予保税的,应当向海关办理核销手续;属于先征收税款的,依法向海关办理退税手续。

加工贸易保税进口料件或者制成品因故转为内销的,海关凭准予内销的批准文件,对保税的进口料件依法征税;属于国家对进口有限制性规定的,还应当向海关提交进口许可证件。

第三十四条　经国务院批准在中华人民共和国境内设立的保税区等海关特殊监管区域,由海关按照国家有关规定实施监管。

第三十五条　进口货物应当由收货人在货物的进境地海关办理海关手续,出口货物应当由发货人在货物的出境地海关办理海关手续。

经收发货人申请,海关同意,进口货物的收货人可以在设有海关的指运地、出口货物的发货人可以在设有海关的启运地办理海关手续。上述货物的转关运输,应当符合海关监管要求;必要时,海关可以派员押运。

经电缆、管道或者其他特殊方式输送进出境的货物,经营单位应当定期向指定的海关申报和办理海关手续。

第三十六条　过境、转运和通运货物,运输工具负责人应当向进境地海关如实申报,并应当在规定期限内运输出境。

海关认为必要时,可以查验过境、转运和通运货物。

第三十七条　海关监管货物,未经海关许可,不得开拆、提取、交付、发运、调换、改装、抵押、质押、留置、转让、更换标记、移作他用或者进行其他处置。

海关加施的封志,任何人不得擅自开启或者损毁。

人民法院判决、裁定或者有关行政执法部门决定处理海关监管货物的,应当责令当事人办结海关手续。

第三十八条　经营海关监管货物仓储业务的企业，应当经海关注册，并按照海关规定，办理收存、交付手续。

在海关监管区外存放海关监管货物，应当经海关同意，并接受海关监管。

违反前两款规定或者在保管海关监管货物期间造成海关监管货物损毁或者灭失的，除不可抗力外，对海关监管货物负有保管义务的人应当承担相应的纳税义务和法律责任。

第三十九条　进出境集装箱的监管办法、打捞进出境货物和沉船的监管办法、边境小额贸易进出口货物的监管办法，以及本法未具体列明的其他进出境货物的监管办法，由海关总署或者由海关总署会同国务院有关部门另行制定。

第四十条　国家对进出境货物、物品有禁止性或者限制性规定的，海关依据法律、行政法规、国务院的规定或者国务院有关部门依据法律、行政法规的授权作出的规定实施监管。具体监管办法由海关总署制定。

第四十一条　进出口货物的原产地按照国家有关原产地规则的规定确定。

第四十二条　进出口货物的商品归类按照国家有关商品归类的规定确定。

海关可以要求进出口货物的收发货人提供确定商品归类所需的有关资料；必要时，海关可以组织化验、检验，并将海关认定的化验、检验结果作为商品归类的依据。

第四十三条　海关可以根据对外贸易经营者提出的书面申请，对拟作进口或者出口的货物预先作出商品归类等行政裁定。

进口或者出口相同货物，应当适用相同的商品归类行政裁定。

海关对所作出的商品归类等行政裁定，应当予以公布。

第四十四条　海关依照法律、行政法规的规定，对与进出境货物有关的知识产权实施保护。

需要向海关申报知识产权状况的，进出口货物收发货人及其代理人应当按照国家规定向海关如实申报有关知识产权状况，并提交合法使用有关知识产权的证明文件。

第四十五条　自进出口货物放行之日起三年内或者在保税货物、减免税进口货物的海关监管期限内及其后的三年内，海关可以对与进出口货物直接有关的企业、单位的会计账簿、会计凭证、报关单证以及其他有关资料和有关进出口货物实施稽查。具体办法由国务院规定。

第四章　进出境物品

第四十六条　个人携带进出境的行李物品、邮寄进出境的物品，应当以自用、合理数量为限，并接受海关监管。

第四十七条　进出境物品的所有人应当向海关如实申报，并接受海关查验。

海关加施的封志，任何人不得擅自开启或者损毁。

第四十八条　进出境邮袋的装卸、转运和过境，应当接受海关监管。邮政企业应当向海关递交邮件路单。

邮政企业应当将开拆及封发国际邮袋的时间事先通知海关，海关应当按时派员到场监管查验。

第四十九条　邮运进出境的物品，经海关查验放行后，有关经营单位方可投递或者交付。

第五十条　经海关登记准予暂时免税进境或者暂时免税出境的物品，应当由本人复带出境或者复带进境。

过境人员未经海关批准，不得将其所带物品留在境内。

第五十一条　进出境物品所有人声明放弃的物品、在海关规定期限内未办理海关手续或者无人认领的物品，以及无法投递又无法退回的进境邮递物品，由海关依照本法第三十条的规定处理。

第五十二条　享有外交特权和豁免的外国机构或者人员的公务用品或者自用物品进出境，依照有关法律、行政法规的规定办理。

第五章　关　税

第五十三条　准许进出口的货物、进出境物品，由海关依法征收关税。

第五十四条　进口货物的收货人、出口货物的发货人、进出境物品的所有人，是关税的纳税义务人。

第五十五条　进出口货物的完税价格，由海关以该货物的成交价格为基础审查确定。成交价格不能确定时，完税价格由海关依法估定。

进口货物的完税价格包括货物的货价、货物运抵中华人民共和国境内输入地点起卸前的运输及其相关费用、保险费；出口货物的完税价格包括货物的货价、货物运至中华人民共和国境内输出地点装载前的运输及其相关费用、保险费，但是其中包含的出口关税税额，应当予以扣除。

进出境物品的完税价格，由海关依法确定。

第五十六条　下列进出口货物、进出境物品，减征或者免征关税：

（一）无商业价值的广告品和货样；

（二）外国政府、国际组织无偿赠送的物资；

（三）在海关放行前遭受损坏或者损失的货物；

（四）规定数额以内的物品；

（五）法律规定减征、免征关税的其他货物、物品；

（六）中华人民共和国缔结或者参加的国际条约规定减征、免征关税的货物、物品。

第五十七条　特定地区、特定企业或者有特定用途的进出口货物，可以减征或者免征关税。特定减税或者免税的范围和办法由国务院规定。

依照前款规定减征或者免征关税进口的货物，只能用于特定地区、特定企业或者特定用途，未经海关核准并补缴关税，不得移作他用。

第五十八条　本法第五十六条、第五十七条第一款规定范围以外的临时减征或者免征关税，由国务院决定。

第五十九条　经海关批准暂时进口或者暂时出口的货物，以及特准进口的保税货物，在货物收发货人向海关缴纳相当于税款的保证金或者提供担保后，准予暂时免纳关税。

第六十条　进出口货物的纳税义务人，应当自海关填发税款缴款书之日起十五日内缴纳税款；逾期缴纳的，由海关征收滞纳金。纳税义务人、担保人超过三个月仍未缴纳的，经直属海关关长或者其授权的隶属海关关长批准，海关可以采取下列强制措施：

（一）书面通知其开户银行或者其他金融机构从其存款中扣缴税款；

（二）将应税货物依法变卖，以变卖所得抵缴税款；

（三）扣留并依法变卖其价值相当于应纳税款的货物或者其他财产，以变卖所得抵缴税款。

海关采取强制措施时，对前款所列纳税义务人、担保人未缴纳的滞纳金同时强制执行。

进出境物品的纳税义务人，应当在物品放行前缴纳税款。

第六十一条　进出口货物的纳税义务人在规定的纳税期限内有明显的转移、藏匿其应税货物以及其他财产迹象的，海关可以责令纳税义务人提供担保；纳税义务人不能提供纳税担保的，经直属海关关长或者其授权的隶属海关关长批准，海关可以采取下列税收保全措施：

（一）书面通知纳税义务人开户银行或者其他金融机构暂停支付纳税义务人相当于应纳税款的存款；

（二）扣留纳税义务人价值相当于应纳税款的货物或者其他财产。

纳税义务人在规定的纳税期限内缴纳税款的，海关必须立即解除税收保全措施；期限届满仍未缴纳税款的，经直属海关关长或者其授权的隶属海关关长批准，海关可以书面通知纳税义务人开户银行或者其他金融机构从其暂停支付的存款中扣缴税款，或者依法变卖所扣留的货物或者其他财产，以变卖所得抵缴税款。

采取税收保全措施不当，或者纳税义务人在规定期限内已缴纳税款，海关未立即解除税收保全措施，致使纳税义务人的合法权益受到损失的，海关应当依法承担赔偿责任。

第六十二条　进出口货物、进出境物品放行后，海关发现少征或者漏征税款，应当自缴纳税款或者货物、物品放行之日起一年内，向纳税义务人补征。因纳税义务人违反规定而造成的少征或者漏征，海关在三年以内可以追征。

第六十三条　海关多征的税款，海关发现后应当立即退还；纳税义务人自缴纳税款之日起一年内，可以要求海关退还。

第六十四条　纳税义务人同海关发生纳税争议时，应当缴纳税款，并可以依法申请行政复议；对复议决定仍不服的，可以依法向人民法院提起诉讼。

第六十五条　进口环节海关代征税的征收管理，适用关税征收管理的规定。

第六章　海关事务担保

第六十六条　在确定货物的商品归类、估价和提供有效报关单证或者办结其他海关手续前，收发货人要求放行货物的，海关应当在其提供与其依法应当履行的法律义务相适应的担保后放行。法律、行政法规规定可以免除担保的除外。

法律、行政法规对履行海关义务的担保另有规定的，从其规定。

国家对进出境货物、物品有限制性规定，应当提供许可证件而不能提供的，以及法律、行政法规规定不得担保的其他情形，海关不得办理担保放行。

第六十七条 具有履行海关事务担保能力的法人、其他组织或者公民，可以成为担保人。法律规定不得为担保人的除外。

第六十八条 担保人可以以下列财产、权利提供担保：

（一）人民币、可自由兑换货币；

（二）汇票、本票、支票、债券、存单；

（三）银行或者非银行金融机构的保函；

（四）海关依法认可的其他财产、权利。

第六十九条 担保人应当在担保期限内承担担保责任。担保人履行担保责任的，不免除被担保人应当办理有关海关手续的义务。

第七十条 海关事务担保管理办法，由国务院规定。

第七章 执法监督

第七十一条 海关履行职责，必须遵守法律，维护国家利益，依照法定职权和法定程序严格执法，接受监督。

第七十二条 海关工作人员必须秉公执法，廉洁自律，忠于职守，文明服务，不得有下列行为：

（一）包庇、纵容走私或者与他人串通进行走私；

（二）非法限制他人人身自由，非法检查他人身体、住所或者场所，非法检查、扣留进出境运输工具、货物、物品；

（三）利用职权为自己或者他人谋取私利；

（四）索取、收受贿赂；

（五）泄露国家秘密、商业秘密和海关工作秘密；

（六）滥用职权，故意刁难，拖延监管、查验；

（七）购买、私分、占用没收的走私货物、物品；

（八）参与或者变相参与营利性经营活动；

（九）违反法定程序或者超越权限执行职务；

（十）其他违法行为。

第七十三条 海关应当根据依法履行职责的需要，加强队伍建设，使海关工作人员具有良好的政治、业务素质。

海关专业人员应当具有法律和相关专业知识，符合海关规定的专业岗位任职要求。

海关招收工作人员应当按照国家规定，公开考试，严格考核，择优录用。

海关应当有计划地对其工作人员进行政治思想、法制、海关业务培训和考核。海关工作人员必须定期接受培训和考核，经考核不合格的，不得继续上岗执行职务。

第七十四条 海关总署应当实行海关关长定期交流制度。

海关关长定期向上一级海关述职，如实陈述其执行职务情况。海关总署应当定期对直属海关关长进行考核，直属海关应当定期对隶属海关关长进行考核。

第七十五条　海关及其工作人员的行政执法活动，依法接受监察机关的监督；缉私警察进行侦查活动，依法接受人民检察院的监督。

第七十六条　审计机关依法对海关的财政收支进行审计监督，对海关办理的与国家财政收支有关的事项，有权进行专项审计调查。

第七十七条　上级海关应当对下级海关的执法活动依法进行监督。上级海关认为下级海关作出的处理或者决定不适当的，可以依法予以变更或者撤销。

第七十八条　海关应当依照本法和其他有关法律、行政法规的规定，建立健全内部监督制度，对其工作人员执行法律、行政法规和遵守纪律的情况，进行监督检查。

第七十九条　海关内部负责审单、查验、放行、稽查和调查等主要岗位的职责权限应当明确，并相互分离、相互制约。

第八十条　任何单位和个人均有权对海关及其工作人员的违法、违纪行为进行控告、检举。收到控告、检举的机关有权处理的，应当依法按照职责分工及时查处。收到控告、检举的机关和负责查处的机关应当为控告人、检举人保密。

第八十一条　海关工作人员在调查处理违法案件时，遇有下列情形之一的，应当回避：

（一）是本案的当事人或者是当事人的近亲属；

（二）本人或者其近亲属与本案有利害关系；

（三）与本案当事人有其他关系，可能影响案件公正处理的。

第八章　法律责任

第八十二条　违反本法及有关法律、行政法规，逃避海关监管，偷逃应纳税款、逃避国家有关进出境的禁止性或者限制性管理，有下列情形之一的，是走私行为：

（一）运输、携带、邮寄国家禁止或者限制进出境货物、物品或者依法应当缴纳税款的货物、物品进出境的；

（二）未经海关许可并且未缴纳应纳税款、交验有关许可证件，擅自将保税货物、特定减免税货物以及其他海关监管货物、物品、进境的境外运输工具，在境内销售的；

（三）有逃避海关监管，构成走私的其他行为的。

有前款所列行为之一，尚不构成犯罪的，由海关没收走私货物、物品及违法所得，可以并处罚款；专门或者多次用于掩护走私的货物、物品，专门或者多次用于走私的运输工具，予以没收，藏匿走私货物、物品的特制设备，责令拆毁或者没收。

有第一款所列行为之一，构成犯罪的，依法追究刑事责任。

第八十三条　有下列行为之一的，按走私行为论处，依照本法第八十二条的规定处罚：

（一）直接向走私人非法收购走私进口的货物、物品的；

（二）在内海、领海、界河、界湖，船舶及所载人员运输、收购、贩卖国家禁止或者限制进出境的货物、物品，或者运输、收购、贩卖依法应当缴纳税款的货物，没有合法证明的。

第八十四条　伪造、变造、买卖海关单证，与走私人通谋为走私人提供贷款、资金、账号、发票、证明、海关单证，与走私人通谋为走私人提供运输、保管、邮寄或者其他方便，构成犯罪的，依法追究刑事责任；尚不构成犯罪的，由海关没收违法所得，并处罚款。

第八十五条 个人携带、邮寄超过合理数量的自用物品进出境，未依法向海关申报的，责令补缴关税，可以处以罚款。

第八十六条 违反本法规定有下列行为之一的，可以处以罚款，有违法所得的，没收违法所得：

（一）运输工具不经设立海关的地点进出境的；

（二）不将进出境运输工具到达的时间、停留的地点或者更换的地点通知海关的；

（三）进出口货物、物品或者过境、转运、通运货物向海关申报不实的；

（四）不按照规定接受海关对进出境运输工具、货物、物品进行检查、查验的；

（五）进出境运输工具未经海关同意，擅自装卸进出境货物、物品或者上下进出境旅客的；

（六）在设立海关的地点停留的进出境运输工具未经海关同意，擅自驶离的；

（七）进出境运输工具从一个设立海关的地点驶往另一个设立海关的地点，尚未办结海关手续又未经海关批准，中途擅自改驶境外或者境内未设立海关的地点的；

（八）进出境运输工具，未经海关同意，擅自兼营或者改营境内运输的；

（九）由于不可抗力的原因，进出境船舶和航空器被迫在未设立海关的地点停泊、降落或者在境内抛掷、起卸货物、物品，无正当理由，不向附近海关报告的；

（十）未经海关许可，擅自将海关监管货物开拆、提取、交付、发运、调换、改装、抵押、质押、留置、转让、更换标记、移作他用或者进行其他处置的；

（十一）擅自开启或者损毁海关封志的；

（十二）经营海关监管货物的运输、储存、加工等业务，有关货物灭失或者有关记录不真实，不能提供正当理由的；

（十三）有违反海关监管规定的其他行为的。

第八十七条 海关准予从事有关业务的企业，违反本法有关规定的，由海关责令改正，可以给予警告，暂停其从事有关业务，直至撤销注册。

第八十八条 未经海关注册登记和未取得报关从业资格从事报关业务的，由海关予以取缔，没收违法所得，可以并处罚款。

第八十九条 报关企业、报关人员非法代理他人报关或者超出其业务范围进行报关活动的，由海关责令改正，处以罚款，暂停其执业；情节严重的，撤销其报关注册登记、取消其报关从业资格。

第九十条 进出口货物收发货人、报关企业、报关人员向海关工作人员行贿的，由海关撤销其报关注册登记，取消其报关从业资格，并处以罚款；构成犯罪的，依法追究刑事责任，并不得重新注册登记为报关企业和取得报关从业资格证书。

第九十一条 违反本法规定进出口侵犯中华人民共和国法律、行政法规保护的知识产权的货物的，由海关依法没收侵权货物，并处以罚款；构成犯罪的，依法追究刑事责任。

第九十二条 海关依法扣留的货物、物品、运输工具，在人民法院判决或者海关处罚决定作出之前，不得处理。但是，危险品或者鲜活、易腐、易失效等不宜长期保存的货物、物品以及所有人申请先行变卖的货物、物品、运输工具，经直属海关关长或者其授权的隶属海关关长批准，可以先行依法变卖，变卖所得价款由海关保存，并通知其所有人。

人民法院判决没收或者海关决定没收的走私货物、物品、违法所得、走私运输工具、特制设备，由海关依法统一处理，所得价款和海关决定处以的罚款，全部上缴中央国库。

第九十三条　当事人逾期不履行海关的处罚决定又不申请复议或者向人民法院提起诉讼的，作出处罚决定的海关可以将其保证金抵缴或者将其被扣留的货物、物品、运输工具依法变价抵缴，也可以申请人民法院强制执行。

第九十四条　海关在查验进出境货物、物品时，损坏被查验的货物、物品的，应当赔偿实际损失。

第九十五条　海关违法扣留货物、物品、运输工具，致使当事人的合法权益受到损失的，应当依法承担赔偿责任。

第九十六条　海关工作人员有本法第七十二条所列行为之一的，依法给予行政处分；有违法所得的，依法没收违法所得；构成犯罪的，依法追究刑事责任。

第九十七条　海关的财政收支违反法律、行政法规规定的，由审计机关以及有关部门依照法律、行政法规的规定作出处理；对直接负责的主管人员和其他直接责任人员，依法给予行政处分；构成犯罪的，依法追究刑事责任。

第九十八条　未按照本法规定为控告人、检举人、举报人保密的，对直接负责的主管人员和其他直接责任人员，由所在单位或者有关单位依法给予行政处分。

第九十九条　海关工作人员在调查处理违法案件时，未按照本法规定进行回避的，对直接负责的主管人员和其他直接责任人员，依法给予行政处分。

第九章　附　　则

第一百条　本法下列用语的含义：

直属海关，是指直接由海关总署领导，负责管理一定区域范围内的海关业务的海关；隶属海关，是指由直属海关领导，负责办理具体海关业务的海关。

进出境运输工具，是指用以载运人员、货物、物品进出境的各种船舶、车辆、航空器和驮畜。

过境、转运和通运货物，是指由境外启运、通过中国境内继续运往境外的货物。其中，通过境内陆路运输的，称过境货物；在境内设立海关的地点换装运输工具，而不通过境内陆路运输的，称转运货物；由船舶、航空器载运进境并由原装运输工具载运出境的，称通运货物。

海关监管货物，是指本法第二十三条所列的进出口货物，过境、转运、通运货物，特定减免税货物，以及暂时进出口货物、保税货物和其他尚未办结海关手续的进出境货物。

保税货物，是指经海关批准未办理纳税手续进境，在境内储存、加工、装配后复运出境的货物。

海关监管区，是指设立海关的港口、车站、机场、国界孔道、国际邮件互换局（交换站）和其他有海关监管业务的场所，以及虽未设立海关，但是经国务院批准的进出境地点。

　　第一百零一条　经济特区等特定地区同境内其他地区之间往来的运输工具、货物、物品的监管办法，由国务院另行规定。

　　第一百零二条　本法自 1987 年 7 月 1 日起施行。1951 年 4 月 18 日中央人民政府公布的《中华人民共和国暂行海关法》同时废止。

中华人民共和国海关
行政处罚实施条例

（2004 年 9 月 1 日国务院第 62 次常务会议通过，自 2004 年 11 月 1 日起施行）

第一章 总 则

第一条 为了规范海关行政处罚，保障海关依法行使职权，保护公民、法人或者其他组织的合法权益，根据《中华人民共和国海关法》（以下简称海关法）及其他有关法律的规定，制定本实施条例。

第二条 依法不追究刑事责任的走私行为和违反海关监管规定的行为，以及法律、行政法规规定由海关实施行政处罚的行为的处理，适用本实施条例。

第三条 海关行政处罚由发现违法行为的海关管辖，也可以由违法行为发生地海关管辖。2 个以上海关都有管辖权的案件，由最先发现违法行为的海关管辖。

管辖不明确的案件，由有关海关协商确定管辖，协商不成，报请共同的上级海关指定管辖。

重大、复杂的案件，可以由海关总署指定管辖。

第四条 海关发现的依法应当由其他行政机关处理的违法行为，应当移送有关行政机关处理；违法行为涉嫌犯罪的，应当移送海关侦查走私犯罪公安机构、地方公安机关依法办理。

第五条 依照本实施条例处以警告、罚款等行政处罚，但不没收进出境货物、物品、运输工具的，不免除有关当事人依法缴纳税款、提交进出口许可证件、办理有关海关手续的义务。

第六条 抗拒、阻碍海关侦查走私犯罪公安机构依法执行职务的，由设在直属海关、隶属海关的海关侦查走私犯罪公安机构依照治安管理处罚的有关规定给予处罚。

抗拒、阻碍其他海关工作人员依法执行职务的，应当报告地方公安机关依法处理。

第二章 走私行为及其处罚

第七条 违反海关法及其他有关法律、行政法规，逃避海关监管，偷逃应纳税款、逃避国家有关进出境的禁止性或者限制性管理，有下列情形之一的，是走私行为；

（一）未经国务院或者国务院授权的机关批准，从未设立海关的地点运输、携带国家禁止或者限制进出境的货物、物品或者依法应当缴纳税款的货物、物品进出境的；

（二）经过设立海关的地点，以藏匿、伪装、瞒报、伪报或者其他方式逃避海关监管，运输、携带、邮寄国家禁止或者限制进出境的货物、物品或者依法应当缴纳税款的货物、物品进出境的；

（三）使用伪造、变造的手册、单证、印章、账册、电子数据或者以其他方式逃避海关监管，擅自将海关监管货物、物品、进境的境外运输工具，在境内销售的；

（四）使用伪造、变造的手册、单证、印章、账册、电子数据或者以伪报加工贸易制成品单位耗料量等方式，致使海关监管货物、物品脱离监管的；

（五）以藏匿、伪装、瞒报、伪报或者其他方式逃避海关监管，擅自将保税区、出口加工区等海关特殊监管区域内的海关监管货物、物品，运出区外的；

（六）有逃避海关监管，构成走私的其他行为的。

第八条　有下列行为之一的，按走私行为论处：

（一）明知是走私进口的货物、物品，直接向走私人非法收购的；

（二）在内海、领海、界河、界湖，船舶及所载人员运输、收购、贩卖国家禁止或者限制进出境的货物、物品，或者运输、收购、贩卖依法应当缴纳税款的货物，没有合法证明的。

第九条　有本实施条例第七条、第八条所列行为之一的，依照下列规定处罚：

（一）走私国家禁止进出口的货物的，没收走私货物及违法所得，可以并处100万元以下罚款；走私国家禁止进出境的物品的，没收走私物品及违法所得，可以并处10万元以下罚款；

（二）应当提交许可证件而未提交但未偷逃税款，走私国家限制进出境的货物、物品的，没收走私货物、物品及违法所得，可以并处走私货物、物品等值以下罚款；

（三）偷逃应纳税款但未逃避许可证件管理，走私依法应当缴纳税款的货物、物品的，没收走私货物、物品及违法所得，可以并处偷逃应纳税款3倍以下罚款。

专门用于走私的运输工具或者用于掩护走私的货物、物品，2年内3次以上用于走私的运输工具或者用于掩护走私的货物、物品，应当予以没收。藏匿走私货物、物品的特制设备、夹层、暗格，应当予以没收或者责令拆毁。使用特制设备、夹层、暗格实施走私的，应当从重处罚。

第十条　与走私人通谋为走私人提供贷款、资金、账号、发票、证明、海关单证的，与走私人通谋为走私人提供走私货物、物品的提取、发运、运输、保管、邮寄或者其他方便的，以走私的共同当事人论处，没收违法所得，并依照本实施条例第九条的规定予以处罚。

第十一条　报关企业、报关人员和海关准予从事海关监管货物的运输、储存、加工、装配、寄售、展示等业务的企业，构成走私犯罪或者1年内有2次以上走私行为的，海关可以撤销其注册登记、取消其报关从业资格。

第三章　违反海关监管规定的行为及其处罚

第十二条　违反海关法及其他有关法律、行政法规和规章但不构成走私行为的，是违反海关监管规定的行为。

第十三条　违反国家进出口管理规定，进出口国家禁止进出口的货物的，责令退运，处100万元以下罚款。

第十四条　违反国家进出口管理规定，进出口国家限制进出口的货物，进出口货物的收发货人向海关申报时不能提交许可证件的，进出口货物不予放行，处货物价值30%以下罚款。

违反国家进出口管理规定，进出口属于自动进出口许可管理的货物，进出口货物的收发货人向海关申报时不能提交自动许可证明的，进出口货物不予放行。

第十五条　进出口货物的品名、税则号列、数量、规格、价格、贸易方式、原产地、启运地、运抵地、最终目的地或者其他应当申报的项目未申报或者申报不实的，分别依照下列规定予以处罚，有违法所得的，没收违法所得：

（一）影响海关统计准确性的，予以警告或者处1000元以上1万元以下罚款；

（二）影响海关监管秩序的，予以警告或者处1000元以上3万元以下罚款；

（三）影响国家许可证件管理的，处货物价值5%以上30%以下罚款；

（四）影响国家税款征收的，处漏缴税款30%以上2倍以下罚款；

（五）影响国家外汇、出口退税管理的，处申报价格10%以上50%以下罚款。

第十六条　进出口货物收发货人未按照规定向报关企业提供所委托报关事项的真实情况，致使发生本实施条例第十五条规定情形的，对委托人依照本实施条例第十五条的规定予以处罚。

第十七条　报关企业、报关人员对委托人所提供情况的真实性未进行合理审查，或者因工作疏忽致使发生本实施条例第十五条规定情形的，可以对报关企业处货物价值10%以下罚款，暂停其6个月以内从事报关业务或者执业；情节严重的，撤销其报关注册登记、取消其报关从业资格。

第十八条　有下列行为之一的，处货物价值5%以上30%以下罚款，有违法所得的，没收违法所得：

（一）未经海关许可，擅自将海关监管货物开拆、提取、交付、发运、调换、改装、抵押、质押、留置、转让、更换标记、移作他用或者进行其他处置的；

（二）未经海关许可，在海关监管区以外存放海关监管货物的；

（三）经营海关监管货物的运输、储存、加工、装配、寄售、展示等业务，有关货物灭失、数量短少或者记录不真实，不能提供正当理由的；

（四）经营保税货物的运输、储存、加工、装配、寄售、展示等业务，不依照规定办理收存、交付、结转、核销等手续，或者中止、延长、变更、转让有关合同不依照规定向海关办理手续的；

（五）未如实向海关申报加工贸易制成品单位耗料量的；

（六）未按照规定期限将过境、转运、通运货物运输出境，擅自留在境内的；

（七）未按照规定期限将暂时进出口货物复运出境或者复运进境，擅自留在境内或者境外的；

（八）有违反海关监管规定的其他行为，致使海关不能或者中断对进出口货物实施监管的。

前款规定所涉货物属于国家限制进出口需要提交许可证件，当事人在规定期限内不能提交许可证件的，另处货物价值 30% 以下罚款；漏缴税款的，可以另处漏缴税款 1 倍以下罚款。

第十九条 有下列行为之一的，予以警告，可以处物品价值 20% 以下罚款，有违法所得的，没收违法所得：

（一）未经海关许可，擅自将海关尚未放行的进出境物品开拆、交付、投递、转移或者进行其他处置的；

（二）个人运输、携带、邮寄超过合理数量的自用物品进出境未向海关申报的；

（三）个人运输、携带、邮寄超过规定数量但仍属自用的国家限制进出境物品进出境，未向海关申报但没有以藏匿、伪装等方式逃避海关监管的；

（四）个人运输、携带、邮寄物品进出境，申报不实的；

（五）经海关登记准予暂时免税进境或者暂时免税出境的物品，未按照规定复带出境或者复带进境的；

（六）未经海关批准，过境人员将其所带物品留在境内的。

第二十条 运输、携带、邮寄国家禁止进出境的物品进出境，未向海关申报但没有以藏匿、伪装等方式逃避海关监管的，予以没收，或者责令退回，或者在海关监管下予以销毁或者进行技术处理。

第二十一条 有下列行为之一的，予以警告，可以处 10 万元以下罚款，有违法所得的，没收违法所得：

（一）运输工具不经设立海关的地点进出境的；

（二）在海关监管区停留的进出境运输工具，未经海关同意擅自驶离的；

（三）进出境运输工具从一个设立海关的地点驶往另一个设立海关的地点，尚未办结海关手续又未经海关批准，中途改驶境外或者境内未设立海关的地点的；

（四）进出境运输工具到达或者驶离设立海关的地点，未按照规定向海关申报、交验有关单证或者交验的单证不真实的。

第二十二条 有下列行为之一的，予以警告，可以处 5 万元以下罚款，有违法所得的，没收违法所得：

（一）未经海关同意，进出境运输工具擅自装卸进出境货物、物品或者上下进出境旅客的；

（二）未经海关同意，进出境运输工具擅自兼营境内客货运输或者用于进出境运输以外的其他用途的；

（三）未按照规定办理海关手续，进出境运输工具擅自改营境内运输的；

（四）未按照规定期限向海关传输舱单等电子数据、传输的电子数据不准确或者未按照规定期限保存相关电子数据，影响海关监管的；

（五）进境运输工具在进境以后向海关申报以前，出境运输工具在办结海关手续以后出境以前，不按照交通主管部门或者海关指定的路线行进的；

（六）载运海关监管货物的船舶、汽车不按照海关指定的路线行进的；

（七）进出境船舶和航空器，由于不可抗力被迫在未设立海关的地点停泊、降落或者在境内抛掷、起卸货物、物品，无正当理由不向附近海关报告的；

（八）无特殊原因，未将进出境船舶、火车、航空器到达的时间、停留的地点或者更换的时间、地点事先通知海关的；

（九）不按照规定接受海关对进出境运输工具、货物、物品进行检查、查验的。

第二十三条　有下列行为之一的，予以警告，可以处 3 万元以下罚款：

（一）擅自开启或者损毁海关封志的；

（二）遗失海关制发的监管单证、手册等凭证，妨碍海关监管的；

（三）有违反海关监管规定的其他行为，致使海关不能或者中断对进出境运输工具、物品实施监管的。

第二十四条　伪造、变造、买卖海关单证的，处 5 万元以上 50 万元以下罚款，有违法所得的，没收违法所得；构成犯罪的，依法追究刑事责任。

第二十五条　进出口侵犯中华人民共和国法律、行政法规保护的知识产权的货物的，没收侵权货物，并处货物价值 30% 以下罚款；构成犯罪的，依法追究刑事责任。

需要向海关申报知识产权状况，进出口货物收发货人及其代理人未按照规定向海关如实申报有关知识产权状况，或者未提交合法使用有关知识产权的证明文件的，可以处 5 万元以下罚款。

第二十六条　报关企业、报关人员和海关准予从事海关监管货物的运输、储存、加工、装配、寄售、展示等业务的企业，有下列情形之一的，责令改正，给予警告，可以暂停其 6 个月以内从事有关业务或者执业：

（一）拖欠税款或者不履行纳税义务的；

（二）报关企业出让其名义供他人办理进出口货物报关纳税事宜的；

（三）损坏或者丢失海关监管货物，不能提供正当理由的；

（四）有需要暂停其从事有关业务或者执业的其他违法行为的。

第二十七条　报关企业、报关人员和海关准予从事海关监管货物的运输、储存、加工、装配、寄售、展示等业务的企业，有下列情形之一的，海关可以撤销其注册登记、取消其报关从业资格：

（一）1 年内 3 人次以上被海关暂停执业的；

（二）被海关暂停从事有关业务或者执业，恢复从事有关业务或者执业后 1 年内再次发生本实施条例第二十六条规定情形的；

（三）有需要撤销其注册登记或者取消其报关从业资格的其他违法行为的。

第二十八条　报关企业、报关人员非法代理他人报关或者超出海关准予的从业范围进行报关活动的，责令改正，处 5 万元以下罚款，暂停其 6 个月以内从事报关业务或者执业；情节严重的，撤销其报关注册登记、取消其报关从业资格。

第二十九条　进出口货物收发货人、报关企业、报关人员向海关工作人员行贿的，撤销其报关注册登记、取消其报关从业资格，并处 10 万元以下罚款；构成犯罪的，依法追究刑事责任，并不得重新注册登记为报关企业和取得报关从业资格。

第三十条　未经海关注册登记和未取得报关从业资格从事报关业务的，予以取缔，没收违法所得，可以并处10万元以下罚款。

第三十一条　提供虚假资料骗取海关注册登记、报关从业资格的，撤销其注册登记、取消其报关从业资格，并处30万元以下罚款。

第三十二条　法人或者其他组织有违反海关法的行为，除处罚该法人或者组织外，对其主管人员和直接责任人员予以警告，可以处5万元以下罚款，有违法所得的，没收违法所得。

第四章　对违反海关法行为的调查

第三十三条　海关发现公民、法人或者其他组织有依法应当由海关给予行政处罚的行为的，应当立案调查。

第三十四条　海关立案后，应当全面、客观、公正、及时地进行调查、收集证据。

海关调查、收集证据，应当按照法律、行政法规及其他有关规定的要求办理。

海关调查、收集证据时，海关工作人员不得少于2人，并应当向被调查人出示证件。

调查、收集的证据涉及国家秘密、商业秘密或者个人隐私的，海关应当保守秘密。

第三十五条　海关依法检查走私嫌疑人的身体，应当在隐蔽的场所或者非检查人员的视线之外，由2名以上与被检查人同性别的海关工作人员执行。

走私嫌疑人应当接受检查，不得阻挠。

第三十六条　海关依法检查运输工具和场所，查验货物、物品，应当制作检查、查验记录。

第三十七条　海关依法扣留走私犯罪嫌疑人，应当制发扣留走私犯罪嫌疑人决定书。对走私犯罪嫌疑人，扣留时间不超过24小时，在特殊情况下可以延长至48小时。

海关应当在法定扣留期限内对被扣留人进行审查。排除犯罪嫌疑或者法定扣留期限届满的，应当立即解除扣留，并制发解除扣留决定书。

第三十八条　下列货物、物品、运输工具及有关账册、单据等资料，海关可以依法扣留：

（一）有走私嫌疑的货物、物品、运输工具；

（二）违反海关法或者其他有关法律、行政法规的货物、物品、运输工具；

（三）与违反海关法或者其他有关法律、行政法规的货物、物品、运输工具有牵连的账册、单据等资料；

（四）法律、行政法规规定可以扣留的其他货物、物品、运输工具及有关账册、单据等资料。

第三十九条　有违法嫌疑的货物、物品、运输工具无法或者不便扣留的，当事人或者运输工具负责人应当向海关提供等值的担保，未提供等值担保的，海关可以扣留当事人等值的其他财产。

第四十条　海关扣留货物、物品、运输工具以及账册、单据等资料的期限不得超过1年。因案件调查需要，经直属海关关长或者其授权的隶属海关关长批准，可以延长，延长期限不得超过 1 年。但复议、诉讼期间不计算在内。

第四十一条　有下列情形之一的，海关应当及时解除扣留：

（一）排除违法嫌疑的；

（二）扣留期限、延长期限届满的；

（三）已经履行海关行政处罚决定的；

（四）法律、行政法规规定应当解除扣留的其他情形。

第四十二条　海关依法扣留货物、物品、运输工具、其他财产以及账册、单据等资料，应当制发海关扣留凭单，由海关工作人员、当事人或者其代理人、保管人、见证人签字或者盖章，并可以加施海关封志。加施海关封志的，当事人或者其代理人、保管人应当妥善保管。

海关解除对货物、物品、运输工具、其他财产以及账册、单据等资料的扣留，或者发还等值的担保，应当制发海关解除扣留通知书、海关解除担保通知书，并由海关工作人员、当事人或者其代理人、保管人、见证人签字或者盖章。

第四十三条　海关查问违法嫌疑人或者询问证人，应当个别进行，并告知其权利和作伪证应当承担的法律责任。违法嫌疑人、证人必须如实陈述、提供证据。

海关查问违法嫌疑人或者询问证人应当制作笔录，并当场交其辨认，没有异议的，立即签字确认；有异议的，予以更正后签字确认。

严禁刑讯逼供或者以威胁、引诱、欺骗等非法手段收集证据。

海关查问违法嫌疑人，可以到违法嫌疑人的所在单位或者住处进行，也可以要求其到海关或者海关指定的地点进行。

第四十四条　海关收集的物证、书证应当是原物、原件。收集原物、原件确有困难的，可以拍摄、复制，并可以指定或者委托有关单位或者个人对原物、原件予以妥善保管。

海关收集物证、书证，应当开列清单，注明收集的日期，由有关单位或者个人确认后签字或者盖章。

海关收集电子数据或者录音、录像等视听资料，应当收集原始载体。收集原始载体确有困难的，可以收集复制件，注明制作方法、制作时间、制作人等，并由有关单位或者个人确认后签字或者盖章。

第四十五条　根据案件调查需要，海关可以对有关货物、物品进行取样化验、鉴定。

海关提取样品时，当事人或者其代理人应当到场；当事人或者其代理人未到场的，海关应当邀请见证人到场。提取的样品，海关应当予以加封，并由海关工作人员及当事人或者其代理人、见证人确认后签字或者盖章。

化验、鉴定应当交由海关化验鉴定机构或者委托国家认可的其他机构进行。

化验人、鉴定人进行化验、鉴定后，应当出具化验报告、鉴定结论，并签字或者盖章。

第四十六条　根据海关法有关规定，海关可以查询案件涉嫌单位和涉嫌人员在金融机构、邮政企业的存款、汇款。

海关查询案件涉嫌单位和涉嫌人员在金融机构、邮政企业的存款、汇款，应当出示海关协助查询通知书。

第四十七条　海关依法扣留的货物、物品、运输工具，在人民法院判决或者海关行政处罚决定作出之前，不得处理。但是，危险品或者鲜活、易腐、易烂、易失效、易变质等不宜长期保存的货物、物品以及所有人申请先行变卖的货物、物品、运输工具，经直属海关关长或者其授权的隶属海关关长批准，可以先行依法变卖，变卖所得价款由海关保存，并通知其所有人。

第四十八条 当事人有权根据海关法的规定要求海关工作人员回避。

第五章 海关行政处罚的决定和执行

第四十九条 海关作出暂停从事有关业务、暂停报关执业、撤销海关注册登记、取消报关从业资格、对公民处 1 万元以上罚款、对法人或者其他组织处 10 万元以上罚款、没收有关货物、物品、走私运输工具等行政处罚决定之前，应当告知当事人有要求举行听证的权利，当事人要求听证的，海关应当组织听证。

海关行政处罚听证办法由海关总署制定。

第五十条 案件调查终结，海关关长应当对调查结果进行审查，根据不同情况，依法作出决定。

对情节复杂或者重大违法行为给予较重的行政处罚，应当由海关案件审理委员会集体讨论决定。

第五十一条 同一当事人实施了走私和违反海关监管规定的行为且二者之间有因果关系的，依照本实施条例对走私行为的规定从重处罚，对其违反海关监管规定的行为不再另行处罚。

同一当事人就同一批货物、物品分别实施了 2 个以上违反海关监管规定的行为且二者之间有因果关系的，依照本实施条例分别规定的处罚幅度，择其重者处罚。

第五十二条 对 2 个以上当事人共同实施的违法行为，应当区别情节及责任，分别给予处罚。

第五十三条 有下列情形之一的，应当从重处罚：

（一）因走私被判处刑罚或者被海关行政处罚后在 2 年内又实施走私行为的；

（二）因违反海关监管规定被海关行政处罚后在 1 年内又实施同一违反海关监管规定的行为的；

（三）有其他依法应当从重处罚的情形的。

第五十四条 海关对当事人违反海关法的行为依法给予行政处罚的，应当制作行政处罚决定书。

对同一当事人实施的 2 个以上违反海关法的行为，可以制发 1 份行政处罚决定书。

对 2 个以上当事人分别实施的违反海关法的行为，应当分别制发行政处罚决定书。

对 2 个以上当事人共同实施的违反海关法的行为，应当制发 1 份行政处罚决定书，区别情况对各当事人分别予以处罚，但需另案处理的除外。

第五十五条 行政处罚决定书应当依照有关法律规定送达当事人。

依法予以公告送达的，海关应当将行政处罚决定书的正本张贴在海关公告栏内，并在报纸上刊登公告。

第五十六条　海关作出没收货物、物品、走私运输工具的行政处罚决定，有关货物、物品、走私运输工具无法或者不便没收的，海关应当追缴上述货物、物品、走私运输工具的等值价款。

第五十七条　法人或者其他组织实施违反海关法的行为后，有合并、分立或者其他资产重组情形的，海关应当以原法人、组织作为当事人。

对原法人、组织处以罚款、没收违法所得或者依法追缴货物、物品、走私运输工具的等值价款的，应当以承受其权利义务的法人、组织作为被执行人。

第五十八条　罚款、违法所得和依法追缴的货物、物品、走私运输工具的等值价款，应当在海关行政处罚决定规定的期限内缴清。

当事人按期履行行政处罚决定、办结海关手续的，海关应当及时解除其担保。

第五十九条　受海关处罚的当事人或者其法定代表人、主要负责人应当在出境前缴清罚款、违法所得和依法追缴的货物、物品、走私运输工具的等值价款。在出境前未缴清上述款项的，应当向海关提供相当于上述款项的担保。未提供担保，当事人是自然人的，海关可以通知出境管理机关阻止其出境；当事人是法人或者其他组织的，海关可以通知出境管理机关阻止其法定代表人或者主要负责人出境。

第六十条　当事人逾期不履行行政处罚决定的，海关可以采取下列措施：

（一）到期不缴纳罚款的，每日按罚款数额的3%加处罚款；

（二）根据海关法规定，将扣留的货物、物品、运输工具变价抵缴，或者以当事人提供的担保抵缴；

（三）申请人民法院强制执行。

第六十一条　当事人确有经济困难，申请延期或者分期缴纳罚款的，经海关批准，可以暂缓或者分期缴纳罚款。

当事人申请延期或者分期缴纳罚款的，应当以书面形式提出，海关收到申请后，应当在10个工作日内作出决定，并通知申请人。海关同意当事人暂缓或者分期缴纳的，应当及时通知收缴罚款的机构。

第六十二条　有下列情形之一的，有关货物、物品、违法所得、运输工具、特制设备由海关予以收缴：

（一）依照《中华人民共和国行政处罚法》第二十五条、第二十六条规定不予行政处罚的当事人携带、邮寄国家禁止进出境的货物、物品进出境的；

（二）散发性邮寄国家禁止、限制进出境的物品进出境或者携带数量零星的国家禁止进出境的物品进出境，依法可以不予行政处罚的；

（三）依法应当没收的货物、物品、违法所得、走私运输工具、特制设备，在海关作出行政处罚决定前，作为当事人的自然人死亡或作为当事人的法人、其他组织终止，且无权利义务承受人的；

（四）走私违法事实基本清楚，但当事人无法查清，自海关公告之日起满3个月的；

（五）有违反法律、行政法规，应当予以收缴的其他情形的。

海关收缴前款规定的货物、物品、违法所得、运输工具、特制设备，应当制发清单，由被收缴人或者其代理人、见证人签字或者盖章。被收缴人无法查清且无见证人的，应当予以公告。

第六十三条　人民法院判决没收的走私货物、物品、违法所得、走私运输工具、特制设备，或者海关决定没收、收缴的货物、物品、违法所得、走私运输工具、特制设备，由海关依法统一处理，所得价款和海关收缴的罚款，全部上缴中央国库。

第六章　附　则

第六十四条　本实施条例下列用语的含义是：

"设立海关的地点"，指海关在港口、车站、机场、国界孔道、国际邮件互换局（交换站）等海关监管区设立的卡口，海关在保税区、出口加工区等海关特殊监管区域设立的卡口，以及海关在海上设立的中途监管站。

"许可证件"，指依照国家有关规定，当事人应当事先申领，并由国家有关主管部门颁发的准予进口或者出口的证明、文件。

"合法证明"，指船舶及所载人员依照国家有关规定或者依照国际运输惯例所必须持有的证明其运输、携带、收购、贩卖所载货物、物品真实、合法、有效的商业单证、运输单证及其他有关证明、文件。

"物品"，指个人以运输、携带等方式进出境的行李物品、邮寄进出境的物品，包括货币、金银等。超出自用、合理数量的，视为货物。

"自用"，指旅客或者收件人本人自用、馈赠亲友而非为出售或者出租。

"合理数量"，指海关根据旅客或者收件人的情况、旅行目的和居留时间所确定的正常数量。

"货物价值"，指进出口货物的完税价格、关税、进口环节海关代征税之和。

"物品价值"，指进出境物品的完税价格、进口税之和。

"应纳税款"，指进出口货物、物品应当缴纳的进出口关税、进口环节海关代征税之和。

"专门用于走私的运输工具"，指专为走私而制造、改造、购买的运输工具。

"以上"、"以下"、"以内"、"届满"，均包括本数在内。

第六十五条　海关对外国人、无国籍人、外国企业或者其他组织给予行政处罚的，适用本实施条例。

第六十六条　国家禁止或者限制进出口的货物目录，由国务院对外贸易主管部门依照《中华人民共和国对外贸易法》的规定办理；国家禁止或者限制进出境的物品目录，由海关总署公布。

第六十七条　依照海关规章给予行政处罚的，应当遵守本实施条例规定的程序。

第六十八条　本实施条例自 2004 年 11 月 1 日起施行。1993 年 2 月 17 日国务院批准修订、1993 年 4 月 1 日海关总署发布的《中华人民共和国海关法行政处罚实施细则》同时废止。

中华人民共和国海关行政复议办法

(2007 年 8 月 29 日经海关总署署务会议审议通过,
自 2007 年 11 月 1 日起施行)

第一章 总 则

第一条 为了规范海关行政复议,发挥行政复议制度在解决行政争议、建设法治海关、构建社会主义和谐社会中的作用,根据《中华人民共和国行政复议法》(以下简称行政复议法)、《中华人民共和国海关法》(以下简称海关法)和《中华人民共和国行政复议法实施条例》(以下简称行政复议法实施条例)的规定,制定本办法。

第二条 公民、法人或者其他组织认为海关具体行政行为侵犯其合法权益向海关提出行政复议申请,海关办理行政复议事项,适用本办法。

第三条 各级海关行政复议机关应当认真履行行政复议职责,领导并且支持本海关负责法制工作的机构(以下简称海关行政复议机构)依法办理行政复议事项,依照有关规定配备、充实、调剂专职行政复议人员,为行政复议工作提供财政保障,保证海关行政复议机构的办案能力与工作任务相适应。

第四条 海关行政复议机构履行下列职责:

(一) 受理行政复议申请;

(二) 向有关组织和人员调查取证,查阅文件和资料,组织行政复议听证;

(三) 审查被申请行政复议的具体行政行为是否合法与适当,拟定行政复议决定,主持行政复议调解,审查和准许行政复议和解;

(四) 办理海关行政赔偿事项;

(五)依照行政复议法第三十三条的规定,办理海关行政复议决定的依法强制执行或者申请人民法院强制执行事项;

(六)处理或者转送申请人依照本办法第三十一条提出的对有关规定的审查申请;

(七)指导、监督下级海关的行政复议工作,依照规定提出复议意见;

(八)对下级海关及其部门和工作人员违反行政复议法、行政复议法实施条例和本办法规定的行为依照规定的权限和程序提出处理建议;

（九）办理或者组织办理不服海关具体行政行为提起行政诉讼的应诉事项；

（十）办理行政复议、行政应诉、行政赔偿案件统计和备案事项；

（十一）研究行政复议过程中发现的问题，及时向有关机关和部门提出建议，重大问题及时向行政复议机关报告；

（十二）其他与行政复议工作有关的事项。

第五条　专职从事海关行政复议工作的人员（以下简称行政复议人员）应当具备下列条件：

（一）具有国家公务员身份；

（二）有良好的政治、业务素质；

（三）高等院校法律专业毕业或者高等院校非法律专业毕业具有法律专业知识；

（四）从事海关工作 2 年以上；

（五）经考试考核合格取得海关总署颁发的调查证。

各级海关行政复议机关应当支持并且鼓励行政复议人员参加国家司法考试；取得律师资格或者法律职业资格的海关工作人员可以优先成为行政复议人员。

第六条　行政复议人员享有下列权利：

（一）依法履行行政复议职责的行为受法律保护；

（二）获得履行职责应当具有的工作条件；

（三）对行政复议工作提出建议；

（四）参加培训；

（五）法律、行政法规和海关规章规定的其他权利。

行政复议人员应当履行下列义务：

（一）严格遵守宪法和法律；

（二）以事实为根据，以法律为准绳审理行政复议案件；

（三）忠于职守，尽职尽责，清正廉洁，秉公执法；

（四）依法保障行政复议参加人的合法权益；

（五）保守国家秘密、商业秘密、海关工作秘密和个人隐私；

（六）维护国家利益、社会公共利益，维护公民、法人或者其他组织的合法权益；

（七）法律、行政法规和海关规章规定的其他义务。

第七条　海关行政复议机关履行行政复议职责，应当遵循合法、公正、公开、及时、便民的原则，坚持依法行政、有错必纠，保障法律、行政法规和海关规章的正确实施。

第八条　海关行政复议机关应当通过宣传栏、公告栏、海关门户网站等方便查阅的形式，公布本海关管辖的行政复议案件受案范围、受理条件、行政复议申请书样式、行政复议案件审理程序和行政复议决定执行程序等事项。

海关行政复议机关应当建立和公布行政复议案件办理情况查询机制，方便申请人、第三人及时了解与其行政复议权利、义务相关的信息。

海关行政复议机构应当对申请人、第三人就有关行政复议受理条件、审理方式和期限、作出行政复议处理决定的理由和依据、行政复议决定的执行等行政复议事项提出的疑问予以解释说明。

第二章　海关行政复议范围

第九条　有下列情形之一的，公民、法人或者其他组织可以向海关申请行政复议：

（一）对海关作出的警告，罚款，没收货物、物品、运输工具和特制设备，追缴无法没收的货物、物品、运输工具的等值价款，没收违法所得，暂停从事有关业务或者执业，撤销注册登记，取消报关从业资格及其他行政处罚决定不服的；

（二）对海关作出的收缴有关货物、物品、违法所得、运输工具、特制设备决定不服的；

（三）对海关作出的限制人身自由的行政强制措施不服的；

（四）对海关作出的扣留有关货物、物品、运输工具、账册、单证或者其他财产，封存有关进出口货物、账簿、单证等行政强制措施不服的；

（五）对海关收取担保的具体行政行为不服的；

（六）对海关采取的强制执行措施不服的；

（七）对海关确定纳税义务人、确定完税价格、商品归类、确定原产地、适用税率或者汇率、减征或者免征税款、补税、退税、征收滞纳金、确定计征方式以及确定纳税地点等其他涉及税款征收的具体行政行为有异议的（以下简称纳税争议）；

（八）认为符合法定条件，申请海关办理行政许可事项或者行政审批事项，海关未依法办理的；

（九）对海关检查运输工具和场所，查验货物、物品或者采取其他监管措施不服的；

（十）对海关作出的责令退运、不予放行、责令改正、责令拆毁和变卖等行政决定不服的；

（十一）对海关稽查决定或者其他稽查具体行政行为不服的；

（十二）对海关作出的企业分类决定以及按照该分类决定进行管理的措施不服的；

（十三）认为海关未依法采取知识产权保护措施，或者对海关采取的知识产权保护措施不服的；

（十四）认为海关未依法办理接受报关、放行等海关手续的；

（十五）认为海关违法收取滞报金或者其他费用，违法要求履行其他义务的；

（十六）认为海关没有依法履行保护人身权利、财产权利的法定职责的；

（十七）认为海关在政府信息公开工作中的具体行政行为侵犯其合法权益的；

（十八）认为海关的其他具体行政行为侵犯其合法权益的。

前款第（七）项规定的纳税争议事项，公民、法人或者其他组织应当依据海关法的规定先向海关行政复议机关申请行政复议，对海关行政复议决定不服的，再向人民法院提起行政诉讼。

第十条　海关工作人员不服海关作出的处分或者其他人事处理决定，依照有关法律、行政法规的规定提出申诉的，不适用本办法。

第三章 海关行政复议申请

第一节 申请人和第三人

第十一条 依照本办法规定申请行政复议的公民、法人或者其他组织是海关行政复议申请人。

第十二条 有权申请行政复议的公民死亡的,其近亲属可以申请行政复议。

第十三条 有权申请行政复议的法人或者其他组织终止的,承受其权利的公民、法人或者其他组织可以申请行政复议。

法人或者其他组织实施违反海关法的行为后,有合并、分立或者其他资产重组情形,海关以原法人、组织作为当事人予以行政处罚并且以承受其权利义务的法人、组织作为被执行人的,被执行人可以以自己的名义申请行政复议。

第十四条 行政复议期间,海关行政复议机构认为申请人以外的公民、法人或者其他组织与被审查的具体行政行为有利害关系的,应当通知其作为第三人参加行政复议。

行政复议期间,申请人以外的公民、法人或者其他组织认为与被审查的海关具体行政行为有利害关系的,可以向海关行政复议机构申请作为第三人参加行政复议。申请作为第三人参加行政复议的,应当对其与被审查的海关具体行政行为有利害关系负举证责任。

通知或者同意第三人参加行政复议的,应当制作《第三人参加行政复议通知书》,送达第三人。

第三人不参加行政复议,不影响行政复议案件的审理。

第十五条 申请人、第三人可以委托1至2名代理人参加行政复议。

委托代理人参加行政复议的,应当向海关行政复议机构提交授权委托书。授权委托书应当载明下列事项:

(一)委托人姓名或者名称,委托人为法人或者其他组织的,还应当载明法定代表人或者主要负责人的姓名、职务;

(二)代理人姓名、性别、年龄、职业、地址及邮政编码;

(三)委托事项和代理期间;

(四)代理人代为提起、变更、撤回行政复议申请、参加行政复议调解、达成行政复议和解、参加行政复议听证、递交证据材料、收受行政复议法律文书等代理权限;

(五)委托日期及委托人签章。

公民在特殊情况下无法书面委托的,可以口头委托。公民口头委托的,海关行政复议机构应当核实并且记录在卷。

申请人、第三人解除或者变更委托的,应当书面报告海关行政复议机构。

第二节　被申请人和行政复议机关

第十六条　公民、法人或者其他组织对海关作出的具体行政行为不服，依照本办法规定申请行政复议的，作出该具体行政行为的海关是被申请人。

第十七条　对海关具体行政行为不服的，向作出该具体行政行为的海关的上一级海关提出行政复议申请。

对海关总署作出的具体行政行为不服的，向海关总署提出行政复议申请。

第十八条　两个以上海关以共同的名义作出具体行政行为的，以作出具体行政行为的海关为共同被申请人，向其共同的上一级海关申请行政复议。

第十九条　海关与其他行政机关以共同的名义作出具体行政行为的，海关和其他行政机关为共同被申请人，向海关和其他行政机关的共同上一级行政机关申请行政复议。

申请人对海关总署与国务院其他部门共同作出的具体行政行为不服，向海关总署或者国务院其他部门提出行政复议申请，由海关总署、国务院其他部门共同作出处理决定。

第二十条　依照法律、行政法规或者海关规章的规定，下级海关经上级海关批准后以自己的名义作出具体行政行为的，以作出批准的上级海关为被申请人。

根据海关法和有关行政法规、海关规章的规定，经直属海关关长或者其授权的隶属海关关长批准后作出的具体行政行为，以直属海关为被申请人。

第二十一条　海关设立的派出机构、内设机构或者其他组织，未经法律、行政法规授权，对外以自己名义作出具体行政行为的，以该海关为被申请人，向该海关的上一级海关申请行政复议。

第三节　行政复议申请期限

第二十二条　海关对公民、法人或者其他组织作出具体行政行为，应当告知其申请行政复议的权利、行政复议机关和行政复议申请期限。

对于依照法律、行政法规或者海关规章的规定，下级海关经上级海关批准后以自己的名义作出的具体行政行为，应当告知以作出批准的上级海关为被申请人以及相应的行政复议机关。

第二十三条　公民、法人或者其他组织认为海关具体行政行为侵犯其合法权益的，可以自知道该具体行政行为之日起60日内提出行政复议申请。

前款规定的行政复议申请期限依照下列规定计算：

（一）当场作出具体行政行为的，自具体行政行为作出之日起计算；

（二）载明具体行政行为的法律文书直接送达的，自受送达人签收之日起计算；

（三）载明具体行政行为的法律文书依法留置送达的，自送达人和见证人在送达回证上签注的留置送达之日起计算；

（四）载明具体行政行为的法律文书邮寄送达的，自受送达人在邮政签收单上签收之日起计算；没有邮政签收单的，自受送达人在送达回执上签名之日起计算；

（五）具体行政行为依法通过公告形式告知受送达人的，自公告规定的期限届满之日起计算；

（六）被申请人作出具体行政行为时未告知有关公民、法人或者其他组织，事后补充告知的，自公民、法人或者其他组织收到补充告知的通知之日起计算；

（七）被申请人作出具体行政行为时未告知有关公民、法人或者其他组织，但是有证据材料能够证明有关公民、法人或者其他组织知道该具体行政行为的，自证据材料证明其知道具体行政行为之日起计算。

具体行政行为具有持续状态的，自该具体行政行为终了之日起计算。

海关作出具体行政行为，依法应当向有关公民、法人或者其他组织送达法律文书而未送达的，视为该有关公民、法人或者其他组织不知道该具体行政行为。

申请人因不可抗力或者其他正当理由耽误法定申请期限的，申请期限自障碍消除之日起继续计算。

第二十四条　公民、法人或者其他组织认为海关未依法履行法定职责，依照本办法第九条第一款第（八）项、第（十六）项的规定申请行政复议的，行政复议申请期限依照下列规定计算：

（一）履行职责的期限有法律、行政法规或者海关规章的明确规定的，自规定的履行期限届满之日起计算；

（二）履行职责的期限没有明确规定的，自海关收到公民、法人或者其他组织要求履行职责的申请满 60 日起计算。

公民、法人或者其他组织在紧急情况下请求海关履行保护人身权、财产权的法定职责，海关不及时履行的，行政复议申请期限不受前款规定的限制。

第二十五条　本办法第九条第一款第（七）项规定的纳税争议事项，申请人未经行政复议直接向人民法院提起行政诉讼的，人民法院依法驳回后申请人再向海关申请行政复议的，从申请人起诉之日起至人民法院驳回的法律文书生效之日止的期间不计算在申请行政复议的期限内，但是海关作出有关具体行政行为时已经告知申请人应当先经海关行政复议的除外。

第四节　行政复议申请的提出

第二十六条　申请人书面申请行政复议的，可以采取当面递交、邮寄、传真、电子邮件等方式递交行政复议申请书。

海关行政复议机关应当通过海关公告栏、互联网门户网站公开接受行政复议申请书的地址、传真号码、互联网邮箱地址等，方便申请人选择不同的书面申请方式。

第二十七条　申请人书面申请行政复议的，应当在行政复议申请书中载明下列内容：

（一）申请人基本情况，包括：公民的姓名、性别、年龄、工作单位、住所、身份证号码、邮政编码；法人或者其他组织的名称、住所、邮政编码和法定代表人或者主要负责人的姓名、职务；

（二）被申请人的名称；

（三）行政复议请求、申请行政复议的主要事实和理由；

（四）申请人签名或者盖章；

（五）申请行政复议的日期。

第二十八条　申请人口头申请行政复议的，海关行政复议机构应当依照本办法第二十七条规定的内容，当场制作《行政复议申请笔录》交申请人核对或者向申请人宣读，并且由其签字确认。

第二十九条　有下列情形之一的，申请人应当提供相应的证明材料：

（一）认为被申请人不履行法定职责的，提供曾经申请被申请人履行法定职责的证明材料；

（二）申请行政复议时一并提出行政赔偿申请的，提供受具体行政行为侵害而造成损害的证明材料；

（三）属于本办法第二十三条第五款情形的，提供发生不可抗力或者有其他正当理由的证明材料；

（四）法律、行政法规规定需要申请人提供证据材料的其他情形。

第三十条　申请人提出行政复议申请时错列被申请人的，海关行政复议机构应当告知申请人变更被申请人。

申请人变更被申请人的期间不计入行政复议审理期限。

第三十一条　申请人认为海关的具体行政行为所依据的规定不合法，可以依据行政复议法第七条的规定，在对具体行政行为申请行政复议时一并提出对该规定的审查申请。

申请人在对具体行政行为提起行政复议申请时尚不知道该具体行政行为所依据的规定的，可以在海关行政复议机关作出行政复议决定前提出。

第四章　海关行政复议受理

第三十二条　海关行政复议机关收到行政复议申请后，应当在 5 日内进行审查。行政复议申请符合下列规定的，应当予以受理：

（一）有明确的申请人和符合规定的被申请人；

（二）申请人与具体行政行为有利害关系；

（三）有具体的行政复议请求和理由；

（四）在法定申请期限内提出；

（五）属于本办法第九条第一款规定的行政复议范围；

（六）属于收到行政复议申请的海关行政复议机构的职责范围；

（七）其他行政复议机关尚未受理同一行政复议申请，人民法院尚未受理同一主体就同一事实提起的行政诉讼。

对符合前款规定决定受理行政复议申请的，应当制作《行政复议申请受理通知书》和《行政复议答复通知书》分别送达申请人和被申请人。《行政复议申请受理通知书》应当载明受理日期、合议人员或者案件审理人员，告知申请人申请回避和申请举行听证的权利。《行政复议答复通知书》应当载明受理日期、提交答复的要求和合议人员或者案件审理人员，告知被申请人申请回避的权利。

对不符合本条第一款规定决定不予受理的，应当制作《行政复议申请不予受理决定书》，并且送达申请人。《行政复议申请不予受理决定书》应当载明不予受理的理由和法律依据，告知申请人主张权利的其他途径。

第三十三条 行政复议申请材料不齐全或者表述不清楚的，海关行政复议机构可以自收到该行政复议申请之日起 5 日内书面通知申请人补正。补正通知应当载明以下事项：

（一）行政复议申请书中需要修改、补充的具体内容；

（二）需要补正的有关证明材料的具体类型及其证明对象；

（三）补正期限。

申请人应当在收到补正通知之日起 10 日内向海关行政复议机构提交需要补正的材料。补正申请材料所用时间不计入行政复议审理期限。

申请人无正当理由逾期不补正的，视为其放弃行政复议申请。申请人有权在本办法第二十三条规定的期限内重新提出行政复议申请。

第三十四条 申请人以传真、电子邮件方式递交行政复议申请书、证明材料的，海关行政复议机构不得以其未递交原件为由拒绝受理。

海关行政复议机构受理申请人以传真、电子邮件方式提出的行政复议申请后，应当告知申请人自收到《行政复议申请受理通知书》之日起 10 日内提交有关材料的原件。

第三十五条 对符合本办法规定，且属于本海关受理的行政复议申请，自海关行政复议机构收到之日起即为受理。

海关行政复议机构收到行政复议申请的日期，属于申请人当面递交的，由海关行政复议机构经办人在申请书上注明收到日期，并且由递交人签字确认；属于直接从邮递渠道收取或者其他单位、部门转来的，由海关行政复议机构签收确认；属于申请人以传真或者电子邮件方式提交的，以海关行政复议机构接收传真之日或者海关互联网电子邮件系统记载的收件日期为准。

第三十六条 对符合本办法规定，但是不属于本海关管辖的行政复议申请，应当在审查期限内转送有管辖权的海关行政复议机关，并且告知申请人。口头告知的，应当记录告知的有关内容，并且当场交由申请人签字或者盖章确认；书面告知的，应当制作《行政复议告知书》，并且送达申请人。

第三十七条 申请人就同一事项向两个或者两个以上有权受理的海关申请行政复议的，由最先收到行政复议申请的海关受理；同时收到行政复议申请的，由收到行政复议申请的海关在 10 日内协商确定；协商不成的，由其共同上一级海关在 10 日内指定受理海关。协商确定或者指定受理海关所用时间不计入行政复议审理期限。

第三十八条 申请人依法提出行政复议申请，海关行政复议机关无正当理由不予受理的，上一级海关可以根据申请人的申请或者依职权先行督促其受理；经督促仍不受理的，应当责令其限期受理，并且制作《责令受理行政复议申请通知书》；必要时，上一级海关也可以直接受理，并且制作《直接受理行政复议申请通知书》，送达申请人和原海关行政复议机关。上一级海关经审查认为海关行政复议机关不予受理行政复议申请的决定符合本办法规定的，应当向申请人做好说明解释工作。

第三十九条　下列情形不视为申请行政复议，海关行政复议机关应当给予答复，或者转由其他机关处理并且告知申请人：

（一）对海关工作人员的个人违法违纪行为进行举报、控告或者对海关工作人员的态度作风提出异议的；

（二）对海关的业务政策、作业制度、作业方式和程序提出异议的；

（三）对海关工作效率提出异议的；

（四）对行政处罚认定的事实、适用的法律及处罚决定没有异议，仅因经济上不能承受而请求减免处罚的；

（五）不涉及海关具体行政行为，只对海关规章或者其他规范性文件有异议的；

（六）请求解答法律、行政法规、规章的。

第四十条　行政复议期间海关具体行政行为不停止执行；但是有行政复议法第二十一条规定情形之一的，可以停止执行。决定停止执行的，应当制作《具体行政行为停止执行决定书》，并且送达申请人、被申请人和第三人。

第四十一条　有下列情形之一的，海关行政复议机关可以决定合并审理，并且以后一个申请行政复议的日期为正式受理的日期：

（一）两个以上的申请人对同一海关具体行政行为分别向海关行政复议机关申请行政复议的；

（二）同一申请人对同一海关的数个相同类型或者具有关联性的具体行政行为分别向海关行政复议机关申请行政复议的。

第五章　海关行政复议审理与决定

第一节　行政复议答复

第四十二条　海关行政复议机构应当自受理行政复议申请之日起 7 日内，将行政复议申请书副本或者行政复议申请笔录复印件以及申请人提交的证据、有关材料的副本发送被申请人。

第四十三条　被申请人应当自收到申请书副本或者行政复议申请笔录复印件之日起 10 日内，向海关行政复议机构提交《行政复议答复书》，并且提交当初作出具体行政行为的证据、依据和其他有关材料。

《行政复议答复书》应当载明下列内容：

（一）被申请人名称、地址、法定代表人姓名及职务；

（二）被申请人作出具体行政行为的事实、证据、理由及法律依据；

（三）对申请人的行政复议申请要求、事实、理由逐条进行答辩和必要的举证；

（四）对有关具体行政行为建议维持、变更、撤销或者确认违法，建议驳回行政复议申请，进行行政复议调解等答复意见；

（五）作出答复的时间。

《行政复议答复书》应当加盖被申请人印章。

被申请人提交的有关证据、依据和其他有关材料应当按照规定装订成卷。

第四十四条　海关行政复议机构应当在收到被申请人提交的《行政复议答复书》之日起7日内，将《行政复议答复书》副本发送申请人。

第四十五条　行政复议案件的答复工作由被申请人负责法制工作的机构具体负责。

对海关总署作出的具体行政行为不服向海关总署申请行政复议的，由原承办具体行政行为有关事项的部门或者机构具体负责提出书面答复，并且提交当初作出具体行政行为的证据、依据和其他有关材料。

第二节　行政复议审理

第四十六条　海关行政复议案件实行合议制审理。合议人员为不得少于3人的单数。合议人员由海关行政复议机构负责人指定的行政复议人员或者海关行政复议机构聘任或者特邀的其他具有专业知识的人员担任。

被申请人所属人员不得担任合议人员。对海关总署作出的具体行政行为不服向海关总署申请行政复议的，原具体行政行为经办部门的人员不得担任合议人员。

对于事实清楚、案情简单、争议不大的海关行政复议案件，也可以不适用合议制，但是应当由2名以上行政复议人员参加审理。

第四十七条　海关行政复议机构负责人应当指定一名行政复议人员担任主审，具体负责对行政复议案件事实的审查，并且对所认定案件事实的真实性和适用法律的准确性承担主要责任。

合议人员应当根据复议查明的事实，依据有关法律、行政法规和海关规章的规定，提出合议意见，并且对提出的合议意见的正确性负责。

第四十八条　申请人、被申请人或者第三人认为合议人员或者案件审理人员与本案有利害关系或者有其他关系可能影响公正审理行政复议案件的，可以申请合议人员或者案件审理人员回避，同时应当说明理由。

合议人员或者案件审理人员认为自己与本案有利害关系或者有其他关系的，应当主动申请回避。海关行政复议机构负责人也可以指令合议人员或者案件审理人员回避。

行政复议人员的回避由海关行政复议机构负责人决定。海关行政复议机构负责人的回避由海关行政复议机关负责人决定。

第四十九条　海关行政复议机构审理行政复议案件应当向有关组织和人员调查情况，听取申请人、被申请人和第三人的意见；海关行政复议机构认为必要时可以实地调查核实证据；对于事实清楚、案情简单、争议不大的案件，可以采取书面审查的方式进行审理。

第五十条 海关行政复议机构向有关组织和人员调查取证时，可以查阅、复制、调取有关文件和资料，向有关人员进行询问。

调查取证时，行政复议人员不得少于 2 人，并且应当主动向有关人员出示调查证。被调查单位和人员应当配合行政复议人员的工作，不得拒绝或者阻挠。

调查情况、听取意见应当制作笔录，由被调查人员和行政复议人员共同签字确认。

第五十一条 行政复议期间涉及专门事项需要鉴定的，申请人、第三人可以自行委托鉴定机构进行鉴定，也可以申请行政复议机构委托鉴定机构进行鉴定。鉴定费用由申请人、第三人承担。鉴定所用时间不计入行政复议审理期限。

海关行政复议机构认为必要时也可以委托鉴定机构进行鉴定。

鉴定应当委托国家认可的鉴定机构进行。

第五十二条 需要现场勘验的，现场勘验所用时间不计入行政复议审理期限。

第五十三条 申请人、第三人可以查阅被申请人提出的书面答复、提交的作出具体行政行为的证据、依据和其他有关材料，除涉及国家秘密、商业秘密、海关工作秘密或者个人隐私外，海关行政复议机关不得拒绝，并且应当为申请人、第三人查阅有关材料提供必要条件。

有条件的海关行政复议机关应当设立专门的行政复议接待室或者案卷查阅室，配备相应的监控设备。

第五十四条 申请人、第三人查阅有关材料依照下列规定办理：

（一）申请人、第三人向海关行政复议机构提出阅卷要求；

（二）海关行政复议机构确定查阅时间后提前通知申请人或者第三人；

（三）查阅时，申请人、第三人应当出示身份证件；

（四）查阅时，海关行政复议机构工作人员应当在场；

（五）申请人、第三人可以摘抄查阅材料的内容；

（六）申请人、第三人不得涂改、毁损、拆换、取走、增添查阅的材料。

第五十五条 行政复议期间有下列情形之一，影响行政复议案件审理的，行政复议中止，海关行政复议机构应当制作《行政复议中止决定书》，并且送达申请人、被申请人和第三人：

（一）作为申请人的自然人死亡，其近亲属尚未确定是否参加行政复议的；

（二）作为申请人的自然人丧失参加行政复议的能力，尚未确定法定代理人参加行政复议的；

（三）作为申请人的法人或者其他组织终止，尚未确定权利义务承受人的；

（四）作为申请人的自然人下落不明或者被宣告失踪的；

（五）申请人、被申请人因不可抗力，不能参加行政复议的；

（六）案件涉及法律适用问题，需要有权机关作出解释或者确认的；

（七）案件审理需要以其他案件的审理结果为依据，而其他案件尚未审结的；

（八）申请人依照本办法第三十一条提出对有关规定的审查申请，有权处理的海关、行政机关正在依法处理期间的；

（九）其他需要中止行政复议的情形。

行政复议中止的原因消除后，海关行政复议机构应当及时恢复行政复议案件的审理，制作《行政复议恢复审理通知书》，并且送达申请人、被申请人和第三人。

第三节　行政复议听证

第五十六条　有下列情形之一的，海关行政复议机构可以采取听证的方式审理：

（一）申请人提出听证要求的；

（二）申请人、被申请人对事实争议较大的；

（三）申请人对具体行政行为适用依据有异议的；

（四）案件重大、复杂或者争议的标的价值较大的；

（五）海关行政复议机构认为有必要听证的其他情形。

第五十七条　海关行政复议机构决定举行听证的，应当制发《行政复议听证通知书》，将举行听证的时间、地点、具体要求等事项事先通知申请人、被申请人和第三人。

第三人不参加听证的，不影响听证的举行。

第五十八条　听证可以在海关行政复议机构所在地举行，也可以在被申请人或者申请人所在地举行。

第五十九条　行政复议听证应当公开举行，涉及国家秘密、商业秘密、海关工作秘密或者个人隐私的除外。

公开举行的行政复议听证，因听证场所等原因需要限制旁听人员数量的，海关行政复议机构应当作出说明。

对人民群众广泛关注、有较大社会影响或者有利于法制宣传教育的行政复议案件的公开听证，海关行政复议机构可以有计划地组织群众旁听，也可以邀请有关立法机关、司法机关、监察部门、审计部门、新闻单位以及其他有关单位的人员参加旁听。

第六十条　行政复议听证人员为不得少于 3 人的单数，由海关行政复议机构负责人确定，并且指定其中一人为听证主持人。听证可以另指定专人为记录员。

第六十一条　行政复议听证应当按照以下程序进行：

（一）由主持人宣布听证开始、核对听证参加人身份、告知听证参加人的权利和义务；

（二）询问听证参加人是否申请听证人员以及记录员回避，申请回避的，按照本办法第四十八条的规定办理；

（三）申请人宣读复议申请并且阐述主要理由；

（四）被申请人针对行政复议申请进行答辩，就作出原具体行政行为依据的事实、理由和法律依据进行阐述，并且进行举证；

（五）第三人可以阐述意见；

（六）申请人、第三人对被申请人的举证可以进行质证或者举证反驳，被申请人对申请人、第三人的反证也可以进行质证和举证反驳；

（七）要求证人到场作证的，应当事先经海关行政复议机构同意并且提供证人身份等基本情况；

（八）听证主持人和其他听证人员进行询问；

（九）申请人、被申请人和第三人没有异议的证据和证明的事实，由主持人当场予以认定；有异议的并且与案件处理结果有关的事实和证据，由主持人当场或者事后经合议予以认定；

（十）申请人、被申请人和第三人可以对案件事实、证据、适用法律等进行辩论；

（十一）申请人、被申请人和第三人进行最后陈述；

（十二）由申请人、被申请人和第三人对听证笔录内容进行确认，并且当场签名或者盖章；对听证笔录内容有异议的，可以当场更正并且签名或者盖章。

行政复议听证笔录和听证认定的事实应当作为海关行政复议机关作出行政复议决定的依据。

第六十二条　行政复议参加人无法在举行听证时当场提交有关证据的，由主持人根据具体情况限定时间事后提交并且另行进行调查、质证或者再次进行听证；行政复议参加人提出的证据无法当场质证的，由主持人当场宣布事后进行调查、质证或者再次进行听证。

行政复议参加人在听证后的举证未经质证或者未经海关行政复议机构重新调查认可的，不得作为作出行政复议决定的证据。

第四节　行政复议附带抽象行政行为审查

第六十三条　申请人依照本办法第三十一条提出对有关规定的审查申请的，海关行政复议机关对该规定有权处理的，应当在 30 日内依照下列程序处理：

（一）依法确认该规定是否与法律、行政法规、规章相抵触；

（二）依法确认该规定能否作为被申请人作出具体行政行为的依据；

（三）书面告知申请人对该规定的审查结果。

海关行政复议机关应当制作《抽象行政行为审查告知书》，并且送达申请人、被申请人。

第六十四条　海关行政复议机关对申请人申请审查的有关规定无权处理的，应当在 7 日内按照下列程序转送有权处理的上级海关或者其他行政机关依法处理：

（一）转送有权处理的上级海关的，应当报告行政复议有关情况、执行该规定的有关情况、对该规定适用的意见；

（二）转送有权处理的其他行政机关的，在转送函中应当说明行政复议的有关情况、请求确认该规定是否合法。

第六十五条　有权处理的上级海关应当在 60 日内依照下列程序处理：

（一）依法确认该规定是否合法、有效；

（二）依法确认该规定能否作为被申请人作出具体行政行为的依据；

（三）制作《抽象行政行为审查告知书》，并且送达海关行政复议机关、申请人和被申请人。

第六十六条　海关行政复议机关在对被申请人作出的具体行政行为进行审查时，认为需对该具体行政行为所依据的有关规定进行审查的，依照本办法第六十三条、第六十四条、第六十五条的规定办理。

第五节 行政复议决定

第六十七条 海关行政复议机构提出案件处理意见，经海关行政复议机关负责人审查批准后，作出行政复议决定。

第六十八条 海关行政复议机关应当自受理申请之日起 60 日内作出行政复议决定。但是有下列情况之一的，经海关行政复议机关负责人批准，可以延长 30 日：

（一）行政复议案件案情重大、复杂、疑难的；

（二）决定举行行政复议听证的；

（三）经申请人同意的；

（四）有第三人参加行政复议的；

（五）申请人、第三人提出新的事实或者证据需进一步调查的。

海关行政复议机关延长复议期限，应当制作《延长行政复议审查期限通知书》，并且送达申请人、被申请人和第三人。

第六十九条 具体行政行为认定事实清楚，证据确凿，适用依据正确，程序合法，内容适当的，海关行政复议机关应当决定维持。

第七十条 被申请人不履行法定职责的，海关行政复议机关应当决定其在一定期限内履行法定职责。

第七十一条 具体行政行为有下列情形之一的，海关行政复议机关应当决定撤销、变更或者确认该具体行政行为违法：

（一）主要事实不清、证据不足的；

（二）适用依据错误的；

（三）违反法定程序的；

（四）超越或者滥用职权的；

（五）具体行政行为明显不当的。

第七十二条 海关行政复议机关决定撤销或者确认具体行政行为违法的，可以责令被申请人在一定期限内重新作出具体行政行为。

被申请人应当在法律、行政法规、海关规章规定的期限内重新作出具体行政行为；法律、行政法规、海关规章未规定期限的，重新作出具体行政行为的期限为 60 日。

公民、法人或者其他组织对被申请人重新作出的具体行政行为不服，可以依法申请行政复议或者提起行政诉讼。

第七十三条 被申请人未按照本办法第四十三条的规定提出书面答复、提交当初作出具体行政行为的证据、依据和其他有关材料的，视为该具体行政行为没有证据、依据，海关行政复议机关应当决定撤销该具体行政行为。

第七十四条 具体行政行为有下列情形之一，海关行政复议机关可以决定变更：

（一）认定事实清楚，证据确凿，程序合法，但是明显不当或者适用依据错误的；

（二）认定事实不清，证据不足，但是经海关行政复议机关审理查明事实清楚，证据确凿的。

第七十五条　海关行政复议机关在申请人的行政复议请求范围内，不得作出对申请人更为不利的行政复议决定。

第七十六条　海关行政复议机关依据本办法第七十二条规定责令被申请人重新作出具体行政行为的，除以下情形外，被申请人不得作出对申请人更为不利的具体行政行为：

（一）不作出对申请人更为不利的具体行政行为将损害国家利益、社会公共利益或者他人合法权益的；

（二）原具体行政行为适用法律依据错误，适用正确的法律依据需要依法作出对申请人更为不利的具体行政行为的；

（三）被申请人查明新的事实，根据新的事实和有关法律、行政法规、海关规章的强制性规定，需要作出对申请人更为不利的具体行政行为的；

（四）其他依照法律、行政法规或者海关规章规定应当作出对申请人更为不利的具体行政行为的。

第七十七条　海关行政复议机关作出行政复议决定，应当制作《行政复议决定书》，送达申请人、被申请人和第三人。

《行政复议决定书》应当载明下列内容：

（一）申请人姓名、性别、年龄、职业、住址（法人或者其他组织的名称、地址、法定代表人或者主要负责人的姓名、职务）；

（二）第三人姓名、性别、年龄、职业、住址（法人或者其他组织的名称、地址、法定代表人或者主要负责人的姓名、职务）；

（三）被申请人名称、地址、法定代表人姓名；

（四）申请人申请复议的请求、事实和理由；

（五）被申请人答复的事实、理由、证据和依据；

（六）行政复议认定的事实和相应的证据；

（七）作出行政复议决定的具体理由和法律依据；

（八）行政复议决定的具体内容；

（九）不服行政复议决定向人民法院起诉的期限和具体管辖法院；

（十）作出行政复议决定的日期。

《行政复议决定书》应当加盖海关行政复议机关的印章。

《行政复议决定书》一经送达，即发生法律效力。

《行政复议决定书》直接送达的，行政复议人员应当就行政复议认定的事实、证据、作出行政复议决定的理由、依据向申请人、被申请人和第三人作出说明；申请人、被申请人和第三人对《行政复议决定书》提出异议的，除告知其向人民法院起诉的权利外，应当就有关异议作出解答。《行政复议决定书》以其他方式送达的，申请人、被申请人和第三人就《行政复议决定书》有关内容向海关行政复议机构提出异议的，行政复议人员应当向申请人、被申请人和第三人作出说明。

经申请人和第三人同意，海关行政复议机关可以通过出版物、海关门户网站、海关公告栏等方式公布生效的行政复议法律文书。

第七十八条　《行政复议决定书》送达申请人、被申请人和第三人后，海关行政复议机关发现《行政复议决定书》有需要补充、更正的内容，但是不影响行政复议决定的实质内容的，应当制发《行政复议决定补正通知书》，并且送达申请人、被申请人和第三人。

第七十九条　有下列情形之一的，海关行政复议机关应当决定驳回行政复议申请：

（一）申请人认为海关不履行法定职责申请行政复议，海关行政复议机关受理后发现被申请人没有相应法定职责或者被申请人在海关行政复议机关受理该行政复议申请之前已经履行法定职责的；

（二）海关行政复议机关受理行政复议申请后，发现该行政复议申请不符合受理条件的。

海关行政复议机关的上一级海关认为该行政复议机关驳回行政复议申请的理由不成立的，应当责令其恢复审理。

第八十条　申请人在行政复议决定作出前自愿撤回行政复议申请的，经海关行政复议机构同意，可以撤回。

申请人撤回行政复议申请的，不得再以同一事实和理由提出行政复议申请。但是，申请人能够证明撤回行政复议申请违背其真实意思表示的除外。

第八十一条　行政复议期间被申请人改变原具体行政行为，但是申请人未依法撤回行政复议申请的，不影响行政复议案件的审理。

第八十二条　行政复议期间有下列情形之一的，行政复议终止：

（一）申请人要求撤回行政复议申请，海关行政复议机构准予撤回的；

（二）作为申请人的自然人死亡，没有近亲属或者其近亲属放弃行政复议权利的；

（三）作为申请人的法人或者其他组织终止，其权利义务的承受人放弃行政复议权利的；

（四）申请人与被申请人达成和解，并且经海关行政复议机构准许的；

（五）申请人对海关限制人身自由的行政强制措施不服申请行政复议后，因申请人同一违法行为涉嫌犯罪，该限制人身自由的行政强制措施变更为刑事拘留的，或者申请人对海关扣留财产的行政强制措施不服申请行政复议后，因申请人同一违法行为涉嫌犯罪，该扣留财产的行政强制措施变更为刑事扣押的；

（六）依照本办法第五十五条第一款第（一）项、第（二）项、第（三）项规定中止行政复议，满60日行政复议中止的原因仍未消除的；

（七）申请人以传真、电子邮件形式递交行政复议申请书后未在规定期限内提交有关材料的原件的。

行政复议终止，海关行政复议机关应当制作《行政复议终止决定书》，并且送达申请人、被申请人和第三人。

第六节　行政复议和解和调解

第八十三条　公民、法人或者其他组织对海关行使法律、行政法规或者海关规章规定的自由裁量权作出的具体行政行为不服申请行政复议，在海关行政复议机关作出行政复议决定之前，申请人和被申请人可以在自愿、合法基础上达成和解。

第八十四条　申请人和被申请人达成和解的，应当向海关行政复议机构提交书面和解协议。和解协议应当载明行政复议请求、事实、理由和达成和解的结果，并且由申请人和被申请人签字或者盖章。

第八十五条　海关行政复议机构应当对申请人和被申请人提交的和解协议进行审查，和解确属申请人和被申请人的真实意思表示，和解内容不违反法律、行政法规或者海关规章的强制性规定，不损害国家利益、社会公共利益和他人合法权益的，应当准许和解，并且终止行政复议案件的审理。

准许和解并且终止行政复议的，应当在《行政复议终止决定书》中载明和解的内容。

第八十六条　经海关行政复议机关准许和解的，申请人和被申请人应当履行和解协议。

第八十七条　经海关行政复议机关准许和解并且终止行政复议的，申请人以同一事实和理由再次申请行政复议的，不予受理。但是，申请人提出证据证明和解违反自愿原则或者和解内容违反法律、行政法规或者海关规章的强制性规定的除外。

第八十八条　有下列情形之一的，海关行政复议机关可以按照自愿、合法的原则进行调解：

（一）公民、法人或者其他组织对海关行使法律、行政法规或者海关规章规定的自由裁量权作出的具体行政行为不服申请行政复议的；

（二）行政赔偿、查验赔偿或者行政补偿纠纷。

第八十九条　海关行政复议机关主持调解应当符合以下要求：

（一）调解应当在查明案件事实的基础上进行；

（二）海关行政复议机关应当充分尊重申请人和被申请人的意愿；

（三）组织调解应当遵循公正、合理原则；

（四）调解结果应当符合有关法律、行政法规和海关规章的规定，不得违背法律精神和原则；

（五）调解结果不得损害国家利益、社会公共利益或者他人合法权益。

第九十条　海关行政复议机关主持调解应当按照下列程序进行：

（一）征求申请人和被申请人是否同意进行调解的意愿；

（二）经申请人和被申请人同意后开始调解；

（三）听取申请人和被申请人的意见；

（四）提出调解方案；

（五）达成调解协议。

调解期间申请人或者被申请人明确提出不进行调解的，应当终止调解。终止调解后，申请人、被申请人再次请求海关行政复议机关主持调解的，应当准许。

第九十一条　申请人和被申请人经调解达成协议的，海关行政复议机关应当制作《行政复议调解书》。《行政复议调解书》应当载明下列内容：

（一）申请人姓名、性别、年龄、职业、住址（法人或者其他组织的名称、地址、法定代表人或者主要负责人的姓名、职务）；

（二）被申请人名称、地址、法定代表人姓名；

（三）申请人申请行政复议的请求、事实和理由；

（四）被申请人答复的事实、理由、证据和依据；

（五）行政复议认定的事实和相应的证据；

（六）进行调解的基本情况；

（七）调解结果；

（八）申请人、被申请人履行调解书的义务；

（九）日期。

《行政复议调解书》应当加盖海关行政复议机关的印章。《行政复议调解书》经申请人、被申请人签字或者盖章，即具有法律效力。

第九十二条 申请人和被申请人提交书面和解协议，并且要求海关行政复议机关按照和解协议内容制作《行政复议调解书》的，行政复议机关应当进行审查，申请人和被申请人达成的和解协议符合本办法第八十九条第（四）项、第（五）项规定的，海关行政复议机关可以根据和解协议的内容按照本办法第九十一条的规定制作《行政复议调解书》。

第九十三条 调解未达成协议或者行政复议调解书生效前一方反悔的，海关行政复议机关应当及时作出行政复议决定。

第七节　行政复议决定的执行

第九十四条 申请人认为被申请人不履行或者无正当理由拖延履行行政复议决定书、行政复议调解书的，可以申请海关行政复议机关责令被申请人履行。

海关行政复议机关发现被申请人不履行或者无正当理由拖延履行行政复议决定书、行政复议调解书的，应当责令其限期履行，并且制作《责令限期履行行政复议决定通知书》，送达被申请人。

第九十五条 申请人在法定期限内未提起行政诉讼又不履行海关行政复议决定的，按照下列规定分别处理：

（一）维持具体行政行为的海关行政复议决定，由作出具体行政行为的海关依法强制执行或者申请人民法院强制执行；

（二）变更具体行政行为的海关行政复议决定，由海关行政复议机关依法强制执行或者申请人民法院强制执行。海关行政复议机关也可以指定作出具体行政行为的海关依法强制执行，被指定的海关应当及时将执行情况上报海关行政复议机关。

第九十六条 申请人不履行行政复议调解书的，由作出具体行政行为的海关依法强制执行或者申请人民法院强制执行。

第六章　海关行政复议指导和监督

第九十七条 海关行政复议机关应当加强对行政复议工作的领导。

海关行政复议机构按照职责权限对行政复议工作进行督促、指导。

第九十八条　上级海关应当加强对下级海关履行行政复议职责的监督，通过定期检查、抽查等方式，对下级海关的行政复议工作进行检查，并且及时反馈检查结果。

海关发现本海关或者下级海关作出的行政复议决定有错误的，应当予以纠正。

第九十九条　海关行政复议机关在行政复议期间发现被申请人的具体行政行为违法或者需要做好善后工作的，可以制作《行政复议意见书》，对被申请人纠正执法行为、改进执法工作提出具体意见。

被申请人应当自收到《行政复议意见书》之日起 60 日内将纠正相关行政违法行为或者做好善后工作的情况报告海关行政复议机构。

第一百条　海关行政复议机构在行政复议期间发现法律、行政法规、规章的实施中带有普遍性的问题，可以向有关机关提出完善立法的建议。

海关行政复议机构在行政复议期间发现海关执法中存在的普遍性问题，可以制作《行政复议建议书》，向本海关有关业务部门提出改进执法的建议；对于可能对本海关行政决策产生重大影响的问题，海关行政复议机构应当将《行政复议建议书》报送本级海关行政首长；属于上一级海关处理权限的问题，海关行政复议机关可以向上一级海关提出完善制度和改进执法的建议。

第一百零一条　各级海关行政复议机关办理的行政复议案件中，申请人与被申请人达成和解协议后海关行政复议机关终止行政复议，或者申请人与被申请人经调解达成协议，海关行政复议机关制作行政复议调解书的，应当向海关总署行政复议机构报告，并且将有关法律文书报该部门备案。

第一百零二条　海关行政复议机构在办理行政复议案件的过程中，应当及时将制发的有关法律文书在海关行政复议信息系统中备案。

第一百零三条　海关行政复议机构应当每半年向本海关和上一级海关行政复议机构提交行政复议工作状况分析报告。

第一百零四条　海关总署行政复议机构应当每半年组织一次对行政复议人员的业务培训，提高行政复议人员的专业素质。

其他海关行政复议机构可以根据工作需要定期组织对本海关行政复议人员的培训。

第一百零五条　海关行政复议机关对于在办理行政复议案件中依法保障国家利益、维护公民、法人或者其他组织的合法权益、促进海关依法行政和社会和谐、成绩显著的单位和人员，应当依照《海关系统奖励规定》给予表彰和奖励。

海关行政复议机关应当定期总结行政复议工作，对在行政复议工作中做出显著成绩的单位和个人，应当依照《海关系统奖励规定》给予表彰和奖励。

第七章　法律责任

第一百零六条　海关行政复议机关、海关行政复议机构、行政复议人员有行政复议法第三十四条、第三十五条、行政复议法实施条例第六十四条规定情形的，依照行政复议法、行政复议法实施条例的有关规定处理。

第一百零七条 被申请人有行政复议法第三十六条、第三十七条、行政复议法实施条例第六十二条规定情形的，依照行政复议法、行政复议法实施条例的有关规定处理。

第一百零八条 上级海关发现下级海关及有关工作人员有违反行政复议法、行政复议法实施条例和本办法规定的，应当制作《处理违法行为建议书》，向有关海关提出建议，该海关应当依照行政复议法和有关法律、行政法规的规定作出处理，并且将处理结果报告上级海关。

海关行政复议机构发现有关海关及其工作人员有违反行政复议法、行政复议法实施条例和本办法规定的，应当制作《处理违法行为建议书》，向人事、监察部门提出对有关责任人员的处分建议，也可以将有关人员违法的事实材料直接转送人事、监察部门处理；接受转送的人事、监察部门应当依法处理，并且将处理结果通报转送的海关行政复议机构。

第八章 附 则

第一百零九条 海关行政复议期间的计算和行政复议法律文书的送达，依照民事诉讼法关于期间、送达的规定执行。

本办法关于行政复议期间有关"5日"、"7日"的规定是指工作日，不含节假日。

第一百一十条 海关行政复议机关受理行政复议申请，不得向申请人收取任何费用。

海关行政复议活动所需经费、办公用房以及交通、通讯、监控等设备由各级海关予以保障。

第一百一十一条 外国人、无国籍人、外国组织在中华人民共和国境内向海关申请行政复议，适用本办法。

第一百一十二条 海关行政复议机关可以使用行政复议专用章。在海关行政复议活动中，行政复议专用章和行政复议机关的印章具有同等法律效力。

第一百一十三条 海关行政复议机关办理行政复议案件、海关作为被申请人参加行政复议活动，该海关行政复议机构应当对有关案件材料进行整理，按照规定立卷归档。

第一百一十四条 本办法由海关总署负责解释。

第一百一十五条 本办法自2007年11月1日起施行。1999年8月30日海关总署令第78号发布的《中华人民共和国海关实施〈行政复议法〉办法》同时废止。

中华人民共和国海关行政赔偿办法

（2003 年 3 月 14 日经海关总署署务会审议通过，
自 2003 年 5 月 1 日起施行）

第一章　总　则

第一条　为保护公民、法人和其他组织依法取得行政赔偿的权利，促进海关及其工作人员依法行使职权，保证各级海关依法、正确、及时处理行政赔偿案件，根据《中华人民共和国国家赔偿法》（以下简称《国家赔偿法》）、《中华人民共和国海关法》（以下简称《海关法》）以及有关法律、行政法规，制定本办法。

第二条　各级海关办理行政赔偿案件，包括因海关及其工作人员违法行使行政职权导致的行政赔偿和依法对进出境货物、物品实施查验而发生的查验赔偿，适用本办法。

第三条　海关负责法制工作的机构是海关行政赔偿主管部门，履行下列职责：

（一）受理行政赔偿申请；

（二）审理行政赔偿案件，提出赔偿意见；

（三）拟定行政赔偿决定书等有关法律文书；

（四）办理行政复议附带行政赔偿案件、行政赔偿复议案件；

（五）执行生效的行政赔偿法律文书；

（六）对追偿提出处理意见；

（七）办理行政赔偿诉讼的应诉事项；

（八）办理与行政赔偿案件有关的其他事项。

第四条　办理赔偿案件应当遵循合法、公正、公开、及时的原则，坚持有错必纠。

第二章　赔偿范围

第一节　行政赔偿

第五条　海关及其工作人员有下列违法行使行政职权，侵犯公民人身权情形之一的，受害人有取得赔偿的权利：

（一）违法扣留公民的，具体包括：

1. 对没有走私犯罪嫌疑的公民予以扣留的；

2. 未经直属海关关长或者其授权的隶属海关关长批准实施扣留的；

3. 扣留时间超过法律规定期限的；

4. 有其他违法情形的。

（二）违法采取其他限制公民人身自由的行政强制措施的；

（三）非法拘禁或者以其他方法非法剥夺公民人身自由的；

（四）以殴打等暴力行为或者唆使他人以殴打等暴力行为造成公民身体伤害或者死亡的；

（五）违法使用武器、警械造成公民身体伤害或者死亡的；

（六）造成公民身体伤害或者死亡的其他违法行为。

第六条　海关及其工作人员有下列违法行使行政职权，侵犯公民、法人或者其他组织财产权情形之一的，受害人有取得赔偿的权利：

（一）违法实施罚款，没收货物、物品、运输工具或其他财产，追缴无法没收的货物、物品、运输工具的等值价款，暂停或者撤销企业从事有关海关业务资格及其他行政处罚的；

（二）违法对生产设备、货物、物品、运输工具等财产采取扣留、封存等行政强制措施的；

（三）违法收取保证金、风险担保金、抵押物、质押物的；

（四）违法收取滞报金、监管手续费等费用的；

（五）违法采取税收强制措施和税收保全措施的；

（六）擅自使用扣留的货物、物品、运输工具或者其他财产，造成损失的；

（七）对扣留的货物、物品、运输工具或者其他财产不履行保管职责，严重不负责任，造成财物毁损、灭失的，但依法交由有关单位负责保管的情形除外；

（八）违法拒绝接受报关、核销等请求，拖延监管，故意刁难，或不履行其他法定义务，给公民、法人或者其他组织造成财产损失的；

（九）变卖财产应当拍卖而未依法拍卖，或者有其他违法处理情形造成直接损失的；

（十）造成财产损害的其他违法行为。

第七条　属于下列情形之一的，海关不承担行政赔偿责任：

（一）海关工作人员与行使职权无关的个人行为；

（二）因公民、法人和其他组织自己的行为致使损害发生的；

（三）因不可抗力造成损害后果的；

（四）法律规定的其他情形。

因公民、法人和其他组织的过错致使损失扩大的，对扩大部分海关不承担赔偿责任。

第二节　查验赔偿

第八条　根据《海关法》第九十四条的规定，海关在依法查验进出境货物、物品时，损坏被查验的货物、物品的，应当赔偿当事人的实际损失。

第九条　有下列情形之一的，海关不承担赔偿责任：

（一）属于本办法第七条规定的情形的；

（二）由于当事人或其委托的人搬移、开拆、重封包装或保管不善造成的损失；

（三）易腐、易失效货物、物品在海关正常工作程序所需要时间内（含代保管期间）所发生的变质或失效，当事人事先未向海关声明或者海关已采取了适当的措施仍不能避免的；

（四）海关正常检查产生的不可避免的磨损和其他损失；

（五）在海关查验之前所发生的损坏和海关查验之后发生的损坏；

（六）海关为化验、取证等目的而提取的货样。

第三章　赔偿请求人和赔偿义务机关

第十条　受害的公民、法人和其他组织有权要求赔偿。

受害的公民死亡，其继承人和其他有扶养关系的亲属以及死者生前扶养的无劳动能力的人有权要求赔偿。

受害的法人或者其他组织终止，承受其权利的法人或者其他组织有权要求赔偿。

第十一条　赔偿请求人为无民事行为能力人或者限制民事行为能力人的，由其法定代理人或指定代理人代为要求赔偿。

第十二条　海关及其工作人员违法行使行政职权侵犯公民、法人和其他组织的合法权益造成损害的，该海关为赔偿义务机关。

两个以上海关共同行使行政职权时侵犯公民、法人和其他组织的合法权益造成损害的，共同行使行政职权的海关为共同赔偿义务机关。

海关依法设立的派出机构行使行政职权侵犯公民、法人和其他组织的合法权益造成损害的，设立该派出机构的海关为赔偿义务机关。

受海关委托的组织或者个人在行使受委托的行政权力时侵犯公民、法人和其他组织的合法权益造成损害的，委托的海关为赔偿义务机关。

第十三条　海关查验进出境货物、物品时，损坏被查验的货物、物品的，实施查验的海关为赔偿义务机关。

第十四条　赔偿义务机关被撤销的，继续行使其职权的海关为赔偿义务机关；没有继续行使其职权的海关的，该海关的上一级海关为赔偿义务机关。

第十五条　经行政复议机关复议的，最初造成侵权行为的海关为赔偿义务机关，但复议机关的复议决定加重损害的，复议机关对加重的部分履行赔偿义务。

第四章　赔偿程序

第一节　行政赔偿程序

第十六条　赔偿义务机关对依法确认有本办法第五条、第六条规定的情形之一，侵犯公民、法人或者其他组织合法权益的，应当给予赔偿。

第十七条　赔偿请求人要求行政赔偿应当先向赔偿义务机关提出，也可以在申请行政复议和提起行政诉讼时一并提出。

赔偿请求人可以向共同赔偿义务机关中的任何一个赔偿义务机关要求赔偿，该赔偿义务机关应当先予赔偿。

赔偿请求人根据受到的不同损害，可以同时提出数项赔偿要求。

第十八条　赔偿请求人要求赔偿应当递交申请书，申请书应当载明下列事项：

（一）赔偿请求人的姓名、性别、年龄、工作单位和住所，赔偿请求人为法人或者其他组织的，应当写明法人或者其他组织的名称、住所和法定代表人或者主要负责人的姓名、职务；

（二）具体的要求、事实根据和理由；

（三）申请的年、月、日。

赔偿请求人书写申请书确有困难的，可以委托他人代书；赔偿请求人也可以口头申请。口头申请的，赔偿义务机关应当制作《行政赔偿口头申请记录》，并当场交由赔偿请求人签章确认。

第十九条　赔偿请求人委托代理人代为参加赔偿案件处理的，应当向海关出具委托书，委托书应当具体载明下列事项：

（一）委托人姓名（法人或者其他组织的名称、法定代表人的姓名、职务）、代理人姓名、性别、年龄、职业、地址及邮政编码；

（二）代理人代为提起、变更、撤回赔偿请求、递交证据材料、收受法律文书等代理权限；

（三）代理人参加赔偿案件处理的期间；

（四）委托日期及委托人、代理人签章。

第二十条　同赔偿案件处理结果有利害关系的其他公民、法人或者其他组织，可以作为第三人参加赔偿案件处理。

申请以第三人身份参加赔偿案件处理的，应当以书面形式提出，并对其与赔偿案件处理结果有利害关系负举证责任。赔偿义务机关认为必要时，也可以通知第三人参加。

第三人参加赔偿案件处理的，赔偿义务机关应当制作《第三人参加行政赔偿案件处理通知书》，并送达第三人、赔偿请求人。

第二十一条　赔偿请求人要求赔偿时，应当提供符合受理条件的相应的证据材料。

本办法第十条第二款规定的赔偿请求人要求赔偿的，还应当提供公民死亡的证明及赔偿请求人与死亡公民之间的关系证明；本办法第十条第三款规定的赔偿请求人要求赔偿的，还应当提供原法人或者其他组织终止的证明，以及承受其权利的证明。

第二十二条　赔偿义务机关收到赔偿申请后，应当在五个工作日内进行审查，分别作出以下处理：

（一）对不符合本办法规定，有下列情形之一的，决定不予受理，制作《行政赔偿申请不予受理决定书》，并送达赔偿请求人：

1. 赔偿请求人不是本办法第十条规定的有权要求赔偿的公民、法人和其他组织；

2. 不属于本办法第五条、第六条规定的行政赔偿范围；

3. 超过法定请求赔偿的期限，且无本办法第六十一条第二款规定情形的；

4. 已向复议机关申请复议或者已向人民法院提起行政诉讼，复议机关或人民法院已经依法受理的；

5. 以海关制定发布的行政规章或者具有普遍约束力的规定、决定侵犯其合法权益造成损害为由，请求赔偿的。

（二）对未经依法确认违法的具体行政行为请求赔偿的，如该具体行政行为尚在法定的复议、诉讼期限内，应当书面告知申请人有权依法向上一级海关申请行政复议或者向人民法院提起行政诉讼，并可以一并提出赔偿请求；经告知后，申请人要求赔偿义务机关直接对侵权行为的违法性予以确认并作出赔偿决定的，赔偿义务机关应当予以受理。如该具体行政行为已超过法定的复议、诉讼期限，应当作为申诉案件处理，并书面通知当事人，原具体行政行为经申诉确认违法后，可以依法请求赔偿；

（三）对材料不齐备的，应当在审查期限内书面告知赔偿请求人补正材料；

（四）对符合本办法规定，但是本海关不是赔偿义务机关的，应当在审查期限内书面告知申请人向赔偿义务机关提出；

（五）对符合本办法有关规定且属于本海关受理的赔偿申请，决定受理，制作《行政赔偿申请受理决定书》并送达赔偿请求人。

决定受理的，赔偿主管部门收到申请之日即为受理之日；经赔偿请求人补正材料后决定受理的，赔偿主管部门收到补正材料之日为受理之日。

第二十三条　两个以上赔偿请求人对赔偿义务机关的同一行为分别提出赔偿申请的，赔偿义务机关可以并案审理，并以收到后一个申请的日期为正式受理的日期。

第二十四条　对赔偿请求人依法提出的赔偿申请，赔偿义务机关无正当理由不予受理的，上一级海关应当责令其受理，并制作《责令受理行政赔偿申请通知书》。

第二十五条　赔偿案件审理原则上采用书面审查的办法。赔偿请求人提出要求或者赔偿主管部门认为有必要时，可以向有关组织和人员调查情况，听取赔偿请求人、第三人的意见。

第二十六条　审理赔偿案件实行合议制。

实行合议制参照《中华人民共和国海关实施〈行政复议法〉办法》以及海关审理行政复

议案件实行合议制的有关规定执行。

第二十七条　合议人员与赔偿案件有利害关系或者有其他关系可能影响案件公正处理的，应当回避。

有前款所述情形的，合议人员应当申请回避，赔偿请求人、第三人及其代理人也有权申请合议人员回避。

赔偿义务机关合议人员的回避由赔偿主管部门的负责人决定，赔偿主管部门负责人的回避由赔偿义务机关负责人决定。

第二十八条　赔偿请求人向赔偿义务机关提出行政赔偿请求的，如海关及其工作人员行使职权的行为已经依法确认违法或者不违法的，赔偿义务机关应当根据已经确认的结果依法作出赔偿或者不予赔偿的决定；如未经依法确认的，赔偿义务机关应当先对海关及其工作人员行使职权的行为是否违法予以确认，再依法作出赔偿或者不予赔偿的决定。

第二十九条　有下列生效法律文书或证明材料的，应当视为被请求赔偿的海关及其工作人员行使行政职权的行为已被依法确认违法：

（一）赔偿义务机关对本海关及其工作人员行使行政职权的行为认定为违法的文书；

（二）赔偿义务机关以本海关及其工作人员行使行政职权的行为违法为由决定予以撤销、变更的文书；

（三）复议机关确认原具体行政行为违法或者以原具体行政行为违法为由予以撤销、变更的复议决定书；

（四）上级海关确认原具体行政行为违法或者以原具体行政行为违法为由予以撤销、变更的其他法律文书；

（五）人民法院确认原具体行政行为违法或者以原具体行政行为违法为由予以撤销、变更的行政判决书、裁定书。

第三十条　赔偿请求人对其主张及造成财产损失和人身损害的事实负有举证责任，应当提供相应的证据。

第三十一条　在赔偿义务机关受理赔偿申请之后，赔偿决定作出之前，有下列情形之一的，应当终止赔偿案件审理，制作《行政赔偿案件终止决定书》，并送达赔偿请求人、第三人：

（一）赔偿请求人申请撤回赔偿申请的；

（二）发现在受理赔偿申请之前赔偿请求人已向复议机关申请复议或者已向人民法院提起行政诉讼，并且复议机关或人民法院已经依法受理的；

（三）有其他应当终止的情形的。

第三十二条　海关行政赔偿主管部门应当对行政赔偿案件进行审查，提出处理意见。处理意见经赔偿义务机关负责人同意或者经赔偿义务机关案件审理委员会讨论通过后，按照下列规定作出决定：

（一）有下列情形之一的，依法作出不予赔偿的决定：

1. 海关及其工作人员行使行政职权的行为是依法作出，没有违法情形的；

2. 海关及其工作人员行使职权的行为虽然已被依法确认为违法，但未造成公民、法人或其他组织直接财产损失或公民人身损害的；

3. 已经确认违法的行为与公民、法人或其他组织受到的财产损失或公民人身损害没有直接因果关系的；

4. 属于本办法第七条第一款规定的情形之一的。

（二）对已被确认为违法的海关及其工作人员行使行政职权的行为直接造成了公民、法人或其他组织财产损失或公民人身损害的，依法作出赔偿的决定。

赔偿义务机关依据以上规定作出赔偿或者不予赔偿决定，应当分别制作《行政赔偿决定书》或者《不予行政赔偿决定书》，并送达赔偿请求人和第三人。

第三十三条　赔偿请求人向共同赔偿义务机关要求赔偿的，最先收到赔偿申请的赔偿义务机关为赔偿案件的办理机关。

办理机关收到赔偿申请后，应当将赔偿申请书副本送达其他赔偿义务机关，经与其他赔偿义务机关取得一致意见后，依法作出赔偿或者不予赔偿决定，并制作决定书。决定赔偿的，同时开具赔偿金额分割单。决定书和赔偿金额分割单应当由共同赔偿义务机关签章确认。共同赔偿义务机关不能取得一致意见的，由共同赔偿义务机关报请它们的共同上级海关作出决定。

第三十四条　侵权行为已经确认违法的，赔偿义务机关也可以在合法、自愿的前提下，就赔偿范围、赔偿方式和赔偿数额与赔偿请求人进行协商，协商成立的，应当制作《行政赔偿协议书》，并由双方签章确认。

达成赔偿协议后，赔偿请求人以同一事实和理由再次请求赔偿的，不予受理。

第三十五条　赔偿义务机关应当自受理赔偿申请之日起两个月内依法作出赔偿或者不予赔偿的决定。但有下列情形之一的，期间中止，从中止期间的原因消除之日起，赔偿义务机关作出决定的期间继续计算：

（一）赔偿请求人死亡，需要等待其继承人或其他有扶养关系的亲属以及死者生前扶养的无劳动能力的人表明是否参加赔偿案件处理的；

（二）作为赔偿请求人的法人或者其他组织终止，需要等待其权利承受人的确定以及其权利承受人表明是否参加赔偿案件处理的；

（三）赔偿请求人丧失行为能力，尚未确定其法定代理人或指定代理人的；

（四）赔偿请求人因不可抗拒的事由，不能参加赔偿案件处理的；

（五）需要依据司法机关，其他行政机关、组织的决定或者结论作出决定的；

（六）其他应当中止的情形。

赔偿义务机关违反上述规定逾期不作出决定的，赔偿请求人可以自期间届满之日起六十日内向赔偿义务机关的上一级海关申请行政复议，赔偿请求人对不予赔偿的决定或对赔偿数额、赔偿方式等有异议的，可以自收到决定书之日起六十日内向赔偿义务机关的上一级海关申请行政复议；赔偿请求人也可以自期间届满之日或者收到决定书之日起三个月内向人民法院提起诉讼。

第三十六条　申请人在申请行政复议时一并提出赔偿请求的，复议机关应当根据《中华人民共和国行政复议法》、《中华人民共和国海关实施〈行政复议法〉办法》的有关规定办理。

复议机关对原具体行政行为确认违法或者合法的，应当依据本办法的有关规定在行政复议决定书中一并作出赔偿或者不予赔偿的决定。

申请人对复议决定不服的，可以在收到复议决定书之日起十五日内向人民法院提起诉讼；复议机关逾期不作决定的，申请人可以在复议期满之日起十五日内向人民法院提起诉讼。

第三十七条 赔偿义务机关应当履行行政赔偿决定、行政赔偿协议、行政复议决定以及发生法律效力的行政赔偿判决、裁定或调解书。

赔偿义务机关不履行或者无正当理由拖延履行的，上一级海关应当责令其限期履行。

第二节 查验赔偿程序

第三十八条 海关关员在查验货物、物品时损坏被查验货物、物品的，应当如实填写《中华人民共和国海关查验货物、物品损坏报告书》（以下简称《海关查验货物、物品损坏报告书》）一式两份，由查验关员和当事人双方签字，一份交当事人，一份留海关存查。

海关依法径行开验、复验或者提取货样时，应当会同有关货物、物品保管人员共同进行。如造成货物、物品损坏，查验关员应当请在场的保管人员作为见证人在《海关查验货物、物品损坏报告书》上签字，并及时通知当事人。

第三十九条 实施查验的海关应当自损坏被查验的货物、物品之日起两个月内确定赔偿金额，并填制《海关损坏货物、物品赔偿通知单》（以下简称《通知单》）送达当事人。

第四十条 当事人应当自收到《通知单》之日起三个月内凭《通知单》向海关领取赔款，或将银行账号通知海关划拨。逾期无正当理由不向海关领取赔款、不将银行账号通知海关划拨的，不再赔偿。

第四十一条 当事人对赔偿有异议的，可以在收到《通知单》之日起六十日内向作出赔偿决定的海关的上一级海关申请行政复议，对复议决定不服的，可以在收到复议决定之日起十五日内向人民法院提起诉讼；也可以自收到《通知单》之日起三个月内直接向人民法院提起诉讼。

第五章 赔偿方式和计算标准

第四十二条 有本办法第六条规定情形，侵犯公民、法人和其他组织的财产权造成损害的，按照以下规定予以赔偿：

（一）能够返还财产或者恢复原状的，予以返还财产或者恢复原状；

（二）造成财产损坏的，赔偿修复所需费用或者按照损害程度予以赔偿；

（三）造成财产灭失的，按违法行为发生时当地市场价格予以赔偿，灭失的财产属于尚未缴纳税款的进境货物、物品的，按海关依法审定的完税价格予以赔偿；

（四）财产已依法拍卖或者变卖的，给付拍卖或者变卖所得的价款；

（五）扣留的财产因海关保管不当或不依法拍卖、变卖造成损失的，对直接损失部分予以赔偿；

（六）导致仓储费、运费等费用增加的，对增加部分予以赔偿；

（七）造成停产停业的，赔偿停产停业期间的职工工资、税金、水电费等必要的经常性费用；

（八）对财产造成其他损害的，按照直接损失确定赔偿金额。

第四十三条　侵害公民人身权利的，依照《国家赔偿法》第四章的有关规定，确定赔偿方式及赔偿金额。

第四十四条　海关依法查验进出境货物、物品时，损坏被查验的货物、物品的，应当在货物、物品受损程度确定后，以海关依法审定的完税价格为基数，确定赔偿金额。

赔偿的金额，应当根据被损坏的货物、物品或其部件受损耗程度或修理费用确定，必要时，可以凭公证机构出具的鉴定证明确定。

第六章　赔偿费用

第四十五条　依据生效的赔偿决定或者其他法律文书，需要返还财产的，依照下列规定返还：

（一）尚未上交财政的财产，由赔偿义务机关负责返还；

（二）已经上交财政的款项，由赔偿义务机关逐级向海关总署财务主管部门上报，由海关总署向国家财政部门申请返还。

第四十六条　需要支付赔偿金的，由赔偿义务机关先从本单位缉私办案费中垫支，并向海关总署财务主管部门作专项申请，由海关总署向国家财政部门申请核拨国家赔偿费用。

第四十七条　申请核拨国家赔偿费用或者申请返还已经上交财政的财产，应当根据具体情况，提供下列有关文件或者文件副本：

（一）赔偿请求人请求赔偿的申请书；

（二）赔偿义务机关作出的赔偿决定书或者赔偿协议书；

（三）复议机关的复议决定书；

（四）人民法院的判决书、裁定书或者行政赔偿调解书；

（五）赔偿义务机关对有故意或者重大过失的责任者依法进行行政处分和实施追偿的意见或者决定；

（六）财产已经上交财政的有关凭据；

（七）国家财政部门要求提供的其他文件或者文件副本。

第四十八条　赔偿义务机关向赔偿请求人支付国家赔偿费用或者返还财产，赔偿请求人应当出具合法收据或者其他有效凭证，收据或者其他凭证的副本应当报送国家财政部门备案。

第四十九条　海关依法查验进出境货物、物品时，损坏被查验的货物、物品而发生的查验赔偿，其赔偿费用由各海关从缉私办案费中支付。

第七章　责任追究与追偿

第一节　责任追究

第五十条　对有本办法第五条、第六条所列行为导致国家赔偿的有故意或者重大过失的责任人员，由有关部门依法给予行政处分；有违法所得的，依法没收违法所得；构成犯罪的，依法追究刑事责任。

第二节　追　偿

第五十一条　行政赔偿义务机关赔偿损失后，应当责令有故意或者重大过失的工作人员或者受委托的组织、个人承担部分或者全部赔偿费用。

第五十二条　对责任人员实施追偿时，应当根据其责任大小和造成的损害程度确定追偿的金额。

追偿的金额一般应当在其月基本工资的 1～10 倍之间。特殊情况下作相应调整。

第五十三条　赔偿义务机关应当在赔偿决定、复议决定作出或者行政赔偿判决、裁定、行政赔偿调解书等法律文书发生法律效力之日起两个月内作出追偿的决定。

第五十四条　国家赔偿费用由国家财政部门核拨的，赔偿义务机关向责任者追偿的国家赔偿费用应当上缴国家财政部门。

第五十五条　有关责任人员对追偿有申辩的权利。

第八章　法律责任

第五十六条　赔偿义务机关违反本办法规定，无正当理由不予受理赔偿申请、经责令受理仍不受理或者不按照规定期限作出赔偿决定的，由有关部门对直接负责的主管人员和其他直接责任人员依法给予行政处分。

第五十七条　赔偿义务机关工作人员在办理赔偿案件中，有徇私舞弊或者其他渎职、失职行为的，由有关主管部门依法给予行政处分；构成犯罪的，依法追究刑事责任。

第五十八条　赔偿义务机关不履行或者无正当理由拖延履行赔偿决定，以及经责令限期履行仍不履行的，由有关部门对直接负责的主管人员和其他直接责任人员依法给予行政处分。

第五十九条　复议机关及其工作人员在行政复议活动中的法律责任适用《中华人民共和国行政复议法》的有关规定。

第九章　附　　则

第六十条　对造成受害人名誉权、荣誉权损害的，应当在侵权行为影响的范围内，为受害人消除影响，恢复名誉，赔礼道歉。

第六十一条　赔偿请求人请求国家赔偿的时效为两年，自海关及其工作人员行使职权的行为被依法确认为违法之日起计算，但被羁押期间不计算在内。

赔偿请求人在赔偿请求时效的最后六个月内，因不可抗力或者其他障碍不能行使请求权的，时效中止。从中止时效的原因消除之日起，赔偿请求时效期间继续计算。

第六十二条　赔偿请求人要求赔偿的，赔偿义务机关和复议机关不得向赔偿请求人收取任何费用。

第六十三条　各海关受理行政赔偿申请，受理对赔偿决定不服的复议申请或者一并请求行政赔偿的复议申请，作出赔偿或者不予赔偿的决定或者复议决定，达成行政赔偿协议，决定给予查验赔偿，以及发生行政赔偿诉讼的，应当及时逐级向海关总署行政赔偿主管部门报告，并将有关法律文书报该部门备案。

第六十四条　本办法由中华人民共和国海关总署负责解释。

第六十五条　本办法所称海关包括海关总署。

第六十六条　本办法自 2003 年 5 月 1 日起施行，《中华人民共和国海关关于查验货物、物品造成损坏的赔偿办法》（〔87〕署货字 650 号）、《海关总署关于转发〈国务院办公厅关于实施中华人民共和国国家赔偿法的通知〉的通知》（署法〔1995〕57 号）同时废止。

图书在版编目（CIP）数据

海关行政法 / 严励主编. —北京：中国政法大学出版社，2008.7
ISBN 978-7-5620-3248-9

Ⅰ.海... Ⅱ.严... Ⅲ.海关法：行政法 - 中国　Ⅳ.D922.221

中国版本图书馆CIP数据核字(2008)第114477号

出版发行	中国政法大学出版社
经　销	全国各地新华书店
承　印	固安华明印刷厂

787×960　　16开本　　24印张　　500千字
2008年7月第1版　2008年7月第1次印刷
ISBN 978-7-5620-3248-9/D·3208
定　价：40.00元

社　址	北京市海淀区西土城路25号
电　话	(010)58908325（发行部）　58908285（总编室）　58908334（邮购部）
通信地址	北京100088信箱8034分箱　邮政编码　100088
电子信箱	zf5620@263.net
网　址	http://www.cuplpress.com （网络实名：中国政法大学出版社）
声　明	1. 版权所有，侵权必究。
	2. 如有缺页、倒装问题，由本社发行部负责退换。
本社法律顾问	北京地平线律师事务所